普通高等教育“十二五”土木工程系列规划教材

高速公路规划与设计

主　编　李　伟　王凤池
副主编　杨　佳　周　乐　于　群
参　编　李　赢　张　忠　门兆红　王国业　贾世龙
主　审　朱浮声

机械工业出版社

本书全面系统地介绍了高速公路的规划、勘测设计，高速公路的沿线设施、环境保护与景观规划设计的基本理论与实用方法。主要内容包括：高速公路规划、高速公路的设计依据与技术标准，高速公路的总体设计与选线，高速公路平面、纵断面、横断面设计以及立体线形组合设计，高速公路立体交叉设计，高速公路沿线设施，高速公路三大系统以及高速公路的环境保护与景观规划设计等。

本书可作为高等院校土木工程专业和交通工程专业的教材，也可供相关专业的工程技术人员参考。

本书配有电子课件，免费提供给选用本书的授课教师，需要者请根据书末的“信息反馈表”索取。

图书在版编目（CIP）数据

高速公路规划与设计/李伟，王凤池主编. —北京：机械工业出版社，2012.7

普通高等教育“十二五”土木工程系列规划教材

ISBN 978-7-111-38393-2

Ⅰ.①高… Ⅱ.①李…②王… Ⅲ.①高速公路—公路规划—高等学校—教材②高速公路—设计—高等学校—教材 Ⅳ.①U412

中国版本图书馆 CIP 数据核字（2012）第 099119 号

机械工业出版社（北京市百万庄大街 22 号 邮政编码 100037）
策划编辑：刘 涛 责任编辑：刘 涛 臧程程
版式设计：霍永明 责任校对：刘雅娜 常天培
封面设计：马精明 责任印制：乔 宇
北京汇林印务有限公司印刷
2012 年 7 月第 1 版第 1 次印刷
184mm×260mm · 16.25 印张 · 401 千字
标准书号：ISBN 978-7-111-38393-2
定价：33.00 元

前　言

高速公路是社会经济发展的必然产物，是伴随汽车工业的发展和整个社会政治、经济、军事的发展而发展的。高速公路不仅是运输现代化的重要标志，也是一个国家现代化的重要标志。

高速公路是20世纪30年代在发达国家开始出现的、专门为汽车交通服务的基础设施。高速公路在运输能力、手段和安全性方面具有突出优势，对实现国土均衡开发、缩小地区差别、建立统一的市场经济体系、提高现代物流效率具有重要作用。

目前，全世界已有80多个国家和地区拥有高速公路，通车里程超过了23万km。我国高速公路起步较晚，1988年10月沪嘉高速公路的建成通车，结束了我国大陆没有高速公路的历史，实现了零的突破。进入20世纪90年代，我国高速公路迎来了高速发展的黄金时代，1999年年底突破了1万km，2009年年底全国高速公路通车里程已达6.5万km，仅次于美国，稳居世界第二位。我国仅用了十几年的时间就走完了发达国家高速公路四十年的发展历程，取得了举世瞩目的成就。高速公路以其巨大的经济效益和社会效益，赢得了社会的公认。根据2005年国务院制定的“国家高速公路网规划”可知，未来15年，高速公路建设仍将是我国公路交通建设的重点工程。因此，总结以往高速公路的规划设计经验和教训，有针对性地培养高层次、专门从事高速公路规划与设计的应用型技术人才是十分必要的。

本书结合我国高速公路建设的实际情况，总结目前国内外高速公路发展现状，并结合现行标准、设计规范及其条文说明，重点对高速公路的规划设计依据与标准、线形设计、立体交叉规划设计、沿线设施、三大系统以及环境保护与景观设计等加以介绍，并对有关规定、设计标准以及技术要求及时进行了更新。本书编写注重内容的实用性、知识的先进性以及编排的系统性。为了方便读者使用，每章均设置了相应的思考题。

全书共11章，第1章、第8章、第9章由沈阳大学李伟编写，第3章、第10章由沈阳建筑大学王凤池编写，第4章至第6章由沈阳大学杨佳编写，第2章和第7章由沈阳大学周乐编写，第11章由沈阳大学于群编写，书中插图由沈阳建筑大学王国业、贾世龙负责，沈阳大学张忠、门兆红、李赢负责本书的校核工作。本书由李伟和王凤池主编，李伟统稿，东北大学朱浮声教授主审。

鉴于本书涉及的内容跨度较大、学科门类较多，限于编者的技术和业务水平，疏漏之处在所难免，不妥之处恳请各位专家和读者批评指正。本书在编写过程中，参考了有关的标准、规范、教材和论著等，并尽量将其列入参考文献中。在此向有关编著者表示衷心的感谢！因各种条件所限，未能与有关编著者取得联系，引用与理解不当之处，敬请谅解！

编　者

目　录

第1章　绪　论

高速公路是经济发展的必然产物。首先，高速公路适应工业化和城市化的发展。城市是产业与人口的集聚地，其汽车的增长远比乡村快得多，成为汽车的集聚中心，因此高速公路的建设多从城市的环路、辐射路和交通繁忙路段开始，逐步形成以高速公路为骨干的城市交通。其次，汽车技术的发展，对高速公路的建设提出了客观要求。目前，汽车已成为人类社会必不可少的交通工具，因此需要高速公路等基础设施的配合。汽车的轻型化和载重化是两大发展趋势，前者要求速度保障，后者要求承载力，而高速公路恰能使两者有机结合。

1.1　我国公路的分类与分级

1.1.1　我国公路的技术分级

以功能和适应交通量等技术指标为依据，JTG B01－2003《公路工程技术标准》将公路分为五级：高速公路、一级公路、二级公路、三级公路和四级公路，见表1-1。

表1-1　我国公路的技术分级

技术等级	含义	适应交通量 [各种汽车折合成小客车的远景年限年平均日交通量/(辆/d)]
高速公路	专供汽车分向、分车道行驶并全部控制出入的多车道公路	四车道 25000～55000
		六车道 45000～80000
		八车道 60000～100000
一级公路	供汽车分向、分车道快速行驶并根据需要控制出入的多车道公路	四车道 15000～30000
		六车道 25000～55000
二级公路	主要供汽车行驶的双车道公路	双车道 5000～15000
三级公路	主要供汽车行驶的双车道公路	双车道 2000～6000
四级公路	主要供汽车行驶的双车道或单车道公路	双车道 ＜2000
		单车道 ＜400

1.1.2　我国公路的行政分级

我国的公路，按其在国家政治、经济、国防和区域行政管理中的重要性及使用性质的不同，划分为国道、省道、县道、乡道和专用公路等五个行政等级，见表1-2。

我国在公路建设方面重视从路网规划着手，根据政治、经济及国防等需要进行路网的规划与布设，这为更好地发挥公路作用做了充分考虑。从全国范围考虑的公路网被称为国家干线公路网，简称国道网；国道网中，经济意义特别重大、交通运输特别繁忙、技术标准较高，并在国家公路运输网中起主骨架、主通道作用的公路，称为国家主干线公路，简称国道主干线。

我国国道网采用放射与网格相结合的布局形式，以北京为中心，由具有重要政治、经济、国防意义的原有各省主要干线公路（省道）连接而成。国道网在布局上分为三类：①首都放射线；②南北纵线；③东西横线。共有70条国道，见表1-3。

表1-2 我国公路的行政分级

行政等级	含义
国道	指在国家干线公路网中，具有全国性的政治、经济、国防意义，并经确定为国家干线的公路。由中央政府统一规划，由省、市、自治区负责建设、管理和养护
省道	指在省公路网中，具有全国性（自治区、直辖市）的政治、经济、国防意义，并经确定为省级干线的公路。由全省（自治区、直辖市）公路主管部门负责修建、养护和管理。国道中跨省的高速公路由原交通部批准的专门机构负责修建、养护和管理
县道	指具有全县（县级市）政治、经济意义连接县城和县内主要乡（镇）、主要商品生产和集散地的公路，以及不属于国道、省道的县际间的公路。县道由县、市公路主管部门负责修建、养护和管理
乡道	直接或主要为乡村内部经济、文化、行政服务的公路和乡村与外部联系的公路。主要由县政府统一规划、建设和养护
专用公路	由工矿、农林等部门投资修建，主要供部门使用的公路

表1-3 国道网规划路线布设及编号（G×××）

路线布设特征	数量	编号范围	总长/万km	备注
首都放射线	12条	101至112	2.3	以101国道起始，按顺时针方向依次排列
南北纵线	28条	201至228	3.7	以201国道起始，自东往西排列
东西横线	30条	301至330	4.7	以301国道起始，自北往南排列

1.1.3 我国公路的经营性质分类

从经营性质的角度，将公路划分为经营性公路和非经营性公路两大类。

1. 经营性公路

经营性公路是指国内外经济组织依法投资建设或者依法受让政府还贷公路收费权的收费公路。主要包括：有偿转让公路经营权的公路、实施公路企业资本化（股份制）经营的公路和采用建设－经营－转让（BOT，Build－Operate－Transfer）融资方式建设经营的公路。原交通部《收费公路管理条例》（以下简称《条例》）对可由国内外经济组织投资建设经营以及可进行收费经营权转让的公路进行了技术等级和规模的规定，具体规定如下：

1）国内外经济组织投资建设经营的公路：①高速公路10km以上；②新建连续里程20km以上或改建连续里程40km以上的一级公路；③500m以上的独立桥梁、隧道。

2）实施收费经营权转让的公路：①连续里程40km以上的高速公路；②连续里程60km以上的一级公路；③500m以上、四车道以上的独立桥梁、隧道；④1000m以上的独立桥梁、隧道。

2. 非经营性公路

非经营性公路主要包括收费性的高等级公路(包括大型收费桥梁和大型收费隧道)和不收费的社会公益性公路。收费性高等级公路的投资除含有政府拨款外，还必须含有国家政府担保的社会集资，向银行的借款、贷款及各种形式引进的外资。为了偿还公路建设的借贷部分资金及用于公路维护成本、收费开支等，这些高等级公路要向使用者收费。这类收费公路一旦还清借贷款的本息之后，要立即停止收费。不收费的社会公益性公路，主要是由国家财政拨款投资，养路费投资或者个人、社会捐资修建的公路。目前我国的社会公益性公路主要是中级和低级的实行混合交通的普通公路。

《条例》中对可进行收费还贷的公路进行了技术等级和规模规定，规定如下：①高速公路10km以上；②新建连续里程20km以上或改建连续里程40km以上的一级公路；③新建连续里程40km以上或改建连续里程80km以上的二级公路；④500m以上的独立桥梁、隧道。

目前，我国吉林、河北、河南、黑龙江、湖北、湖南、辽宁、福建、江西、山东、江苏、安徽12个省份已全部取消了政府还贷二级公路收费，全国逐步有序取消政府还贷二级公路收费工作取得重大的阶段性成果。

1.1.4 我国公路的命名与编号规则

原国家技术监督局发布的GB 917.1—1989《公路路线命名编号和编码规则 命名和编号规则》对公路的命名、国道的编号原则作了说明。2000年10月批准的GB 917.1—2000《公路路线标识规则 命名、编号和编码》、GB 917.2—2000《公路路线标识规则 国道名称和编号》对前述标准作了修订。

1. 公路命名规则

1)公路路线名称由路线起讫点地名中间加连接符“—”组成。路线简称采用起讫点地名的首位汉字，如青岛—银川公路，简称“青银线”；也可采用起讫点所在省市的简称表示，如北京—上海公路，简称“京沪线”。

2)公路路线名称及简称不可重复，如出现重复时，采用第二或第三位汉字等方式加以区别。

3)公路路线若为环城线，可简称为“××环线”；不连续的环线也可称为“××东环线”、“××西环线”等。

4)路线地名应采用规定的汉字或罗马字母拼写表示。路线起讫点地名的表示，应取其所在地的主要行政区划的单一名称。

5)各省级行政区域内的路线名称不得重复，其具体地点的详细位置应另行描述。

2. 公路编号规则

公路路线编号由首位字母标识符和其后的数字编号组成，国道、省道、县道、乡道和专用公路的编号结构分别为：“G×××”、“S×××”、“X×××”、“Y×××”、“Z×××”。

编号结构说明：

G×××，国道G1××指首都放射线，G2××指北南纵线，G3××指东西横线。

S×××，省道S1××指省会(省府)放射线，S2××指北南纵线，S3××指东西横线。

3. 国家高速公路网命名和编号规则

原交通部于2007年7月3日发布、实施的JIG A03—2007《国家高速公路网命名和编号规则》（简称“新命名编号”），是原交通部在2005年颁布实施《国家高速公路网规划》后，即在此基础上对国家高速公路网路线命名和编号方案进行了研究并结合方便用户使用、利于行业管理的原则而制定的行业法规。此前，我国各地在给高速公路命名时，各有不同，使得在一条完整的高速公路国道上，有可能分布着多个路段名称。根据交通运输部的要求和统一部署，国家高速公路命名编号调整和相关标志更换工作，已在全国各省、市、自治区启动，实现高速公路网命名编号全国统一。

（1）命名规则

1）国家高速公路网路线的命名应遵循公路命名的一般规则，如“沈阳—海口高速公路”，简称“沈海高速”；“北京—哈尔滨高速公路”，简称“京哈高速”。

2）地区环线名称以地区名称命名，全称为“××地区环线高速公路”，简称为“××环线高速”。如“杭州湾地区环线高速公路”，简称“杭州湾环线高速”。

3）城市环线名称以城市名称命名，全称为“××城市绕城高速公路”，简称为“××绕城高速”。如“沈阳市绕城高速公路”，简称“沈阳绕城高速”。

4）国家高速公路网的路线简称不可重复。如出现重复时，采用以行政区划分名称的第二或第三位汉字替换等方式加以区别。

（2）编号规则

1）编号结构：国家高速公路网编号由字母标识符和阿拉伯数字组成。

2）字母标识符：国家高速公路是国道网的重要组成部分，路线字母标识符采用汉语拼音“G”表示。

3）数字及数字与字母编号：

a. 首都放射线编号为1位数，由正北开始按顺时针方向升序编排，编号区间为1～9，如“G1京哈高速”。

b. 纵向路线编号为2位奇数，由东向西升序编排，编号区间为11～89，如“G15沈大高速”。

c. 横向路线编号为2位偶数，由北向南升序编排，编号为10～90，如“G20青银高速”。

d. 并行路线的编号采用主线编号后加英文字母“E”、“W”、“S”、“N”组合表示，“E”、“W”、“S”、“N”分别表示并行路线在主线的东、南、西、北方位；地区环线的编号按照由北向南的顺序排列，编号区间为91～99。

e. 联络线的编号为4位数，由主线编号+数字“1”+联络线顺序号组成，联络线的顺序号按照主线的前进方向由起点向终点顺序排列。

f. 城市绕城环线的编号为4位数，由主线编号+数字“0”+城市绕城环线顺序号组成。

主线编号为该环线所连接的纵线和横线中编号最小者，如该主线所带城市绕城环线编号空间已全部使用，则选用主线编号次小者，依此类推。

如该环线仅有放射线连接，则在1位数主线编号前以“0”补位。

同一条国家高速公路穿越多个省(区、市)，所连接的城市绕城环线的顺序号在各个省(区、市)单独排列。在不同省(区、市)允许出现相同的城市绕城环线编号。如：沈阳绕城高速公路 G1501；“上海市绕城高速公路”，简称“上海绕城高速”，编号“G1501”。

g. 省级高速公路编号由字母标识符汉语拼音“S”和阿拉伯数字编号组成，如“上海市区—嘉定高速公路”，简称“沪嘉高速”，编号“S5”。

1.2 高速公路的发展概况

1.2.1 高速公路的概念

高速公路是汽车运输发展到一定程度的必然产物，也是构筑交通现代化的重要标志。《公路工程技术标准》规定：高速公路是指“能适应年平均昼夜小客车交通量为25000辆以上，专供汽车分道高速行驶并全部控制出入的公路”。一般能适应120km/h或者更高的速度，要求路线顺畅，纵坡平缓，路面有4个以上车道的宽度。中间设置分隔带，采用沥青混凝土或水泥混凝土高级路面，为保证行车安全设有齐全的标志、标线、信号及照明装置；禁止行人和非机动车在路上行走，与其他线路采用立体交叉、行人跨线桥或地道通过。

高速公路属于高等级公路，其建设情况反映着一个国家和地区的交通发达程度，乃至经济发展的整体水平。

世界各国的高速公路没有统一的标准，命名也不尽相同，见表1-4。

表1-4 世界各国的高速公路命名情况

<table>
<tr><th>国 家</th><th>英文称谓</th><th>中文称谓</th></tr>
<tr><td>英 国</td><td>Motorway</td><td rowspan="5">汽车公路或汽车专用公路</td></tr>
<tr><td>法 国</td><td>Autoroute</td></tr>
<tr><td>德 国</td><td>Autobahn</td></tr>
<tr><td>意大利</td><td>Autostrata</td></tr>
<tr><td>瑞 典</td><td>Expressway</td></tr>
<tr><td>日 本</td><td>—</td><td>自动车道、高速道路</td></tr>
<tr><td rowspan="4">美 国</td><td>Superhighway</td><td>超级公路</td></tr>
<tr><td>Turnpike</td><td>收费公路</td></tr>
<tr><td>Expressway</td><td>部分控制出入的快速公路</td></tr>
<tr><td>Freeway</td><td>全部控制出入的高速公路</td></tr>
</table>

这些国家尽管对高速公路命名不同，但都是专指有四车道以上、两向分隔行驶、完全控制出入口、全部采用立体交叉的公路。此外，有不少国家对部分控制出入口、非全部采用立体交叉的直达干线也称为高速公路。国际道路联合会在历年的统计年报中，把直达干线也列入高速公路范畴。

从定义可以看出，一般来讲高速公路应符合下列四个条件：①只供汽车高速行驶；②设有多车道、中央分隔带，将往返交通完全隔开；③设有平面、立体交叉口；④全线封闭，出入口控制，只准汽车在规定的一些立体交叉口进出公路。

1.2.2 高速公路的发展概况

1. 高速公路的发展阶段

高速公路的发展水平是一个国家经济实力和科技水平的综合体现。大致说来，高速公路的发展可分为四个阶段：

（1）第一阶段(20 世纪 50 年代) 此阶段以手工操作为特征，按照传统的公路技术来规划和建设高速公路。其线形多采用直线形，驾驶员容易疲劳并因放松警觉而易发生交通事故。

（2）第二阶段(20 世纪 50～60 年代后期) 此阶段以机器操作为特征，高速公路的建设由大型专业工程公司承包，并使用各种专门机器设备建设高速公路，其建设目标是向驾驶员和乘客提供舒适和快速的道路，以吸引大量的汽车在高速公路上行驶。

（3）第三阶段(20 世纪 60～70 年代中期) 此阶段以利用计算机和各种信息为特征。该阶段开始利用计算机来完成高速公路工程规划、设计和营运控制管理，从而节约了大量的物力、人力、财力和时间，且可取得良好的规划、建设和管理效果。

（4）第四阶段(20 世纪 70 年代中期以后) 此阶段以保护自然资源和生态环境为特征。兴建高速公路时特别重视自然资源、生态环境和文物保护，并把文化生活带入高速公路网，使驾驶员和乘客在高速公路上享受更优质的服务。

2. 国外高速公路的发展

（1）发展概况 由于高速公路对国民经济和社会发展具有重要作用，许多国家把修建高速公路作为实现现代化的一项重要措施。从 20 世纪 60～70 年代开始，澳大利亚、西班牙、墨西哥、加拿大、前南斯拉夫以及一些发展中国家也加入了修筑高速公路的行列。据不完全统计，目前全世界已有 80 多个国家和地区拥有高速公路，通车总里程超过了 23 万 km，高速公路总里程居世界前 10 名的国家见表 1-5。就世界范围来看，高速公路已发展到了一个比较成熟的阶段。无论其主体工程还是配套设施的发展都已经相当完善，一些发达国家越来越重视高速公路的安全性、信息化管理、环境和景观等问题，并正向以计算机技术、现代通信技术和现代控制技术为基础的智能交通系统发展。

表 1-5 高速公路总里程居世界前 10 名的国家

位次	国家	里程/km	位次	国家	里程/km
1	美国	88727	6	西班牙	9063
2	中国	65000	7	意大利	8860
3	加拿大	19000	8	日本	6300
4	德国	11600	9	英国	3303
5	法国	10300	10	荷兰	2300

注：本表统计年份为 2009 年。

1)德国。德国的公路系统是由联邦远程公路、州级公路、县市级公路和乡镇级公路组成的，到 2009 年德国公路总里程约 65 万 km，公路面积约占国土面积的 4.8%，其中约 1.8% 为高速公路，高速公路总里程达 1.16 万 km。

德国是世界上最早修建高速公路的国家。1921 年在柏林修建了一条长约 10km，设有上、下行车道，中间设分隔带的“汽车、交通与练习公路”（简称 AVUS），并且取消了平面交叉口，这在当时的德国尚属首次，可以被看做是高速公路的雏形；1929～1932 年又修建了大约 20km 长的科隆—波恩德高速公路，这是符合现代高速公路标准的第一条高速公路；1933 年德国通过了“关于设立帝国高速公路企业”的法律，规划了 4800km 长的高速公路网络；1934 年又通过了《公路新规定法》，将规划的帝国高速公路网扩大到 6900km，1933～1939 年，德国共建成 3440km 高速公路，平均每年 582km；到 1942 年德国共修建了 3860km 的高速公路，并有 2500km 高速公路在建；第二次世界大战后，原联邦德国将原“帝国高速公路”改称为“联邦高速公路”，1957 年制订了“联邦长途公路扩建计划”，1970 年当这一扩建计划完成时，原联邦德国的小汽车（包括轿车和客货两用旅行轿车）从 750 万辆增加到了 1680 万辆，公路网仍不能满足交通需求，于是从 1970～1985 年又进行了第二个扩建计划，将联邦高速公路长度翻了一番。同期，原民主德国的高速公路长度从 500km 增加到 1880km。原民主德国与原联邦德国统一后，交通需求快速增加，汽车化程度的提高主要集中在东部地区。鉴于上述情况，1992 年德国联邦交通部制定了新的联邦交通干线规划，该规划提出到 2012 年，德国将新建 2882.6km、扩建 2617.3km 高速公路，使之适应德国相应时期的交通需求。到 1999 年，德国高速公路总里程达到 1.15 万 km，形成了欧洲最庞大的高速公路网，并有 9 条高速公路与邻国相通。德国高速公路促进了整个欧洲经济发展及德国与邻国之间的经济交流。

德国高速公路建设起步早，其所获得的设计、施工经验对世界各国修建高速公路具有重要的作用。

2）美国。美国是世界上高速公路发展速度最快、高速公路最多、路网最发达、设备最完善的国家之一。到 2009 年美国公路总里程达到 640 多万千米，是铁路运营里程的 65 倍，其中高速公路总里程达到 88727km，已完成以州际为核心的高速公路网，其总里程约占世界高速公路总里程的一半，连接了所有 5 万人以上的城镇，美国高速公路总里程居世界第一。

1916 年，第一次世界大战使美国人认识到其公路现状无法满足国防发展需要，于是美国国会制定了联邦资助公路法案，全面开展发展公路建设。1937 年美国在加利福尼亚州建成了第一条长 11.2km 的高速公路；到 1941 年美国加入第二次世界大战前夕，完成了宾夕法尼亚州高速公路和康涅狄格州梅里特高速公路的修建；美国由于两次世界大战的财政困难和战后恢复减缓了高速公路的建设，但同时使美国认识到高速公路的战略性作用，于 1944 年通过了《公路法》，并提出了“州际高速公路系统”的概念，确定了总里程为 6.44 万 km 的州际和国防高速公路规划，当时预计能承担全国公路总交通量的 20%～25%，并适应未来 20 年的交通需求。1956 年再次修订了《公路法》，将州际高速公路系统改称为“全国州际与国防高速公路系统”，同时将规划总里程调整为 6.60 万 km；《公路法》还规定了公路建设费用的来源，从而大大促进了高速公路的建设。从 1957 年州际与国防高速公路网开始正式投资建设，美国的高速公路建设发展速度很快，平均每年建成 3000km；到 1993 年美国已建成州际高速公路系统 70642km，其中免费公路 66815km，收费公路 3827km；升级公路 2722km，加上州际高速公路以外的部分，高速公路里程超过了 8.5 万 km。

美国的高速公路建设，有一套评估、规划立项、投融资以及维护管理的机制，每个项目的认证至少要两年时间。高速公路建设资金投入的比例为州政府 19.6%，地方县市 77.4%，联邦政府3%。平时维护费用主要由州政府负责。在高速公路建设中，美国政府注重公路建设的走向和布局，既考虑与城市道路网的连接，又注意偏远、荒漠地区的建设发展需要。20世纪80年代后期，美国高速公路网已基本形成。其高速公路网的建成，提高了运输效率，扩大了资源和商品的流通，促进了社会的发展和科学技术的进步，并在很大程度上影响了美国人的生活方式。美国高速公路的发展特点是有计划、有步骤，而且速度快。

现阶段的美国高速公路建设已经可以满足国内交通运输、国防建设及国民经济发展的需要，今后建设的重点是完善高速公路与航空、铁路及水运等各种交通运输方式之间的联运，加强对高速公路的科学管理和维护，提高运力，降低交通事故的发生率。

3）意大利。意大利的高速公路建设起步早、发展快，是世界上建设高速公路最早的国家之一。在20世纪20年代，意大利就有了高速公路，真正大规模建设和发展高速公路是从20世纪50年代开始的。1956年，意大利投入1000亿里拉，用10年时间建成了1000km的高速公路，之后仍保持这样的投资额。到1970年前后，基本形成了高速公路框架；到1990年前后，高速公路网得到进一步完善。

到2009年，意大利已拥有高速公路8860km。总里程仅占全国公路里程2.5%的高速公路，承担了全国公路20%和68.7%的客货运输量，高速公路交通流量年递增率为6%～10%，是一般公路的两倍，成为意大利交通运输的主动脉。

意大利的高速公路，有80%是四车道，20%为六车道。意大利国土的80%是山地丘陵，为了保证技术标准和利于环境保护，高速公路大量采用高架桥和隧道通过，其工程量之大，耗资之多，在世界各国高速公路网中也是罕见的。

4）日本。日本是世界上公路密度最高的国家之一，公路密度约为3km/km^2。到2009年，高速公路总里程已达6300km，仅占公路总里程的0.53%，却承担了公路运输总量的25.6%。日本高速公路建设起步较晚，高速公路建设开始于第二次世界大战后。

日本自1957年颁发“高速道路干道法”后，正式批准并实施建设7条纵贯国土、总长3700km的高速公路，其中第一条为1963年通车的名神高速公路。1966年日本又制订了新的高速公路修建计划，提出到2000年建设32条、总里程7600km的高速公路，届时日本全国1h可到达高速公路的地区占70%、2h可到达高速公路的地区占90%。到20世纪80年代后期，按计划已建和在建项目超过了计划的2/3。在第四次全日本综合开发计划中提出：“为形成面向21世纪的多级分散型的国土而推进交通网络构想”。在1987年公路审议会议又提出了到2015年建设1.4万km高标准干线公路的目标，其中国际干线高速公路在原7600km的基础上再增加3920km，达到1.152万km。其中2480km为一般国道汽车专用公路，加强10万人以上地方中心城市的联系；强化东京、名古屋、京阪神三大城市环行和绕行高速公路；加强重要港口、机场等客货源集中地的连接；在全日本形成从城市、农村各地1h可到达高速公路的干线网络，建设在出现灾害时能可靠替代其他运输方式的高速公路网，实现“一日交通国”的愿望；消除已有高速公路中交通严重拥堵的路段。该计划正在实施中，到1998年日本的高速公路里程已达6114km，主要的干线公路已基本完成高速化，形成以东京为中心，纵贯南北的发达的高速公路网。

5）其他国家。加拿大到2009年已建1.9万km高速公路，其高速公路的一大特点是不征收车辆通行费，因此路上也没有收费站和检查站。

加拿大拥有世界上最繁忙的高速公路——多伦多的401高速公路，西起温莎市，东至安大略省和魁北克省的边界，并连接魁北克20号高速公路前往蒙特利尔，是安大略省经济的大动脉，全长825.1km，是加拿大400高速公路系列中最长的，日交通量超过50万车次。同时，它也是世界上最宽的高速公路，在多伦多段为双向18车道，如图1-1所示。

图1-1 加拿大多伦多的401高速公路

法国到2009年已修建10300km高速公路，拥有目前欧洲第一流的高速公路网。由于采取了大量吸收民间投资的方法，有力地推动了高速公路的建设速度，拥有全世界最发达的公共交通系统。

韩国高速公路发展迅速，目前已拥有高速公路约2100km，已形成“全国半天交通圈”的格局。

若按国际通行的严格定义，目前印度只有一条高速公路，这条公路的全封闭路段只有200多千米。

(2)发展趋势 目前，国外高速公路呈现出了新的发展趋势。主要表现在以下几个方面：

1)国际高速公路网正在逐步修建形成。随着全球和区域经济一体化的发展，为了更好地发挥高速公路的效益，加强国际之间的公路运输联系，相邻国家之间合作修建高速公路，把主要高速公路连接起来，构成国际高速公路网。其中已经规划和正在实现的高速公路网主要包括以下几个。

a. 欧洲高速公路网。第二次世界大战以后，西欧国家在经济、政治联合过程中，逐步形成了以统一的观点在欧洲扩建和命名欧洲国际公路网的思想。1975年11月在日内瓦通过了“关于国际干线公路的欧洲协定”（简称AGR），将欧洲国际干线公路统一编号，并以“E”作为编号标识。其中东西向公路包括：横贯全欧，东起奥地利维也纳、西班牙至葡萄牙、瑞典、丹麦、挪威、保加利亚、德国、匈牙利、捷克等国的高等级公路已连接成网；南北向公路包括：纵横全欧、北起丹麦的哥本哈根，经德国和奥地利，南至意大利罗马的高速公路，全长2100km；另一条纵贯全欧洲，北起波兰的格但斯克，经捷克、奥地利、意大利、前南斯拉夫、保加利亚、土耳其，南至叙利亚、伊拉克和伊朗，全长5000km；第三条北起俄罗斯的圣彼得堡，经波兰、匈牙利、罗马尼亚、保加利亚、希腊，最终到土耳其的伊斯坦布尔，长约2000km。

b. 欧亚大陆公路。该路东起日本东京，经首尔、平壤、北京、河内、达卡、新德里、德黑兰、莫斯科、华沙、柏林、波恩、巴黎(或经巴格达、布达佩斯、维也纳、慕尼黑到巴黎)，最后到达伦敦。该工程将穿过日本海峡、博斯普如斯海峡、厄勒海峡、费马思海峡、英吉利海峡和比利牛斯山、阿尔卑斯山等，将亚洲和欧洲的公路网连接在一起。

c. 泛美公路网。北美地区的高速公路网已经形成，在此基础上，正在初步形成经美国、墨西哥、中美洲、南美洲直至阿根廷最南端的高速公路网。

d. 亚洲公路网。设想中的亚洲公路网由15个国家的41条高等级公路组成，长约6.6万km。在亚洲开发银行倡导下，中国、老挝和泰国政府于2000年达成合作协议，决定共同努力修建昆明—曼谷高等级公路。昆曼公路从云南省省会昆明市经老挝到达泰国首都曼谷，全长约1800km，中国境内规划建设的里程为688km，老挝境内里程247km，泰国境内约813km。这条蜿蜒于崇山峻岭中的公路实际上是亚洲公路网的重要干道，也是澜沧江—湄公河次区域国家间经济合作交流的重要通道。这条公路远期将与马来西亚和新加坡的陆上通道连成一体，从而为中国—东盟自由贸易区的建设提供一条快捷的通道。除此之外，还有非洲横断公路网、亚马逊地区横断公路网等国际高速公路网络正在规划和形成中。

2)信息化公路将逐步实现。信息化公路将着眼于道路的多功能利用，不仅使用路面，还要利用空间。这就使公路不仅具有运输人和物资的固有的交通功能，还有输送电力等能源及各种信息的功能，加上其所派生出的美化环境、抗灾避难及作为建造其他建筑物的基础等空间功能。

3)卫星检测及控制系统将得到广泛利用。信息时代的到来，各类检测及监测系统普遍使用，交通控制中心将充分利用卫星地面系统转发的交通信息且按新的交通流理论，指挥汽车按最优路线行驶，既节约时间，又创造最大利益。

综上所述，高速公路建设正向全球化、信息化和智能化的方向发展。

1.2.3 我国高速公路的发展

高速公路被誉为一个国家走向现代化的桥梁，是发展现代交通业的必经之路。而中国在这条路上，则迈出了非同寻常的一个个令人赞叹的脚印。

1. 发展概况

我国是一个历史悠久的文明古国，道路业发展很早。相传公元前2000多年就有“轩辕造舟车”之说。公元前1066~公元前770年周朝有“周到如砥，其直如矢”的记载。公元前221年秦始皇统一全国，修建驰道，据《史记》记载：“秦为驰道于天下，东穷燕齐，南极吴楚，江湖之上，濒海之观毕至，道广50步，三丈而树。”规模宏大，并形成一定规模的道路网。公元前50年汉朝有举世闻名的“丝绸之路”和“蜀身毒道”两条大道。“丝绸之路”长度达数万千米，东起我国的陕西西安，途径甘肃、新疆，越过帕米尔，再经中亚、西亚，抵达地中海的威尼斯。“蜀身毒道”是由四川起，经云南、缅甸到达印度，成为西南地区与南亚各国交往的大动脉。

1908年我国正式修建第一条公路，即云南省的那坎—镇南关—龙州公路。到1949年中华人民共和国成立前全国有13万km的公路，通车里程仅为8万km。

1949年新中国成立以来，特别是1978年改革开放以后，公路运输业得到长足发展，到

1990 年我国公路总里程达到了 102.83 万 km，全国共新增公路 1.4 万 km，高等级公路建设取得了突破性的进展，其中高速公路里程达到 522km，全国新增 251km，一级公路里程达到 2617km，全国新增 516km。

1988 年，是我国公路交通史上不平凡的一年，随着全长 20.5km 的沪嘉高速公路的建成通车，我国高速公路实现了零的突破，我国开始大批地建成自己的高速公路，结束了我国大陆没有高速公路的历史，是我国公路迈入现代化的新起点。同时，1984 年 6 月率先破土动工的全长 375km 的沈阳—大连(沈大)高速公路也于 1990 年全线通车，沈大高速公路的建成通车标志着我国高速公路建设时期的真正到来。高速公路在我国也像其他新生事物一样，经历了一个曲折的发展过程。我国修建高速公路的问题从 20 世纪 70 年代初期开始论证，当时仅有台湾省于 1978 年建成的基隆到高雄的 373.3km 的高速公路。我国大陆进入 20 世纪 80 年代后，仍在讨论该不该修建高速公路和如何修建高速公路的问题。1983 年在北京召开的“交通运输技术政策论证会”、“交通运输发展座谈会”等一系列会议就我国高速公路问题的方方面面进行了讨论与研究。1987 年 2 月，中国公路学会在广州召开了关于高速公路的座谈会。实际上，从 20 世纪 70 年代初期就开始对京津塘高速公路进行研究论证，做了可行性研究，还邀请外国专家进行咨询，进行社会效益和财务效益分析，计算了投资偿还期，发现其效益是显著的，并报请国务院批准兴建。直到 1987 年 10 月才签订了土建工程合同，1987 年 12 月破土动工。

自我国第一条高速公路的建成通车起，我国高速公路得到了迅速的发展。1994 年公路建设工作提出了“统一规划、条块结合、分层负责、联合建设”的工作方针，高速公路的建设步入了一个新的发展阶段。到 1994 年年底，高速公路里程达到 1603km。1998 年中央采取的积极财政政策，不断加大交通基础设施的投资，并以此作为拉动全社会经济的主要手段。1998～2000 年，全社会对公路建设投资计划每年为 1800 亿元，1998 年和 1999 年每年实际投资均超过 2000 亿元。事实证明，公路建设对我国国民经济的增长起到了重要的拉动作用。2001 年，我国高速公路建设取得新的突破。全年新增通车里程 3152km，使全国高速公路总里程达到 19437km，跃居世界第三位。之后，我国高速公路以更快的速度不断发展，自 1988 年我国高速公路逐年通车里程及发展趋势如图 1-2 所示。从图中可以看出，1988～2008 年的二十年来，我国高速公路建设突飞猛进，取得了举世瞩目的成就。

截止 2009 年年底，全国高速公路通车里程达到 65000km，继续保持世界第二位。

2. 远景规划

高速公路的建设极大满足了交通增长对公路建设的需要，并对国民经济的总体发展起到了积极的促进作用。展望未来，我国公路交通将实施“三步走”的发展战略。

(1) 第一阶段(到 2010 年)　“五纵七横”公路国道主干线网络全面建成，公路交通紧张状况将全面得以改善(已完成)。

(2) 第二阶段(到 2020 年)　在国道主干线系统完善的基础上，建成相当规模的国家重要公路干线网络，东部地区公路基本实现现代化。

(3) 第三阶段(到 2040 年)　建成安全、高效的公路交通运输网络，并与其他运输方式共同构筑现代化的运输体系，达到中等发达国家的水平。

2003 年年底，同江至三亚、北京至珠海、连云港至霍尔果斯、上海至成都四条公路国道主干线已经贯通，北京至沈阳、北京至上海、重庆至北海三个重要路段也已建成，从而实

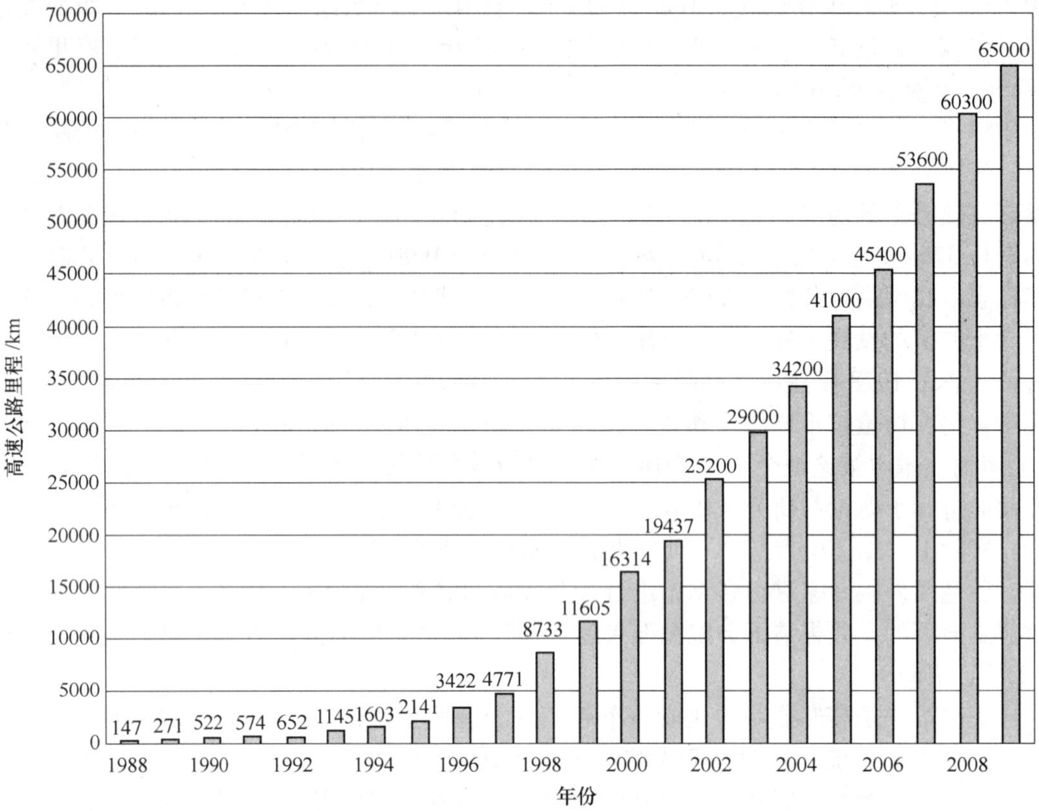

图 1-2 我国高速公路总里程发展图

现了“五纵七横”国道主干线第一阶段的建设目标。即“两纵两横三个重要路段”的全部贯通；2007 年基本建成“五纵七横”公路国道主干线系统，比计划提前三年。

国道主干线的建成，高速公路已能连接全国 43% 的城市、全国所有人口在 100 万以上的特大城市和 93% 的人口在 50 万以上的大城市，在我国经济发达、人口稠密、城市毗邻地带以及交通运输紧张地带，已形成通过能力大的高速公路网。

随着我国经济持续、快速、健康的发展，我国公路运输的发展方向主要包括以下几个方面：

（1）我国公路建设将向提高等级、增大密度的方向发展　现阶段我国东西部地区经济发展不平衡，对于东部经济发达省份，由于经济发展带来的交通需求给公路造成很大压力，迫使公路建设必须向提高通行能力、建设高等级公路的方向发展。对于西部经济较为落后的省份，则应加大公路网的通达深度，使不通公路的村镇尽快通路脱贫。

（2）运输工具将向专业化的方向发展　未来专用运输车辆的比重将大大增加，运距将越来越长，大型货车的比重将进一步提高，以满足大吨位长途运输的需求。客车朝着舒适、快速的方向发展，小客车将逐步进入我国普通居民家庭。

（3）管理将向科学化、规范化、信息化的方向发展　今后，在公路设计、建设、养护、运输等方面进行科学、规范的管理将使公路建设质量与使用质量得到提高，运输条件得到改善，将会产生巨大的经济效益与社会效益。现代化的管理手段是科学管理的基础，信息化是保障。

高速公路是20世纪30年代在西方发达国家开始出现的专门为汽车交通服务的基础设施。高速公路在运输能力、手段和安全性方面具有突出优势。对实现国土均衡开发，缩小地区差别，建立统一的市场经济体系，提高现代物流效率具有重要作用。高速公路不仅是运输现代化的重要标志，也是一个国家现代化的重要标志。

我国高速公路建设尽管取得了巨大成绩，但总体上仍处于初级发展阶段，不能完全适应社会经济发展和人民生活水平提高的需要，突出表现在以下几个方面：

1）高速公路总量不足，覆盖范围需继续扩大。目前，我国高速公路仅覆盖了省会城市和城镇人口超过了50万的大城市，在城镇人口超过20万的中等城市中，只有60%有高速公路连接。我国经济总量已跻身世界前列，而高速公路的发展水平大大落后于世界发达国家，迫切需要继续加快发展。

2）高速公路网络尚未形成，规模效益难以发挥。高速公路具有突出的网络化特征，当网络布局合理，联系运输距离达到200～800km时，高速公路将形成显著的运输效益优势。目前，我国一些人口和经济总量已达到相当规模的地级市与省会城市之间以及地级市之间还不通高速公路。在相邻省份之间尚未形成高速公路的有效衔接，即使在我国经济最发达、人口最稠密的东部沿海地区，高速公路依然没有实现真正的网络化服务。在我国，规模适当、布局合理、横连东西、纵贯南北的高速公路网络尚未形成，高速公路的规模化效益还无法得到充分发挥。

基于以上考虑，2005年国务院通过了《国家高速公路网规划》。规划确定：未来20年到30年，我国高速公路网将连接起所有省会级城市、计划单列市、83%的50万以上城镇人口大城市和74%的20万以上城镇人口中等城市。

国家高速公路网采用放射线与纵横网格相结合布局方案，由7条首都放射线、9条南北纵线和18条东西横线组成，简称为“7918”网，总规模约8.5万km，其中主线6.8万km，地区环线、联络线等其他路线约1.7万km。首都放射线、南北纵向线和东西横向线见表1-6。此外，规划方案还有：辽中环线、成渝环线、海南环线、珠三角环线、杭州湾环线共5条地区性环线，2段并行线和30余段联络线。国家高速公路网规划如图1-3所示。

规划后的高速公路网，将形成由中心城市向外辐射以及横贯东西、纵贯南北的大通道，并且实现“东部加密、中部联网、西部贯通”的新局面；覆盖人口10多亿；直接服务范围：东部地区超过90%、中部地区达到83%、西部地区接近70%；实现东部地区平均30min、中部地区平均60min、西部地区平均120min上高速公路；连接全国所有省会城市，以及目前城镇人口超过50万的大城市和城镇人口超过20万的中等城市；连接全国重要的交通枢纽城市；连接重要的对外公路口岸；在环渤海、长三角、珠三角三大都市圈内，形成较为完善的城际高速公路网，并且逐步形成“首都连接省会、省会彼此连通、连接主要城市、覆盖重要县市”的新的高速公路网络。预计这些高速公路用30年左右的时间全部建设完成。

表 1-6 国家高速公路网规划布局方案（“7918”）

北京放射线					南北纵线					东西横线				
序号	名称	编号	起终点	里程/km	序号	名称	编号	起终点	里程/km	序号	名称	编号	起终点	里程/km
1	京哈高速	G1	北京—哈尔滨	1280	1	鹤大高速	G11	鹤岗—大连	1390	1	绥满高速	G10	绥芬河—满洲里	1520
2	京沪高速	G2	北京—上海	1245	2	沈海高速	G15	沈阳—海口	3710	2	珲乌高速	G12	珲春—乌兰浩特	885
3	京台高速	G3	北京—台北	2030	3	长深高速	G25	长春—深圳	3580	3	丹锡高速	G16	丹东—锡林浩特	960
4	京港澳高速	G4	北京—港澳	2285	4	济广高速	G35	济南—广州	2110	4	荣乌高速	G18	荣成—乌海	1820
5	京昆高速	G5	北京—昆明	2865	5	大广高速	G45	大庆—广州	3550	5	青银高速	G20	青岛—银川	1600
6	京藏高速	G6	北京—拉萨	3710	6	二广高速	G55	二连浩特—广州	2685	6	青兰高速	G22	青岛—兰州	1795
7	京新高速	G7	北京—乌鲁木齐	2540	7	包茂高速	G65	包头—茂名	3130	7	连霍高速	G30	连云港—霍尔果斯	4280
					8	兰海高速	G75	兰州—海口	2570	8	宁洛高速	G36	南京—洛阳	710
					9	渝昆高速	G85	重庆—昆明	838	9	沪陕高速	G40	上海—西安	1490
										10	沪蓉高速	G42	上海—成都	1960
										11	沪渝高速	G50	上海—重庆	1900
										12	杭瑞高速	G56	杭州—瑞丽	3405
										13	沪昆高速	G60	上海—昆明	2370
										14	福银高速	G70	福州—银川	2485
										15	泉南高速	G72	泉州—南宁	1635
										16	厦蓉高速	G76	厦门—成都	2295
										17	汕昆高速	G78	汕头—昆明	1710
										18	广昆高速	G80	广州—昆明	1610

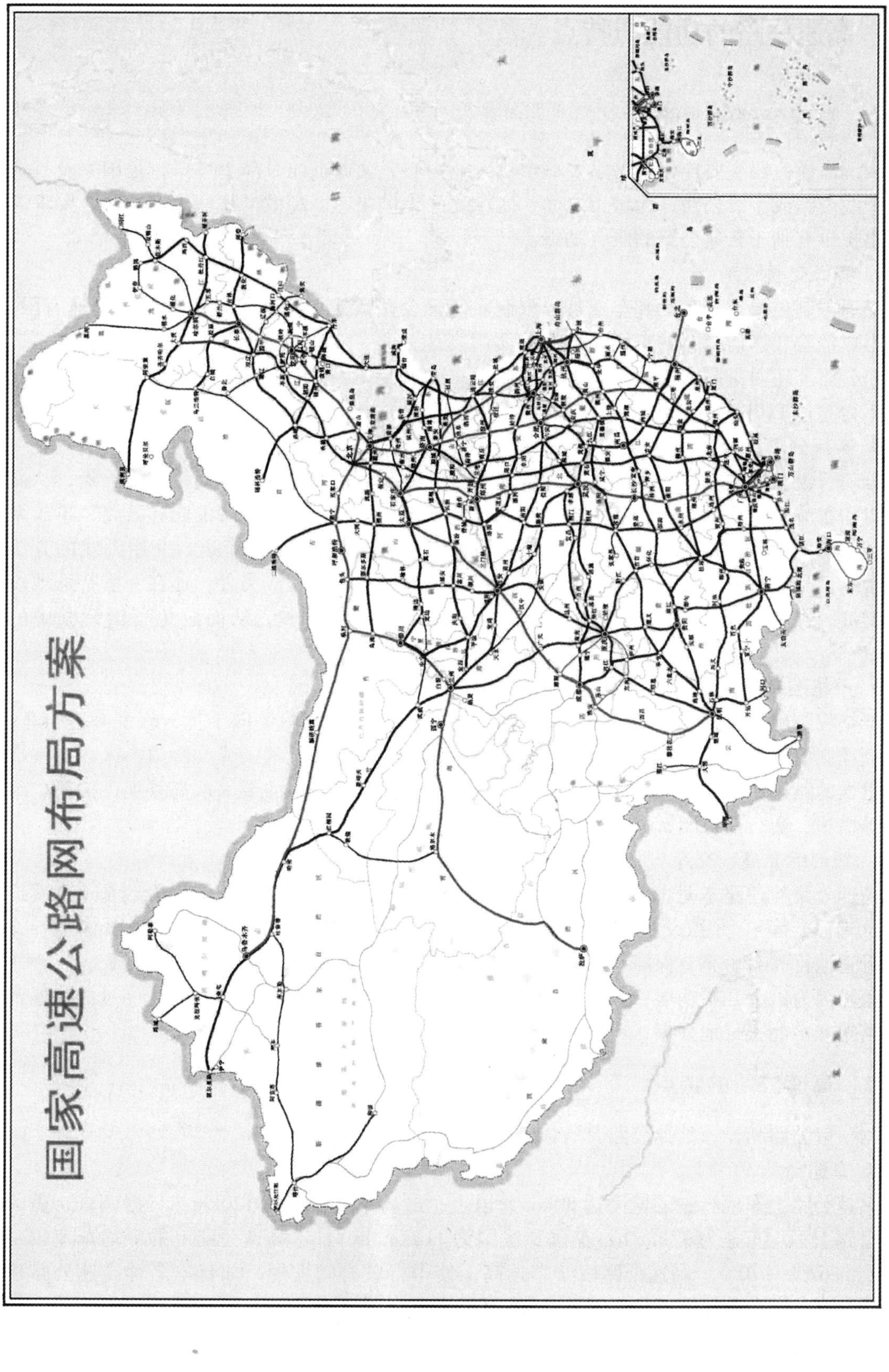

图1-3 国家高速公路网布局方案

1.3 高速公路的功能与特点

1.3.1 高速公路的功能

我国高速公路主要连接全国重要城市、工业中心、交通枢纽及陆上口岸，是国家及省的重要干线公路或干线公路，为城市之间、区域之间提供快速、高效的直达运输交通，要求高速公路提供有别于普通公路的服务功能。

1. 实行交通限制

交通限制主要指对车辆和车速加以限制。高速公路规定：凡非机动车和由于车速有限，可能形成危险或妨碍交通的车辆，均不得使用高速公路。为减少车速相差过大和超车次数，在高速公路上还对最高和最低车速加以限制，一般规定 50km/h 以下的车辆不得上路，最高车速不得超过 120km/h。

2. 实行分隔行驶

分隔行驶主要包括两个方面：一是对对向行驶的车辆，通过设置中间带实行分隔，从而杜绝对向车流干扰。调查资料表明，有中间带的四车道公路比无中间带的同样公路，事故率要降低 45% ~65%；二是对同向行驶的车辆，至少设有两条以上的车道，并用画线的方法使快慢车辆分道行驶，以减少超车和同向车流车速差造成的干扰。另外，还在一些特殊地段设置爬坡、加速、减速等车道，使车辆在局部路段上分离行驶，从而避免车辆行驶中的干扰。

3. 严格控制出入

严格控制出入是指对进出高速公路的车辆严格控制，以消除侧向干扰，保证高速行车。对车辆控制出入主要采用立体交叉，即规定车辆只能从指定的互通式立交匝道出入，对不准车辆出入的路口，则设置分离式立交加以隔绝。对人畜的控制，主要采取高路堤、护栏、高架桥等措施，实行全封闭，从而保证汽车的快速、安全行驶。

4. 线形标准高、交通与服务设施完善

高速公路除道路本身的设施质量较好外，还设有许多附属设施，如安全设施（防撞护栏、反光标志等）、监控设施、紧急电话和服务区等。这些高质量的设施使车辆快速、安全、舒适地行驶有了充分保障，另一方面也使公路所适应的运输距离变得越来越长。

正是因为以上几项功能，致使车辆驾驶员在思想上有一定的放松，行驶速度过快，遇到紧急情况又不能很好地处理，容易引起交通安全事故。

1.3.2 高速公路的特点

与一般公路相比，高速公路具有以下优点。

1. 车速高

高速公路上车辆行驶的速度达 80km/h 以上，最高车速一般为 120km/h。据调查，美国高速公路上平均车速为 97km/h，英国和法国为 110km/h，日本高速公路上的平均车速较一般公路高 62% ~70%。高速公路由于车速高，使得行驶时间缩短，如日本名神高速公路建成后比原有公路节约旅程时间约 75%。从而带来巨大的社会效益与经济效益，对政治、经济、军事都有十分重要的意义。

2. 通行能力大

通行能力反映了公路允许通过汽车数量的多少。由于限制车速并实行分隔行驶，使得车辆速度差及纵向和横向干扰减少，因此，高速公路的通行能力得以提高。据统计，一般双车道公路的通行能力约为 1000 ~ 7000 辆/昼夜；而一条四车道高速公路的通行能力可达 25000 ~ 100000 辆小客车/昼夜，六车道和八车道可达 45 000 ~ 100 000 辆/昼夜。高速公路的巨大通行能力，能够保证车辆在高峰时间通行顺畅，从根本上解决了交通堵塞问题。

3. 行车安全程度高

行车安全是反映运输效率及质量的重要标志之一。由于高速公路上采用了一系列现代科技成果作为安全运行的保护措施，并实行了一系列严密的规章制度和交通法规，因而交通事故率大幅下降。据国外资料介绍，高速公路交通事故率与普通公路相比，美国下降了 56%，英国下降了 62%，日本下降了 89%。目前，我国高速公路正在逐步加强自动化交通监控系统手段，交通事故率已有明显下降。

4. 降低运输成本

高速公路完善的道路与交通设施使燃油与轮胎的消耗、车辆的磨损、货损及事故赔偿损失降低，从而使运输成本大幅降低。据世界各国的统计资料显示，高速公路的运输费用一般可比普通公路下降 30% 左右，修建高速公路的费用在 10 年左右即可收回。

5. 带动沿线经济发展

高速公路的大运量、高效、快速、通达的多功能作用，使生产与流通、生产与交换周期缩短，促进了商品经济的繁荣发展。实践表明，在高速公路沿线，由于交通运输环境改善创造出的有利投资条件，使得经济、文化交流日益扩大，很快兴起一大批新兴工业、商贸城市，其经济发展速度远远超过其他地区。

1.3.3 高速公路存在的问题

高速公路的建设和发展是国家经济发展水平的风向标，我国高速公路的发展同世界还有一定的差距，建设和管理方面的体制都不是很完善。加快高速公路建设是中国经济社会发展的需要。随着国民经济的快速发展，物流、人流、商品流大幅度增加，提高运输效率、降低运输成本的要求日益迫切。

1. 投资大、资金短缺

我国四车道高速公路平均造价约为 3000 万元/km，比普通公路高出几倍甚至几十倍。尽管这些投资在道路投入营运后可以逐年收回，但是结合我国国情，由于财力不足、资金短缺，要集中巨额资金投入高速公路建设，困难确实很大。

2. 占地多

高速公路占地极大，一般用地宽度四车道在 30 ~ 35m，六车道在 50 ~ 60m，八车道在 70 ~ 80m，一座全互通式立体交叉用地在 40000 ~ 150000m^2。我国人口众多，可耕地面积少，必然会出现农业用地与高速公路建设之间的矛盾。

3. 造成地方支线交通困难

高速公路采取全封闭、全立交、汽车专用、限制出入等措施，有利于长距离、快速通达的运输服务，但却给地方支线交通造成了一定的困难。支线车辆必须经规定的地点才能跨越高速公路，必然带来一定的绕道运输；沿线居民的生产与生活也要受到高速公路分隔的影响，有所不便。

4. 密集型的管理问题

高速公路建设标准高，采用了高科技的现代化通信、监控、监视系统，交通工程与服务设施数量多，技术性能复杂，加之道路处于全天候、大流量、高速度的负荷下，公路管理、维护工作既具有技术性也具有特殊性，如何打破普通公路传统的养护管理方法，对高速公路实行高效特管便成为一个重要的管理问题。

5. 环境保护问题

由于高速公路上集中行驶的车流所发出的噪声和排放的废气、废液、废物，将会给环境带来一定的污染，一些国家已经采取降低车速和加强环境保护的措施，但问题还未完全解决。

1.4 高速公路的效益和作用

1.4.1 高速公路的效益

高速公路的出现与发展是国民经济发展的必要结果，只是当国民经济发展到一定程度时才需要有高速公路与其相适应，满足客观要求。几年来我国各地的实践表明，凡修建高速公路的地区经济发展都很快。"要致富，先修路；修大路大富，修快速路快富"，这一俗语通俗地表达了高速公路与经济发展之间的相互关系。

1. 经济效益

高速公路是社会经济发展的必然产物，它推动了生产力的发展，又显示了很高的效益。

（1）直接经济效益　包括：缩短运输时间，提高汽车使用效率所带来的经济效益；节约行驶费用(包括油耗、车耗、轮耗等方面的节约)带来的经济效益；节省包装、装卸，减少货物运输损坏带来的经济效益。

（2）间接经济效益　由于高速公路的修建，促进了沿线的经济发展，对地区性经济开发起着巨大的作用，并带来很大的经济效益。

如沈大高速公路建成后，它的经济效益和社会效益十分显著。设计通行能力达 5 万辆/昼夜，年货运能力 8000t，客运能力 1.3 亿人次，车速可达 100km/h。据测算，由于距离缩短、速度提高而节约的运输费用和各种消耗，每年可达 4 亿元以上。

沈大高速公路连接沿线五大城市、三大港口城市，带动了城市群的建设，促进了城市整体能力优势的发挥，对政治、经济、文化教育的发展起到了积极的作用。

2. 社会效益

1)促进社会的生产和运输的合理化。高速公路的修建，促使该区域的工农业及各方面生产的布局更为合理。高速公路在公路运输中占很大的比重，据统计日本仅占全国公路里程 0.53% 的高速公路，却承担了总货运量的 25.6%；美国占 1.37% 的高速公路，承担了 20% ~25% 的总运输量。

2)促进沿线经济发展和资源的开发。高速公路的修建，将有利于地方经济和一些特殊事业的发展，如上面提及的沈大高速公路就是如此。

3)加速物质生产和产品流通。现代化生产对原材料的需要和产品的流通要求直达、快速，以加快货物运转，加快资金周转，从而能达到扩大再生产的目的。高速公路在加速物资生产，促进产品的流通方面有着重要作用。

4)促进水运、铁路、高速公路的联运。快速灵活的汽车与运量大的火车运输及廉价长距离的水运有机结合形成联运网，使产品运输更为直接、便利、快速、准时，从而最大限度地提高运输效率，降低运输成本。

5)有利于城市人口的分散和卫星城镇的开发。修建高速公路后，沿线小城镇、小型工业的兴建，使城市人口向郊外分散，城市主要居住区转向周围卫星城，既促进了地区发展，又缓解了城市人口集中的矛盾。

6)高速公路的建设对战时集中或疏散物资和人员，快速反应调动部队和军事装备也起着重要的作用。如第二次世界大战时，德国为适应摩托化部队的快速调集，当时就修建了3860km的高速公路，并以此作为飞机起飞的临时跑道。美国的州际和国防高速公路网，连接了48个州的首府，并与加拿大、墨西哥相连。这些公路战时可通过特大军事装备，有的路段可作重型飞机场跑道，个别路段附近设置安全区并有专用路线与之连接。这些都适应了现代战争紧急集中和疏散的需求；日本称高速公路为“对国家兴亡关系重大的道路”，已经形成了以东京为中心的全国高速公路网，能在0.5h内将城市人口疏散，在2h内通过高速公路到达全国主要城市，我国的沈大高速公路的部分路段也具备了飞机临时起降的功能。可见高速公路在国防和军事上的重要作用。

1.4.2 高速公路的作用

虽然各国的高速公路总里程占全国公路总里程的比例不高，但却承担了较高份额的客货运输量。如美国的州际高速公路系统，可承担全国总交通量的20% ~25%；日本高速公路承担了公路运输总量的25.6%；意大利高速公路承担了20%和68.7%的客货运输量。说明了高速公路真正成为各国交通运输的主动脉。

我国国家高速公路网的作用和效益表现在以下几方面。

1. 充分体现了“以人为本”

最大限度地满足人的出行要求，创造出安全、舒适、便捷的交通条件，使用户直接感受到高速公路系统给生产、生活带来的便利。连接全国所有的省会级城市、城镇人口超过50万的大城市以及城镇人口超过20万的中等城市，覆盖全国10多亿人口；东部地区平均30min上高速，中部地区平均1h上高速，西部地区平均2h上高速，从而大大提高全社会的机动性；连接国内主要的4A级著名旅游城市，为人们旅游、休闲提供快速通道。

2. 重点突出了“服务经济”

强化高速公路对于国土开发、区域协调以及社会经济发展的促进作用，贯彻国家经济发展战略。加强了长三角、珠三角、环渤海等经济发达地区之间的联系，使大区域间有3条以上高速通道相连，在三大都市圈内部将形成较完善的城际高速公路网，为进一步加快区域经济一体化和大都市圈的形成，加快东部地区率先实现现代化奠定了基础；将显著改善和优化西部地区及东北等老工业基地的公路网结构，提高区域内部及对外运输效率和能力，进一步强化西部地区西陇海兰新线经济带、长江上游经济带、南贵昆经济区之间的快速联系，改善东北地区内部及进出关的交通条件，为“以线串点、以点带面”，加快西部大开发和实现东北等老工业基地的振兴奠定坚实基础；覆盖地区的 GDP 占到全国总量的 85% 以上；保证国家高速公路网的完整性，便利与港澳地区的衔接；连接主要的国家一类公路口岸，改善对外联系通道的运输条件，更好地服务于外向型经济的发展。

3. 着力强调了“综合运输”

注重综合运输协调发展，国家高速公路网规划路线连接全国所有重要的交通枢纽城市，包括铁路枢纽 50 个、航空枢纽 67 个、水路枢纽 50 个和公路枢纽 140 多个，有利于各种运输方式优势互补，形成综合运输大通道和较为完善的集疏运输系统。

4. 全面服务于“可持续发展”

高速公路将进一步促进国土资源的集约利用、环境保护和能源节约，有效支撑社会经济的可持续发展。据测算，在提供相同路网通行能力条件下，修建高速公路的土地占用量仅为一般公路的 40% 左右，高速公路比普通公路可减少 1/3 的汽车尾气排放，交通事故率降低 1/3，车辆运行燃油消耗也将有大幅度降低。

思 考 题

1.1 公路是如何分类与分级的？

1.2 什么是高速公路？我国国家高速公路网是如何规划的？

1.3 高速公路的命名规则与编号原则是怎样的？

1.4 高速公路具有哪些功能与特点？

1.5 简述高速公路的经济效益与社会效益。

1.6 高速公路有哪些作用？

第 2 章　高速公路的设计依据

路线设计是按勘测设计程序、已批准的计划任务书和 JTG B01—2003《公路工程技术标准》等进行的。高速公路设计要有充分的技术经济依据，其中最基本的设计依据是设计车辆、设计速度和交通量。

2.1　设计车辆

设计车辆是指公路设计所采用的具有代表性的车型，设计车辆是高速公路设计的重要依据之一，主要用于确定公路设计各项控制指标。汽车的行驶特性、外廓尺寸以及行驶在公路上不同种类车辆的组成对高速公路的几何设计具有决定作用，如圆曲线半径、行车道宽度、纵坡大小、行车视距及净空高度等。设计车辆的动力性能则与纵断面的最大纵坡坡度、坡长有关。

在道路几何设计中，作为道路设计依据把汽车分为三类，即小客车、载货车、鞍式列车。

根据我国行驶车辆的具体情况、汽车发展远景规划和经济发展水平，从经济和实用考虑，设计车辆的外廓尺寸是按现有车型的尺寸进行统计后，满足 85% 以上车型的外廓尺寸作为设计标准的。

依据《公路工程技术标准》，我国目前采用的设计车辆外廓尺寸如表 2-1 和图 2-1 所示。

表 2-1　设计车辆外廓尺寸

车辆类型	总长/m	总宽/m	总高/m	前悬/m	轴距/m	后悬/m
小客车	6	1.8	2	0.8	3.8	1.4
载货车	12	2.5	4	1.5	6.5	4
鞍式列车	16	2.5	4	1.2	4 + 8.8	2

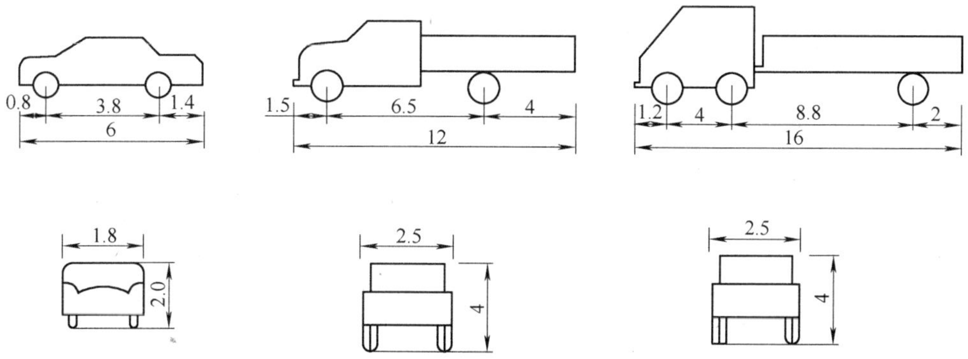

图 2-1　设计车辆外廓尺寸(尺寸单位：m)

鞍式列车适用于大型集装箱运输，可作为高速公路的设计依据。

2.2 设计速度与运行速度

2.2.1 设计速度

设计速度是公路设计时确定几何线形的基本要素。它是指当气候条件良好、交通密度小、汽车运行只受道路本身条件(几何要素、路面、附属设施等)的影响时，中等驾驶技术的驾驶员能保持安全、顺适行驶的最大行驶速度。

设计速度是决定道路几何形状的基本依据。道路的曲线半径、超高、视距等直接与设计速度有关，同时也影响车道宽度、中间带宽度、路肩宽度等指标的确定。

根据《公路工程技术标准》，高速公路设计速度划分为三个等级，见表 2-2。

表 2-2 高速公路设计速度

公路等级	高速公路		
设计车速/(km/h)	120	100	80

各级公路设计速度应根据公路的功能、等级、交通量，结合沿线地形、地质等状况，经论证确定。对于高速公路，应根据交通量、交通组成和性质，结合地区、地形特点确定高速公路设计车速的标准。设计车速应以小客车为主考虑。虽然目前我国高速公路上行驶的车辆种类仍较多，大货车也有相当比例，但车辆性能正在不断地改善，实际运行车速呈增大趋势，以小客车作为确定高速公路设计车速的标准是合适的。

高速公路作为国家及省属重要干线公路，或作为交通量大的国家及省属干线公路，或位于地形、地质良好的平原、丘陵地段时，经技术经济论证，其设计速度宜采用 120km/h 或 100km/h；当受地形等自然条件限制时，经论证可选用 80km/h；特殊困难的局部路段，且因新建工程可能诱发工程地质病害时，或位于地形、地质等自然条件复杂的山区及交通量较小的高速公路时，经论证并报主管部门批准，该局部路段的设计速度可采用 60km/h，但长度不宜大于 15km ，或仅限于相邻两互通式立体交叉之间，与其相邻路段的设计速度不应大于 80km/h。

2.2.2 运行速度

设计速度与运行速度是两个不同的概念。运行速度是指在特定路段长度上车辆实际行驶速度。它受气候、地形、交通密度以及公路本身条件的影响，同时与驾驶员的技术也有很大的关系。在设计速度低的路段上，当行车条件(交通密度、气候、地形等)比较好时，行车速度常接近或超过设计速度。设计速度越低，出现这种现象的概率越大。由于不同的车辆在行驶过程中可能采用不同的车速，通常用测定的第 85 个百分点上的车辆行驶速度作为运行速度。

目前，国内外普遍采用以设计速度为依据的公路几何设计方法。但是经过多年的实践，设计与管理人员发现这种设计方法本身存在一定的缺陷。现行的设计方法最显著的特征：对于一个设计路段，设计速度是一个固定值，其作为基础参数，规定了线形设计要素的最小指标值，却没有考虑是否能够满足实际行车速度的要求。实际上，车辆在公路上行驶时，驾驶员总是通过不断地获取道路几何条件，判断并采用其认为的合适速度，并且在驾驶员自己认为安全的情况下，总是尽可能采用较高的车速行驶，这是一般驾驶员的行车心理，往往导致实际运行速度大于设计速度。在平纵面指标较低的山岭区高速公路上，实际行车速度在同一曲线的横向不同路幅上也可能是变化的，特别是连续纵坡较大(约大于3%)和路段交通组成中载货车所占比例较大时，上、下坡方向汽车的车速会明显不同。因此，满足设计速度要求的道路设计值，如视距、超高等不一定满足驾驶员选用的实际运行速度。同时，根据设计速度所作的设计不能够保证行车速度标准的一致性。设计速度仅仅规定了道路曲线几何特征的最小设计值，对于平坦的直线路段是没有意义的。在不同半径的平曲线路段，车辆的实际行车速度与设计速度也不相同，有时候差别很大。因此，虽然设计人员希望用等值的设计速度设计出行车速度标准一致的公路，但实际上由于线形的突变，各路段间经常会产生速度突变点，这些突变点正是发生交通事故的主要路段。针对以设计速度为基础的路线设计方法存在的主要问题，为保证汽车行驶连续性的要求，德、法等欧洲国家和美国、澳大利亚等发达国家广泛运用了以运行速度概念为基础的路线设计方法。

运行速度与设计速度既有区别，又有联系。不同之处在于设计速度是理论车速，运行速度是实际车速；在一条公路上，相对于变化的几何线形，设计速度是不变的，而运行速度则是随公路路线不断变化的。设计速度是最大的安全运行车速，运行速度是几何设计实现设计速度程度的反映。因此，运行速度在一定程度上综合反映了设计的质量。

运行速度考虑了绝大多数驾驶员的交通心理需求，以车辆的实际运行速度作为线形设计速度，可以有效解决路线设计指标与实际行驶速度所要求的线形指标脱节的问题，保证了在一个设计区段内行车速度的连续性和一致性。

运行速度设计方法的基本思路是：在采用设计速度概念对公路平面线形和纵断面进行初步设计的基础上，利用“路段划分原则”将设计路段划分成若干路段，通过“运行速度测算模型”推算各路段运行速度，并以“相邻路段运行速度差控制标准”检验和修正线形的平纵设计，然后根据路段线形和运行速度最终确定曲线超高、加宽、视距等设计指标。

不同国家采用的“路段划分原则”、“运行速度测算模型”及“相邻路段运行车速差控制标准”有所不同。德国采用一个称为曲率变化率CCR(或曲度)的指标去划分路线，曲率变化率被定义为平曲线角度变化的绝对值除以路段长度。德国研究发现：在具有相似特性的路段长度上，当运行速度相对恒定时，它与曲率变化率具有很强的相关性。与曲率变化率相关的运行速度的曲线图将用于预测路段的运行速度。澳大利亚的路段运行速度的测算模型包括标准条件下的直线(含大半径曲线)路段测算模型和小半径曲线路段测算模型两大类，纵坡、横断面等公路技术特征变化对运行速度的影响通过对标准条件下的运行速度的修正来实现，可实现分方向预测小客车和货车的运行速度。国外相邻路段小客车运行速度差控制标准值：德国和澳大利亚为10km/h，美国为16km/h，瑞士一般情况下不应超过20km/h，但对于小于75km/h的运行车速，车速差要小于10km/h。

我国在运行速度的研究方面起步较迟，但发展较快，研究建立的适合我国高速公路交通运行特征的路线运行速度预测模型、评价标准、设计方法及设计流程已写入推荐性行业标准JTG/T B05—2004《公路项目安全性评价指南》。《公路工程技术标准》在设计上已引入了运行速度的概念，建议设计人员在设计速度变化路段、爬坡车道、超高等受限制路段进行运行速度验算。

2.3 交通量

交通量是指单位时间内通过道路某一断面的交通流量。其具体数值由交通调查及交通量预测确定。交通量的调查、分析及预测是对道路建设项目进行可行性研究、评价及几何线形设计的重要依据之一。

2.3.1 设计交通量

交通量的常用计量单位是年平均日交通量(即 *AADT*)，其量是一年 365 天内观测交通量结果的平均值。设计交通量是指拟建公路到预测年限时所能达到的年平均日交通量(辆/d)，它是确定公路等级的主要依据。《公路工程技术标准》规定，高速公路设计交通量应按 20 年预测。设计交通量的预测起算年应为该项目可行性研究报告中的计划通车年；当提交可行性研究报告年到公路通车年超过 5 年时，在编制初步设计前应对规划交通量予以核对。

交通量随季节、气候条件和时间而变化，它在确定道路等级、论证道路的计划费用及各项结构设计等方面有重要作用，但不宜直接用于道路几何设计。

预测年年平均日交通量可按下式计算

$$N_d = N_0(1+\gamma)^{n-1} \tag{2-1}$$

式中 N_d——预测年平均日交通量(辆/d)；

N_0——预测初年平均日交通量，包括现有交通量和公路建成后从其他道路吸引过来的交通量(辆/d)；

γ——交通量年平均增长率(%)；

n——预测年限。

2.3.2 设计小时交通量

小时交通量(辆/h)是以小时为计算时段的交通量，是确定车道数和车道宽度或评价服务水平的依据。我们知道，一年中的每月、每日、每小时交通量的变化是相当大的，如果用一年中最大的高峰小时交通量作为设计依据，必然造成浪费，但如果采用日平均小时交通量则不能满足实际需要，甚至造成交通阻塞。因此，必须选择适当的小时交通量作为设计小时交通量。研究认为，将一年中测得的 8760h 交通量按大小顺序排列，取一年中的排序第 30 位小时交通量为设计小时交通量最合适。如图 2-2 所示，在 20 ~ 40 位小时交通量附近，曲线急剧变化，其右侧曲线明显变缓，而左侧曲线坡度则较大。显然设计小时交通量的合理取值范围应在第 20 ~ 40 位。如果以第 30 位小时交通量作为设计依据，意味着在一年中只有 29 个小时的交通量超过设计值，会发生拥挤，占全年小时数的 0.33%，相反，全年 99.67% 的时间能够保证交通畅通。采用第 30 位小时交通量，既不会造成过大投资，又不会造成过多的交通堵塞。目前，包括我国在内的世界许多国家都采用第 30 位小时交通量作为设计的依据，也可根据当地调查结果采用第 20 ~ 40 位小时之间最为经济合理的时位。

设计小时交通量一般按预测年的年平均日交通量计算，公式如下

$$DDHV = AADT \cdot D \cdot K \tag{2-2}$$

式中　$DDHV$——第 30 小时两个方向的总交通量(辆/h)；

$AADT$——年平均日交通量(辆/d)；

D——方向不均匀系数，一般取 $D = 0.5 \sim 0.6$，也可根据当地交通量观测资料确定；

K——设计小时交通量系数(%)，为选定时位的小时交通量与年平均日交通量的比值。

当有观测资料时绘制图 2-2 求得 K 值，无资料时可根据气候分区按表 2-3 取值。

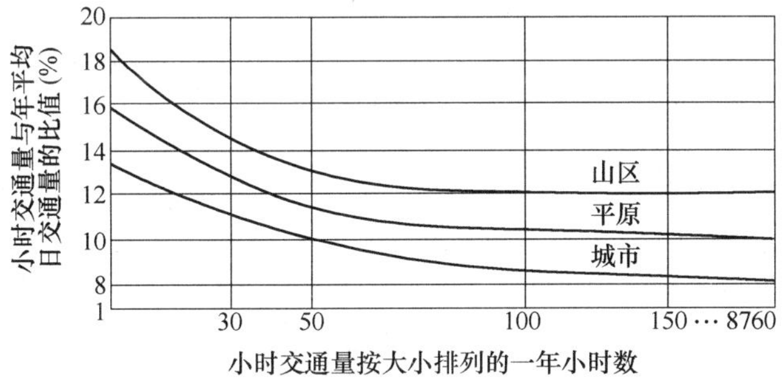

图 2-2　年平均日交通量与小时交通量的关系曲线

表 2-3　设计小时交通量系数(%)

公路环境及分类		华北	东北	华东	中南	西南	西北
		京、津、冀、晋、蒙	辽、吉、黑	沪、苏、浙、皖、闽、赣、鲁	豫、湘、鄂、粤、桂、琼	川、滇、黔、藏	陕、甘、青、宁、新
近郊	高速公路	8.0	9.5	8.5	8.5	9.0	9.5
城间	高速公路	12.0	13.5	12.5	12.5	13.0	13.5

2.3.3　车辆折算系数

在高速公路上行驶的车辆种类很多，经调查，由小货车、中型货车、大货车、小客车、大客车和拖挂车六种车型组成，其行驶速度和所占面积也各不相同，在确定设计交通量时，应将高速公路实际的不同车型的交通量换算成标准车型交通量。根据国家“九五”攻关项目《公路通行能力研究》的成果，以车辆运行特性作为车辆分类标准，从对交通运行的影响考虑，将高速公路上常见的机动车六种车型归并为小客车、中型车、大型车和拖挂车四类。

《公路工程技术标准》将涵盖小客车与小型货车的小客车定为各级公路设计交通量换算的标准车型。高速公路以小客车为设计车辆，各种汽车均折合成小客车的交通量。

用于公路规划与技术等级划分的机动车折算系数按表 2-4 采用。用于交通量换算的车辆折算系数是在特定的公路与交通组成条件下，所有非标准车相当于标准车(小客车)对交通流影响的当量值。

表 2-4 各汽车代表车型与车辆折算系数

车型编号	代表车型	折算系数	车种说明
1	小客车	1.0	≤19 座的客车和载质量≤2t 的货车
2	中型车	1.5	<19 座的客车和载质量 >2t ~ ≤7t 的货车
3	大型车	2.0	载质量 >7t ~ ≤14t 的货车
4	拖挂车	3.0	载质量 >14t 的货车

2.4 通行能力与服务水平

2.4.1 通行能力

道路通行能力也称道路容量，是指道路的某一断面在单位时间内所能通过的最大车辆数，以辆/时表示。它是正常条件下道路交通的极限值。

高速公路通行能力是公路网规划、公路设计、交通运行和管理、公路工程项目可行性研究以及公路建设项目后评估的基础参数。通过高速公路通行能力的研究，可以为高速公路规划和设计时确定车道数和行车道宽度等几何要素提供依据；估算交通流的运行参数和服务水平指标，评价运行特性和进行服务水平分析，针对高速公路存在的问题提出改进方案；为确定高速公路使用者的费用，废气、噪声污染以及对环境的影响程度提供了基本参数值。

1. 基本概念

通行能力是指在一定的道路、交通、管制和环境条件下，对应于一定的行驶质量即服务水平，在某一道路断面上单位时间所能通过的最大车辆数。通行能力实质上是道路负荷性能的一种量度，它既反映了道路疏通交通的最大能力，也反映了在规定特性前提下，道路所能承担车辆运行的极限值。通行能力一般以 veh/h（辆/小时）、pcu/h（当量标准小客车/小时）表示，基本单位是 pcu/(h · ln) [当量小客车/(小时 · 车道)]。

通行能力和交通量存在相同之处，它们都是指单位时间内通过道路某断面的交通实体数量，表示的单位和方法相同，但是两者之间有着本质的区别。交通量是指单位时间内，道路上实际通过的交通实体的观测值，其数值具有动态性与随机性；通行能力是在已知的道路设施和规定的运行质量条件下，单位时间内所能适应的最大交通量，其数值具有相对的稳定性。在正常运行状况下，道路的交通量均小于通行能力。当交通量远远小于通行能力时，车流为自由流状态，车速高，驾驶自由度大，驾驶员可以随意变更车速，实现超车；随着交通量的增加，车流的运行状态逐渐恶化，当交通量接近或等于通行能力时，车流为强制流状态，车辆行驶自由度降低，将会出现交通拥挤、阻塞等现象。由此可见，在交通流状态分析中，交通量和通行能力两者缺一不可，通行能力反映了道路的容量（服务能力），交通量则反映了道路的负荷量（交通需求）。因此，常用交通量与通行能力的比值来表征道路的负荷程度（或利用率、饱和度）。

2. 影响通行能力的因素

影响通行能力的因素有很多，主要有道路条件和交通条件，此外，还有管制条件、环境和气候条件以及规定的运行条件等。所谓道路条件是指道路的几何条件和与其相关的其他条件，如车道宽度、侧向余宽、路面状态、道路线形等；交通条件是指车流中的车辆构成、车道分布、交通量变化状况、车速及车头间距等。

3. 通行能力的分类

根据道路通行能力的作用性质可分为三种：

（1）基本通行能力　指在理想的道路、交通、控制和环境条件下，一个车道或车行道的均匀段上或一横断面上，不论服务水平如何，1h所能通过标准车辆的最大数。

道路条件：指公路的几何特征，包括车道数，车道、路肩和中间带等的宽度，侧向净宽，设计速度及平、纵线形的视距等。

交通条件：指交通特征，它包括交通流中的交通组成、交通量以及在不同车道中的交通量分布和上、下行方向的交通量分布。

控制条件：指交通控制设施的形式及特定设计和交通规则。

环境条件：主要指横向干扰程度以及交通秩序等。

（2）可能通行能力　指已知公路的一组成部分在实际或预计的道路、交通、控制及环境条件下，一条车道或一车行道有代表性的均匀段上或一横断面上，不论服务水平如何，1h所能通过的最大车辆数。

（3）设计通行能力　指一设计中公路的一组成部分在预计的道路、交通、控制及环境条件下，一条车道或一车行道有代表性的均匀段上或一横断面上，不论服务水平如何，1h所能通过的最大车辆数。

各级公路所能适应的年平均日交通量是由公路所具有的通行能力决定的。通行能力是公路所能疏导交通流的能力，反映了在保持规定的运行质量的前提下公路所能通行的最大小时交通量。

高速公路规划设计时既要保证提供的服务水平和车辆运行质量高，避免通车不久就因交通量不适应造成交通阻塞，同时也要兼顾我国的经济水平和公路建设投资的力量。因此，以二级服务水平作为高速公路通行能力的设计依据。高速公路每车道的基本通行能力与设计通行能力见表2-5。

表2-5　高速公路每车道的基本通行能力与设计通行能力

设计速度/(km/h)	120	100	80
基本通行能力/［(pcu(h·ln)］	2200	2100	2000
设计通行能力/［(pcu(h·ln)］	1600	1400	1200

4. 通行能力计算

不同于其他等级的公路，高速公路是自成系统的一种公路形式。它是由三种不同路段组成的，即由基本路段、交织区和匝道三部分组成，包括匝道—主线连接处及匝道—横交公路连接处。在研究高速公路通行能力时，应从不同路段研究。本节仅就基本路段的通行能力进行研究。

（1）基本通行能力的计算　基本通行能力可用车头时距法或车头间距法计算。

1）车头时距法。车头时距是指连续车流中，前后两车通过高速公路上同一地点（或同一断面）的时间间隔。按车头时距法计算理论通行能力的公式如下

$$C_B = \frac{3600}{t_0} \tag{2-3}$$

式中 C_B——一条车道的基本通行能力［pcu/(h·ln)］；

t_0——车头时距(s)，通常由观测得到。

2）车头间距法。车头间距是指连续车流中前后两车保持行车安全的车头之间的距离。按车头间距法计算理论通行能力的公式如下

$$C_B = \frac{1000V}{l_0} \tag{2-4}$$

基本通行能力计算示意图，如图2-3所示。

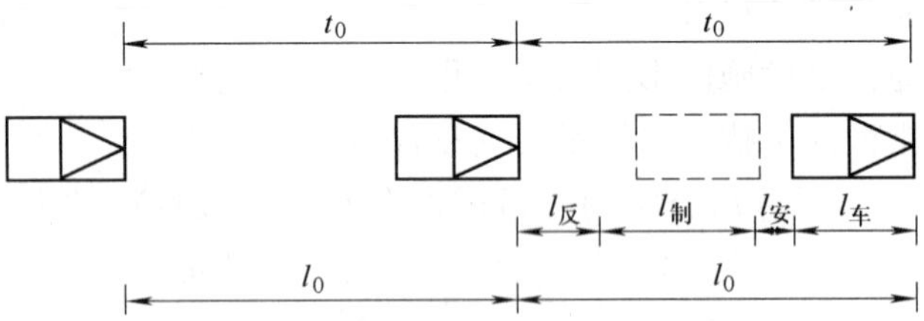

图2-3 基本通行能力计算示意图

式中 l_0——车头最小间距(m)，其值为

$$l_0 = l_反 + l_制 + l_安 + l_车 = \frac{V}{3.6}t + \frac{V^2}{254\varphi} + l_安 + l_车$$

V——行车速度(km/h)；

t——驾驶员反应时间(s)；

φ——轮胎与路面的附着系数，见表2-6；

$l_反$——驾驶员反应时间内行驶的距离(m)；

$l_制$——车辆的制动距离(m)；

$l_安$——车辆间的安全距离(m)；

$l_车$——车辆平均长度(m)。

表2-6 轮胎与路面的附着系数

设计速度/(km/h)	120	100	80
φ	0.29	0.30	0.31

（2）可能通行能力的计算 由于通常的道路和交通条件与理想条件有较大差距，考虑了影响通行能力的诸多因素，如行车道宽度、左侧路肩宽度与交通组成等。所以计算可能通行能力时，是在基本通行能力的基础上进行修正得到的。高速公路路段的实际通行能力由下式计算

$$C_p = C_B \cdot f_W \cdot f_{HV} \cdot f_p \tag{2-5}$$

式中 C_p——一条车道的实际通行能力［pcu/(h·ln)］；

f_W——车道宽及侧向净空修正系数；

f_{HV}——交通组成或大型车修正系数；

f_p——驾驶员条件修正系数。

（3）设计通行能力的计算　设计通行能力由可能通行能力乘以与该路服务水平相应的最大服务交通量和基本通行能力之比(V/C)得到。即

$$C_D = C_p\left(\frac{V}{C}\right)_i \tag{2-6}$$

式中　C_D——一条车道的设计通行能力［pcu/(h·ln)］；

$\left(\frac{V}{C}\right)_i$——与 i 级服务水平相应的服务交通量与通行能力之比($i=1\sim4$)。

当 V/C 值小的时候最大服务交通量小，车流运行条件好，相应地服务水平就高；反之 V/C 值大时服务交通量也大，车流运行条件差，服务水平也低。当设计小时交通量超过设计通行能力时道路将发生堵塞。

2.4.2　服务水平

1. 服务水平的概念

服务水平是指道路使用者从道路状况、交通与管制条件、道路环境等方面可能得到的服务程度或服务质量。如可以提供的行车速度、舒适、方便、驾驶员的视野，以及经济安全等方面所能得到的实际效果与服务程度。

目前服务水平大体按下列指标划分：

1）行车速度和运行时间。

2）车辆行驶时的自由程度(通畅性)。

3）交通受阻或受干扰的程度，以及行车延误和每千米停车次数等。

4）行车的安全性(事故率和经济损失等)。

5）行车的舒适性和乘客满意的程度。

6）最大密度，每车道每千米范围内车辆的最大密度。

7）经济性(行驶费用)。

由于实际确定服务水平等级时，难以全面考虑和综合上述各个因素，往往仅以其中的某几项指标作为代表，常常取行车速度及服务交通量与通行能力之比作为路段评定服务等级的主要影响因素。

2. 服务水平分级

服务水平也称服务等级，是用来衡量道路为驾驶员、乘客所提供的服务质量的等级，其质量可以从自由运行、高速、舒适、方便、安全满意的最高水平，到拥挤、受阻、停停开开、难以忍受的最低水平。

服务等级的划分各国不同，一般均根据本国的道路交通的具体条件划分为 3~6 个服务等级。日本分为 3 个等级，我国分为 4 个等级，美国定为 6 个等级。

美国将服务水平分为 A 至 F 六级，对各级服务水平的一般描述摘要如下：

服务水平 A：交通量很小，交通为自由流，使用者不受或基本不受交通流中其他车辆的影响，有非常高的自由度来选择所期望的速度进行驾驶，为驾驶员和乘客提供的舒适便利程度极高。

服务水平 B：交通量较前增加，交通处在稳定流范围内的较好部分。在交通流中，开始

易受其他车辆的影响，选择速度的自由度相对来说还不受影响，只是驾驶自由度比服务水平A稍有下降。由于其他车辆开始对少数驾驶员的驾驶行为产生影响，因此所提供的舒适和便利程度较服务水平A低一些。

服务水平C：交通量大于服务水平B，交通处在稳定流范围的中间部分，但车辆间的相互影响变得大起来，选择速度受到其他车辆的影响，驾驶时需特别注意部分其他车辆，舒适和便利程度有明显下降。

服务水平D：交通量又增大，交通处在稳定交通流范围的较差部分。速度和驾驶自由度受到严格约束，舒适和便利程度低下。当接近这一服务水平下限时，交通量有少量增加就会在运行方面出现问题。

服务水平E：此服务水平的交通常处于不稳定流范围，接近或达到该水平最大交通量时，交通量有小的增加，或交通流内部有小的扰动就将产生大的运行问题，甚至发生交通中断。本水平内所有车速降到一个低的但相对均匀的值，驾驶自由度极低，舒适和便利程度也非常低，驾驶员受到的挫折通常是大的。此服务水平下限时的最大交通量即为基本通行能力（理想条件下）或可能通行能力。

服务水平F：交通处于强制流状态，车辆经常排成队，跟着前面的车辆停停走走，极不稳定。在此服务水平中，交通量与速度同时由大变小，直到零为止，而交通密度则随交通量的减少而增大。

以上六级服务水平描述针对非中断性交通流的公路设施。

我国按照车流运行状态，把从小交通量的自由流至交通量达到可能状态的受限制流运行范围划分为四级服务水平，与每一级服务水平相应的交通量称为服务交通量。一级相当于美国的A、B两级，二、三级分别相当于美国的C级及D级，四级相当于美国的E、F两级。我国高速公路服务水平的分级见表2-7，在设计中，我国高速公路采用二级服务水平进行设计。

表2-7 我国高速公路服务水平的分级

服务水平等级	密度/[pcu/(km·ln)]	设计速度/(km/h)								
		120			100			80		
		速度/(km/h)	$\frac{V}{C}$	最大服务交通量/[pcu/(h·ln)]	速度/(km/h)	$\frac{V}{C}$	最大服务交通量/[pcu/(h·ln)]	速度/(km/h)	$\frac{V}{C}$	最大服务交通量/[pcu/(h·ln)]
一	≤7	≥109	0.34	750	≥92	0.31	650	≥74	0.25	500
二	≤18	≥90	0.74	1600	≥79	0.67	1400	≥66	0.60	1200
三	≤25	≥78	0.88	1950	≥71	0.86	1800	≥60	0.75	1500
四	≤45	≥48	接近1.0	<2200	≥47	接近1.0	<2100	≥45	接近1.0	2000
	>45	<48	>1.0	0~2200	<47	>1.0	0~2100	<45	>1.0	0~2000

3. 服务交通量

服务交通量是指在通常的道路条件、交通条件和管制条件下，并保持规定的服务水平时，道路的某一断面或均匀路段在单位时间内所能通过的最大小时交通量。不同的服务水平允许通过的服务交通量不同。服务等级高的道路车速快，延误少，驾驶员开车的自由度大，舒适性与安全性好，但是其相应的服务交通量小；反之，允许的服务交通量就大，则服务水平低。服务交通量不是一系列连续值，而是不同的服务水平条件允许通过的最大值，反映的是在某一特定服务水平下道路所能提供的疏导交通的能力极限，是不同服务水平之间的流量界限。

2.5 高速公路技术标准

技术标准的确定是一项科学性强、涉及因素广的工作，是公路勘察设计的前提条件。平原微丘区高速公路在拟定技术标准时，主要依据公路网规划、项目在路网中的地位和作用，从全局出发，按照公路的功能和远景交通量确定，一般以交通功能为主确定，强调采用较高的技术标准。对于山区高速公路，除考虑平原微丘区的因素外，还要着重从路线走廊的地形、地质、水文条件和环境保护的要求等方面入手，正确处理技术标准与自然环境的关系，在最大限度地保护区域自然环境的前提下，拟定技术标准。

技术指标的运用不仅影响高速公路的使用功能和工程造价，而且影响高速公路沿线的自然环境。建设中应合理、灵活地运用技术指标，避免片面追求高指标和机械使用技术指标。

平原微丘区的地形、地质条件简单，高速公路一般采用高指标，以最大限度满足行车的舒适性。山区高速公路技术指标的运用强调与自然条件相结合，应在满足高速公路使用基本功能的前提下，结合地形、地质条件的变化，灵活地运用技术指标，并强调不同设计路段间和同一设计路段内技术指标的连续性和均衡性。

JTG D20—2006《公路路线设计规范》规定的高速公路主要技术指标，见表2-8。

表2-8 高速公路主要技术指标

<table>
<tr><td colspan="2">设计速度/(km/h)</td><td colspan="3">120</td><td colspan="3">100</td><td colspan="2">80</td></tr>
<tr><td colspan="2">车道数</td><td>8</td><td>6</td><td>4</td><td>8</td><td>6</td><td>4</td><td>6</td><td>4</td></tr>
<tr><td rowspan="2">整体式路基宽度/m</td><td>一般值</td><td>42.00</td><td>34.50</td><td>28.00</td><td>41.00</td><td>33.50</td><td>26.00</td><td>32.00</td><td>24.50</td></tr>
<tr><td>最小值</td><td>40.00</td><td>—</td><td>25.00</td><td>38.50</td><td>—</td><td>23.50</td><td>—</td><td>21.50</td></tr>
<tr><td rowspan="2">分离式路基宽度/m</td><td>一般值</td><td>22.00</td><td>17.00</td><td>13.75</td><td>21.75</td><td>16.75</td><td>13.00</td><td>16.00</td><td>12.25</td></tr>
<tr><td>最小值</td><td>—</td><td>—</td><td>13.25</td><td>—</td><td>—</td><td>—</td><td>—</td><td>11.25</td></tr>
<tr><td colspan="2">车道宽度/m</td><td>3.75</td><td>3.75</td><td>3.75</td><td>3.75</td><td>3.75</td><td>3.75</td><td>3.75</td><td>3.75</td></tr>
<tr><td rowspan="2">圆曲线最小半径/m</td><td>一般值</td><td colspan="3">1000</td><td colspan="3">700</td><td colspan="2">400</td></tr>
<tr><td>极限值</td><td colspan="3">650</td><td colspan="3">400</td><td colspan="2">250</td></tr>
<tr><td rowspan="2">不设超高圆曲线最小半径/m</td><td>路拱≤2%</td><td colspan="3">5500</td><td colspan="3">4000</td><td colspan="2">2500</td></tr>
<tr><td>路拱>2%</td><td colspan="3">7500</td><td colspan="3">5250</td><td colspan="2">3350</td></tr>
<tr><td colspan="2">停车视距/m</td><td colspan="3">210</td><td colspan="3">160</td><td colspan="2">110</td></tr>
<tr><td colspan="2">最大纵坡（%）</td><td colspan="3">3</td><td colspan="3">4</td><td colspan="2">5</td></tr>
<tr><td colspan="2">最小坡长/m</td><td colspan="3">300</td><td colspan="3">250</td><td colspan="2">200</td></tr>
<tr><td colspan="2">汽车荷载</td><td colspan="8">公路—I级</td></tr>
</table>

2.6 高速公路建筑限界与用地范围

2.6.1 高速公路建筑限界

设计车辆的外廓尺寸直接影响高速公路的建筑限界和用地范围。

高速公路建筑限界又称净空，由净高和净宽两部分组成，是保证公路上的车辆正常通行与安全，在一定宽度和高度范围内不得有任何障碍物侵入的空间范围。公路建筑限界是横断面设计的重要依据，设计时应充分研究组成路幅要素的相互关系及公路各种设施的设置规划，在有限空间内作出合理的安排。在净空范围内绝对不允许桥台、桥墩以及照明灯柱、护栏、信号灯、标志、电杆等设施侵入道路建筑限界内。

1. 净高

净高即净空高度，指公路在横断面范围内保证安全通行所必须满足的竖向高度。净高应考虑汽车装载高度、安全高度及路面铺装等因素确定。我国载货车的装载高度限制为4.0m，外加0.5m的安全高度，一般采用4.5m的净高。考虑到大型设备运输的发展、路面积雪和路面铺装在养护中的加厚等原因，规定高速公路的净高为5.0m。一条公路应采用相同的净高。当构造物位于道路凹形竖曲线上方时，如图2-4所示，长大车辆通过会形成圆弧上的一条弦而降低构造物下有效净高，设计时应保证有效净高的要求；公路下穿宽度较宽或斜交角度较大的跨线构造物时，应保证公路路面距构造物底部任意点均满足净高的需要。

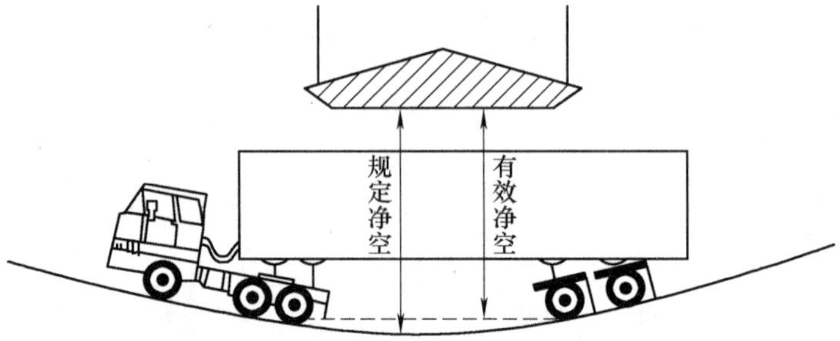

图2-4 凹形竖曲线上方有效净空高度

2. 净宽

指公路在横断面范围内保证安全通行所必须满足的横向宽度。净宽包括行车带、路肩、中间带、绿带等的宽度。路肩在净空范围内，因此公路上各种设施（标志、护栏等）均应设置在右路肩以外的保护性路肩上，而且必须保证其伸入部分在净高以上。设于中间带和路肩上的桥墩或门式支柱不应紧靠建筑限界，应留有设置防护栏的余地（不小于0.5m）。当设置加（减）速车道、紧急停车带、爬坡车道时，建筑限界应包括相应部分的宽度。桥梁、隧道及高架公路的净空一般应与路段相同，有时为了降低造价需压缩净空时，其压缩部分主要体现在侧向宽度上。

3. 高速公路建筑限界的规定

高速公路建筑限界的规定如图2-5所示。

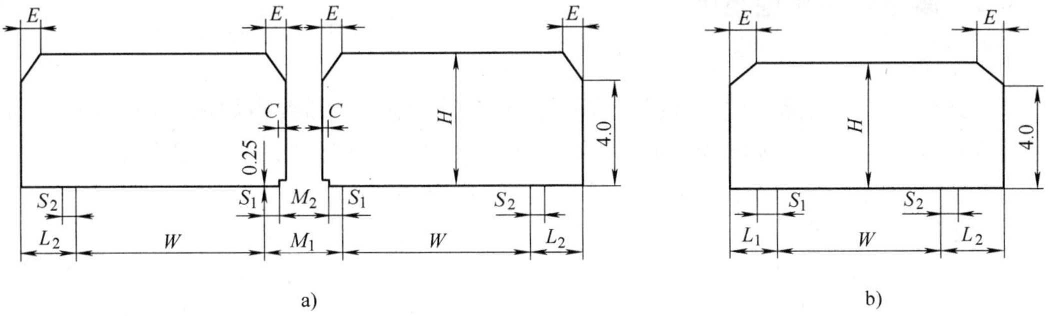

图 2-5　高速公路建筑限界(尺寸单位：m)

a)整体式　b)分离式

W——行车道宽度

C——安全带宽度，当设计速度大于或等于 100km/h 时为 0.5m，当设计速度小于 100km/h 时为 0.25m

S_1、S_2——行车道左侧和右侧路缘带宽度

M_1、M_2——中间带及中央分隔带宽度

L_1——左侧硬路肩宽度

L_2——右侧硬路肩或紧急停车带宽度

E——建筑限界顶角宽度，当 $L \leqslant 1$m 时，$E = L$，当 $L > 1$m 时，$E = 1$m，L 为侧向宽度，高速公路的侧向宽度为硬路肩宽度 L_1 或 L_2。

H——净空高度

隧道最小侧向宽度的规定，见表 2-9。

表 2-9　隧道最小侧向宽度

设计速度/(km/h)	高速公路		
	120	100	80
左侧侧向宽度 $L_{左}$/m	0.75	0.50	0.50
右侧侧向宽度 $L_{右}$/m	1.25	1.00	0.75

公路建筑限界的边界线规定如图 2-6 所示。对于一般路拱路段，上缘边界线为一条水平线，两侧边界线与水平线垂直；对于设置超高的路段，上缘边界线是与超高横坡平行的斜线，两侧边界线与超高横坡线垂直。

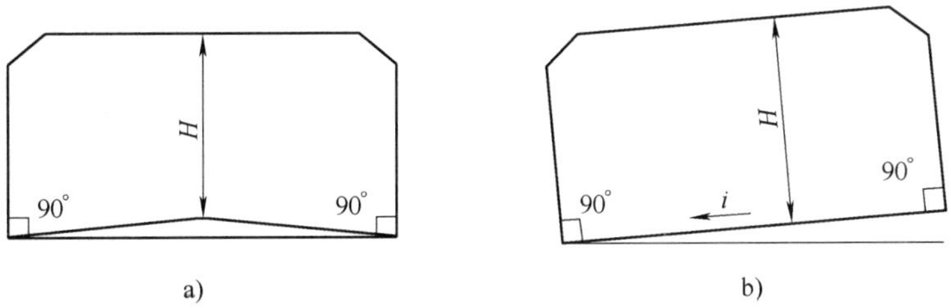

图 2-6　公路建筑限界的边界线规定

a)一般路拱路段　b)设置超高路段

2.6.2 高速公路用地范围

1. 公路用地

公路用地是指公路修建、养护及布设沿线各种设施等所需要占用的土地。公路用地的征用应遵守国家有关的土地法规。确定高速公路用地既要根据公路建设的需要，保证必需的用地，又要考虑农业生产及照顾群众利益，尽可能节省用地。

2. 用地范围规定

1）公路路堤两侧排水沟外边缘(无排水沟时为路堤或护坡道坡脚)以外，或路堑坡顶截水沟外边缘(无截水沟时为坡顶)以外不小于1m范围内的土地；在有条件的地段，高速公路不小于3m范围内的土地为公路路基用地范围。

2）在风沙、雪害及特殊地质地带，需设置防护林，种植固沙植物，安装防沙或防雪栅栏以及设置反压护道等设施时，应根据实际需要确定其用地范围。

3）桥梁、隧道、互通式立体交叉、分离式立体交叉、平面交叉、交通安全设施、服务设施、管理设施、绿化以及料场、苗圃等，应根据实际需要确定其用地范围。

4）有条件或环境保护要求种植多行林带的路段，应根据实际情况确定用地范围。

5）改建公路可参照新建公路用地范围的规定执行。

思 考 题

2.1 我国高速公路设计依据有哪些?

2.2 什么是设计车辆、设计速度、交通量?

2.3 交通量如何折算?

2.4 设计速度和运行速度有什么区别?

2.5 什么是通行能力? 如何确定高速公路的实际通行能力?

2.6 什么是服务水平? 我国高速公路服务水平是如何划分的?

第3章　高速公路的规划与总体设计

公路建设属于国家基本建设，必须按规定的建设程序进行。基本建设程序一般分为三个阶段，即建设前期(规划与研究阶段)、投资建设期(设计及建设阶段)及生产运营期。建设前期是指从投资意向形成到项目评价决策的全过程。一般要经过规划研究、项目建议书及可行性研究等环节。公路建设基本程序如下：

1）编制规划及公路网建设规划。

2）根据规划编制项目建议书。

3）根据批准的项目建议书编制工程可行性研究报告。

4）根据批准的可行性研究报告编制初步设计文件和概算。

5）根据批准的初步设计文件和工程概算编制施工图设计文件和工程预算。

6）根据批准的施工图设计文件编制项目招标文件，进行招标投标准备，资格预审。

7）根据批准的招标文件、预审结果组织项目招标投标。

8）根据国家有关规定，进行征地拆迁，资金调入等施工前准备工作，编制项目施工许可申请。

9）根据批准的施工许可，组织项目施工。

10）项目完工后，编制竣工图表和工程决算，办理项目交工验收，试运营。

11）试运营及缺陷责任期满后进行竣工验收，经验收合格后，组织项目后评价。

3.1　高速公路规划

高速公路规划是高速公路建设前期的重要工作，是进行公路网规划与决策的重要依据。高速公路规划就是在规划区域中规定时间内对高速公路网络作出合理布局。它是一项综合性的技术经济工作，既是区域交通运输系统规划的重要组成部分，也是区域国土规划、社会经济发展规划的主要内容之一。

高速公路规划的目的在于通过系统分析公路现状，科学预测交通需求，合理做好路线布局，恰当安排建设序列，避免高速公路建设决策和建设布局的随意性、盲目性及重复性，通过合理科学的规划使高速公路建设适应国民经济发展，同时，使管理工作趋于程序化、规范化和科学化。

高速公路规划的主要任务是：通过深入细致的调查研究，系统地剖析、评价现有公路交通状况，在充分揭示公路建设发展内在矛盾的基础上，根据区域社会经济发展与公路交通客货流分布特点，科学预测交通量发展态势，提出高速公路发展的总目标和总格局，由此合理确定路线主要控制点和分期实施的建设序列，并提出确保实现规划目标的政策与措施。

3.1.1　高速公路规划的重要性

高速公路是公路网的重要组成部分，高速公路规划的重要性可以从以下几个方面说明：

从功能上看，高速公路是沟通各主要运输点的高效快速运输通道。它上面的运输点主要是机关所在地、大型工农业基地和重要交通枢纽等，它是公路运输中的主动脉。显然，对它做好规划是公路发展建设中的重中之重。

从公路运输系统内部看，高速公路是龙头，它将决定省道路网或地方道路网的规划和建设方向，并与它们一起形成一个有机的整体；从外部看，它将促进整个交通运输网的合理构成，加速交通事业的发展，并由此加速国民经济的发展。

就公路建设资金来看，高速公路建设耗资巨大，而我国的建设资金又严重短缺，充分重视和科学规划高速公路是必然的。就规划本身来看，规划是属于公路网建设的前期工作，是确保公路建设合理布局并有秩序地协调发展，防止建设决策和布局随意性的重要手段。

从与国外比较的观点来看，不仅发达国家拥有高速公路，许多发展中国家也修建了不少高速公路。从高速公路规划理论与方法来看，对密切结合我国国情，并具有我国特色的高速公路网规划理论与方法进行系统研究已提到日程上来了。近年来，随着改革开放的深入，高速公路的建设迅速发展，其规划理论与方法的研究已受到人们的热切关注，并已取得许多可喜的成果。这些成果能为我国公路运输的现代化建设提供坚实的基础。

3.1.2 高速公路规划的基本原则和依据

1. 高速公路规划的基本原则

（1）先行于社会经济发展原则　高速公路是国民经济的重要基础设施，在规划时要对区域的土地利用、社会经济发展、城镇布局规划等进行全面了解和预测，只有超前规划和建设，搞好战略性的长远规划，才能提高交通项目建设的连续性和系统性。因此，应按照社会经济发展的未来总体目标要求，提出高速公路规划先行于社会经济发展的战略思想，由此确定高速公路规划的总体布局。

（2）系统协调与长远发展原则　规划的制定，既要适应未来公路交通长远发展需求，充分体现规划的前瞻性，同时也要立足于高速公路发展的实际，注重规划的连续性和在一定时期内的可行性。

高速公路规划与建设是一项耗资巨大、影响深远的工程，高速公路运输必须与区域内外的公路运输和其他运输方式视为相互联系的有机整体，彼此相互协调、有机配合，只有高瞻远瞩、合理布局、科学安排才能做到防止建设决策和建设布局的随意性、盲目性及重复性。

（3）工程经济原则　高速公路网的规划需要考虑多种因素，而且各种因素又有时间和空间方面的差异。但在任何情况下，贯彻经济原则，实现最佳效益目标，应该是始终不渝的。高速公路建设占地多、投资大、造价高，在制定规划时，应注意在满足发展目标、技术要求的前提下，尽量珍惜土地资源、节约建设费用，使规划方案既满足社会经济发展战略目标的要求，又具有良好的工程经济性。

（4）环境保护原则　高速公路规划应充分考虑施工过程中的环境保护和运营时的汽车废气、噪声污染和路面污水排放导流等问题，以减少高速公路建设与营运对环境的影响与破坏，最大限度地保护沿线区域的环境，防止生态破坏。

2. 高速公路规划的主要依据

（1）国家政策法规　高速公路规划与建设是社会经济发展的重要组成部分，依法办事是各项事业发展的基本准绳。在高速公路规划中，必须以区域实际情况为基础，以国家政策与法律为依据，使规划真正起到指导建设安排的作用。

（2）社会经济发展与综合交通运输规划 交通需求是社会经济发展的派生要求。制定高速公路规划要以区域社会经济发展规划、国土规划及综合交通运输规划为依据。

（3）公路建设工作的有关技术标准和规定 高速公路规划是区域公路网规划的重要组成部分，其编制程序应遵循《公路网规划编制办法》的基本要求，在具体工作中还应依据和参考《公路建设项目经济评价办法》、《公路建设项目交通量预测试行办法》、JTG—B01—2003《公路工程技术标准》等行业技术规范。

3.1.3 高速公路规划程序与主要内容

1. 高速公路规划程序

高速公路网作为具有复杂系统特性的区域公路网的重要组成部分，其规划必须以系统分析原理为理论基础，通过定量分析系统诸元素之间、系统与环境因素之间的相互关系，以系统功能及综合效益为目标，运用多种数学分析方法对公路网进行系统分析与整体优化。

高速公路规划自制定规划目标开始，从区域公路交通现状分析入手，根据社会经济发展趋势和公路交通需求预测，确定合理发展规模，进行公路网设计和建设序列安排，并对规划方案进行综合评价。整个规划过程环环相扣，紧密相连。因此，在规划的全过程中，无论进行哪一阶段工作都应有全局观念。

高速公路规划程序如图3-1所示。

2. 高速公路规划的主要内容

高速公路规划的主要内容有以下几个方面：

（1）公路网现状分析与评价 对高速公路规划涉及区域的自然地理条件和特征、社会经济发展水平、综合交通运输格局作出宏观系统分析，特别是对现状公路网的等级、交通现状、建设与管理状况，进行详细调查和剖析，并作出评价。其目的在于发现公路交通存在的主要问题和找出解决问题的有效途径，并为高速公路规划提供重要依据。从道路的地位和作用看，区域公路网建设发展的作用有两个方面：一是保证有效连通，促进区域经济发展；二是满足交通需求，提高运输效益。区域内高速公路主骨架形成后，对区域经济发展所起的巨大促进作用应特别作出评价。

（2）社会经济发展趋势预测 通过对规划区域自然资源及生产力布局、城镇及人口分布、产业结构与经济发展水平的充分调查与综合分析，运用多种方法对社会经济发展总趋势和新特点作出科学预测，指出在规划期内公路运输将面临的新形势和客货流量状况，并明确因此而可能产生的新变化和新特点。

（3）公路交通量预测 在区域社会经济发展趋势分析和预测基础上，研究综合运输与社会经济发展的相互关系。依据历史资料采用多种方法建立不同的数学模型，对规划区内的综合运输量、旅客运量和流向、大宗货物流量和流向及公路运输工具等一一作出预测，其中尤以公路运输为重点。根据未来公路客、货流量和流向分布特点，结合公路交通量的构成情况，对规划期公路交通量按不同线路进行分配，获得未来公路网上流量的预测。

（4）高速公路布局优化 根据社会经济发展，紧密结合生产力布局、城镇分布、公路网现状特点和一定的原理，对高速公路路线走向、重要控制点选择作出多种布局方案，通过比较，从中优选。

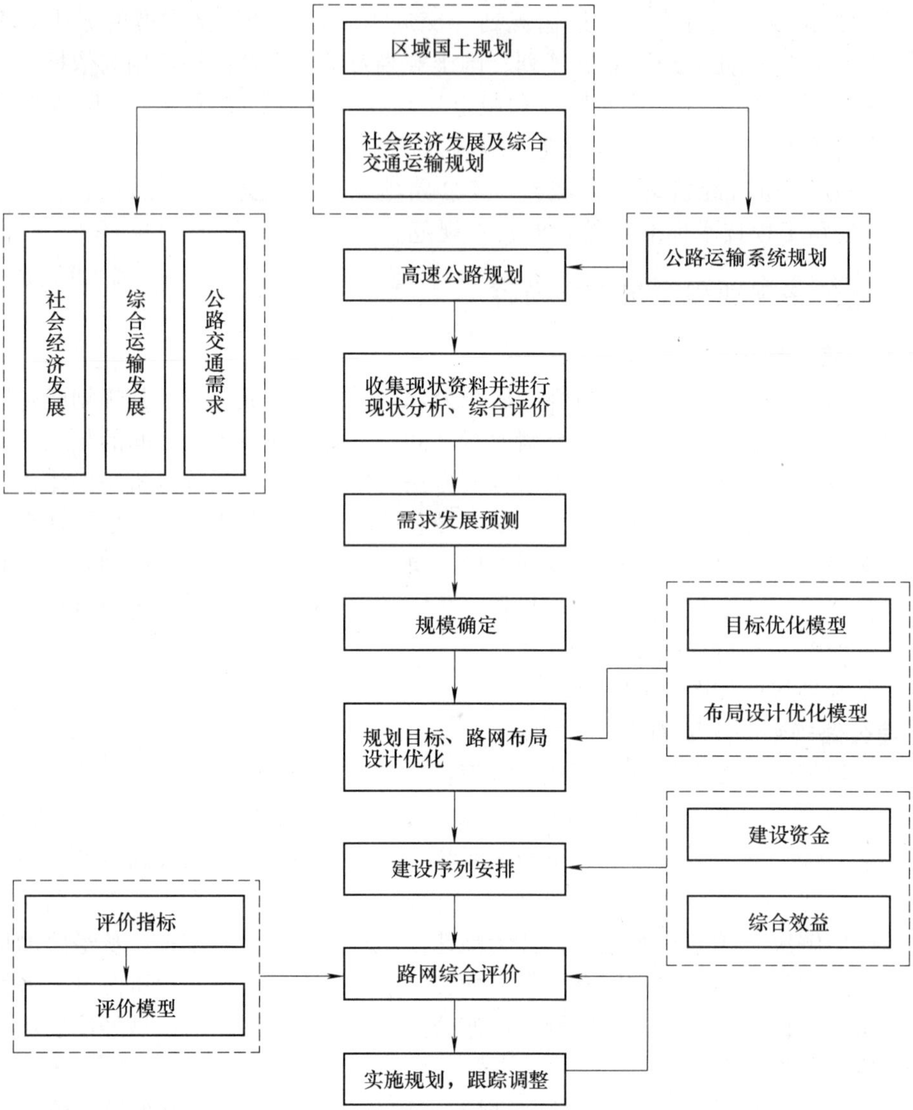

图 3-1　高速公路规划程序框图

(5) 高速公路规划分期实施　在高速公路布局优化的基础上，根据规划期内建设资金，路网交通量分布及路线地位、功能、作用等条件，对布局规划优化方案中的各条路段、线路作出建设序列安排。

(6) 实施高速公路规划的对策与措施　针对高速公路规划实施过程中面临的资金、技术、材料及其他重要问题，需要在其前期的可行性研究工作中进行详细的研究和论证。同时，对高速公路规划实施的管理体制，应提出基本对策与措施。

(7) 高速公路规划的综合评价　通过高速公路规划实施可能产生的各种影响(正面或负面)的全面分析，对高速公路规划方案作出综合性的评价。主要包括技术评价、经济评价、社会发展影响评价、国防安全评价、环境影响评价等。

（8）跟踪调整　高速公路规划实施周期长。在这期间，由于经济发展速度、生产力布局、投资结构或国家有关政策发生变化，导致运输结构和公路交通需求与预期情况不符，致使路网结构、规模及路线等级对运输需求的适用性发生变化，此时，应区别情况，对所作规划进行全网、区域、局部或个别路线、路段的调整，以便充分利用有限资源，使运输供给最大可能地满足运输需求的变化。

3.1.4　高速公路规划的理论与方法

1. 公路规划的理论

目前，我国在公路交通网络规划技术的研究方面，学术上大致可分为两大体系，即四阶段模式法和总量控制法。四阶段模式法是目前采用较多的一种方法，它是以OD调查（起终点调查）为基点，在确定公路交通现状OD分布的基础上，作出未来OD分布的推算。据此将预测到的OD流通过标定的模型分配到公路网上去，最后依据路网上路线流量的大小确定技术等级，作出建设排序。

另一种体系是总量控制法，它的基本思想是从宏观整体出发，以现状公路网的道路与交通特征参数来揭示它的主要问题和基本矛盾；以区域内的公路交通总需求来控制公路网建设的总规模；以区域内的社会经济发展和生产力分布特点，并结合综合交通运输规划，来确定公路网的总格局，并作出公路网建设分期实施计划。这是一种不从OD调查着手，充分利用现有的交通调查资料，以多个总量预测为基础，路网布局合理为核心，综合评价择优为手段的规划过程。整个过程都是在理论研究与实际调查、模型建立与专家经验、定量计算与定性分析和远期规划与近期安排相结合中进行的。因而，能收到科学性与实用性相统一，总体目标与具体实施步骤相统一的效果。

2. 公路规划的方法

（1）四阶段模式法　四阶段模式法的核心思想是从微观出发，以定量分析为主，通过OD调查获得现状客货流量和流向资料，应用有关模型进行趋势外推预测未来的客货流出行分布及不同运输方式分担的比例，采用不同的流量分配方法对路段交通量进行分配预测，最后根据路段上的交通量分配值建立不同的目标函数，对高速公路的规划方案进行设计和优选，同时作出相应的建设序列安排。由于其在交通量预测中采用了出行生成、出行分布、运输方式划分及交通量分配四个步骤，因而被称为四步模式法或四阶段法。

（2）总量控制法　密切结合我国国情对公路网规划的理论与方法进行系统的研究，在以往还是个空白。近年来，公路建设迅速发展，这方面的研究日益受到人们关注。长安大学通过多年的研究和实践，首先提出了公路网规划的“总量控制法”。经国内30个省、市、县域的实践，收到了积极的成效。

总量控制法是从宏观上、整体上科学地把握规划区域内在规划期间与公路交通运输密切相关的一些总量变化趋势，将预测的交通流量较好地分解到布局合理的公路网上，并由此安排路网建设序列的一种规划方法。该方法主要解决下述问题：对现状公路网的分析和评价、现状公路网对区域未来经济发展的适应性、公路网与其他运输方式的有机结合、公路网建设的合理规模、公路网的合理布局、公路网的建设序列、公路网规划方案的综合评价、公路网建设资金的筹措。其优点是：思路清晰，理论完善，方法简便，符合国情，节省人力、物力及时间。但交通量在路线上的分配，尚需进一步完善。

同时，必须看到，由于规划设计和计算过程中，某些具体政策和经验以及一些不可确定因素，势必不能如实地被概括成数学模型，因此任何精确计算，事实上只能是相对而言。所以规划的最终方案，必须在理论计算的基础上，联系实际条件加以必要的修正和补充，并对其进行定期调整和完善。

3.2 项目可行性研究

工程可行性研究是基本建设前期工作的一项重要内容，是项目建设程序的组成部分，是建设项目立项、决策和编制设计任务书的主要依据。公路工程可行性研究的目的是对某项工程建设的必要性、技术可行性、经济合理性、实施可能性等方面进行综合研究，推荐最佳方案，进行投资估算并作出经济评价，为建设项目的决策和审批提供科学的依据。

3.2.1 可行性研究的作用

可行性研究的作用主要有以下几方面：

1）作为项目建设投资决策和编制设计任务书的依据。根据可行性研究的结果，决定一个建设项目是否立项。可行性研究报告中对该项目中的各种问题作了翔实的论证和科学的分析，提出了结论性的意见，其结论可作为编制设计任务书的依据。

2）作为向银行申请贷款的依据。可行性研究报告已被世界银行等许多国际性的金融机构作为建设项目能否予以贷款的先决条件。对可行性研究报告进行审查后，银行才决定是否给予贷款。

3）作为建设项目初步设计的依据。在可行性研究中，对建设项目的技术标准、建设规模、起讫点、主要控制点、主要构造物的设置和造型、总体布置及重大技术措施等都进行方案比选和论证，推荐建设方案，可行性研究和设计任务书批准后，作为初步设计的依据。

4）作为采用新技术、新设备的依据。对工程项目中采用的新技术、新设备需经过可行性研究后，证明是可行的，方可使用和研制。

3.2.2 可行性研究的程序

可行性研究程序大体可分为：提出问题、调查情况、拟出方案、技术经济论证等阶段。具体程序示意图，如图3-2所示。

3.2.3 可行性研究的内容

公路工程可行性研究一般包括下列内容：

1）概述(或总论)。论述建设任务依据和历史发展背景、研究范围与主要内容、研究的主要结论等。

2）现有公路技术状况评价。论述区域运输网现状和存在的问题，拟建公路在区域运输网中的作用，现有公路技术状况及适应程度。

3）经济与交通量发展预测。包括项目所在区域经济特征，经济发展与公路运量、交通量的关系，交通量的发展预测。

4）建设规模与标准。论述项目建设规模和采用的等级及其主要技术指标。

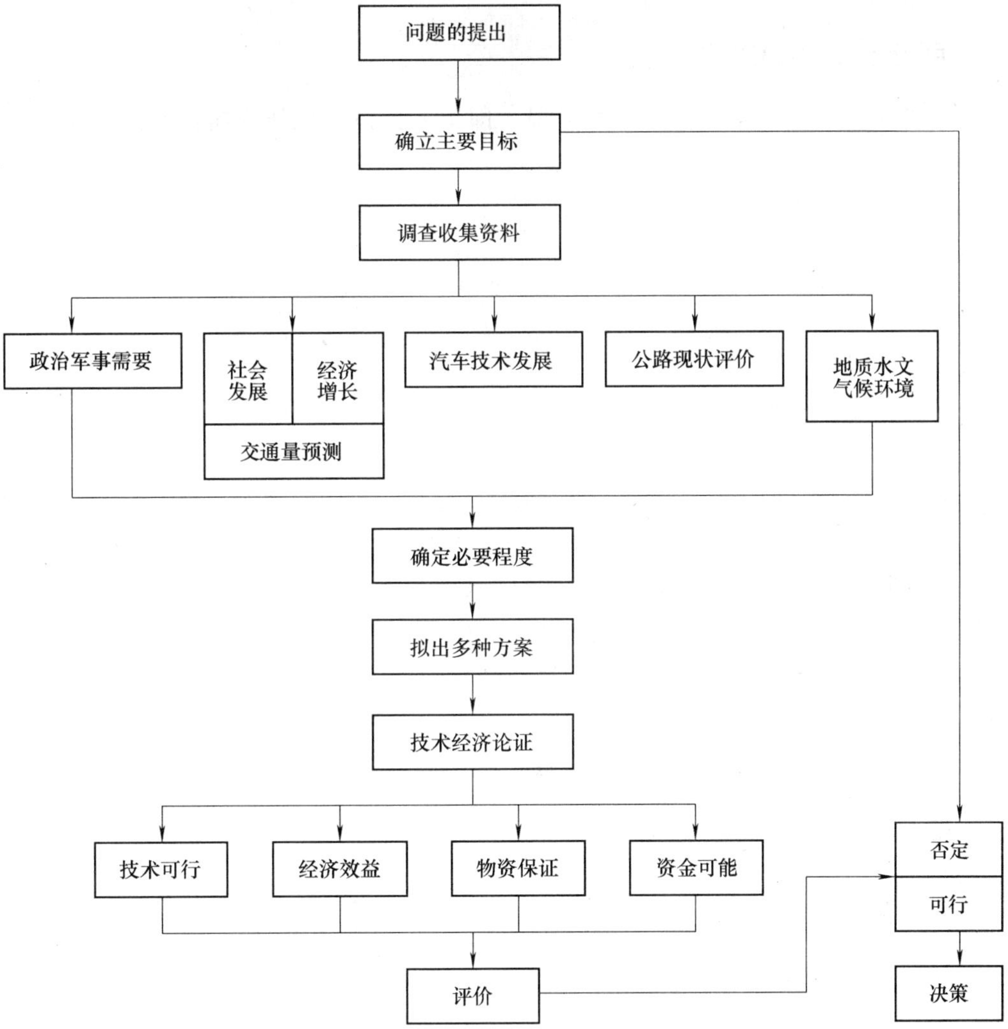

图3-2 公路工程可行性研究具体程序示意图

5）建设条件和方案比选。调查沿线自然条件和社会条件，进行方案比选，提出推荐方案走向及主要控制点和工程概况，对环境影响作出分析，并编制环境影响评价报告。

6）投资估算与资金筹措。包括主要工程数量，公路建设与拆迁，单价拟定，投资估算及资金筹措等。

7）公路工程建设实施计划。包括勘测设计和工程施工的计划与要求，工程管理人员和技术人员的培训等。

8）经济评价。包括运输成本等经济参数的确定，建设项目的直接经济效益和费用的估算，进行经济评价敏感性分析，建设项目的间接经济效益分析，对于贷款项目还需要进行项目的财务评价。

根据上述研究结果，通过综合分析评价，提出技术先进、投资少、效益好的最优建设方案。

3.2.4 可行性研究的工作阶段

我国公路工程可行性研究分为两个阶段，即工程预可行性研究阶段和工程可行性研究阶段。

预可行性研究，重点阐明建设项目的必要性，通过踏勘和调查研究，提出建设项目的规模、技术标准和进行简要的经济效益分析。

工程可行性研究，通过必要的测量、地质勘探，在深入调查研究的基础上，对不同建设方案从经济上、技术上进行综合论证和方案比选，提出推荐建设方案。

3.3 高速公路总体设计

总体设计是指在公路设计之前对公路的走向、布局、路线方案、等级、标准、指标、工程方案、景观、环保等方面进行的总体安排和设计的工作，总体设计是公路具体设计的依据和基础，总体设计的好坏直接影响公路的设计、施工、营运的质量，是公路设计重要的前期工作。特别是高速公路，总体设计已列入公路设计文件的重要组成部分。

高速公路在路网中的作用及其对所通过地带的交通、经济、土地开发、生态环境等的影响较其他公路大，且高速公路的设施完善、投资大、技术复杂、涉及面广，一旦建成很难改变，为此，高速公路应综合考虑各种因素做好总体设计。

3.3.1 总体设计应考虑的因素

1）根据路线在路网中的位置、功能，综合考虑路线走廊带范围的远期社会、经济发展，城市、工矿企业的现状与规划，铁路、水路、航空、管道的布局，自然资源状况等，确定本项目起讫点、主要控制点以及与之相互平行、交叉等项目的衔接关系。

2）科学确定技术标准，合理运用技术指标，注意地区特性与差异，精心做好路线设计，必要时宜进行安全性评价，以保障行车安全。因条件受限制而采用上限(或下限)技术指标值或对线形组合设计有难度的路段，应采用运行速度进行检验，并采取相应技术对策。

3）应在查明路线走廊带的自然环境、地形、地质等条件的基础上，认真研究路线方案或工程建设同生态环境、资源利用的关系，采取工程防护与生态防护相结合等技术措施，减少对生态的影响，加强恢复力度，最大限度地保护环境。

4）做好同综合运输体系、农田与水利建设、城市规划等的协调与配合，充分利用线位资源，合理确定建设规模，切实保护耕地，使走廊带的自然资源得以充分利用，公路建设得以可持续发展。

5）总体协调公路工程各专业间、相邻行业间和社会公众间的关系，其设计界面、接口等应符合相关法规、标准、规范的要求或规定，并注意听取社会公众意见。

6）路线方案比选应对设计、施工、养护、营运、管理的各阶段，从安全、环保、可持续发展理念出发，运用全寿命周期成本分析方法进行论证，采用综合效益最佳、服务质量最好的设计方案。

3.3.2　总体设计的主要内容

高速公路总体设计是在项目工程可行性研究报告所作项目建设必要性、经济合理性、技术可行性、实施可能性和最佳综合社会经济效益发挥的可靠性等综合研究的基础上，对路线作出全面安排。包括如下几个方面。

1. 路线方案

路线方案是根据指定的路线总方向(路线起终点和中间主要控制点)和设计道路的性质、任务及其在公路网中的作用，考虑了社会、经济因素和复杂的自然条件等拟定的路线走向。路线方案是否合理将直接关系公路本身的工程投资、运输效率和使用质量，还影响到其在公路网中是否起到应有作用。因此要在各种可能的方案中，通过调查、分析、比选，确定出一条最优路线方案来。

高速公路的任务主要是解决起终点间繁重的直达客货运输，不可过多偏离路线总方向，应尽量缩短运输里程，减少行程时间，降低行车费用和事故率。布线时要考虑的问题有以下几个：

（1）起终点的位置　高速公路一般都以重要城市、港站、码头或大型工矿基地为起讫或中间控制点，由于这些地点是公路交通量的集中生成源，上下高速公路的车辆都期望以最短行程出入。为此，高速公路起终点位置宜靠近城市出入口或连接在城市外环线上。

（2）跨界公路接线点位置　目前，我国高速公路建设的管理体制是分块由省、市、自治区立项建设和运营管理。对跨省、市、自治区的公路接线点，应在符合规划路线总方向的前提下，全面考虑社会综合效益，由用路双方协商确定。并同时商定接界路段的建设规模、设计标准和建设时间，避免出现建设不一致性，从整体上影响社会综合效益的发挥。

（3）经由城镇时的路线布置　高速公路是为起终点间直达快速交通运输服务的，这一性质决定了它与沿线一般城镇的关系。应结合城镇发展规划，确定其连接方式(穿越、绕行或以支线连接)、地点。一般以距城镇规划区2～5km为宜，最大不要超过8km。

（4）高速公路立体交叉　一条较长的高速公路在起终点之间会有与之相交的其他道路，应根据相交公路的等级、性质、社会和自然条件等决定交叉类型和相交位置。对互通式立体交叉位置的选择，还应考虑高速公路本身立体交叉的整体布局、横向交通的便利以及相交道路的集散作用等。

（5）集散道路(辅道)路线布置　由于修建高速公路要改变原有交通路线，或为减少与高速公路相交次数而合并几条相交道路，此时，须考虑设置平行于高速公路的集散道路。另外，为了排除混合交通影响，有时需要修建辅道。这些问题都要在高速公路选线设计中作出整体考虑。

2. 线形设计

公路线形指由公路平、纵、横三个方面组成的立体形状。公路的基本形状是在选线时定下来的，从这个意义上讲，选线时就已经开始了线形设计工作。

公路线形的好坏，可以从经济性、快速性、安全性和舒适性四个方面来评判，而从公路使用者的角度来看，则又以安全性和舒适性的感受最为直接。为此，线形组合时，应注意如下基本原则：

1）应在视觉上能自然地诱导驾驶员的视线，并保持视觉上的连续性。

2）线形指标应大小均衡，使使用者在视觉上、心理上保持协调。

3）在保证有足够视距的前提下，驾驶员看到前方的弯曲一般不宜超过两个，立面起伏不超过三个。

4）选择组合得当的合成坡度，以利于路面排水和行车安全。

3. 景观设计

驾驶员或乘客的舒适感和安全感是通过视觉和运动感觉得到外界信息后，在身体上和心理上的综合反应。这些信息来自两个方面：一是公路内部的线形协调，二是公路与周围环境的外部协调。前者表现为线形设计，后者属于景观设计的范围。线形和景观对驾驶员舒适性影响的程度，大约各占一半，这说明高速公路重视景观设计是十分必要的。

公路景观设计是使公路立体线形及桥梁、隧道、边坡、沿线设施等人工构造物同自然景观相协调的美学设计。为此，要求路线平、纵、横各组成部分的空间充裕，以保证必要的视距与视野；各种设施所构成的视觉系统，应使驾驶员在视觉上能预知公路前方方向和路况的变化；公路的各种构造物本身不仅造型美观，而且要同自然景观融为一体；要充分利用各种沿线设施和绿化手段，改善沿线景观，形成各具特色的建筑风格。

4. 沿线设施

根据公路的功能，确定交通安全设施、交通管理设施以及停车区、服务区等的布局、配置和位置。

5. 高速公路分期修建

高速公路的分期修建应根据近、远期交通量，社会经济，自然条件以及建设资金等情况确定。其目的是在有限的投资范围内，节省横断面方向的工程，以此延长公路的修建长度，使高速公路早日建成。

分期修建在经济上是否成立，要从分期修建和全部一次建成的投资方面和效益方面考虑种种条件并加以研究之后而定，难以一概而论。仅就工程费而言，如果分期修建方式折合为现时价值的工程费总额比一次建成的工程费总额少时，均可认为是经济的。用算式表示为

$$C > S_1 + S_2 \frac{1}{(1+r)^n} \tag{3-1}$$

式中 C——一次建成总的工程费用；

S_1——初期工程费用；

S_2——后期工程费用；

r——利率；

n——初期到后期建成的年限。

由上式可知，为使分期修建成立，必须：

1）初期工程的费用应尽量小一些。

2）前期工程在后期要能充分被利用，以减少重复或拆除工程，使后期工程费用尽可能小。

3）经技术经济论证后确定的前期与后期工程的时间间隔 n，应有适当长的年限，一般以 7 ~ 10 年为宜。

高速公路宜采用横断面方向的分期修建方式。按全部建成后规模大小的不同，可分为初期修建 2 车道、后期建成 4 车道和初期修建 4 车道、后期建成 6 车道两类。按修建顺序和初

期修建车道的道路中的平面位置又可分为三种修建方式：

a. 初期修建路一侧的2个(或3个)车道。

b. 初期修建路中间部分的2个(或4个)车道。

c. 初期修建两侧靠外的2个车道。

具体采用哪种方式，应从地形、经济及有利于后期施工考虑，一般情况下，以采用第一种形式的修建方式为宜。

3.3.3 总体设计要点

1）路线起、终点应符合路网规划要求。确定起讫点位置时，应为后续项目预留一定长度的接线方案，或拟定具体实施设计方案。

2）根据公路功能、设计交通量、沿线地形与自然条件等，论证并确定公路等级、设计速度和设计路段。恰当选择不同设计路段的衔接地点，处理好衔接处的过渡及其前后一定长度范围内的线形设计。

3）高速公路应根据设计交通量论证并确定车道数。

4）高速公路一般情况下宜采用整体式路基；位于丘陵、山区时，应结合地形、地质条件以及桥梁、隧道的布设等论证采用分离式路基的可行性。

5）路线设计应合理确定路堤高度，减小对沿线生态环境的影响，并做好防护、排水、取土、弃土等设计，防止水土流失，保护环境，使公路工程建设融入自然。当出现高填、深挖时，应同架桥、建隧方案进行比选论证。

6）由面到带(走廊带)、由带到线(沿路线)查明工程地质、水文情况，重大自然灾害、地质病害的分布、范围、状态，及其对工程的影响程度，论证并确定绕越、避让或整治病害的方案与对策。

7）确定同作为控制点的城市、工矿企业、特大桥、特长隧道等的连接位置、连接方式。

8）收费公路应在论证收费制式的基础上，确定收费方式、主线收费站位置及其同被交公路的交叉形式等。

9）综合拟定互通式立体交叉、服务区、停车区、公共汽车停靠站等重要设施的位置、规模和间距，以符合功能、安全、服务所需的最小(或最大)距离。

10）确定交通工程及沿线设施的建设规模与技术标准。

11）拟分期修建的工程，必须在按远期规划的技术标准作出总体设计的基础上，制定分期修建方案，并作出相应的设计。

3.4 高速公路选线

选线是在规划道路的起终点之间选定一条技术上可行，经济上合理，又能符合使用要求的道路中心线的工作。高速公路具有快速、便捷、安全、容量大、经济等特点，但也存在占地多、工程量大、造价高等问题，特别是高速公路线形标准高，又有较多的立体交叉和交通工程设施，涉及与城市的连接、进出口地点的选择、通道的设置等，这些都是确定线位时特别需要解决的问题。因此，高速公路选线显得尤为重要。高速公路选线是一个涉及面广，影响因素多，政策性和技术性都很强的工作，为了保证选线和勘测设计质量，降低工程造价，必须全面考虑，由粗到细，由轮廓到具体，逐步深入，分阶段分步骤地加以分析比较，进行多方案比选，才能定出最合理的路线。

高速公路基本建设项目一般采用两阶段设计，即初步设计和施工图设计，对技术上复杂的项目或路段，有时采用三阶段设计，即在两阶段设计的中间增加技术设计阶段。

3.4.1 选线的基本原则

路线是高速公路的骨架，它的优劣关系到高速公路本身功能的发挥和在路网中是否能起到应有的作用。高速公路选线面对的是一个复杂的社会、经济环境和自然条件，需要综合考虑多种因素，妥善处理好各方面的关系，其基本原则如下：

1）应针对路线所经地域的生态环境、地形、地质的特性和差异，按拟定的各控制点由面到带、由带到线，由浅入深、由轮廓到具体，进行比较、优化与论证。同一起、终点的路段有多个可行路线方案时，应对各设计方案进行同等深度的比较。

2）影响选择控制点的因素多且相互关联、又相互制约，应根据公路功能和使用任务，全面权衡、分清主次，处理好全局与局部的关系，并注意由于局部难点的突破而引起的关系转换给全局带来的影响。

3）应对路线所经区域、走廊带及其沿线的工程地质和水文地质进行深入调查、勘察，查清其对公路工程的影响程度。遇到滑坡、崩塌、岩堆、泥石流、岩溶、软土、泥沼等不良工程地质的地段应慎重对待，视其对路线的影响程度，分别对绕、避、穿等方案进行论证比选。当必须穿过时，应选择合适的位置，缩小穿越范围，并采取切实可行的工程措施。

4）应充分利用建设用地，严格保护耕地。

5）国家文物是不可再生的文化资源，路线应尽可能避让不可移动文物。

6）保护生态环境，并同当地自然景观相协调。

7）高速公路同作为路线控制点的城镇相衔接时，以接城市环线或以支线连接为宜，并与城市发展规划相协调。

8）路线设计是立体线形设计，在选线时即应考虑平、纵、横面的相互组合与合理配合。

3.4.2 选线的步骤

一条路线的起、终点确定后，在起、终点间有多种可能的路线方案，选线的任务就是在众多的方案中选出一条符合设计要求、经济合理的最优方案。选线的范围是一个面→带→线的过程，选线一般按以下三个步骤进行。

1. 全面布局

全面布局主要解决路线的基本走向的全局性工作，即在路线总方向（路线的起点、终点和任务书规定经过的中间控制点之间），寻找最合理的“通过点”作为大的控制点。这就是在路线的起、终点之间由面到带进行总体布置的过程，此项工作通常先在小比例地形图上（有地形图时，1:10000 或 1:50000）进行路线布局，从“面”上找出各种可能的方案，确定几条有比较价值的路线方案。然后进行现场勘察，结合具体条件确定控制点，收集各种可能方案的资料，通过比选得出一个最佳走向。当地形复杂或地区范围很大时，可以通过航空视察或用遥感与航摄资料进行选线。

2. 逐段安排

在路线基本方案选定的基础上，在相邻主要控制点间划分段落，即在大控制点间，结合沿线的地形、地质、水文、气候等自然条件逐段加密细部控制点，然后连接这些控制点，即构成路线带。

3. 具体定线

具体定线是确定道路中线具体位置的过程。经过上述两步的工作，路线的雏形已经明显勾绘出来，定线就是根据技术标准和路线方案，结合有关条件在有利的定线带内进行平、纵、横综合设计，具体定出道路中线。

高速公路应采用纸上定线并现场核定的方法。选线应在广泛搜集与路线方案有关的规划、计划、统计资料，相关部门的各种地形图、地质、气象等资料的基础上，深入调查、勘察，并运用遥感、航测、GPS、数字技术等新技术，确保勘察工作的广度、深度和质量，以免遗漏有价值的比较方案。

3.4.3　平原微丘区选线

1. 平原区地形、地质及路线特征

（1）平原区地形、地质特征　平原主要是指一般平原、山间盆地、高原等地形平坦地区，无明显起伏，地面自然坡度一般在 3°以内；平原地区除泥沼、盐渍土、河谷漫滩、草原、戈壁、沙漠等外，一般多为耕地，且分布有各种建筑设施，居民点较密；在天然河网湖区，还有湖泊、水塘、河滩多等特点。从地质和水文条件来看，平原区一般不良地质现象较少，有时会遇到软土和沼泽地段，另外，平原区地面平坦，往往排水较困难，地面积水较多，地下水位较高；平原区河流较宽阔，比降平缓，泥沙淤积，河床低浅，洪水泛滥较宽。

（2）平原区路线特征　平原区由于地形平坦，路线受高差和坡度的限制小，路线布线容易，选线时主要解决平面线形与地物障碍之间的问题；其路线特征是：平面线形顺直，以直线为主，弯道转角一般较小、平曲线半径大；纵坡平缓，一般以低路堤为主。但要注意排水，以保障路基稳定。虽然平原区地势比较平坦，路线平面、纵断面等几何线形较容易达到较高的技术标准，但往往由于受当地自然条件和地物的障碍，选线时要考虑的因素还是多方面的。

2. 平原区路线布设要点

（1）以平面为主安排路线　因平原区地形平坦，可以争取到较高的平纵面线形指标，应力求使路线顺直、短捷，不应随意转向，但也不能片面追求长直线。应注意高、低标准的过渡。

（2）处理好路线与农业的关系

1）平原区路线应尽量不占或少占耕地，尤其尽量不占或少占高产田。如图 3-3 所示，道路通过某河附近时，如按照虚线方案从田中间穿过，路线短，线形好，但多占良田，填筑路基取土困难；如将路线移向坡脚（实线），里程虽略有增长，但避开了大片高产田，而且沿坡脚布线，路基可为半填半挖，既节省了土方，又避免了填方借土的远运。

2）路线应与农田水利建设相配合，尽量不与灌渠相交，尽量布置在上方或尽头，同向时可沿渠堤布线，渠路结合、桥闸结合，以减少占地和便利灌溉。

3）当路线靠近河边低洼的村庄或田地通过时，应采取靠河岸布线，利用道路的防护措施，兼作保田护村之用。

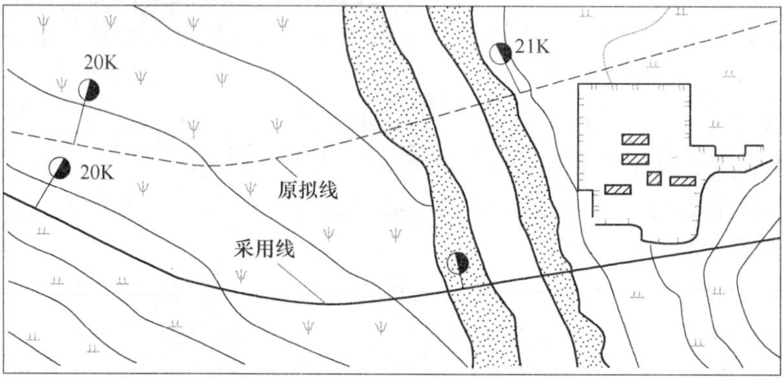

图 3-3 跨河路线方案比较

（3）处理好路线与城镇的关系 平原区城镇较多，高速公路一般以绕避为主，避免穿越城镇，但也不宜过分偏离城镇，必要时可设支线连接，做到靠城不进城，利民不扰民。既方便运输又保证安全。

路线要尽量避开重要的电力、电信设施，当一定要靠近时，要保证足够的距离和安全净空。

（4）处理好路线与桥位的关系

1）大中桥位一般为路线的控制点，其位置在服从路线总方向和桥头引线顺直的原则下，路桥应综合考虑。桥位应选在河床稳定、河道顺直、河面较窄、地质良好以及两岸地形有利于桥头引线布设的河段。

2）小桥涵位置应服从路线走向。遇到斜交过大（夹角小于45°时）或河沟过于弯曲时，可考虑采取改沟或改移路线的办法，调整交角，布线时应通过比选确定。

3）路线跨河修建渡口时，应在路线走向基本确定后，选择渡口位置。渡口应避开浅滩、暗礁等不良地段，两岸地形应适宜修建码头。

（5）注意水文土壤条件 平原地区河道、湖泊、池塘等较多，地势低，地下水位高，使得水文地质条件较差，容易影响路基的稳定性。在设计中，除了保证最小填土高度，采取必要的路基稳定性处理措施以外（如换土、清淤、降低地下水等），在选线中应尽量沿接近分水岭的高地布线，沿旱地布线。一般应避免直穿较大面积的湖泊、水塘、泥沼和洼地等。若必须穿越时，应选择最窄、最浅、基底平缓，尽可能靠近边上通过，并采取必要的措施。

3. 微丘区选线

微丘区地形指起伏不大的丘陵，地面自然坡度在20°以下，相对高差在100m以下，选线条件与平原区基本相同，布线一般不受地形限制，较平原应有较大的自由度。但应注意利用地形协调平、纵线形的组合，既不宜过分迎合微小地形变化，造成纵面不必要的起伏，也不宜过分追求直线，造成工程量不必要的增加。

3.4.4 山岭区选线

1. 地形特点

山岭地区山高谷深，坡陡流急，地面自然坡度大(20°以上)，地形复杂，山脉水系清晰，日温差和年温差较大，暴雨多，河流水位变化幅度大。

2. 路线特点

山岭地区路线弯多坡陡，线形差，技术指标低，工程量大，由于受山岭区地形、水文、地质、气候等因素的影响，使得路线平、纵、横线形大部分受地形限制。在路线布设时，一般多以纵断面线形为主安排路线，其次是横断面和平面。

3. 布设要点

山岭地区路线按其经过的地带的部位和地形特征，又可分为沿河(溪)线、越岭线、山脊线、山腰线、山脚线等。由于各种线形所处的部位不同，地形特征、地质条件决定了选线过程中要解决的主要问题也不一样，高速公路由于技术指标高，一般宜沿河布设，必要时可采用隧道或高架桥穿越山岭或沟谷，其选线要点如下。

(1) 沿河线　沿河线是沿河走向布设的路线，如图 3-4 所示。山区河谷一般不宽，谷坡上陡下缓，多有间断阶地；河谷地质情况复杂，常有滑坡、岩堆、泥石流等病害发生；河流平时流量不大，但一遇暴雨，山洪暴发，则冲刷河岸，毁坏田园，危害甚大。

图 3-4　沿河线

沿河线主要应处理好河岸的选择、线位高低和跨河岸地点三者间的关系。

1) 河岸选择。路线应选在地形宽坦，有阶地可利用，支沟较少、较小，水文及地质条件良好的一岸；积雪冰冻地区，应选在阳坡和迎风的一岸，以减少积雪、涎流冰等病害；高速公路应距村镇有一定距离，以减少干扰一岸为宜。

2) 线位高低。路线一般以低线为主，但必须做好洪水调查，把路线放在规定频率设计水位的安全高度之上。同时，采取切实防洪措施，以保证路基稳定和安全。

3) 跨河桥位。跨河桥位原则上应服从路线走向，结合桥位条件，路桥综合考虑，可采用弯、坡、斜、高架等桥型，以适应线形设计的需要。

（2）越岭线　越岭线的特点是路线需要克服很大高差，路线的长度和平面位置主要取决于纵坡的安排。因此，在布线时，应以纵面为主导安排路线，结合平面线形和路基的横向布置进行。越岭线布局主要应解决的问题是：垭口选择、过岭标高的确定和垭口两侧路线展线方案的拟订，它们是相互联系、相互影响的，布局时要综合考虑，处理好三者的关系。

1）垭口选择　垭口是分水岭山脊上的凹形地带（又叫鞍部），由于标高低，常常是越岭线的重要控制点。在符合路线总走向的条件下，应综合地形、地质、气候等条件，从可能通过的垭口中，选择标高较低和两侧利于展线的垭口；对垭口虽高，但山体薄窄的分水岭，过岭隧道方案有可能成为最合适的越岭方案。

2）过岭标高的选择　过岭标高是越岭线纵向布局的重要控制因素。一般讲，过岭标高越低，路线就越短，但开挖就越深或隧道就越长，工程量就越大。当过岭地段山坡平缓，垭口宽而厚时，展线容易，只宜采用浅挖低填的方式过岭，过岭标高基本就是垭口标高。当垭口比较瘦削时，常用深挖的方式过岭。一般挖深在20m以下，地质情况良好时，还可深些。但垭口通常地质条件较差，危及路基稳定时，应采取有效措施。随着高速公路的发展，有条件时，一般都采用隧道穿越，其标高主要取决于合适的隧道位置。

3）垭口两侧展线方案。越岭线的高程差主要通过垭口侧坡上展线来克服，由于地形千差万别，地质条件各异，路线布局方案多种多样，没有一定的规律可循。高速公路因为技术指标高，布线难度会更大些，展线方式一般应以自然展线为主。在横坡陡峻的山坡宜选用分离式断面设线。

3.4.5　重丘区选线

1. 地形与路线特点

重丘是指连绵起伏的山丘，具有较深的沟谷和较高的分水岭，地面自然坡度在20°以上。重丘的地形特点是：山丘连绵，岗坳交错，此起彼伏，山形迂回曲折，一般自然坡度较陡，具有低山区的基本特征。路线平、纵面大部分受地形限制，路线走向不似山岭区明显，局部方案多，路线平面以曲线为主，纵面多起伏，采用技术指标的活动余地较大。

2. 布设要点

重丘区选线活动余地较大，应综合考虑平、纵、横三者的关系，恰当地掌握标准，以提高线形质量。设计中应注意以下几点：

1）高速公路设线不应迁就微小地形，在注意路线平、纵面线位选择的同时，应注意横向填挖的平衡。横坡较缓的地段可采用半填半挖或填多于挖的路基；横坡较陡地段，宜采用全挖或挖多于填的路基，必要时可设挡土墙，同时还应注意纵向土石方平衡，以减少废方和借方。

2）平、纵、横三个面应综合考虑，不应只顾纵坡平缓，而使路线弯曲，平面标准过低；或者只顾平面直捷、纵坡平缓而造成高填深挖，工程量过大；或者只顾工程经济，过分迁就地形，而使平、纵面过多地采用极限或接近极限的指标。

在横坡陡或沟谷狭窄的地段，为保证边坡稳定，减少填挖工程量，往复车道分离的设线方式也可以收到很好的效果。

3）冲沟比较发育的地段，高速公路应考虑采用高路堤或高架桥的直穿方案，当必须绕避时，要注意线形舒顺。

4）地质不良地段，应以绕避为主。不得已必须通过时，应调整平、纵线形，恰当掌握标准，以尽量少扰动的方式通过，并采取必要的工程防护措施及排水设施，确保边坡及路基稳定。

5）丘陵区农林业较发达，低地多为稻田，坡地多为旱作物和经济林，小型水利设施多，布线要注意支援农业，和当地的整田造林及水利规划相结合。

思考题

3.1　高速公路规划的基本原则、程序及主要内容是什么？

3.2　高速公路规划的方法有哪些？

3.3　什么是工程可行性研究？主要内容包括什么？

3.4　高速公路总体设计应考虑哪些因素？

3.5　高速公路总体设计的主要内容与设计要点是什么？

3.6　高速公路选线的基本原则有哪些？如何进行不同地形条件下的高速公路选线？

第 4 章　高速公路平面线形设计

线形设计是高速公路设计的关键，高速公路的三维立体线形不仅要能保证行车安全、迅速、经济，还要能适应人体生理和心理上的要求，取得与地形景观的协调，使高速公路线形能达到行车的安全性与连续性、视觉的舒顺性和美观要求。

高速公路是一个三维空间的实体，它是由路基、路面、桥梁、涵洞、隧道和沿线设施所组成的线形构造物。一般所说的路线，是指道路中线的空间位置。路线在水平面上的投影称作路线的平面线形。路线设计是指确定路线空间位置和各部分几何尺寸的工作。为方便设计，路线设计分解为路线平面设计、路线纵断面设计和路线横断面设计，三者既相互配合，同时更要与地形、地物、环境、景观相协调。

4.1　平面线形要素

高速公路平面线形是由直线、圆曲线和缓和曲线构成的，称之为平面线形三要素，平面线形设计就是从线形的角度去研究三个要素的选用和相互间的组合等问题。

4.1.1　直线

直线是平面线形设计的基本要素之一，在公路设计中使用最为广泛。具有距离短、易布设等特点，两点之间以直线为最短，给人以短捷、直达的良好印象，且汽车在直线上行驶受力简单，方向明确，驾驶操作简易。但直线线形缺乏灵活性，单一无变化，大多难以与地形、地物相协调；强定直线，往往工程量大，破坏自然条件；过长的直线在交通量不大且景色单调时，易使驾驶人员感到单调、疲倦，难以目测车间距离，易于产生尽快驶出直线的急躁情绪，容易超速，危及交通安全。因而，对于高速公路的线形，宜尽量避免采用长直线。

在高速公路的平面线形设计时，一般应根据路线所处地带的地形、地物条件，驾驶员的心理反应、视觉效应以及保证行车安全等因素，合理地布设直线路段，对于直线区段，过长或过短，对于行车都是不安全的。因此，对直线的最大和最小长度都要加以限制。

1. 直线的最大长度

关于直线的极限长度(最大与最小长度)，从理论上求解是非常困难的，主要应根据驾驶人员的视觉效果和心理上的承受能力来确定，目前尚在研究中。各国都从经验出发，通过调查确定最大直线长度。如德国规定不超过计算行车速度(km/h)的 20 倍，前苏联规定为 8km，美国为 3mile(4.83km)。

我国地域辽阔，地形变化万千，对直线的最大长度很难作出统一的规定。因而规范未对最大直线长度作出具体规定。但《公路路线设计规范》也指出：“直线的最大长度应有所限制；当采用长的直线线形时，为弥补景观单调之缺陷，应结合沿线具体情况采取相应的技术措施”。在实际工作中，设计人员可根据地形、地物、自然景观以及经验等来判断和决定直线的最大长度。我国已建成的位于平原微丘区的十多条高速公路的直线长均不超过 3200m；

沈大高速公路多处出现5～8km的长直线，最长13km。一般认为，直线的最大长度，在城镇及其附近或其他景色有变化的地点大于$20V$(m)是可以接受的；在景色单调的地点最好控制在$20V$(m)以内；而在特殊的地理条件下应特殊处理，若作某种限制是不现实的。直线的最大长度应与地形相适应，与景观相协调，不强定长直线，也不硬性设置不必要的曲线。

当采用长的直线线形时，为弥补景观单调的缺陷，应结合沿线具体情况采取相应的技术措施并注意下述问题：

1）长直线上纵坡不宜过大，因长直线再加下陡坡行驶更易导致高速度。

2）长直线与大半径凹形竖曲线组合为宜，可以使生硬呆板的直线得到一些缓和。

3）两侧地形过于空旷时，宜采取种植不同树种或设置一定建筑物、雕塑、广告牌等措施予以改善。

4）长直线或长下坡尽头的平曲线，必须采取设置标志、增加路面抗滑能力等安全保护措施，以确保行车安全。

2. 直线的最小长度

考虑到线形的连续和驾驶的方便，相邻两曲线之间应有一定的直线长度。《公路路线设计规范》规定：两圆曲线间以直线径相连接时，直线的长度不宜过短。

（1）同向曲线间的直线最小长度　同向曲线是指两个转向相同的相邻曲线之间连以直线而形成的平曲线，互相通视的同向曲线间若插以短直线，容易产生把两个曲线看成是一个曲线的错觉，破坏了线形的连续性，易于造成驾驶操作的失误，设计中应尽量避免。因此，《公路路线设计规范》规定：当设计速度大于或等于60km/h时，同向圆曲线间最小直线长度(以m计)以不小于设计速度(以km/h计)的6倍为宜。在受到条件限制时，宜将在同向曲线改成大半径曲线或将两曲线作成复曲线、卵形曲线或C形曲线。

（2）反向曲线间的直线最小长度　两相反曲线，考虑到设置超高和加宽缓和的需要以及驾驶人员转向操作的需要，其间的直线最小长度应予限制。《公路路线设计规范》规定：当设计速度大于或等于60km/h时，反向曲线间的直线最小长度(以m计)以不小于设计速度(以km/h计)的2倍为宜。当直线两端设有缓和曲线时，可直接相连，构成S曲线，即两个反向圆曲线用缓和曲线直接相连。

4.1.2　圆曲线

在高速公路平面定线中，圆曲线是使用最多的基本线形。圆曲线在现场容易设置，可以自然地表明方向的变化。采用平缓而适当的圆曲线，既可引起驾驶员的注意，又起到诱导视线的作用。

1. 圆曲线半径计算公式

在路线改变方向的转折处(即交点处)要设置平曲线，而圆曲线是平曲线的重要组成部分。汽车在曲线上行驶时，除受重力作用以外，还受到离心力的作用，离心力对汽车在平曲线上行驶的稳定性影响很大，而离心力的大小又与曲线半径密切相关，半径越小越不利。根据汽车行驶在圆曲线上的受力平衡方程得

$$R = \frac{V^2}{127(\mu \pm i_h)} \tag{4-1}$$

式中　R——圆曲线半径(m)；

V——行车速度(km/h);

μ——横向力系数，极限值为路面与轮胎之间的横向摩阻系数;

i_h——超高横坡度。

上式表达了横向力系数与车速、曲线半径和超高之间的关系。根据汽车行驶稳定性分析和调查资料研究，μ 值与行车稳定性、乘客舒适性和运营经济性的关系如下:

(1) 汽车行驶稳定性　汽车在弯道上安全行驶的必要条件是轮胎不会在路面上产生滑移，即要求横向力系数 μ 小于或等于轮胎与路面间的横向摩阻力系数 ψ，即 $\mu \leq \psi$。

$\mu = 0.15 \sim 0.16$，干燥与潮湿路面均可以较高速度安全行驶。

$\mu = 0.07$，路面结冰也可能安全行驶。

(2) 乘客舒适程度　根据国内外大量资料分析，乘客随 μ 值的变化其心理反应如下:

当 $\mu < 0.1$ 时，不感到有曲线存在，很平稳，近似于在直线上行驶。

当 $\mu = 0.15$ 时，感到有曲线存在，但尚平稳。

当 $\mu = 0.2$ 时，感到有曲线存在，略感不平稳。

当 $\mu = 0.35$ 时，感到明显不平稳。

当 $\mu = 0.4$ 时，感到非常不平稳，有倾倒的危险感。

由此可知，从乘客的舒适性出发，μ 值以不超过 0.10 为宜，最大不超过 0.20。

(3) 运营经济　在确定 μ 值时，还应考虑汽车运营的经济性。根据试验分析，汽车在弯道上行驶与在直线上行驶相比，存在着以下关系，见表 4-1。

表 4-1　实测的燃料消耗和轮胎磨损

横向力系数 μ	燃料消耗(%)	轮胎磨损(%)
0	100	100
0.05	105	160
0.10	110	220
0.15	115	300
0.20	120	390

综上分析，μ 值大小与行车安全、经济、舒适等密切相关。因此，μ 值的选用应根据行车速度、圆曲线半径及超高横坡度的大小，在合理的范围内选择。

2. 圆曲线最小半径

从汽车行驶稳定性出发，圆曲线半径越大越好。但有时因受地形、地质、地物等因素的限制，圆曲线半径不可能设置得很大，往往会采用小半径的圆曲线，这时如果半径选用得太小，又会使汽车行驶不安全，甚至翻车。所以必须综合考虑汽车安全、迅速、舒适和经济，并兼顾美观，使确定的最小半径能满足某种程度的行车要求。这种最起码的半径数值，就是圆曲线的最小半径限制值。《公路工程技术标准》规定了圆曲线最小半径有三类：极限最小半径、一般最小半径和不设超高的最小半径。其中极限最小半径是指圆曲线半径采用的最小极限值，是在特殊困难条件下不得已才使用的，一般不轻易采用。如要运用接近极限最小半径的值时，必须充分论证对行车安全的影响。一般最小半径是指在通常情况下汽车依设计车速能安全、舒适行驶的最小半径。在实际的设计中，可以采用等于或接近一般最小半径的值。不设超高的最小半径是指曲线半径较大、离心力较小时，汽车沿双向路拱(不设超高)外侧行驶的路面摩擦力足以保证汽车行驶安全稳定所采用的最小半径。

《公路工程技术标准》对高速公路平面圆曲线的三个最小半径作出了规定，见表4-2。

表4-2 高速公路平面圆曲线最小半径

设计速度/(km/h)		120	100	80
极限最小半径/m		650	400	250
一般最小半径/m		1000	700	400
不设超高的最小半径/m	路拱≤2%	5500	4000	2500
	路拱>2%	7500	5250	3350

选用圆曲线半径时，在与地形、地物等条件相适应的前提下，应尽量采用大半径，但半径大到一定程度时，其几何性质与直线已无太大区别，容易给驾驶人员造成判断上的错误反而带来不良后果，同时也不便于测设及道路养护维修，所以《公路路线设计规范》规定，圆曲线最大半径不宜超过10000m。

3. 圆曲线半径的运用

平面设计时，应根据沿线地形、地物、地质等条件，尽量选用较大半径，以便于安全舒适行驶。在选定半径时既要技术合理，又要注意经济适用；既不能盲目采用高标准(大半径)而过分增加工程量，也不能仅考虑眼前通行要求而采用低标准。在确定圆曲线半径时应注意以下几点：

1）一般情况下宜采用极限最小半径的4~8倍或超高为2%~4%的圆曲线半径。

2）在预计交通量很大的区间，应尽量避免采用小半径曲线，避免产生交通阻塞。

3）应注意前后线形要素相协调，使之构成连续、均衡的曲线线形。当前后线形都比较好时，必须避免在局部路段采用半径很小的曲线。应注意线形指标的渐变，给驾驶员一个适应的过程。

4）应同纵断面线形相配合，特别注意避免小半径与陡坡相重合的立体线形组合。

5）选用圆曲线半径时，在与地形等条件相适应的前提下，尽量取大值，但最大不超过10000m。

山区高速公路在以下情况可以考虑采用大于或等于极限最小半径而小于一般最小半径的半径值。

1）地形陡峻、地质条件较差的路段，选用大半径会导致高边坡、开挖极易发生坍塌或滑坡灾害，并且受到前后路线设计和工程设置的影响不可能设置隧道工程，或者会使路线临河(沟谷)一侧设置大型支挡工程及纵向桥梁时，经工程设置、地质灾害、环境保护等方面进行综合论证比较后，可采用极限最小半径。

2）视野开阔，驾驶员的视线无地形、地物等的阻断，能在有效的视觉范围内清晰辨明前方路线的总体变化情况，如路线通过较长、较直的峡谷或台地时采用明弯小半径曲线。这种情况虽然影响了行车的舒适性，但在安全上是有保障的。

3）设计路段内技术指标普遍较低。路段广泛采用了等于或略大于最小半径的圆曲线，驾驶员的操作状态会随着公路几何线形的变化及自然条件得到调整，并能对行驶速度进行有效的控制，在进入小半径曲线前有充分的心理准备，只需对速度稍加调整就可平稳通过。

4.1.3 缓和曲线

缓和曲线是设置在直线和圆曲线之间或半径相差较大的两个同向的圆曲线之间的一种曲率连续变化的曲线，是道路平面线形要素之一。高速公路上行车速度高，希望线形能适应汽车在曲线上行驶时曲率渐变的轨迹，所以在直线和圆曲线间以及不同半径的两圆曲线之间，一般都应设置缓和曲线。

1. 缓和曲线的作用

1）曲率连续变化，便于车辆遵循。

2）离心加速度逐渐变化，旅客感觉舒适。

3）超高横坡度和加宽逐渐变化，行车更加平稳。

4）与圆曲线配合，增加线形美观。

2. 缓和曲线的形式

缓和曲线的形式有回旋线、三次抛物线、双纽线、n 次抛物线、正弦形曲线等。但世界各国使用回旋线居多，《公路工程技术标准》推荐的缓和曲线也是回旋线。而其他曲线的公式较复杂，使用不方便，实际应用极少。

回旋线的特点是曲率半径随曲线长度的增长而减小，即半径 r 与长度 l 成反比。基本公式为

$$rl = A^2 \tag{4-2}$$

式中 r——回旋线上任意点的曲率半径(m)；

l——回旋线上某点到原点的曲线长(m)；

A——回旋线参数，表示回旋线曲率变化的缓急程度。A 为长度量纲。

3. 缓和曲线的要素计算

道路平面线形的基本组合为：直线—缓和曲线—圆曲线—缓和曲线—直线，如图 4-1 所示。其几何元素的计算公式如下

$$q = \frac{L_s}{2} - \frac{L_s^3}{240R^2} \tag{4-3}$$

$$p = \frac{L_s^2}{24R} - \frac{L_s^4}{2384R^3} \tag{4-4}$$

$$\beta_0 = 28.6479\frac{L_s}{R}(°) \tag{4-5}$$

$$T = (R + p)\tan\frac{\alpha}{2} + q \tag{4-6}$$

$$L = (\alpha - 2\beta_0)\frac{\pi}{180}R + 2L_s \tag{4-7}$$

$$E = (R + p)\sec\frac{\alpha}{2} - R \tag{4-8}$$

$$J = 2T - L \tag{4-9}$$

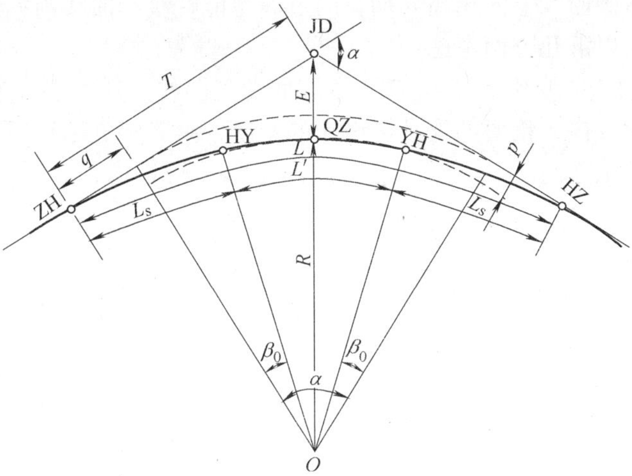

图 4-1 “基本型”平曲线

五个基本桩号：

ZH——第一回旋线起点（直缓）；

HY——第一回旋线终点（缓圆）；

QZ——圆曲线中心（曲中）；

YH——第二回旋线终点（圆缓）；

HZ——第二回旋线起点（缓直）。

4. 缓和曲线的测设

当把缓和曲线设置为回旋线，它的数学计算式推导如下：

在回旋线终点处 $l=L_s$（L_s 为回旋线长度），$\rho=R$，得

$$\left.\begin{aligned} x &= L_s - \frac{L_s^3}{40R^2} + \frac{L_s^5}{3456R^4}\cdots \\ y &= \frac{L_s^2}{6R} - \frac{L_s^4}{336R^3} + \frac{L_s^6}{42240R^5}\cdots \end{aligned}\right\} \tag{4-10}$$

式中 l——回旋线起点至任一点的弧长（m）；

ρ——回旋线该点的曲率半径（m）；

R——连接回旋线的圆曲线半径（m）。

这种方法即为常用的切线支距法，此时，回旋线上的任一点的坐标即为

$$\left.\begin{aligned} x &= l - \frac{l^5}{40R^2L_s^2} \\ y &= \frac{l^3}{6RL_s} - \frac{l^7}{336R^3L_s^3} \end{aligned}\right\} \tag{4-11}$$

相连接的圆曲线按切线支距测定。此时，HY 点切线及该点直径即为圆曲线支距测设的坐标轴，以后圆曲线各点位置按圆曲线 x、y 支距确定。

5. 缓和曲线的长度

高速公路上缓和曲线必须有足够的长度，以使驾驶员能从容地打方向盘、乘客感觉舒

适、线形美观流畅，圆曲线上的超高和加宽的过渡也能在缓和曲线内完成。所以规定缓和曲线的最小长度。可从以下几方面考虑：

（1）控制离心加速度变化率　汽车在缓和曲线上行驶，其离心加速度随缓和曲线曲率变化而变化，若变化过快，将增加驾驶员操作的难度，乘客感觉不舒适，离心加速度的变化率应控制在一定的范围之内。

离心加速度的变化率 $\alpha_s = \frac{a}{t} = \frac{V^2/R}{L_s/V} = \frac{V^3}{L_s R}$

则

$$L_s = \frac{V^3}{R\alpha_s} \tag{4-12}$$

离心加速度变化率 α_s（m/s^3）采用什么值，各国不尽相同。我国高速公路上一般取 $\alpha_s = 0.35 \sim 0.5 m/s^3$，如取用 $\alpha_s = 0.5 m/s^3$，则可推导出缓和曲线的最小长度 L_s（m）为

$$L_s = 0.043\frac{V^3}{R} \tag{4-13}$$

（2）保证驾驶员操作反应时间　缓和曲线长度应使驾驶员在其上行驶时操作从容，不能过于匆忙，一般情况下以3s行程控制，代入上式则有

$$L_s = \frac{3V}{3.6} = \frac{V}{1.2} \tag{4-14}$$

（3）满足视觉要求　根据视觉条件和实践研究可知：$L_s = \frac{R}{9} \sim R$ 或 $A = \frac{R}{3} \sim R$，可以使线形舒顺协调。考虑以上各种因素，《公路工程技术标准》规定高速公路缓和曲线最小长度，见表4-3。

表4-3　高速公路缓和曲线最小长度

设计速度/(km/h)	120	100	80
缓和曲线最小长度/m	100	85	70

6. 缓和曲线的参数 *A* 值

缓和曲线参数 A 值决定了回旋线曲率变化的缓急程度。A 的最小值可根据上述缓和曲线最小长度计算公式确定。公路平面线形设计时，不仅可以选定缓和曲线长度，同样也可以选定缓和曲线参数 A 值。

由公式 $RL_s = A^2$ 可知，其相应地确定了缓和曲线参数 A 最小值。可得出表4-4所列值，建议可作为设计参考。

表4-4　高速公路缓和曲线参数 *A* 最小值

设计速度/(km/h)	120	100	80
缓和曲线参数 A 最小值/m	260	200	140

经验认为：使用回旋线作为缓和曲线时，回旋线参数 A 和与之连接的圆曲线之间只要保持 $R/3 \leqslant A \leqslant R$，便可得到视觉上协调而又舒顺的线形。

7. 缓和曲线的省略

在直线和圆曲线之间设置缓和曲线后，圆曲线产生了内移值 p，在 L_s 一定的情况下，p

与圆曲线半径成反比，当 R 大到一定程度时，p 值甚微，即使直线与圆曲线径相连接，汽车也能完成缓和曲线的行驶，因为在路面的富余宽度中已经包含了这个内移值。所以《公路路线设计规范》规定，在下列情况下可不设缓和曲线：

1）在直线与圆曲线间，当圆曲线半径大于或等于“不设超高的最小半径”时。

2）半径不同的同向圆曲线间，当小圆半径大于或等于“不设超高的最小半径”时，直线与圆曲线间和大圆与小圆间均不设缓和曲线。

3）小圆半径大于表4-5中所列临界曲线半径，且符合下列条件之一时，大圆与小圆间不设缓和曲线：

①小圆曲线按规定设置相当于最小缓和曲线长的回旋线时，其大圆与小圆的内移值之差不超过0.10m。

②大圆半径(R_1)与小圆半径(R_2)之比小于1.5。

表4-5 高速公路临界曲线半径

设计速度/(km/h)	120	100	80
临界曲线半径/m	2100	1500	900

4.1.4 平曲线长度确定

高速公路平曲线包括圆曲线和缓和曲线。汽车在曲线路段上行驶时，如果曲线很短，则驾驶员因操作方向盘频繁而紧张，这在高速行驶的情况下是不安全的；同时，为保证乘客良好的心理状况，须设置足够长的缓和曲线以使离心加速变化率小于一定数值。

1. 平曲线最小长度

根据经验，在每段曲线上驾驶员操作方向盘不感到困难至少需要3s的时间，全长需要9s。如果中间的圆曲线长度为零，形成凸型曲线，至少也要6s的行程。一般情况下，对于高速公路设计，很少采用凸型曲线，如果考虑不小于3s行程的圆曲线长度，平曲线的极限长度采用3倍最小回旋线长度较合适，计算值见表4-6。

表4-6 高速公路平曲线长度

设计速度/(km/h)	120	100	80
极限最小平曲线长度/m	300	255	210

《公路路线设计规范》给定的平曲线长度最小长度值见表4-7。

表4-7 高速公路平曲线最小长度

设计速度/(km/h)		120	100	80
极限最小平曲线长度/m	一般值	600	500	400
	最小值	200	170	140

2. 偏角 α 小于7°时的平曲线长度

当路线转角小于7°时，不仅容易使曲线设得过短，而且会将曲线长度和半径看得比实际的要小，使驾驶员产生急剧转弯的错觉。这种倾向在转角越小时越显著，为改善这种错觉，规范针对小偏角曲线的最小长度提出了特别要求。

设计计算时，当偏角小于7°时，平曲线仍按由两段回旋线组成的凸型曲线来考虑，使$\alpha<7°$的曲线外矢距E与$\alpha=7°$的曲线的E相等时的曲线长作为最小平曲线长，此时其长度应大于表4-8中的“一般值”的规定。当受地形条件及其他特殊情况限制时，可采用表中的“最小值”。

规范中并未明确限制最大平曲线长度，但曲线长度较大时，不利于平纵组合设计，也不利于空间线形的连续、美观，实际运用中应根据具体情况，对平曲线长度有所限制。对于高速公路，一般情况下，采用1000～2000m的曲线长度比较合适，当曲线半径较小，纵断面起伏较大时，再短一些的曲线长度也是可以接受的。

表4-8 偏角等于或小于7°时的平曲线长度

设计速度/(km/h)		120	100	80
平曲线最小长度/m	一般值	$1400/\alpha$	$1200/\alpha$	$1000/\alpha$
	最小值	200	170	140

注：α为公路的转角，当$\alpha<2°$时，按$\alpha=2°$计算。

4.2 平面线形的组合

平面线形要素包括直线、缓和曲线和圆曲线，可以得到很多种平面线形的组合形式。具体可选用如下组合形式。

4.2.1 基本型

按直线—缓和曲线—圆曲线—缓和曲线—直线的顺序组合起来的形式称基本型，如图4-2所示。

基本型中的缓和曲线参数、圆曲线最小长度都应符合有关规定。基本型的两个缓和曲线参数可以相等，也可以根据地形条件设计成不相等的非对称形曲线，此时$A_1:A_2$应不大于2.0。为使线形协调，当选用基本组合时尽可能满足：

回旋线: 圆曲线: 回旋线 = 1: 1: 1。

4.2.2 S形

两个反向圆曲线用两段反向回旋线连接的组合形式，如图4-3所示。

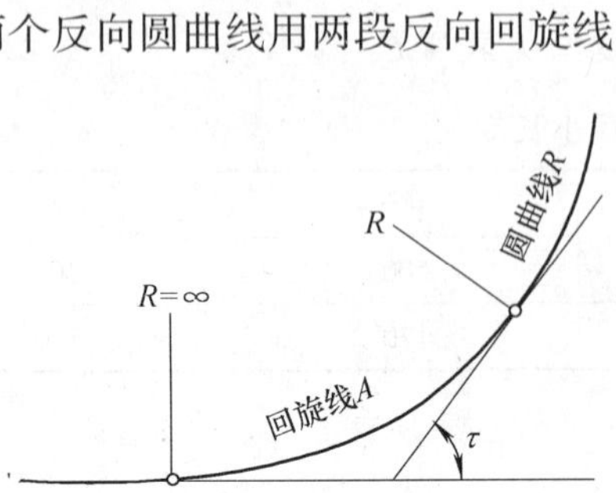

图4-2 基本型曲线

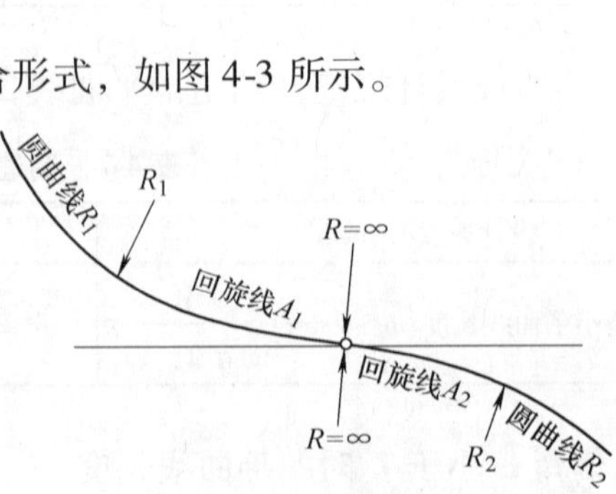

图4-3 S形曲线

S形相邻两个回旋线参数 A_1 与 A_2 宜相等。当采用不同的参数时，A_1 与 A_2 之比应小于2.0，有条件时以小于1.5为宜。高速公路，当 $A_2 \leqslant 200$ 时，A_1 与 A_2 之比应小于1.5。S形的两个反向回旋线以径相连接为宜。当受地形或其他条件限制而不得不插入短直线或两圆曲线的回旋线相互重合时，其短直线的长度应符合下式规定

$$L \leqslant \frac{(A_1 + A_2)}{40} \quad (\text{m}) \tag{4-15}$$

两圆曲线半径之比也不宜过大，以 $R_1/R_2 \leqslant 2$ 为宜（R_1、R_2 分别为大小圆半径，A_1、A_2 分别为大小圆的缓和曲线参数）。

4.2.3　卵形

用一个缓和曲线连接两个同向圆曲线的组合，如图4-4所示。

卵形曲线用一个回旋线连接两个圆曲线，其公用缓和曲线的参数 A 最好在 $R_2/2 \leqslant A \leqslant R_2$ 范围内（R_2 为小圆半径）；圆曲线半径之比以满足 $R_2/R_1 = 0.2 \sim 0.8$ 为宜；两圆曲线的间距，以 $D/R_2 = 0.003 \sim 0.03$ 为宜，（D 为两圆曲线间的最小间距）。

4.2.4　凸形

两段同向缓和曲线之间不插入圆曲线而径相衔接的组合形式（圆曲线长度为零），如图4-5所示。

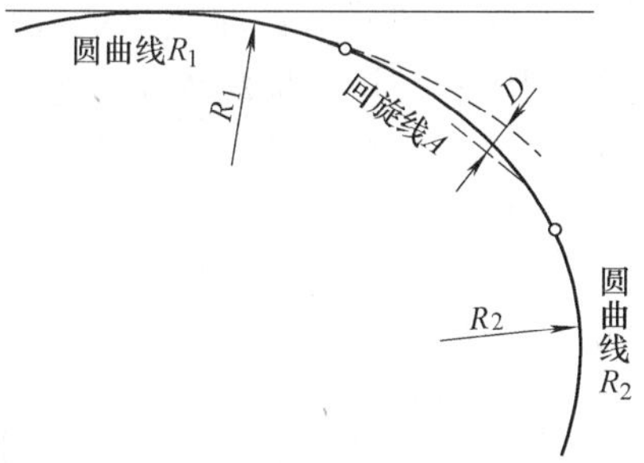

图4-4　卵形曲线

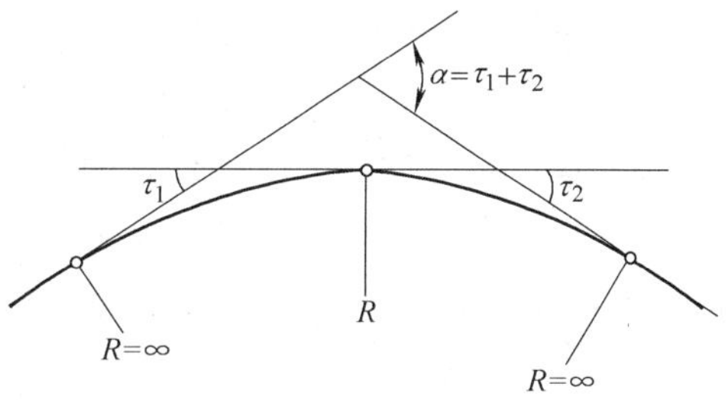

图4-5　凸形曲线

凸形的回旋线的参数及其连接点的曲率半径，应分别符合允许最小回旋线参数和圆曲线最小半径的规定。

连接点附近最小 $0.3V$（m）的长度范围内，应保持以连接点的曲率半径确定的横坡度。

凸形曲线尽管在各衔接处的曲率是连续的，但因中间圆曲线的长度为零，对驾驶操纵还是会造成一些不利因素，所以只有在路线严格受地形、地物限制处方可采用凸形。

4.2.5　复合形

将两个以上的同向回旋线在曲率相等处相互连接的线形，如图4-6所示。

复合形的相邻两个回旋线参数之比以小于1∶1.5为宜。

复合曲线除了在受地形条件限制，或互通式立体交叉的匝道线形设计中采用外，一般很少采用。

4.2.6 C形

两同向回旋线在曲率为零处径相连接的组合线形，如图4-7所示。

其连接处的曲率为零，相当于两基本型的同向曲线中间直线长度为零，这种线形对行车也会产生不利影响。因此，C形曲线仅限于地形条件特殊困难，路线严格受限制时采用。

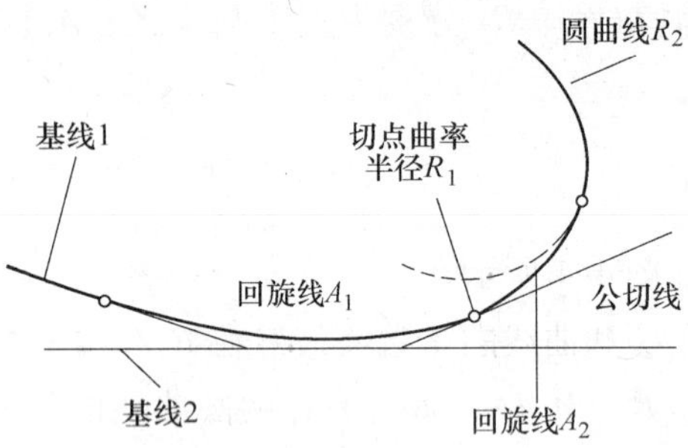

图4-6 复合型曲线

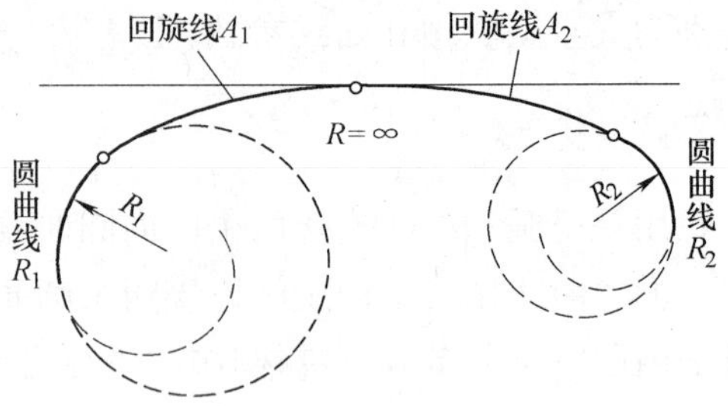

图4-7 C形曲线

4.3 平面设计成果

完成路线平面设计以后应提供各种图样和表格。其中主要的图样有：路线平面设计图、路线交叉设计图、路线总体布置图、道路用地图、纸上移线图等。主要的表格有：直线、曲线及转角表，逐桩坐标表，路线固定表，总里程及断链表等。各种图样和表格的样式可参照原交通部所颁布的“设计文件图表示例”。这里仅就主要表格“直线、曲线及转角表”、“逐桩坐标表”与“路线平面设计图”予以介绍。

4.3.1 直线、曲线及转角表

“直线、曲线及转角表”为平面设计的主要成果，它反映了路线的平面位置和路线平面线形的各项指标。路线平面设计只有根据这一成果才能进行后面的一系列设计，如得出路线平面设计图、逐桩坐标表。它同时为路线纵断面设计、横断面设计提供设计依据。本表的样式一般见表4-9。

4.3.2 逐桩坐标表

对于高速公路，线形指标较高，具体反映就是圆曲线半径较大，缓和曲线较长，在测设和放线过程中要求使用坐标法，以便保证测量精度。因此，在设计文件中必须提供逐桩坐标表。逐桩坐标即每个中桩的坐标，见表4-10。

表4-9 某高速公路直线、曲线及转角表

交点号	交点桩号	交点坐标		偏角Δ	曲线要素值/m						
		N(X)	E(Y)	Δ_L 或 Δ_R	R	A	L_s	T	L	E	J
	K6+760	4366393.264	49693.448								
JD5	K7+347.606	4366597.929	49142.637	左11°44′08″	5500	0.000	0.00	565.243	1126.530	28.969	3.956
JD6	K9+312.674	4366894.000	47196.000	右11°58′31″	5500	0.000	0.00	576.871	1149.539	30.170	4.203
JD7	K11+503.111	4367667.000	45142.000	左16°57′21″	3000	1009.950	340.00	617.392	1227.805	34.767	6.979
JD8	K13+352.546	4367785.746	43289.388	右17°34′11″	1580	533.292	180.00	334.291	664.505	19.620	4.077
JD9	K14+334.024	4368142.742	42370.763	左16°30′32″	1600	551.362	190.00	327.241	651.015	17.699	3.467
JD10	K15+344.577	4368226.327	41360.194								

交点号	曲线控制桩桩号					直线长度及方向		备注
	ZH	HY(ZY)	QZ	YH(YZ)	HZ	直线段长/m	计算方位角	
						22.363	290°23′01″	起点桩号：K6+760
JD5		K6+782.363	K7+345.628	K7+908.894		826.910	278°38′53″	
JD6		K8+735.803	K9+310.573	K9+885.342		1000.377	290°37′24″	
JD7	K10+885.720	K11+225.720	K11+499.622	K11+773.525	K12+113.525	904.731	273°40′03″	
JD8	K13+018.255	K13+198.255	K13+350.508	K13+502.760	K13+682.760	324.023	291°14′14″	
JD9	K14+006.783	K14+196.783	K14+332.291	K14+467.798	K14+657.798	362.243	274°43′42″	终点桩号：K14+500
JD10								

表 4-10 某高速公路逐桩坐标表

桩号	坐标		桩号	坐标	
	X/m	Y/m		X/m	Y/m
K6 +760	4366393. 264	49693. 448	K7 +160	4366520. 334	49314. 260
K6 +780	4366400. 230	49674. 701	K7 +180	4366525. 963	49295. 068
ZY K6 +782. 363	4366401. 053	49672. 486	K7 +200	4366531. 521	49275. 856
K6 +800	4366407. 169	49655. 943	K7 +220	4366537. 010	49256. 624
K6 +820	4366414. 041	49637. 161	K7 +240	4366542. 429	49237. 372
K6 +840	4366420. 845	49618. 353	K7 +260	4366547. 778	49218. 101
K6 +860	4366427. 580	49599. 522	K7 +280	4366553. 056	49198. 810
K6 +880	4366434. 246	49580. 665	K7 +300	4366558. 265	49179. 500
K6 +900	4366440. 844	49561. 785	K7 +320	4366563. 403	49160. 171
K6 +901. 500	4366441. 336	49560. 368	K7 +322. 300	4366563. 990	49157. 947
K6 +904. 400	4366442. 286	49557. 628	K7 +325. 150	4366564. 715	49155. 191
K6 +907	4366443. 137	49555. 171	K7 +325. 890	4366564. 903	49154. 475
K6 +908. 400	4366443. 595	49553. 848	K7 +326. 800	4366565. 134	49153. 595
K6 +920	4366447. 373	49542. 881	K7 +327. 710	4366565. 365	49152. 715
K6 +940	4366453. 834	49523. 953	K7 +336. 600	4366567. 615	49144. 114
K6 +953. 500	4366458. 155	49511. 163	K7 +340	4366568. 471	49140. 824
K6 +960	4366460. 225	49505. 002	QZ K7 +345. 628	4366569. 885	49135. 376
K6 +967	4366462. 446	49498. 363	K7 +360	4366573. 469	49121. 459
K6 +980	4366466. 548	49486. 027	K7 +380	4366578. 396	49102. 075
K7 +000	4366472. 801	49467. 030	K7 +400	4366583. 252	49082. 674
K7 +020	4366478. 985	49448. 010	K7 +420	4366588. 038	49063. 255
K7 +036. 700	4366484. 096	49432. 112	K7 +438. 300	4366592. 356	49045. 471
K7 +039. 400	4366484. 918	49429. 540	K7 +443. 200	4366593. 502	49040. 707
K7 +042. 700	4366485. 921	49426. 396	K7 +446. 400	4366594. 248	49037. 595
K7 +060	4366491. 147	49409. 904	K7 +452. 400	4366595. 642	49031. 759
K7 +080	4366497. 123	49390. 818	K7 +460	4366597. 398	49024. 365
K7 +100	4366503. 030	49371. 710	K7 +480	4366601. 972	49004. 895
K7 +120	4366508. 868	49352. 581	K7 +490	4366604. 233	48995. 154
K7 +127. 300	4366510. 981	49345. 594	K7 +498. 250	4366606. 084	48987. 115
K7 +140	4366514. 636	49333. 431	K7 +500	4366606. 475	48985. 409

4.3.3 路线平面设计图

路线平面设计图是设计文件中的重要组成部分。它综合反映了路线的平面位置和所经过地区的地形、地物等，还可以反映出沿线的各种结构物如挡土墙、边坡、排水结构、桥涵等的具体位置以及和周围环境、地形、地物的关系。它是设计人员对路线设计意图的总体体现。路线平面设计图的绘制步骤如下：

1. 路线平面设计图比例尺及测图范围

公路平面设计图是指包括路中线在内的有一定宽度的带状地形图。若为工程可行性研究、初步设计阶段的方案研究与比选所用，其比例可采用1:50000或1:10000；但作为初步设计、施工图设计等设计文件组成部分则应采用更大的比例尺，一般采用1:5000或1:2000；在地形复杂地段或重要设计路段，如大型交叉、大中桥等，则应采用1:500或1:1000的地形图。

带状地形图的测图范围，一般视具体情况确定，常用路中心线两侧100～200m。对于1:5000的地形图，则测图范围应适当放大，一般不小于250m。若有比较线，则须包括比较线的范围。

2. 路线平面设计图的内容及测绘步骤

（1）路线平面设计图的内容

1）公路沿线的地形、地物情况。

2）公路交点和转点位置及里程桩标注、公路沿线各类控制桩位置及有关数据。

3）路线所经地段的地名，重要地理位置情况标注。

4）各类结构物设计成果的标注。

5）若图样中包含弯道，应包括曲线要素表和导线、交点坐标表。

6）图签和有关说明。

（2）测绘步骤

1）按要求选定比例尺。

2）依直线、曲线及转角表及中线资料绘制公路中线图。

3）在公路中线图上标出公路起终点里程桩、百米桩、公里桩、曲线要素桩、桥涵桩及位置。

4）实地测绘沿线带状地形图并现场勾绘出等高线。

5）根据设计情况在图样上标出各类结构物的平面位置并在图上列出直线、曲线及转角表等有关内容。

路线平面设计图示例如图4-8所示。

思 考 题

4.1 缓和曲线有哪些作用？确定其长度应考虑哪些因素？

4.2 回旋线的方程如何表示？请说明各参数的含义。

4.3 高速公路对直线长度、圆曲线半径和长度及回旋线长度有什么要求？

4.4 平面线形组合形式有哪些？

4.5 简述S形、卵形曲线的定义和设置的要求。

平曲线要素表

NO.	交点桩号	交点 坐标 X	坐标 Y	转角 Δ Δ_L或Δ_R	R	L_S	T	L	E	平曲线要素 ZH	HY(ZY)	QZ	YH(YZ)	HZ
JD8	K13+352.5456	367785.764	43289.388	17°34′11″	1580.000	180.000	334.291	664.505	19.62	K13+018.255	K13+198.255	K13+350.508	K13+502.760	K13+682.760

图 4-8　某高速公路平面设计图

第5章 纵断面设计

沿道路中线竖向剖切，然后展开的剖面称为道路的纵断面，它反映了道路中线原地面的起伏情况以及路线设计的纵坡情况。路线纵断面图是一条有起伏的空间线，如图5-1所示。

在纵断面图上有两条主要的线：一条是地面线，它是根据中线上各桩点的高程而点绘的一条不规则的折线，反映了沿着中线地面的起伏变化情况，地面线上各点的标高称为地面标高；一条是设计线，它是经过技术上、经济上以及美学上等多方面比较后由设计人员定出一条具有规则形状的几何线，反映了道路路线的起伏变化情况，设计线上各点的标高称为设计标高。设计标高与地面标高之差即为填挖高度。路线纵断面图上的设计标高，即路基设计标高，《规范》规定：高速公路宜采用中央分隔带的外侧边缘标高。

纵断面设计线是由直线和竖曲线组成的。直线（即均匀坡度线）有上坡和下坡，是用坡度和水平长度表示的。坡长为直线段的水平投影长。两直坡的变坡点处为保证平顺行车及必要的视距设置竖曲线，按坡度转折形式的不同，竖曲线有凹有凸，用半径大小和水平投影长度表示。

高速公路是专供汽车分车道高速行驶的公路，因此，就需要从保证汽车行驶安全、迅速、舒适与经济的角度来研究高速公路纵断面线形的各个要素。同时，在确定每一纵坡转折点标高时，也应按照一定的原则和办法，考虑工程经济、地形、地质、水文等自然条件，通行能力，社会情况，安全和环境等多方面因素，慎重对待。

5.1 纵坡设计

5.1.1 纵坡设计的一般要求

为使纵坡设计经济合理，必须在全面掌握勘测资料基础上，结合选（定）线的纵坡安排意图，经过综合分析、反复比较定出设计纵坡。纵坡设计的一般要求为：

1）纵坡设计必须满足《公路工程技术标准》的各项规定。

2）为保证车辆能以一定速度安全顺适地行驶，纵坡应具一定的平顺性，起伏不宜过大和过于频繁。尽量避免采用极限纵坡值，合理安排缓和坡段，不宜连续采用极限长度的陡坡夹最短长度的缓坡。连续上坡或下坡路段，应避免设置反坡段。越岭线垭口附近的纵坡应尽量缓一些。

3）纵坡设计应对沿线地形、地下管线、地质、水文、气候和排水等综合考虑，视具体情况加以处理，以保证路基的稳定和道路通畅。

4）一般情况下纵坡设计应考虑填挖平衡，尽量使挖方运作就近路段填方，以减少借方和废方，降低造价和节省用地。

5）平原微丘区地下水埋深较浅，或池塘、湖泊分布较广，纵坡除应满足最小纵坡要求外，还应满足最小填土高度要求，保证路基稳定。

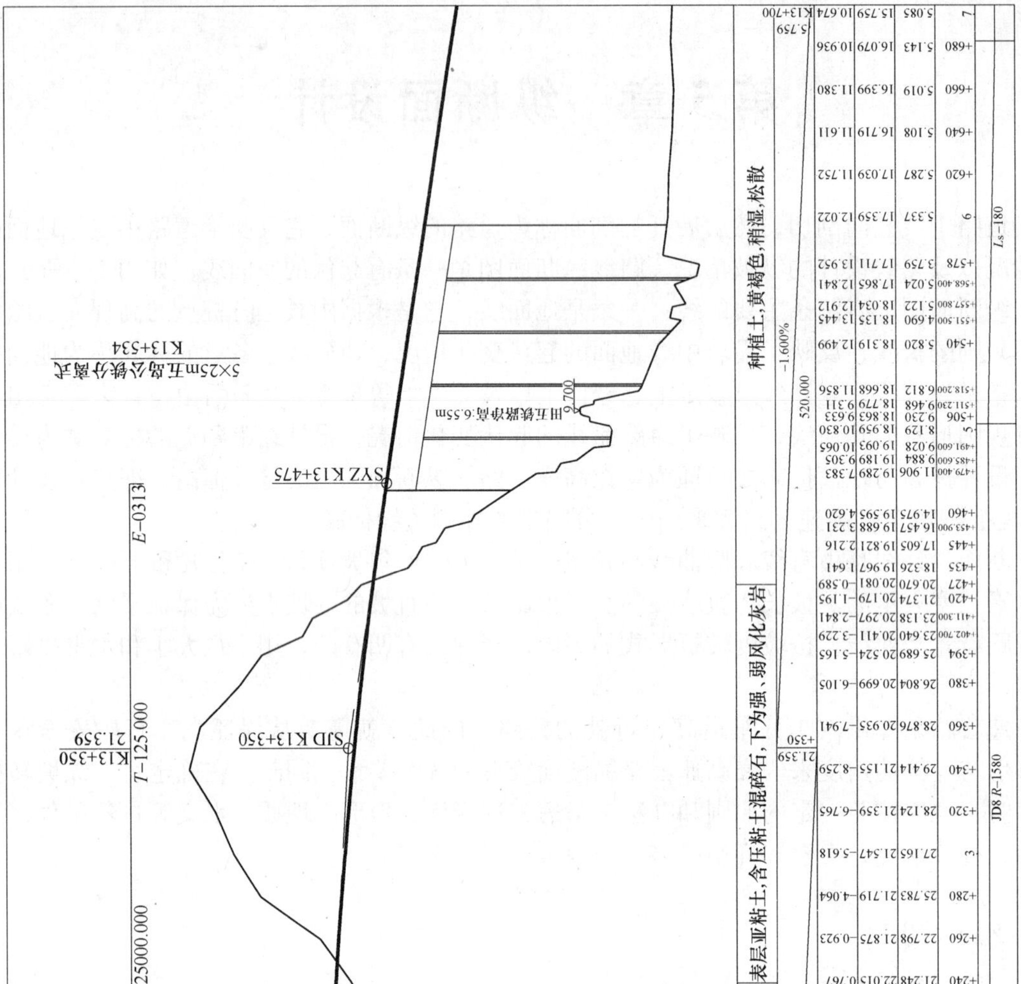

图 5-1 某高速公路路线纵断面图

6）对连接段纵坡，如大、中桥引道及隧道两端接线等，纵坡应和缓，避免产生突变。

7）在实地调查基础上，充分考虑通道、农田水利等方面的要求。

5.1.2 最大纵坡

最大纵坡是指道路允许采用的最大坡度值，它是高速公路线形设计控制的一项重要指标。纵坡的大小将直接影响路线的长短、使用质量、行车安全、运输成本和工程造价。因此，纵坡大小的取值必须要通过全面分析，综合考虑后合理确定。

高速公路上最大纵坡的确定主要取决于汽车的动力性能、自然因素和工程运营经济的分析，但另一方面还必须保证行车安全。从实际调查中可知，汽车在陡坡路段下坡时，由于制动次数增多，易使制动器发热而失效，导致事故频发。如东风 EQ1090 货车及解放 CA1091 货车上坡时，均可用 2 挡顺利地通过 12% 以上的纵坡，但在下坡时很不安全。因此，确定最大纵坡不能只考虑汽车的爬坡性能，还要从行驶的快速、安全及经济等方面综合分析，同时兼顾汽车拖挂车、民间运输工具的特殊要求等。

《公路工程技术标准》规定了高速公路的最大纵坡，见表 5-1。

表 5-1 高速公路最大纵坡

设计速度/(km/h)	120	100	80
最大纵坡(%)	3	4	5

高速公路上车速快、车流密度大、安全性要求高，为此，设计时应尽可能选用小于最大纵坡的数值。当受地形条件或其他特殊情况限制时，经技术经济论证后，最大纵坡可增加 1%。

小桥涵处的纵坡应随路线纵坡设计，但大桥的纵坡不宜大于 4%，桥头引道纵坡不大于 5%，引道紧接桥头部分的线形应与桥上线形相配合。

隧道内的纵坡不应大于 3%，并不小于 0.3%，但短于 100m 的隧道其纵坡不受此限；紧接隧道洞口的路线纵坡应与隧道内纵坡相同。高速公路的中、短隧道，当条件受到限制时，经技术论证后，其最大纵坡可适当加大，但不宜大于 4%。

在高原地区，高程对汽车的动力性能影响较大，为此，设计速度小于或等于 80km/h 位于海拔 3000m 以上的高原地区的公路，最大纵坡应根据海拔按表 5-2 进行折减。最大纵坡折减后若小于 4%，则仍采用 4%。

表 5-2 高原纵坡折减值

海拔/m	3000~4000	4000~5000	5000 以上
纵坡折减(%)	1	2	3

5.1.3 最小纵坡

一般来说，为使高速公路上汽车行驶快速和安全，纵坡设计小一些总是有利的。但在挖方路段、设置边沟的低填方路段和横向排水不畅路段，为保证排水的要求，防止积水渗入路基而影响其稳定性，一般在这些路段应采用不小于 0.3% 的纵坡(一般情况下以采用不小于

0.5%的纵坡为宜)。对于干旱地区，以及横向排水良好、不产生路面积水的路段，也可不受此最小纵坡的限制。

5.1.4 坡长限制

坡长是指相邻两变坡点间的水平直线距离。坡长限制包括最小坡长限制和最大坡长限制两个方面的内容。

1. 最小坡长限制

在纵坡设计中，如果坡长过短，变坡点过多，使纵坡线形呈锯齿形状，车辆行驶颠簸，频繁变化在增重和失重当中，导致乘客感觉不舒适，对路容也不美观；此外，当相邻坡段的纵坡相差较大，而坡长又较短时，汽车运行中频繁换挡也增加了驾驶员的操作劳动强度。因此，纵坡的坡长应有一定的最短长度。

我国综合考虑了计算行车速度和地形条件等情况，坡长最短以不小于设计速度行驶9s的行程为宜，即 $V \cdot \frac{1000}{3600} \times 9 = 2.5V$。规定高速公路的最小坡长见表5-3。

表5-3 高速公路最小坡长

设计速度/(km/h)	120	100	80
最小坡长/m	300	250	200

2. 最大坡长限制

道路纵坡的大小和坡长对汽车的正常行驶影响很大，特别是长距离的陡坡对汽车的安全行驶非常不利。实际调查资料表明，当纵坡的坡段太长，汽车因克服行驶阻力而使行驶速度显著降低，在提高汽车功率时又易使散热器过热，导致汽车爬坡无力，甚至熄火；下坡时制动次数增加易使制动器发热而失效，造成车祸。所以《公路工程技术标准》规定，高速公路不同纵坡时的最大坡长可按表5-4选用。

高速公路当连续陡坡由几个不同坡度值的坡段组合而成时，应对纵坡长度受限制的路段采用平均坡度法进行验算。

表5-4 高速公路不同纵坡最大坡长

纵坡坡度(%)	设计速度/(km/h)		
	120	100	80
3	900	1000	1100
4	700	800	900
5	—	600	700
6	—	—	500

5.1.5 缓和坡段

缓和坡段的作用主要是改善汽车在连续陡坡上行驶的紧张状况，避免汽车长时间低速行驶或汽车下坡产生不安全因素。因此，当陡坡的长度达到限制坡长时，应安排一段缓坡，用以恢复在陡坡上行驶所降低的速度。汽车在缓坡上行驶的长度，从理论上应满足汽车加速或减速行驶过程的需要。

我国规定，连续上坡或下坡时，应在不大于规范规定的纵坡长度之间设置缓和坡段，缓和坡段的纵坡应不大于3%，其长度应符合规范最小坡长的规定。

在实际纵坡设计中，当连续上坡路段由几个不同陡坡段组成时，为判断坡长是否符合规定，一般可采用按比例折算纵坡坡长的方法。如高速公路的设计速度为100km/h，一段已经设计好的5%的上坡段300m，拟再按4%设置上坡段，其长度应为多少？第一坡段纵坡为5%，长度为300m，即占坡长限制值的1/2，第二坡段纵坡为4%，则其坡长不应超过800m×(1－1/2)＝400m。也就是说5%的纵坡设计了长度300m以后，还可接着设计坡度为4%的400m坡长，然后应设置一段坡长不小于250m、纵坡小于3%的缓和坡段。

5.1.6 合成坡度

合成坡度是指在设有超高的平曲线上，路线纵坡与超高横坡或路面横坡组合而成的最大坡度。其方向为流水方向，又称流水线坡度。合成坡度的计算公式为

$$i_{合} = \sqrt{i_{纵}^2 + i_{横}^2} \tag{5-1}$$

式中 $i_{合}$——合成坡度(%)；

$i_{纵}$——路线纵坡度(%)；

$i_{横}$——超高横坡度或路面横坡度(%)。

汽车在有合成坡度的路段行驶时，如果合成坡度过大，由于离心力的作用，可能引起汽车向合成坡度方向的倾斜和侧向滑移，给汽车行驶带来危险。因此，应将合成坡度控制在一定的范围之内。《公路路线设计规范》规定高速公路的最大允许合成坡度值见表5-5。

表5-5 高速公路最大允许合成坡度值

设计速度/(km/h)	120	100	80
最大允许合成坡度值(%)	10.0	10.0	10.5

5.2 竖曲线设计

纵断面上两个坡段的转折处，为了行车安全、舒适以及视距的需要用一段曲线缓和，这一曲线称为竖曲线。竖曲线的线形有圆曲线、抛物线形的形式。通常在公路设计上使用抛物线比圆曲线方便得多，因此一般采用二次抛物线作为竖曲线。

5.2.1 竖曲线要素计算公式

纵断面上两纵坡线交点称为变坡点。在变坡点设置的竖曲线有凹形竖曲线和凸形竖曲线两种。

取 Oxy 坐标系如图5-2所示，设变坡点相邻两直坡段坡度分别为 i_1 和 i_2，它们的代数差用 ω 表示，即 $\omega = i_2 - i_1$，当 ω 为“+”时，表示凹形竖曲线；ω 为“-”时，表示凸形竖曲线。

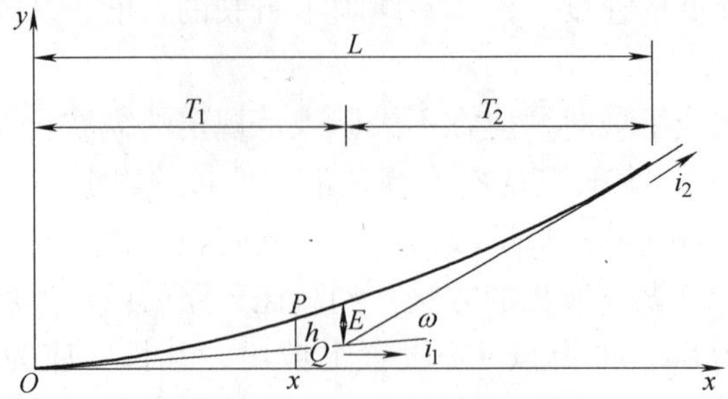

图 5-2 竖曲线要素示意图

在图示坐标系下，利用二次抛物线一般方程

$$y = \frac{1}{2k}x^2 + ix \tag{5-2}$$

推导得竖曲线要素

$$R = \frac{L}{\omega} \tag{5-3}$$

$$L = R\omega \tag{5-4}$$

$$T = \frac{L}{2} = \frac{R\omega}{2} \tag{5-5}$$

竖曲线上任一点竖距 h

$$h = \frac{x^2}{2R} \tag{5-6}$$

竖曲线外距 E

$$E = \frac{T^2}{2R} \text{或} E = \frac{R\omega^2}{8} = \frac{L\omega}{8} = \frac{T\omega}{4} \tag{5-7}$$

5.2.2 竖曲线的最小半径

在纵断面设计中，竖曲线的设计要受很多因素的限制，但对于竖曲线的最小半径和最小长度主要有三个限制因素，即汽车行驶的缓和冲击、行程时间和视距要求。

1. 缓和冲击

汽车行驶在竖曲线上时，产生径向离心力。这个力在凹形竖曲线上是增重，在凸形竖曲线上是减重。这种增重与减重达到某种程度时，旅客就有不舒适的感觉，同时对汽车的悬架系统也有不利影响，所以确定竖曲线半径时，对离心加速度应加以控制。汽车在竖曲线上行驶时，离心加速度 a（m/s^2）是

$$a = \frac{V^2}{R} \tag{5-8}$$

用 V（km/h）表示并整理得

$$R = \frac{V^2}{13a} \tag{5-9}$$

2. 行程时间不过短

汽车从直坡道行驶到竖曲线上，尽管竖曲线半径较大，当坡角很小时，竖曲线长度也很短。其长度过短，汽车倏忽而过驾驶员产生变坡很急的错觉，旅客也会感到不舒适，因此，应限制汽车在竖曲线上的行程时间不过短。最短应满足 3s 行程。即

$$L_{min} = \frac{V}{3.6}t = \frac{V}{1.2} \tag{5-10}$$

《公路工程技术标准》规定，高速公路竖曲线最小长度见表 5-6。

表 5-6　高速公路竖曲线最小长度

设计速度/(km/h)	120	100	80
竖曲线最小长度/m	100	85	70

3. 满足视距的要求

汽车在凸形竖曲线上行驶，如果半径太小，会阻挡驾驶员的视线。对于凹形竖曲线，也同样存在视距问题。因此，为了保证行车安全，对竖曲线的最小半径和最小长度应加以限制。

(1) 凸形竖曲线的最小半径和最小长度　凸形竖曲线主要是以满足行车视距来进行控制，也就是凸形竖曲线最小长度应以满足停车视距要求为主，按竖曲线长度 L 和停车视距 S_T 的关系分为两种情况，如图 5-3 所示。

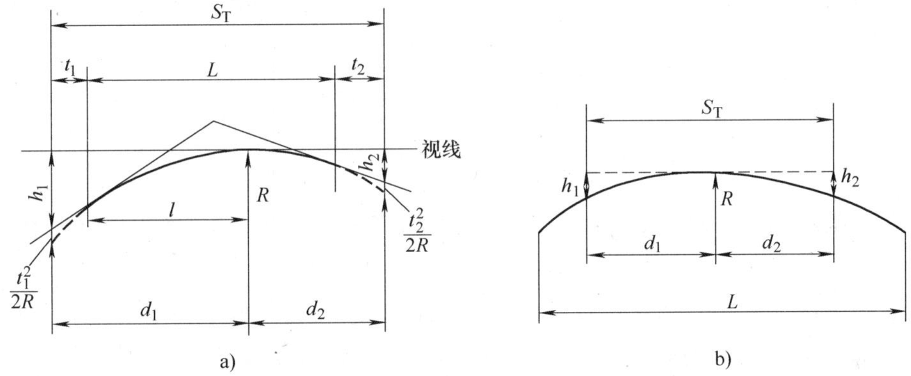

图 5-3　凸形竖曲线计算图

a) $L < S_T$　b) $L \geqslant S_T$

当 $L < S_T$：

$$h_1 = \frac{d_1^2}{2R} - \frac{t_1^2}{2R}, \text{则 } d_1 = \sqrt{2Rh_1 + t_1^2}$$

$$h_2 = \frac{d_2^2}{2R} - \frac{t_2^2}{2R}, \text{则 } d_2 = \sqrt{2Rh_2 + t_2^2}$$

由 $t_1 = d_1 - l = \sqrt{2Rh_1 + t_1^2} - l$，得 $t_1 = \frac{Rh_1}{l} - \frac{l}{2}$

由 $t_2 = d_2 - (L - l) = \sqrt{2Rh_2 + t_2^2} - (L - l)$，得 $t_2 = \frac{Rh_2}{L - l} - \frac{L - l}{2}$

视距长度　　$S_T = t_1 + L + t_2 = \frac{Rh_1}{l} + \frac{L}{2} + \frac{Rh_2}{L - l}$

令 $\frac{dS_T}{dl} = 0$，解得　$l = \frac{\sqrt{h_1}}{\sqrt{h_1} + \sqrt{h_2}}L$，代入上式得

$$S_T=\frac{R}{L}(\sqrt{h_1}+\sqrt{h_2})^2+\frac{L}{2}=\frac{(\sqrt{h_1}+\sqrt{h_2})^2}{\omega}+\frac{L}{2}$$

$$L_{min}=2S_T-\frac{2(\sqrt{h_1}+\sqrt{h_2})^2}{\omega}=2S_T-\frac{4}{\omega} \tag{5-11}$$

式中 h_1——驾驶员的视线高，一般为1.2m；

h_2——障碍物高，一般为0.1m；

ω——竖曲线的变坡角，$\omega=i_2-i_1$；

R——竖曲线半径(m)。

当$L\geqslant S_T$

$$h_1=\frac{d_1^2}{2R},\text{则 } d_1=\sqrt{2Rh_1}$$

$$h_2=\frac{d_2^2}{2R},\text{则 } d_2=\sqrt{2Rh_2}$$

视距长度 $S_T=d_1+d_2=\sqrt{2R}\ (\sqrt{h_1}+\sqrt{h_2})\ =\sqrt{\frac{2L}{\omega}}\ (\sqrt{h_1}+\sqrt{h_2})$

$$\left.\begin{aligned}L_{min}&=\frac{S_T^2\omega}{2(\sqrt{h_1}+\sqrt{h_2})^2}=\frac{S_T^2\omega}{4}\\R&=\frac{S_T^2}{4}\end{aligned}\right\} \tag{5-12}$$

比较以上两种情况，显然式(5-12)计算结果大于式(5-11)，应将式(5-12)作为有效的控制。

根据缓和冲击、行驶时间及视距要求三个限制因素，可计算出高速公路各设计速度时的凸形竖曲线最小半径和最小长度。竖曲线最小长度相当于各级道路设计速度的3s行程，见表5-7。

表5-7 凸形竖曲线最小半径及长度

设计速度/(km/h)	停车视距 S_T/m	缓和冲击 $L_{min}=\frac{V^2\omega}{3.6}$	视距要求 $L_{min}=\frac{S_T^2\omega}{3.6}$	采用值 L_{min}	《公路工程技术标准》规定值/m			
					竖曲线半径		竖曲线最小长度	
					一般值	最小值	一般值	最小值
120	210	4000ω	11025ω	11000ω	17000	11000	250	100
100	160	2778ω	6400ω	6500ω	10000	6500	210	85
80	110	1778ω	3025ω	3000ω	4500	3000	170	70

（2）凹形竖曲线最小半径和最小长度 凹形竖曲线的最小长度，应满足两种视距的要求：一是保证夜间行车安全，前灯照明应有足够的距离；二是保证跨线桥下行车有足够的视距。

1）夜间行车车前灯照射距离要求。根据凹形竖曲线的长度L与停车视距S_T的相互关系，可分为如下两种情况。

当$L<S_T$：如图5-4所示。

因为 $S_T = L + l$，则 $l = S_T - L$。

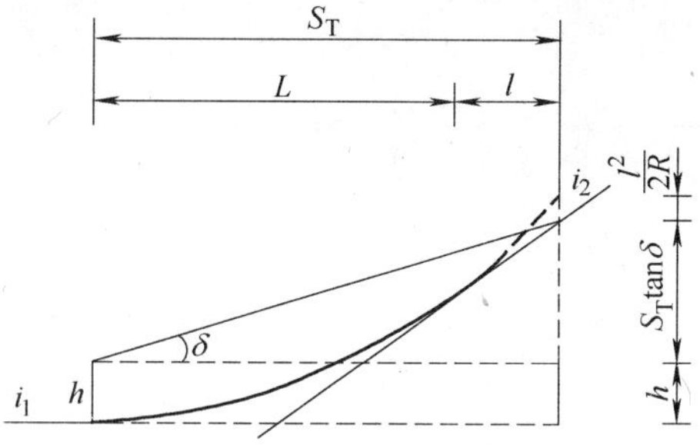

图5-4　车前灯照射距离($L<S_T$)

$$h + S_T \tan\delta = \frac{(L+l)^2}{2R} - \frac{l^2}{2R} = \frac{\omega(2S_T - L)}{2}$$

求解上式，得

$$L_{\min} = 2\left(S_T - \frac{h + S_T \tan\delta}{\omega}\right) \tag{5-13}$$

式中　S_T——停车视距(m)；

h——车前照灯的高度，一般为0.75m；

δ——车前照灯光束扩散角，一般为1.5°。

代入已知数据得

$$L_{\min} = 2\left(S_T - \frac{0.75 + 0.026S_T}{\omega}\right) \tag{5-14}$$

当 $L \geqslant S_T$：如图5-5所示。

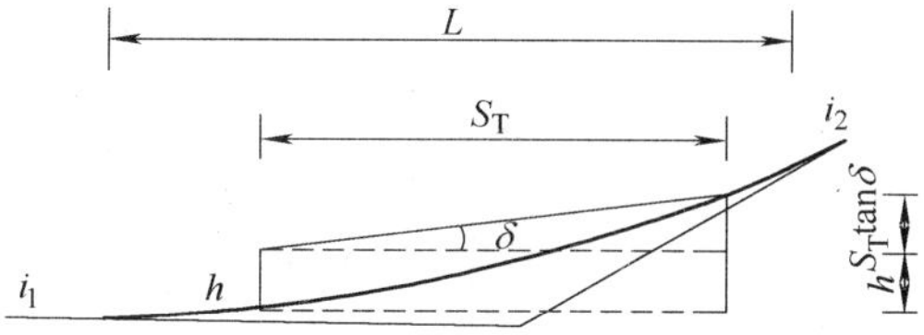

图5-5　车前灯照射距离($L \geqslant S_T$)

$$h + S_T \tan\delta = \frac{S_T^2}{2R} = \frac{\omega S_T^2}{2L}$$

求解上式，得

$$L_{\min} = \frac{S_T^2 \omega}{2(h + S_T \tan\delta)} \tag{5-15}$$

代入已知数据得

$$L_{\min} = \frac{S_T^2 \omega}{1.5 + 0.0524S_T} \tag{5-16}$$

显然，式(5-16)计算结果大于式(5-14)，应以式(5-16)作为有效控制。

2）跨线桥下行车视距要求。

当 $L<S_T$：如图 5-6 所示。

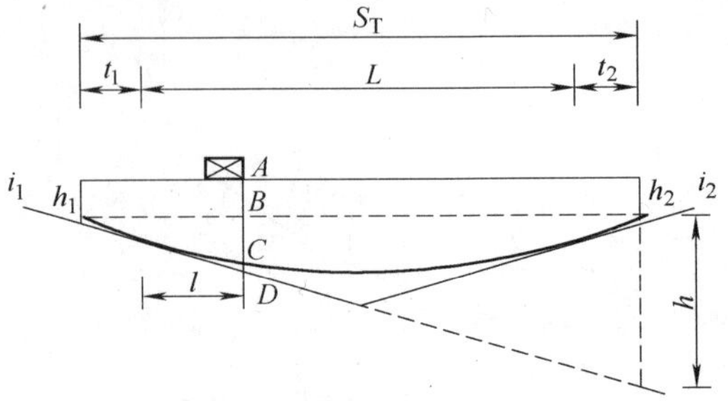

图 5-6 跨线桥下行车视距（$L<S_T$）

$$L_{min}=2S_T-\frac{4h_{max}}{\omega}\left[1-\frac{h_1+h_2}{2h_{max}}+\sqrt{\left(1-\frac{h_1}{h_{max}}\right)\left(1-\frac{h_2}{h_{max}}\right)}\right] \tag{5-17}$$

式中 h_{max}——桥下设计净空，$h_{max}=4.5m$；

h_1——驾驶员视线高度，$h_1=1.5m$；

h_2——障碍物高度，$h_2=0.75m$。

将已知数据代入，则

$$L_{min}=2S_T-\frac{26.92}{\omega} \tag{5-18}$$

当 $L\geqslant S_T$：如图 5-7 所示。

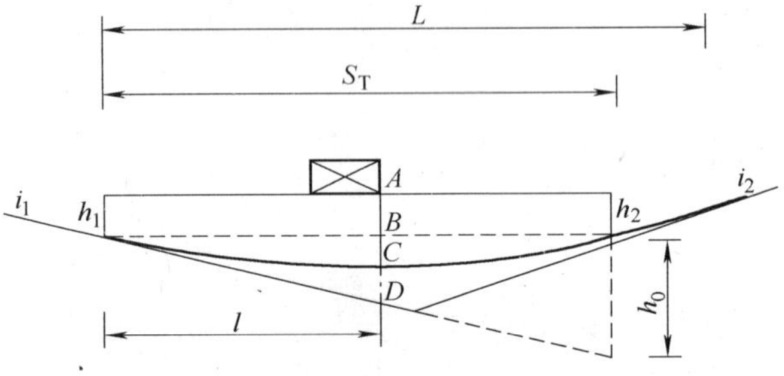

图 5-7 跨线桥下行车视距（$L\geqslant S_T$）

$$L_{min}=\frac{S_T^2\omega}{\left[\sqrt{2(h_{max}-h_1)}+\sqrt{2(h_{max}-h_2)}\right]^2} \tag{5-19}$$

将已知数据代入，则

$$L_{min}=\frac{S_T^2\omega}{26.92} \tag{5-20}$$

比较式（5-18）、式（5-20），应以式（5-20）作为有效控制。

根据影响竖曲线最小半径三个限制因素，可计算出凹形竖曲线最小半径，见表 5-8。凹形竖曲线最不利的情况是径向离心力的冲击，故应以它作为有效控制。凹形竖曲线最小长度同凸形竖曲线。

表 5-8　凹形竖曲线最小半径

设计速度/(km/h)	停车视距 S_T/m	缓和冲击 $L_{min}=\frac{V^2\omega}{3.6}$	夜间行车照明 $\frac{S_T^2\omega}{1.5+0.0524S_T}$	桥下视距 $\frac{S_T^2\omega}{26.92}$	《公路工程技术标准》规定值/m	
					极限最小半径	一般最小半径
120	210	4000ω	3527ω	1638ω	4000	6000
100	160	2778ω	2590ω	951ω	3000	4500
80	110	1778ω	1666ω	449ω	2000	3000

竖曲线极限最小半径只有在地形受到限制或其他特殊困难，不得已时才采用，当条件许可时，竖曲线半径应尽量大于竖曲线的一般最小值，它是通常情况下所采用的最小半径，其值均为极限最小半径的 1.5 ~2.0 倍。对行车速度较高的公路，为了使公路的线形获得理想的视觉效果，还须从视觉观点确定最小半径值，在有条件的情况下，为获得连续而平顺的纵断面线形，可参照表 5-9 来选取。

表 5-9　视觉要求的最小竖曲线半径值

设计车速/(km/h)	竖曲线半径/m	
	凸形	凹形
120	20000	12000
100	16000	10000
80	12000	8000

5.3　纵断面布局

高速公路线形标准高，车道多，路幅宽，在与其他道路相交时必须全部采用立体交叉，因而，在纵断面设计时，有其独特之处。在平原地区，跨越的河流、道路和其他通道很多，在纵断面布局上会产生很多矛盾。在山岭和重丘陵地区，由于地形切割，地面起伏大，如何安排宽幅的多个车道，如何设置隧道，在纵断面设计上也有不少困难。下面就平原区和山区高速公路的纵断面布局特点做详细介绍。

5.3.1　平原地区高速公路填土高度

高速公路路堤高度直接影响其造价和经济效益，由于地方经济快速增长，地方路网不断加密，平原地区高速公路设置大量的通道、立交桥，导致路基填土高度日趋增高。一般平均填土高度在 30 ~40m 以上，其实这种做法既不科学也不尽合理，无形中在抬高高速公路路基填土高度的同时，也提高了高速公路的建设费用，造成了对大自然生态环境的巨大破坏。

1. 高填路基与低填路基的分析比较

高填路基高速公路与低填路基高速公路相比，存在以下几个方面的缺点和不足：

1）工程占地数量大，使用土方量多，造价高。

2）由于路基靠借方填筑，在沿线均为平原而无高岗或低丘借土，又缺乏其他可用料源的情况下，高路堤则意味着需征用更多的土地借取土。

3）交通行车不安全，一旦发生交通事故，其后果将不堪设想。

4）高填路基高速公路噪声传播范围大，不利于生态环境的保护。

5）填土较高，土基施工压实难度大，路基在其自重压力作用下还会产生沉降并危及路面，对软土地基更为严重。

6）破坏景观和生态环境的平衡。

国外在平原地区修筑高速公路时，大多采用浅路堑或低路堤方案。采用如图5-8所示的浅路堑或低路堤方案的突出优点是：

1）可使土石方横向平衡，不需远距离取土或弃土。

2）将挖出的土在两侧修筑成缓坡土堤，可将噪声阻隔在道路通道之中。

3）方便上跨跨线桥的修筑。

4）侧面缓坡土堤外侧修成1∶10的缓坡，可归还农村种植庄稼。

5）土坡上也可绿化，美化环境。

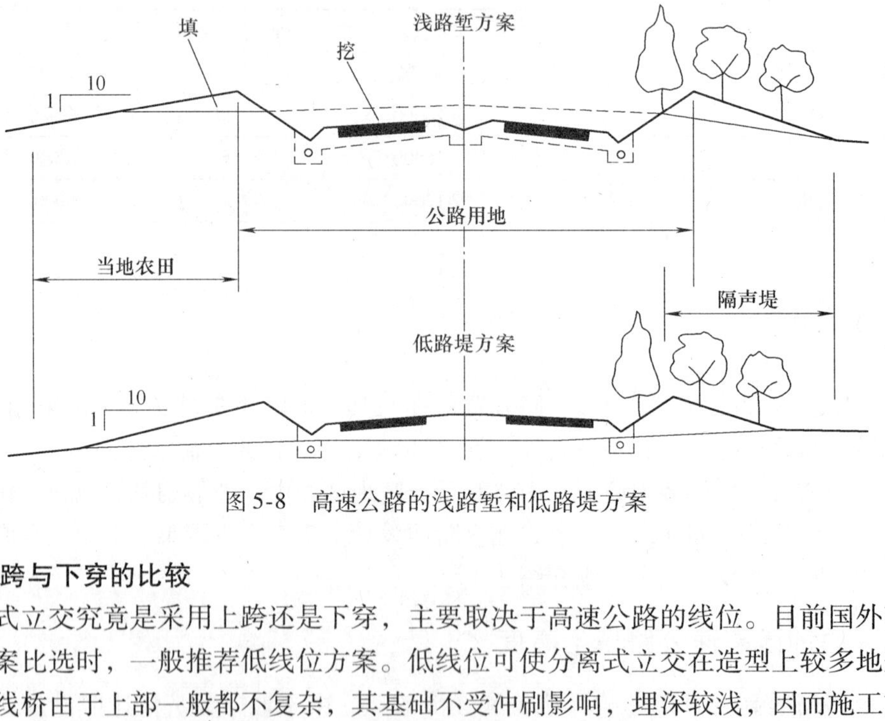

图5-8 高速公路的浅路堑和低路堤方案

2. 上跨与下穿的比较

分离式立交究竟是采用上跨还是下穿，主要取决于高速公路的线位。目前国外高速公路在线位方案比选时，一般推荐低线位方案。低线位可使分离式立交在造型上较多地采用上跨方案。跨线桥由于上部一般都不复杂，其基础不受冲刷影响，埋深较浅，因而施工方便、快捷。与下穿相比有一定的优越性，而且还可以为高速公路增加景观，消除行车的单调感。由于高速公路的路基较宽，采用下穿式需要设置的通道工程数量较大，如遇软弱地基将增加施工难度，导致工程费用增大。因此，在线位条件允许的情况下，应尽可能采用上跨主线的方案。

但是，上述的浅路堑、低路堤方案在国内难以采用，主要原因在于不能满足大量地方交通的要求，特别是农田拖拉机和非机动车难以上坡走上跨立交，也不愿迂回走侧道，它们往往要求每隔300m左右就要建设一条下穿高速公路的通道。此外，沿海平原地区地下水位较高，也是原因之一。

如何有效地降低填土高度，节省不可再生的土地资源，走可持续发展道路，对高速公路建设来说尤其重要。因此，有必要对大幅度降低高速公路填土高度设计思路进行探索，把我国平原地区高速公路纵断面从高路堤方案中解脱出来。从高速公路低路堤方案实施的经验来看，低路堤方案对于节约用地、保护生态环境非常有利，低路堤方案对于减少填料工程量，降低工程造价也起到积极的作用。但低路堤的实施需要沿线有关方面的配合，如农田灌溉系统的改造。提供以下几种思路：

1）对相交的等级公路交叉方式进行分析，尽可能使支线上跨高速公路，但应视具体情况具体分析。

2）尽可能地使被交叉道路合并，一桥多用，多功能化，合理设置通道的位置和数量，以减少路基高度的控制点位置。

3）选择低谷地形设置通道，降低路基设计高程。

4）充分利用岸边河堤有利地形，将跨河桥边孔及排水箱涵作为通道。

5）对机耕标准以上的地方道路进行归并，结合路网，每 2 ~ 5km 设置一处支线上跨天桥解决横向沟通问题。

6）采用辅道使地方路网与合并后设置的支线上跨天桥衔接。

7）适当缩短路线最小纵坡长度，增加变坡点。

综合以上的分析，高速公路的建设应从长远角度着手，用发展的观点对待存在的问题，只有改变传统的观念，才能适应未来发展的需要。降低路基填土高度既是高速公路工程建设的需要，又是保持人和自然协调发展关系的需要，因此，降低路基填土高度是今后高速公路设计的必然发展方向。高填路基只适用于地下水位较高或软土地基路基需抬高的路段，应慎重选用。

5.3.2 山区高速公路纵断面设计的特点

在山区和丘陵地区修筑高速公路时，选定路线后，在纵断面布局中可能遇到以下两个问题：一是由于高速公路占用路幅较宽，为节省土石方而不得不采用双向分离式路基；二是由于高速公路的技术标准高，在越岭区段和沿溪切山嘴区段将出现较多的隧道路段。

对于采用分离式路基的区段，上行线和下行线应分别绘制纵断面地面线进行拉坡。如图 5-9 所示，在路基尚未分岔地段（图 5-9a），按常规以道路中央分隔带中线的地面标高当做地面标高，以中央分隔带外侧边缘（左侧路缘带的左边缘）的标高作为设计标高。在分设上下行路基后（图 5-9b），分别采用车道中心处的地面标高以及采用车道中心处路面标高作为设计标高。在设计时必须加以注意，并在纵断面图样上注明。

对于设置隧道的路段一般应设计为上下行两座独立隧道，也就是应分上下行道绘制纵断面图，分别进行拉坡。注意隧道内的纵坡不应大于3%，并不小于0.3%，但短于100m 的隧道其纵坡不受此限。长隧道内的纵坡宜更缓些，纵坡最大宜为2%（特殊的为3%）。隧道内的纵坡宜设置成单向坡或人字坡；对地下水发育的隧道及特长、长隧道宜采用双向出水的人字坡。隧道内纵坡变化处均应设置竖曲线。

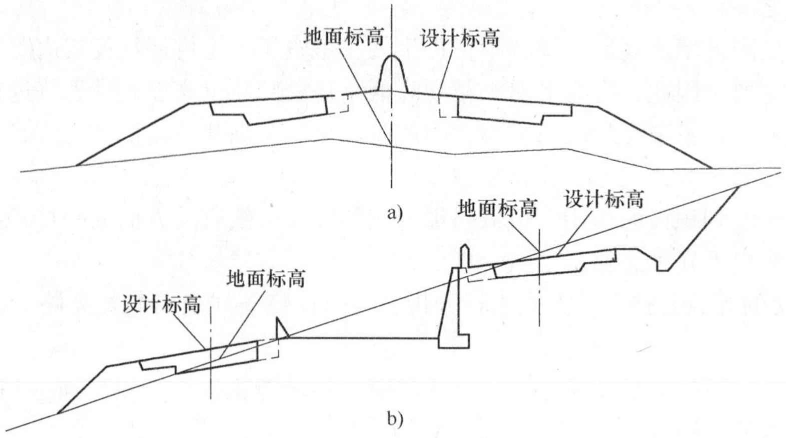

图 5-9 分离式路基区段纵断面的基准标高

5.3.3 纵断面设计的一般原则

在纵断面设计中，主要是选定纵坡度，确定纵坡线以及设置竖曲线。其目的是把纵面线形诸要素组合成汽车行驶平顺舒适、视觉连续、路面圆滑的线形。

在选取纵坡时，除考虑地形条件控制外，在给定设计车速范围内，应尽量选取缓坡。对陡坡的选用，不仅能满足规范要求，而且应从工程经济、行车安全、通行能力等多方面综合考虑，慎重对待。

纵断面线形设计要求在整条路线上紧密配合平曲线，使路线能适应各种不同车辆的要求，力求采用缓和的纵坡度维持均衡的营运速度，尽量使载货车能经常保持较高的速度行驶。

5.4 平纵线形组合设计

平纵线形组合设计是高速公路路线综合几何设计中应着重考虑的问题。高速公路线形设计首先从选线开始，然后按照平面线形设计、纵断面线形设计和平纵线形组合设计的过程进行，最终以平、纵、横三个断面所组合的立体线形展现在驾驶员的面前，特别是平纵线形组合设计对立体线形的好坏起着至关重要的作用。平纵线形组合设计是指在满足汽车运动学和力学要求的前提下，结合地形、地物、景观、视觉和经济性等，研究如何满足驾驶员在视觉和心理方面的连续性、舒适性以及与周围环境相协调，以保证汽车行驶的安全、舒适与经济。尽管平纵线形设计均按前述标准进行设计，但若平纵线形组合不当，不仅有碍于其优点的发挥，而且会加剧两方面存在的缺点，造成行车上的危险，也就不可能获得最优的立体线形。

5.4.1 视觉分析

1. 视觉分析的概念和意义

从视觉心理出发，对公路的空间线形及其与周围自然景观和沿线建筑的协调等进行研究分析，以保持视觉的连续性，使行车具有足够的舒适感和安全感的综合设计称为视觉分析。

驾驶员的视觉判断能力与车速密切相关，车速越高，其注视前方越远，而视角逐渐变小。研究表明：

1）驾驶员的注意力集中和心理紧张程度随车速的增加而增加。

2）注意力集中点和视野距离随车速而增大，高速行驶时，驾驶员对前景细节的视觉开始变得模糊不清。

3）视角随车速逐渐变窄，高速时驾驶员已不能顾及两侧景象了。

由此可见，对于高速公路来说，驾驶员的主要集中力是观察视点较远路幅的线形状况，必须使驾驶员明白无误地了解前方线形变化，尽量避免由于判断错误而导致驾驶失误。

2. 视觉分析方法

线形状况是指汽车快速行驶中，道路立体形状给驾驶员提供的连续不断的视觉印象。该视觉印象的优劣，除依靠设计者对三维空间的想象判断之外，比较好的方法是利用视觉印象随时间变化的道路动态透视图来评价。透视图是根据道路的平面线形、纵断面线形及道路的横断面设计资料，绘制出驾驶人员在不同桩号处注视前方道路时映入眼帘的透视图，以此来判断路线平纵线形是否协调、道路与景观的配合是否适当、曲线之间的连接是否平顺、道路的走向是否清楚、通视条件是否良好等。如果检查中发现线形存在缺陷则要在设计阶段进行修改，然后再绘出透视图分析研究，直至满意为止，使道路空间线形达到较为完美的程度。绘制透视图是视觉分析的最好方法。

5.4.2　平纵面线形组合原则

平纵面线形组合应遵循以下设计原则：

1）应在视觉上能自然地诱导驾驶员的视线，并保持视觉的连续性。任何使驾驶员感到茫然、迷惑或判断失误的线形，必须尽力避免。在视觉上能否自然地诱导视线，是衡量平纵组合的最基本标准。

2）平面、纵断面线形的技术指标应大小均衡，避免出现平面高标准，纵断面低标准，或与此相反的情况，使线形在视觉上、心理上保持协调。

3）选择组合得当的合成坡度，以利于路面排水和行车安全。

4）平纵面线形组合应注意与周围环境相配合，充分利用高速公路周围的地貌、地形、天然树林等，尽量保持自然景观的连续，以消除景观单调感，使高速公路与大自然融为一体。

5.4.3　线形组合的形式

通过分解立体线形要素，可得出平纵线形有以下六种基本组合形式，见表 5-10。

1）平面上为直线，纵断面也是直线——构成具有恒等坡度的直线。

2）平面上为直线，纵断面上是凹形竖曲线——构成凹下去的直线。

3）平面上为直线，纵断面上是凸形竖曲线——构成凸起的直线。

4）平面上为曲线，纵断面上为直线——构成具有恒等坡度的平曲线。

5）平面上为曲线，纵断面上为凹形竖曲线——构成凹下去的平曲线。

6）平面上为曲线，纵断面上为凸形竖曲线——构成凸起的平曲线。

表 5-10　平纵线形基本组合

编号	平面要素	纵断面要素	立体线形要素
1	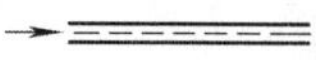 直线	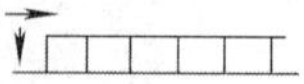 直线	 纵坡不变的直线
2	 直线	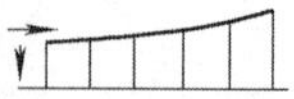 曲线	 凹形直线
3	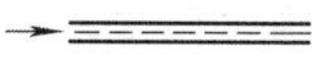 直线	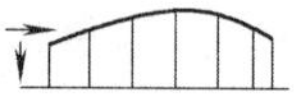 曲线	 凸形直线
4	 曲线	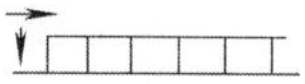 直线	 纵坡不变的曲线
5	 曲线	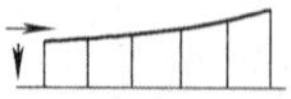 曲线	 凹形曲线
6	 曲线	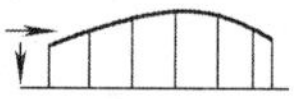 曲线	 凸形曲线

5.4.4　平纵线形组合基本要求

1）平曲线与竖曲线应相互重合，且平曲线应稍长于竖曲线，所谓的“平包竖”。并将竖曲线的起、终点分别放在平曲线的两个缓和曲线内，其中任一点都不要放在缓和曲线以外的直线上，也不要放在圆弧段之内。这是平纵面最好的组合，如图 5-10 所示。

如果做不到平曲线与竖曲线较好的组合，而两者的半径均较小时(一般指平曲线半径小于一般最小半径值)，宁可把平曲线、竖曲线错开相当距离，使竖曲线位于平面的直线上，但如果平曲线与竖曲线半径都很大，则平、竖曲线的位置可不受上述限制。

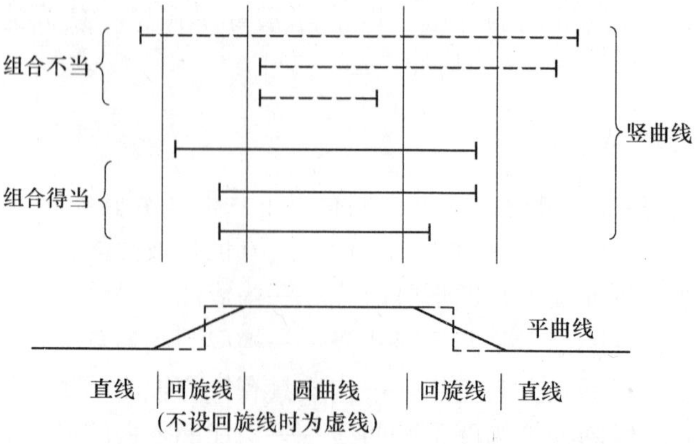

图 5-10　平曲线与竖曲线的组合

2）平面曲线与竖曲线的大小应保持均衡。平曲线与竖曲线的大小如果不均衡，会给人不愉快的感觉，失去了视觉上的均衡性。如果其中一方大而平缓时，则另一方也要与之相适应，不能变化过多。一个平曲线内含有两个以上的竖曲线或与此相反的情况，总给人一种不舒服的感觉。

根据经验，平曲线与竖曲线重合时，如果平曲线不大于1000m，当竖曲线半径为平曲线半径的10～20倍时，可在视觉上获得满意的效果。

3）当平曲线缓而长、纵断面坡差较小时，可不要求平、竖曲线一一对应，平曲线中可包含竖曲线或竖曲线略长于平曲线。这对平坦地区的高速公路设计是重要的。

4）要选择适当的合成坡度。

①合成坡度过大，对行车安全不利，车辆易出事故。

②合成坡度过小，不利于路面排水，对高速行驶的车辆，由于溅水而影响行车安全。

如果变坡点与路面横向排水不良的平曲线路段组合，易使合成坡度过小，排水不利，妨碍高速行车，故合成坡度一般应不小于0.5%。

5.4.5　平纵线形设计中应注意避免的组合

对于平竖曲线的组合设计能够满足上述要求是最好的，但由于地形等条件限制，这种组合往往不是总能争取到的，这时应避免如下组合的出现：

1）避免竖曲线的顶、底部插入小半径的平曲线。如果在凸形竖曲线的顶部有小半径的平曲线，不仅不能引导视线而且要急转方向盘，行车是危险的。在凹形竖曲线的底部有小半径的平曲线，便会出现汽车加速而急转弯，同样可能发生危险。

2）避免将小半径的平曲线起、讫点设在或使其接近竖曲线的顶部或底部。若将凸形竖曲线的顶部设在小半径平曲线的起点，产生不连续的线形，失去了视线引导作用。而将凹形竖曲线的底部设在小半径平曲线的起点，除了视觉上扭曲外，还会产生下坡尽头接急弯的不安全组合。

3）避免使竖曲线顶、底部与反向平曲线的拐点重合。此类组合都存在不同程度的扭曲外观，前者不能正确引导视线，会使驾驶员操作失误，后者路面排水不畅，积水影响行车安全。

4）避免出现驼峰、暗凹、跳跃、断背、折曲等使驾驶员视线中断的线形。在一个平曲线或一段长直线内包含几个竖曲线，特别是小半径竖曲线，易出现驼峰、暗凹、跳跃等线形，使前方道路失去连续性，如图5-11所示。我国平原微丘区的高速公路设计，因地形平

图5-11　长直线段设置三个小半径竖曲线

坦，平曲线半径一般较大，但由于沿线通道多，为减少工程数量，降低路基填土高度，有时不得不在一个长的平曲线内多次变坡。实践表明：当纵坡不大且坡率差又较小时，只要坡长和竖曲线半径选择得当，多次起伏并不影响线形的连续性。

5）应避免小半径的竖曲线与缓和曲线的重合。对凸形竖曲线诱导性差，事故率较高；对凹形竖曲线路面排水不良，影响行车安全。

5.5 纵断面图的设计和绘制

纵断面设计主要是指纵坡和竖曲线设计。它的主要内容是根据公路等级、相应的有关规定以及路线自然条件和拟建构造物的标高要求等，确定路线适当的标高、各坡段的纵坡和坡长，并设计竖曲线。

5.5.1 纵断面设计要点

纵断面设计首先涉及的内容是纵断面线形布置，它包括不同地形条件下的设计标高控制，各坡段的纵坡设计和变坡点位置确定等。

1. 各种地形条件下的标高控制

所谓设计标高的控制，是指在纵坡设计时将路线安排在哪一个高度上最为合适。

1）在平原区，地形平坦，河沟纵横交错，地面水源多，地下水位较高，因此，路线设计标高主要由保证路基稳定的最小填土高度所控制。

2）在丘陵地区，地面有一定的高差，除局部地段外路线在纵断面上克服高差不很困难，因此，设计标高的选定，主要由土石方平衡和降低工程造价所控制。

3）在山岭地区，地形变化频繁，地面自然坡度大，布线有一定的困难，因此，设计标高主要由纵坡度和坡长所控制，但也要从土石方尽量平衡及路基防护工程经济性等方面考虑，力求降低工程造价。

4）沿溪（河）路段，为保证路基安全稳定，路基一般应高出规定洪水频率的计算水位加壅水高、波浪侵袭高和0.5m以上。

此外，纵断面设计标高的控制，还应考虑高速公路的起终点、与其他道路相交点、垭口、隧道、桥梁、排泄涵洞、地质不良地段等方面的要求。有时这些地物和人工构造物对设计标高控制往往起着决定性的作用。

2. 各种地形条件下的纵坡设计

对不同地形的纵坡设计，要在初步拟定设计标高控制的基础上力求纵坡设计合理。

1）平原、微丘地形的纵坡应均匀、平缓，并注意保证路基最小填土高度和最小纵坡的要求。

2）丘陵地形的纵坡应避免过分迁就地形而使路线起伏过大，注意纵坡应顺适不产生突变。

3）山岭、重丘地形的沿河线，应尽量采用平缓的纵坡，坡长不宜过短，纵坡度不宜过大，纵坡不宜大于6%，注意路基控制标高的要求。

4）越岭线的纵坡应力求均匀，尽量不采用极限或接近极限的坡度，更不宜连续采用极限长度的陡坡之间夹短距离缓和坡段的纵坡线形。越岭线不应设置反坡，以免浪费高程。

5）山脊线和山腰线，除结合地形不得已时采用较大的纵坡外，在一般情况下应采用平缓的纵坡。

3. 变坡点位置的确定

变坡点是两条相邻设计纵坡线的交点。变坡点位置的确定，直接影响到纵坡度的大小、坡长、平纵面组合、土石方填挖平衡和高速公路的使用质量。因此，在确定变坡点位置时，除要尽量使填挖工程量最小和线形最理想外，还应使最大纵坡、最小纵坡、坡长限制、缓和坡段满足有关规定的要求，同时还要处理好平、纵面线形的相互配合和协调。此外，为方便设计和计算，变坡点的位置一般应设在 10m 的整数桩号处。

5.5.2　纵断面设计的方法和步骤

纵断面设计的方法和步骤可归纳为以下几点：

1. 拉坡前的准备工作

内业设计人员在熟悉有关设计标准的基础上，首先在纵断面图上点绘出每个中桩的位置、平曲线示意图(起、讫点位和半径等)，写出每个中桩的地面标高，并绘出纵断面的地面线。

2. 标注控制点位置

按选线意图确定控制点的位置及其高程。所谓纵断面控制点，是指高速公路的起、终点标高，出口、重要桥梁、涵洞、隧道的要求标高，路线交叉点的标高，路基最小填土标高，沿溪(河)线的洪水位标高，其他有关建筑物的高度和竖向设计要求等，这些都应作为控制纵坡线的依据。

3. 试坡

试坡主要是在已标出控制点的纵断面图上，根据技术标准、选线意图，考虑各控制点和经济点的要求以及地形变化情况，初步定出纵坡设计线的工作。

4. 调整坡度线

在初试拉坡并定出坡度线后，即可对照《公路工程技术标准》检查设计的最大纵坡、合成坡度、坡长限制等是否符合规定限值，以及平面线形与纵面线形的配合、桥头接坡等是否合理。若发现有问题，应进行调整。

5. 根据横断面进行核对

根据调整后的坡度线，选择有控制意义的重点横断面，如高填深挖、陡峭山坡路基、挡土墙、重要桥涵等断面，在纵断面图上直接读出对应中桩的填挖高度，然后按该填挖值用“模板”在横断面图上“戴帽子”。检查是否有填挖过大、坡脚落空或挡土墙工程过大等情况。若发现有问题，应及时调整纵坡。

6. 定坡

所谓定坡，就是逐段把坡度线的坡度值、变坡点位置(桩号)和高程确定下来。纵坡设计在经调整核对无误后即可定坡。变坡点一般要调整到 10m 整桩位上，变坡点的高程则是根据坡度、坡长依次计算确定的。

7. 确定和计算竖曲线

根据高速公路的设计车速和地形情况，确定竖曲线半径，并计算竖曲线要素。

5.5.3 纵断面的绘制

纵断面设计图是公路路线设计的重要文件之一，也是纵断面设计的最后成果。它反映路线所经范围的中心地面起伏情况与设计纵坡之间的关系。把纵断面线形与平面线形组合起来，就能反映出道路线形在空间上的位置。

纵断面采用直角坐标，以横坐标表示里程和桩号，纵坐标表示高程。为了明显反映沿线地面起伏变化，通常横坐标比例采用1:2000，纵坐标采用1:200。对高速公路，横坐标比例也可用1:1000，纵坐标相应地用1:100。

纵断面图是由上、下两部分内容组成的。上部主要用来绘制地面线和纵坡设计线，标注竖曲线的位置及其要素，沿线桥涵及人工构造物的位置、结构类型、孔数和孔径，沿线跨越的河流名称、桩号、常水位及最高洪水位，水准点位置、编号和高程；断链桩位置、桩号及长短链关系等。下部主要用来填写有关内容，自下而上分别是：超高、直线与平曲线、里程桩号、坡度坡长、地面高程、设计高程、填挖高度、土壤地质说明等。

思 考 题

5.1 在纵断面设计时，只要满足了规范规定的最大纵坡、最小纵坡、最大坡长和最小坡长的要求，就说明这条道路的纵断面设计是合理的，对吗？为什么？

5.2 凸形竖曲线最小半径和凹形竖曲线最小半径的限制因素有哪些？作为最终控制竖曲线长度因素，两者是否相同？

5.3 平纵线形组合设计的原则有哪些？

5.4 哪些平纵线形组合形式为有利组合？哪些平纵线形组合形式为不利组合？叙述其优缺点。

5.5 纵断面设计要点有哪些？

5.6 在进行高速公路纵断面设计时，一般要考虑哪些控制标高？

第 6 章　高速公路横断面设计

道路的横断面是指中线上各点的法向切面，它是由横断面设计线与横断面地面线所围成的图形。横断面地面线表征横断方向的地面起伏变化情况，它是通过现场实测或由大比例尺地形图、航测像片、数字地面模型等途径获得的。横断面设计线包括行车道、中间带、路肩、边坡、边沟、截水沟、护坡道以及专门设计的取土坑、弃土堆、环境保护等设施。

横断面设计是路线设计的重要组成部分，它和纵断面设计、平面设计相互影响，所以在设计中应将平、纵、横三个方面结合起来综合考虑，反复比较和调整后，才能达到各元素之间的协调一致，做到组成合理、用地节省、工程经济和有利于环境保护。

高速公路横断面的设计主要是根据交通性质、交通量、行车速度，结合地形、地物、气候、土壤等条件，充分考虑安全要求，进行道路行车道、中间带、紧急停车带、路肩、附加车道等的布置，确定其几何尺寸，并进行必要的结构设计以保证道路的强度和稳定性。

6.1　高速公路横断面组成

6.1.1　路基标准横断面组成

路基标准横断面是原交通部根据设计交通量、交通组成、设计车速、通行能力和满足交通安全的要求，按公路等级、断面的类型、路线所处地形规定的路基横断面各组成部分横向尺寸的行业标准。

高速公路路基标准横断面分为整体式路基和分离式路基两类。

高速公路由于公路等级高、交通量大，双向（上、下行）行车之间必须分开，分隔的方式有两种：一种是将上、下行车道放在同一水平面上采用中间带分隔，称作整体式断面。整体式路基的标准横断面应由车道、中间带（中央分隔带、左侧路缘带）、路肩（右侧硬路肩、土路肩）等部分组成，路基标准横断面如图 6-1 所示；另一种是将上、下行车道放在不同的水平面上加以分隔，称作分离式断面，分离式路基的标准横断面应由车道、路肩（右侧硬路肩、左侧硬路肩、土路肩）等部分组成。自然横坡较缓时，以整体式路基断面为宜，横坡较陡、工程地质复杂时，采用分离式路基断面。高速公路整体式和分离式路基横断面，如图 6-2 所示。

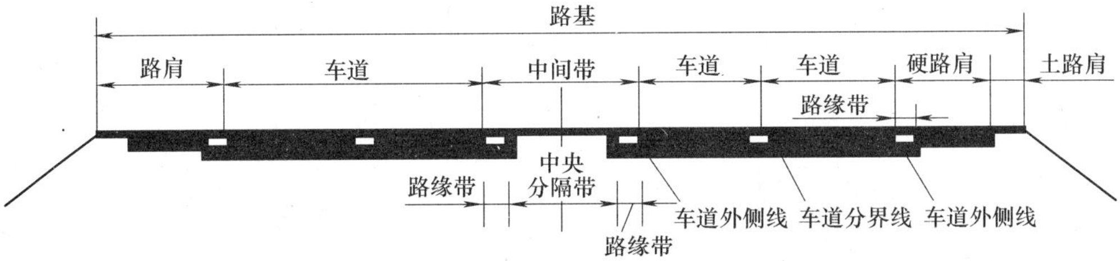

图 6-1　高速公路路基标准横断面（整体式）

a)

b)

图6-2 整体式、分离式的高速公路

a)整体式 b)分离式

与一般公路相比较，高速公路横断面的突出之处在于：

1）为保证高速安全行车，高速公路的双向行车必须严格分开，为此必须设置中央分隔带。采用分离式路基者除外。

2）为保证高速公路上车流的连续性，没有达到规定车速的车辆不准驶上行车道。为防止产生突然事故的车辆扰乱车流，必须在横断面的左右两侧硬路肩上设置规定宽度的应急停车带，供临时停车之用。

3）为使高速行车有足够的安全性，在双向每幅行车道的两侧都须设置宽度为0.5m的路缘带。

4）在中央分隔带两侧和两边路肩上一般需设置安全护栏。

5）为使路幅全封闭，禁止非机动车和行人进入车道，路基外侧必须设置防止进入的防护栅或其他隔离设施。

6.1.2 路基宽度

高速公路路基宽度为行车道、中间带宽度及其两侧路肩宽度之和。当设有中间带、紧急停车带、爬坡车道、变速车道时，还应计入该部分的宽度。在横断面设计中，首先应确定路基宽度。

高速公路路基宽度规定见表6-1和表6-2。

设计速度为120km/h、100km/h的高速公路，根据通行能力需要可设双向四车道、六车道、八车道，并采用相应的路基宽度。

表6-1 高速公路整体式路基宽度

公路等级		高速公路							
设计速度/(km/h)		120			100			80	
车道数		8	6	4	8	6	4	6	4
路基宽度/m	一般值	42.00	34.50	28.00	41.00	33.50	26.00	32.00	24.50
	最小值	40.00	—	25.00	38.50	—	23.50	—	21.50

注：“一般值”为正常情况下的采用值；“最小值”为条件受限制时可采用的值。

表 6-2　高速公路分离式路基宽度

公路等级		高速公路							
设计速度/(km/h)		120			100			80	
车道数		8	6	4	8	6	4	6	4
路基宽度/m	一般值	22.00	17.00	13.75	21.75	16.75	13.00	16.00	12.25
	最小值	—	—	13.25	—	—	12.50	—	11.25

注：1. 八车道的内侧车道宽度如采用 3.50m，相应路基宽度可减 0.25m。

2. 表中所列"一般值"为正常情况下的采用值；"最小值"为条件受限制时可采用的值。

设计速度为 120km/h 的四车道高速公路，宜采用 28.00m 的路基宽度。当地形条件及其他特殊情况限制时，可采用 26.00m 的路基宽度。

确定路基宽度时，其中央分隔带、路缘带、路肩等宽度的"一般值"、"最小值"应同类项相加。但高速公路的六、八车道的路基宽度不采用"最小值"同类项相加。

6.2　横断面各组成部分设计

6.2.1　行车道

行车道是指供各种车辆纵向排列、安全顺适地行驶的公路带状部分，是高速公路横断面中最主要的组成部分。高速公路各路段的车道数应根据预测交通量、设计速度和服务水平等确定，它至少由双向四个车道组成，其车道数为四车道以上时，应按双数增加，即六个车道或八个车道。最靠近中间带(即最左边)的车道车速最高，又可称为超车车道，主要由高速的小汽车行驶，最右边的车道为慢车道，其车速通常也在 60km/h 以上，行驶的载货车和大客车较多。行车道中的车道不包括其他起特殊作用的变速车道、爬坡车道、避险车道等，由于它们的功能和作用不同，未计入行车道当中。

车道宽度是为了交通上的安全和行车上的顺适，根据汽车大小、车速高低而确定的各种车辆以不同速度行驶时所需的宽度。车道宽度应满足车辆行驶的需要。车速、交通组成和大型车的混入率对行车道宽度的确定有较大的影响。一条车道的宽度必须能满足设计车辆在有一定横向偏移的情况下运行，并能为相邻车道上的车流提供余宽。研究认为，在考虑车道的宽度时，除考虑汽车的横向宽度外，还应考虑随着车速而变化的汽车横向动态净空。

德国一项对公路横断面的研究认为车速与动态净空的关系见表 6-3。如果设计车辆的宽度规定为 2.50m，则可以根据车速的不同，采用相应的车道宽度为 3.75m 或 3.50m。由于车道过宽容易造成一个车道中两列小车并列行驶的现象，因此，不推荐采用大于 4m 的车道宽度。

表 6-3　运营速度与动态净空的关系

最大车速/(km/h)	最小动态净空/m
$V>70$	1.25
$50<V\leqslant 70$	1.00

日本一项对高速公路车道宽度的研究得出如下结论：设计速度为120km/h时，内外车道宽度均宜采用3.75m；当$V=100$km/h且交通量大、大型车混入率高时，内侧车道宽应为3.75m，外侧车道宽可采用3.75m或3.50m。具体又规定：四车道日交通量在20000辆/d以上，大型车混入率在20%～30%时，内侧车道宽应采用3.75m；六车道交通量较大，大型车混入率大于30%时，中央车道与内侧车道宽均应采用3.75m。

《公路路线设计规范》规定高速公路每一车道宽度除山岭区采用3.50m外（$V=60$km/h），其余均采用3.75m。对高速公路行车道宽度的规定值见表6-4。

表6-4 高速公路行车道宽度

设计速度/(km/h)	120	100	80	60
车道宽度/m	3.75	3.75	3.75	3.50

注：高速公路为八车道时，内侧车道宽度可采用3.50m。

6.2.2 中间带

高速公路整体式路基必须设置中间带，以保证行车安全。

1. 中间带的组成

中间带由中央分隔带和路线双向的两条左侧路缘带组成，如图6-3所示。中央分隔带是分隔高速公路上对向行车道的地带。分隔带以路缘石线等设施分界，在构造上起着分隔对向交通的作用。

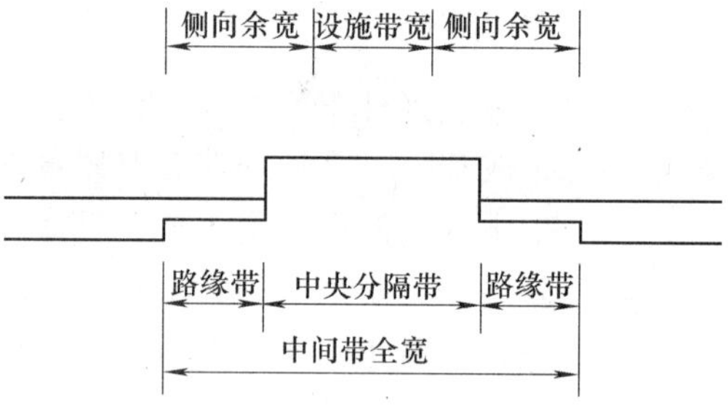

图6-3 中间带示意图

在中央分隔带的两侧设置路缘带，路缘带既引导驾驶员的视线，又增加行车安全性，还能保证行车所必需的侧向余宽，提高行车道的使用效率。

2. 中间带的作用

1）将上、下行车流分开，排除纵向干扰，防止对向车辆碰撞。

2）清晰显示内侧边缘，引导驾驶员视线。

3）防止行车任意转弯掉头。

4）可作为设置安全护栏、标志、绿化及其他交通设施之用。

5）设置一定宽度的中间带并种植花草灌木或设置防眩网，可防止对向车辆灯光眩目，还可起到美化路容和环境的作用。

6）设于分隔带两侧的路缘带，由于有一定宽度且颜色醒目，既引导驾驶员视线，又增加行车所必需的侧向余宽，从而提高行车的安全性和舒适性。

3. 中间带宽度

中间带的宽度是根据行车道以外的侧向余宽，防止驶入对向行车道的护栏、防眩网、跨线桥桥墩等所需的设施带宽度而定的。一般分宽、窄两种中间带。中间带越宽作用越明显，但投资、占地多，土地资源十分宝贵的地区要采用宽的中间带是有困难的。对于用地条件宽裕、环境设计要求高的国家，多采用较宽的中间带，对布置优美的景观，减少噪声及空气污染，降低夜间行车眩光等都会起到良好的作用。对于用地紧张的国家和地区多采用较窄的中间带，同时采用设置防眩板等措施来起到防眩作用。我国用地紧张，设计规范规定一般均采用窄分隔带，在构造上高出行车道表面。

中间带宽度应等于设施带宽度和两边侧向余宽之和。如果采用较窄中间带的设计方式，设施带的宽度应考虑到植树及设置防撞护栏的需要，一般为 0.8m；侧向余宽应考虑弯道视距、养护人员安全操作宽度、埋设地下管线等因素，以上这些需要 1.0m 的宽度；路缘带作为中间带的一部分与行车道相连接而设置，以显示行车道边缘，宽度为 0.50 ~ 0.75m。因此，侧向余宽总计应为每边 1.75m，中间带的全宽应为 4.5m。其中中央分隔带的宽度以不小于 3m 为宜。

高速公路受到地形限制时，当设计速度为 120km/h 时，中央分隔带的宽度可减至 1m，两侧路缘带宽度仍每边为 0.75m，这样中间带宽度可以为 2.5m；对设计速度为 80km/h、60km/h 的山岭区高速公路，中央分隔带宽度可减少至 1.0m，当受到地形或特殊情况限制时，两侧路缘带宽度仍每边为 0.5m，这样中间带总宽度为 2.0m，但从中央分隔带的作用考虑，其宽度不宜任意缩减。

《公路路线设计规范》明确规定了整体式路基的中间带宽度，见表 6-5。

表 6-5　整体式路基的中间带宽度

设计速度/(km/h)		120	100	80	60
中央分隔带宽度/m	一般值	3.00	2.00	2.00	2.00
	最小值	1.00	1.00	1.00	1.00
左侧路缘带宽度/m	一般值	0.75	0.75	0.50	0.50
	最小值	0.75	0.50	0.50	0.50
中间带宽度/m	一般值	4.50	3.50	3.00	3.00
	最小值	2.50	2.00	2.00	2.00

中间带宽度规定了一般值和最小值。正常状况下应采用一般值，特殊情况时经技术经济论证后可采用最小值。同时，考虑中小桥与前后线形的连接，在断面组合方面，应避免多变。中央分隔带宽度 1.00m，仅限于在中间带内不埋设管线或不设置跨线桥桥墩时采用。

4. 分离式断面之间地带的处理

当高速公路采用分离式断面时，不同高度的分离式断面两相邻路基边缘之间的距离不作限制。各分离式断面行车道左侧应设置包括硬路肩与土路肩的左路肩。整体式路基过渡为分离式路基后，分离式路基间的最小间距不应小于表 6-5 所示规定。分离式路基两幅的间距不必等宽，也不必等高，可随地形而变化，与周围景观相配合。分离式路基中的一幅以桥梁形式叠于另一幅之上时，其最小间距不受此限。整体式断面分离为分离式断面后和分离式断面汇合成整体式断面前的一段距离内，当分离式断面两相邻路基边缘之间的距离小于中间带宽度时，应设置不同宽度的中间带，其中间带的宽度增宽或减窄时，应设置过渡段，其过渡段以设置在圆曲线半径较大的路段为宜。

分离式路基应在适当位置设置横向连接道，以供养护、维修或抢险时使用。

5. 不同宽度中间带的过渡

整体式路基的中间带的宽度一般情况下应保持等宽，当中间带宽度受地形条件及其他特殊情况限制需要变宽时，在宽度变化的地点，应设置过渡段，逐步过渡，避免突变。按表6-5所示规定，当中间带宽度在一般值与最小值之间变动时，过渡段以设在回旋线范围内为宜，其长度应与回旋线长度相等；条件受限制时，过渡段的渐变率不应大于1/100；宽度大于规定或宽度大于4.50m的中间带过渡段以设在半径较大的平曲线路段为宜，如图6-4所示。

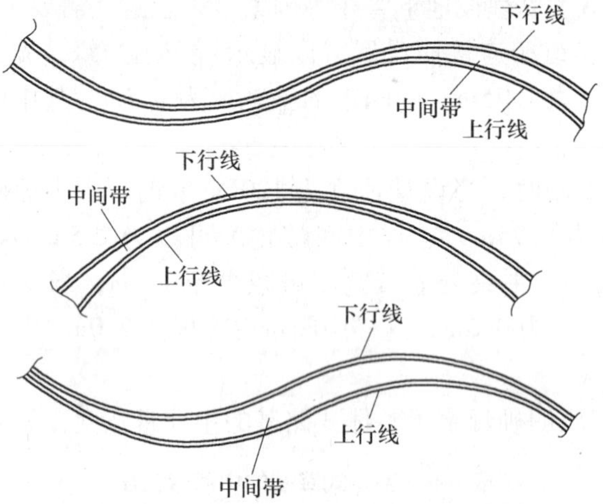

图6-4 宽度大于4.50m的中间带变宽过渡

6. 中央分隔带形式

中央分隔带的表面形式有凹形和凸形两种，中央分隔带宽度大于或等于3.0m时宜用凹形，一般植草皮；中央分隔带宽度小于3.0m时可采用凸形，可栽灌木或铺面封闭。

7. 中央分隔带开口

高速公路中央分隔带应按一定距离设置开口，使车辆在必要时可通过开口而到反方向车道行驶，以供维修、养护、应急抢险时使用。

1）互通式立体交叉、隧道、特大桥、服务区设施前后，以及整体式路基、分离式路基的分离(汇合)处，应设置中央分隔带开口。

2）中央分隔带开口间距应视需要而定，最小间距应不小于2km。

3）中央分隔带开口长度不宜大于40m；八车道高速公路开口长度可适当增长，但不应大于50m。中央分隔带开口处应设置活动护栏。

4）中央分隔带开口应设置在通视良好的路段，若开口设于曲线路段，该圆曲线半径的超高值不宜大于3%。

5）中央分隔带开口端部的形状：中央分隔带宽度小于3.0m时可采用半圆形；中央分隔带宽度大于或等于3.0m时宜采用弹头形。

开口处应设置活动护栏，严禁车辆U形转弯(掉头)。

6.2.3 路肩

1. 路肩的组成

路肩位于行车道外缘至路基边缘之间，是具有一定宽度的带状结构物。高速公路路肩由外侧路缘带、硬路肩和土路肩三部分组成，如图 6-5 所示。

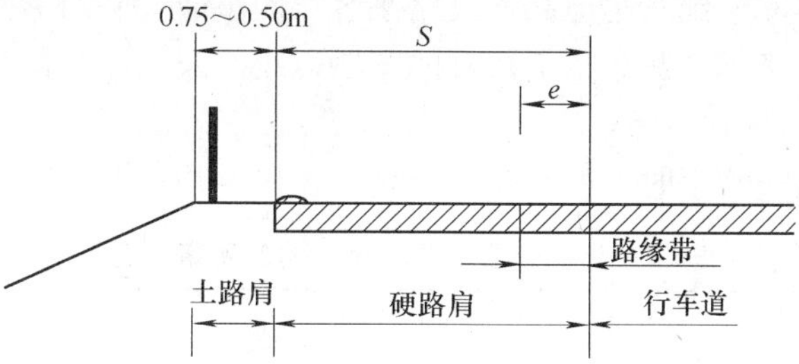

图 6-5　路肩

（1）路缘带　高速公路整体式路基应在硬路肩宽度内设右侧路缘带，作为硬路肩的一部分，其宽度一般为 0.5m。其作用主要是诱导视线和分担侧向余宽功能，以利于行车安全。整体式路基路肩的路缘带在行车道右侧，称为右侧路缘带；当采用分离式路基时，则有左侧路缘带和右侧路缘带之分，左侧路缘带宽度为 0.50m。

（2）硬路肩　高速公路采用整体式断面时，应在行车道的右侧设置硬路肩，用加固材料处理，具有一定强度。高速公路采用分离式断面时，行车道左侧也应设硬路肩。

（3）土路肩　土路肩是指紧邻硬路肩的道路组成部分，是不加铺装的土质路肩，它起保护路面和路基的作用，并提供侧向余宽。

2. 路肩的作用

1）由于路肩紧靠在路面的两侧设置，具有保护及支撑路面结构的作用。

2）供发生故障的车辆临时停放之用，有利于防止交通事故和避免交通紊乱。

3）作为侧向余宽的一部分，能增加驾驶的安全和舒适感，这对保证设计车速是必要的，尤其在挖方路段，还可以增加弯道视距，减少行车事故。

4）提供道路养护作业、设置路上设施和埋设地下管线的场地。

5）精心养护的路肩，能增加公路的美观，并起引导视线的作用。

3. 路肩的宽度

高速公路的路肩宽度应考虑发生故障车辆临时在路肩上停放所需的宽度。《公路路线设计规范》规定高速公路右侧路肩宽度，见表 6-6。

表 6-6　高速公路右侧路肩宽度

设计速度/(km/h)		高速公路		
		120	100	80
右侧硬路肩宽度/m	一般值	3.00 或 3.50	3.00	2.50
	最小值	3.00	2.50	1.50
土路肩宽度/m	一般值	0.75	0.75	0.75
	最小值	0.75	0.75	0.75

注：表中各所列“一般值”为正常情况下的采用值；“最小值”为条件受限制时可采用的值。

设计速度为 120km/h 的四车道高速公路，右侧硬路肩宽度宜采用 3.50m；六车道、八车道高速公路，宜采用3.00m。

为保证行车安全，考虑到八车道高速公路小客车因事故等临时紧急停车的需要，有条件时应设置左侧硬路肩。鉴于内侧车道上行驶的车辆以小客车为主，故规定左侧硬路肩包括左侧路缘带的宽度采用2.5m。

高速公路采用分离式断面时，行车道左侧也应设硬路肩。其宽度规定见表6-7。

表6-7 高速公路分离式路基的左侧路肩宽度

设计速度/(km/h)	120	100	80	60
左侧硬路肩宽度/m	1.25	1.00	0.75	0.75
左侧土路肩宽度/m	0.75	0.75	0.75	0.75

6.2.4 路缘石

路缘石是设置在路面与其他构造物之间的标石。路缘石的形状有立式、斜式和曲线式等几种，如图6-6所示。中央分隔带宽度大于或等于3.0m时宜采用平齐式，中央分隔带宽度小于3.0m时可采用平齐式或斜式。

高速公路中央分隔带上的路缘石起导向、连接和便于排水的作用，高度不宜太高，因为高的路缘石(高度大于20cm)会使高速行驶的汽车一旦驶入将产生飞跃甚至翻车的副作用，所以高速公路的分隔带因排水必须设置路缘石时，应使用低矮光滑的斜式或曲线式的路缘石，高度宜小于12cm。

路缘石宜高出路面10~20cm，隧道内线形弯曲段或陡峻路段等处，可高出25~40cm，并应有足够的埋置深度，以保证稳定。缘石宽度宜为10~15cm。

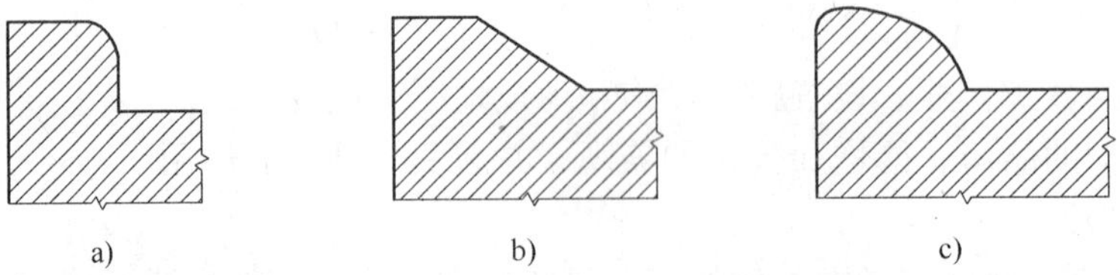

图6-6 路缘石

a)立式 b)斜式 c)曲线式

6.2.5 附加车道

附加车道指的是道路上局部路段增辟专供某种需要使用的车道，包括变速车道、爬坡车道、避险车道等。

1. 变速车道

当车辆需要加速合流或减速分流时，应根据公路的等级、使用性质等增加一段使车辆速度过渡的车道，使变速车辆不致因速度的变化而影响其他车辆的正常行驶。变速车道是加速车道和减速车道的总称。加速车道是为保证驶入主线的车辆，在进入主线之前，能安全加速以保证汇流所需的距离而设的。减速车道是为保证车辆驶出高速公路时能安全减速而设置的。

高速公路的互通式立体交叉、服务区、停车区、管理与养护设施等与主线相衔接处，应设置加速车道和减速车道，其宽度应为 3.5m。

变速车道横断面组成如图 6-7 所示，变速车道布置在主线的右侧，设置变速车道的路段，路基应相应加宽，不得占用硬路肩宽度。

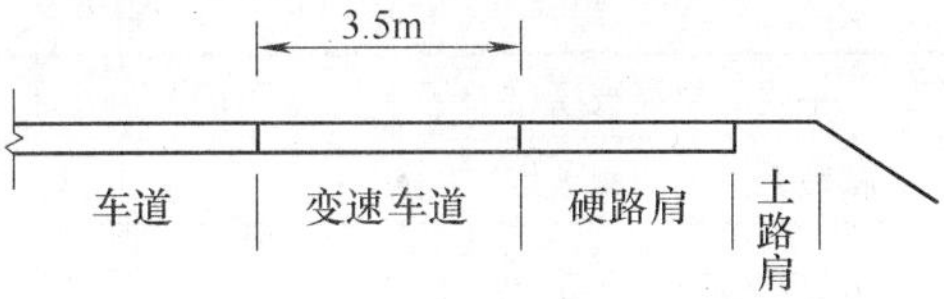

图 6-7　变速车道横断面组成

2. 爬坡车道

爬坡车道是陡坡路段正线行车道上坡方向右侧增设的供货车行驶的专用车道。载货车的混入率较大时，会影响上坡路段的通行能力，这时应设置爬坡车道。在道路纵坡较大的路段上，载货车爬坡时需克服较大的坡度阻力，使输出功率与车重的比值降低，车速下降，载货车与小客汽车的速差变大，超车频率增加，对行车安全不利。速差较大的车辆混合行驶，必将减小快车的行驶自由度，导致通行能力降低。为了消除上述种种不利影响，宜在陡坡段增设爬坡车道，把载货车从正线车流中分离出去，可提高小客车行驶的自由度，确保行车安全，增加路段的通行能力。

（1）爬坡车道设置条件　四车道高速公路连续上坡路段，符合下列情况之一者，可在上坡方向行车道右侧设置爬坡车道。

1）沿连续上坡方向载货车的运行速度降低到表 6-8 所示的允许最低速度以下时，可设置爬坡车道。

2）上坡路段的设计通行能力小于设计小时交通量时，应设置爬坡车道。

表 6-8　上坡方向允许最低速度

设计速度/(km/h)	120	100	80	60
允许最低速度/(km/h)	60	55	50	40

3）经设置爬坡车道与改善主线纵坡不设爬坡车道技术经济比较论证，设置爬坡车道的效益费用比、行车安全性较优时，应设置爬坡车道。

六车道以上的高速公路，一般情况下可不设置爬坡车道，主要考虑其外侧车道可以行驶因上坡减速后的载货车，而内侧车道仍可供小客车正常行驶。

（2）爬坡车道的设计　爬坡车道设于高速公路上坡方向正线行车道右侧，宽度一般为 3.5m，包括设于其左侧路缘带的宽度 0.5m，如图 6-8 所示。

高速公路的爬坡车道可利用硬路肩宽度，爬坡车道的外侧应设置路缘带和土路肩。当爬坡车道旁路肩较窄不能供紧急停车，在较长的爬坡车道路段，高速公路爬坡车道长度大于 500m 时，应按规定在其右侧设置紧急停车带。特别注意，爬坡车道内禁停任何车辆。

爬坡车道的行车速度比主线低，为了行车安全起见，主线超高坡度与爬坡车道的超高坡度之间的对应关系见表 6-9。

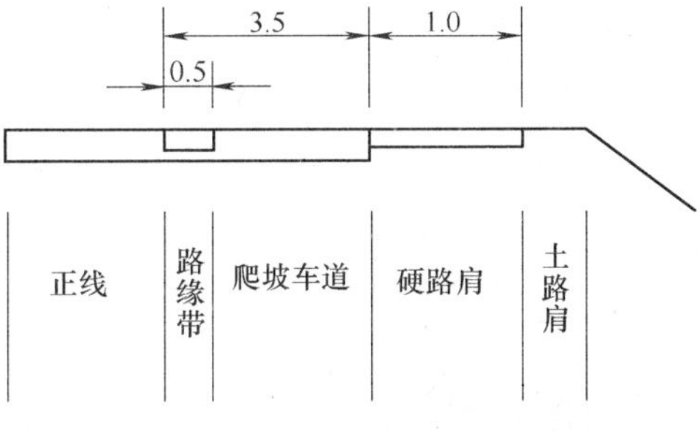

图 6-8　爬坡车道横断面组成（尺寸单位：m）

表 6-9 爬坡车道的超高值

主线的超高坡度(%)	10	9	8	7	6	5	4	3	2
爬坡车道的超高坡度(%)	5		4					3	2

超高坡度的旋转轴为爬坡车道内侧边缘线。

若爬坡车道位于直线路段时，其横坡度的大小同正线路拱坡度，采用直线式横坡，坡向向外。另外，爬坡车道右侧路肩的横坡度大小和坡向参照正线与右侧路肩之间关系的有关规定确定。

爬坡车道的曲线加宽按一个车道曲线加宽规定执行。

爬坡车道的平面布置如图 6-9 所示，其总长度由分流渐变段长度、全宽爬坡车道长度和合流渐变段长度组成。

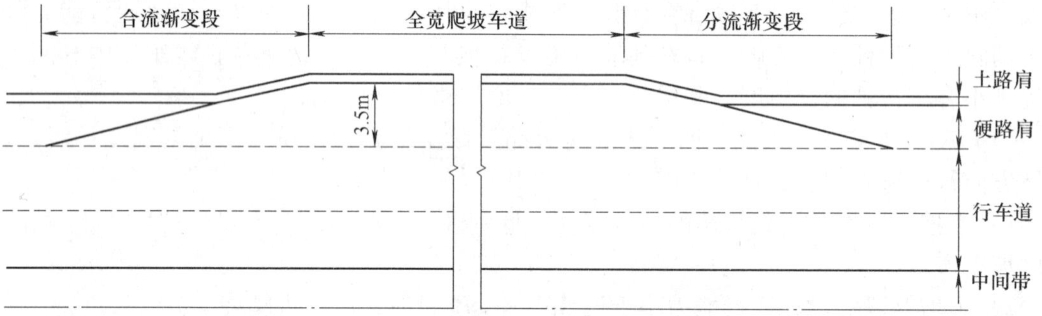

图 6-9 爬坡车道的平面布置

爬坡车道的起点，应设于陡坡路段上载货车运行速度降低至表 6-8 中“允许最低速度”处；爬坡车道的终点，应设于载货车爬经陡坡路段后恢复至“允许最低速度”处，或陡坡路段后延伸的附加长度的端部。该陡坡路段后延伸的附加长度规定见表 6-10。

表 6-10 陡坡路段后延伸的附加长度

附加路段的纵坡(%)	下坡	平坡	上坡			
			0.5	1.0	1.5	2.0
附加长度/m	100	150	200	250	300	350

相邻爬坡车道相距较近时，宜将两爬坡车道直接相连。爬坡车道起、终点处应设置分流、汇流渐变段，其长度规定见表 6-11。

表 6-11 爬坡车道分流、汇流渐变段长度

公路等级	分流渐变段长度/m	汇流渐变段长度/m
高速公路	100	150~200

3. 避险车道

避险车道是指在长陡下坡路段行车道外侧增设的供速度失控车辆驶离正线安全减速的专用车道。

（1）设置原因　由于地形条件限制，平均纵坡无法满足要求时，存在长陡下坡的高速公路路段，容易造成下坡车辆（特别是载货车）制动失灵而产生严重的交通事故，为使失控车辆驶离主车道，并安全地减速直至停止，避免人员伤亡和财产损失，有必要设置避险车道。

避险车道是一条“救命道”，连接着主车道，多为陡上坡断头路。

（2）避险车道类型　避险车道类型如图6-10所示，主要有四种坡度和材料组合类型，即上坡砂坑型、平坡砂坑型、下坡砂坑型及砂堆型。采用哪种类型主要考虑路段地形、气候、造价、养护维修等因素。

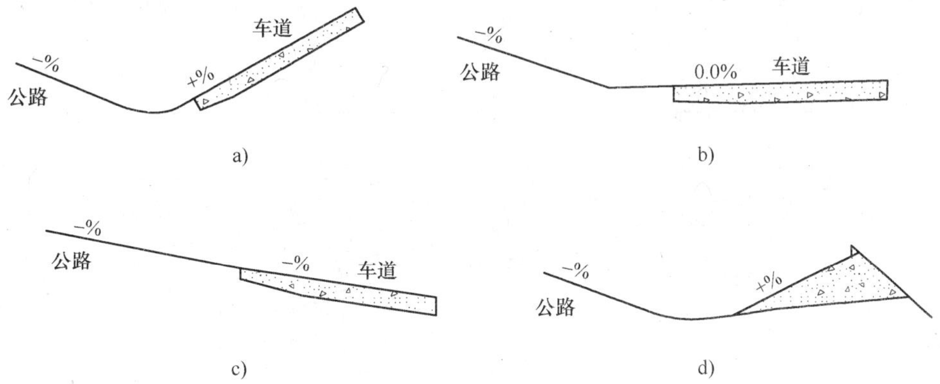

图6-10　避险车道基本类型

a）上坡砂坑型　b）平坡砂坑型　c）下坡砂坑型　d）砂堆型

（3）布设位置

1）避险车道一般设置在长、陡下坡地段右侧视距良好的适当位置，主线应设置醒目的标志，应避免由于视距不良而导致驾驶员未发现或来不及操作而错过避险车道。

2）避险车道可修建在主线直线段上合适的位置，并应修建在失控车辆不能安全转弯的主线弯道之前以及修建在坡底人口稠密区之前，以保证失控车辆上的人员以及位于坡底的居民的安全。

3）避险车道入口应尽量布置在平面指标较高路段，并尽量以切线方式从主线切出，确保失控车辆安全、顺利驶入。进入避险车道的驶入角不应过大，以避免引起侧翻。

（4）设置要求　避险车道（制动坡床）起点采用0.1m厚，以30m长度渐变至坡床集料总厚度。坡床集料可采用碎砾石、砾石、砂、豆砾石等松散材料，厚度为0.3~0.9m。制动坡床宽度不小于4.5m，服务道路宽度不小于3.5m。救险锚栓间隔不宜大于90m。强制减弱装置可采用砂袋或废轮胎堆砌，高度为1.2~1.5m。

上坡砂坑型避险车道设置示意如图6-11所示。

4. 紧急停车带

紧急停车带指的是供车辆临时发生故障或其他原因紧急停车使用的临时停车地带。关于紧急停车带的设置，《公路路线设计规范》规定：

1）高速公路的右侧硬路肩宽度小于2.50m时，应设紧急停车带。紧急停车带的间距不宜大于2km，宽度一般为5.00m，有效长度一般为50m，并设置100m和150m左右的过渡段。

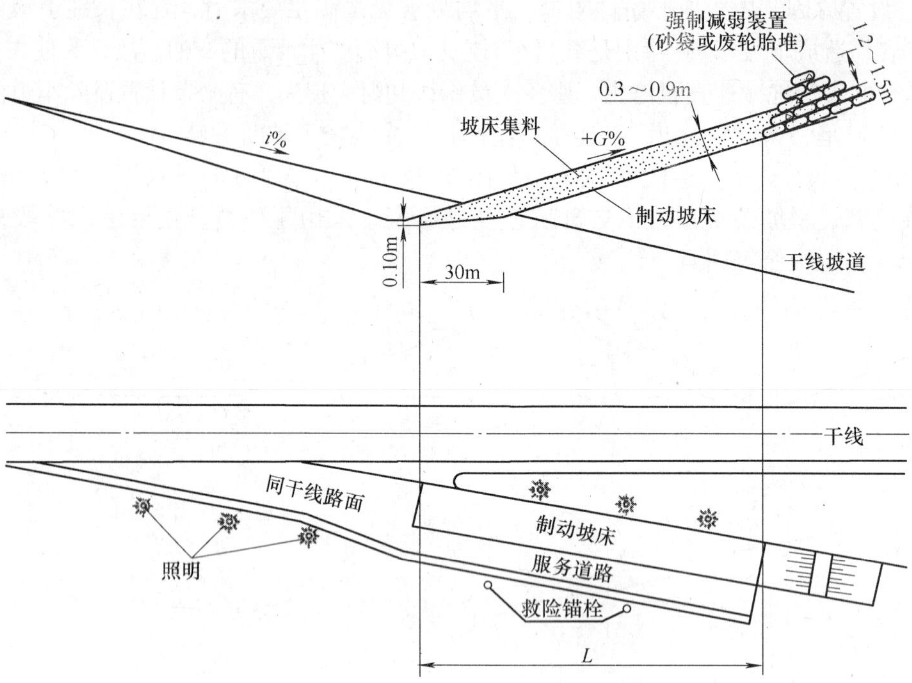

图 6-11　上坡砂坑型避险车道

2）高速公路、一级公路的特长桥梁、隧道，根据需要可设置紧急停车带，其间距不宜大于 750m。

紧急停车带的设置要求如图 6-12 所示。

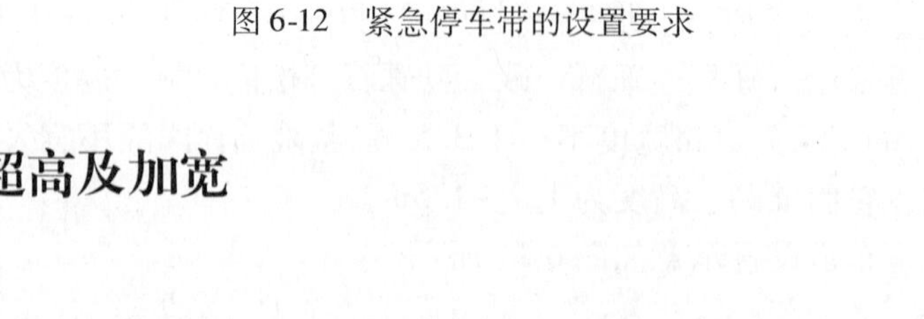

图 6-12　紧急停车带的设置要求

6.3　路拱、超高及加宽

6.3.1　路拱

为了利于路面横向排水，将路面做成中间高两边低的拱形，称为路拱。其倾斜大小以百分比表示。路拱的形式一般有抛物线形、直线接抛物线形、折线形、双曲线形等。路拱对排水有利但对行车不利。对路拱大小及形状的设计应兼顾两方面的影响。对于不同类型的路面由于其表面的平整度和透水性不同，考虑当地的自然条件可选用不同的路拱坡度，见表 6-12 所示的数值。高速公路采用高级路面，其横坡度按表 6-12 所示的数值采用。

表6-12　公路路拱坡度

路面类型	路拱坡度(%)
沥青混凝土、水泥混凝土	1~2
其他沥青路面	1.5~2.5
半整齐石块	2~3
碎、砾石等粒料路面	2.5~3.5
低级路面	3~4

1. 行车道横坡

高速公路整体式路基的路拱宜采用双向路拱坡度，由中央分隔带两侧边缘向路基两侧边缘倾斜。位于中等强度降雨地区时，路拱坡度宜为2%；位于降雨强度较大地区时，路拱坡度可适当增大。

高速公路分离式路基的路拱，宜采用单向横坡，并向路基外侧倾斜，也可采用双向路拱坡度。积雪、冰冻地区，宜采用双向路拱坡度。

对于六车道、八车道高速公路，当超高过渡段的路拱坡度过于平缓时，可设置两个路拱。

2. 路肩的横坡

路肩的横坡度一般较路面横坡大1%~2%。

（1）硬路肩的横坡

1）直线路段的硬路肩应设置向外倾斜的横坡，其坡度值应与车道横坡值相同。路线纵坡平缓，且设置拦水带时，其横坡值宜采用3%~4%。

2）曲线路段内、外侧硬路肩横坡的横坡值及其方向：当曲线超高小于或等于5%时其横坡值和方向应与相邻车道相同；当曲线超高大于5%时，其横坡值应不大于5%，且方向相同。

3）硬路肩的横坡应随邻近车道的横坡一同过渡，其过渡段的纵向渐变率应控制在1/150~1/330。

4）大中桥梁、隧道区段的硬路肩横坡值，应与车道相同。

（2）土路肩的横坡　位于直线路段或曲线路段内侧，且车道或硬路肩的横坡值大于或等于3%时，土路肩的横坡应与车道或硬路肩横坡值相同；小于3%时，土路肩的横坡应比车道或硬路肩的横坡值大1%或2%。位于曲线路段外侧的土路肩横坡，应采用3%或4%的反向横坡值。

6.3.2　超高

汽车在平曲线上行驶时，受横向力或离心力作用会产生滑移或倾覆，为抵消车辆在平曲线路段上行驶时所产生的离心力，将路面做成外侧高内侧低的单向横坡形式，称为平曲线超高。其作用是使汽车在平曲线上行驶时能获得一个指向内侧的横向分力，用以克服离心力，减少横向力，从而保证汽车行驶的稳定性及乘客的舒适性。

1. 超高横坡的计算

可由平曲线最小半径公式得到超高横坡的计算公式

$$i_h = \frac{V^2}{127R} - \mu \tag{6-1}$$

《公路路线设计规范》规定，圆曲线半径小于规定的不设超高圆曲线最小半径时，应在曲线上设置超高。超高的横坡度应根据设计速度、圆曲线半径、路面类型、自然条件和车辆组成等情况确定，必要时应按运行速度予以验算。高速公路的最大超高值，在一般地区，不超过8%或10%（一般正常情况下采用8%，交通组成小客车比例高时可采用10%）；在积雪冰冻地区，不超过6%。最小超高值应与直线部分的路拱横坡度值一致。

高速公路的纵坡较大处，其上、下行车道可采用不同的超高值。

2. 超高的过渡方式

高速公路整体式路基的超高过渡方式有以下三种，如图6-13所示。

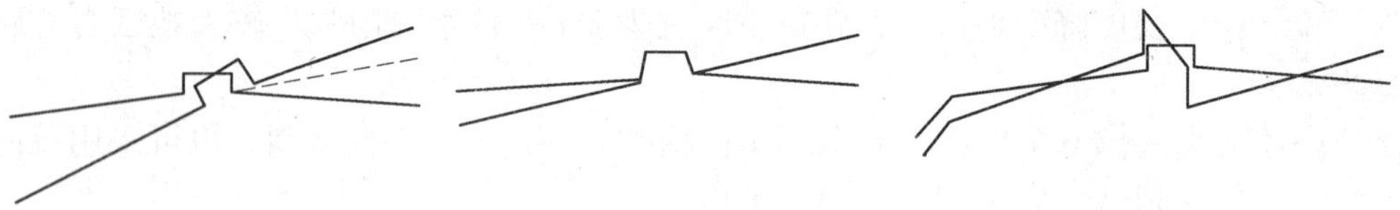

a) b) c)

图6-13 有中间带高速公路的超高过渡方式

a)绕中间带的中心线旋转 b)绕中央分隔带边缘旋转 c)分别绕行车道中心线旋转

（1）绕中间带的中心线旋转 先将外侧行车道绕中央分隔带边缘旋转，待达到与内侧行车道构成单向横坡后，整个断面一同绕中心线旋转，直至超高横坡度值。此时中央分隔带呈倾斜状。中间带宽度较窄时(小于或等于4.5m)可采用。

（2）绕中央分隔带边缘旋转 将两侧行车道分别绕中央分隔带边缘旋转，使之各自成为独立的单向超高断面，此时中央分隔带维持原水平状态。此种方式适合于各种宽度的中间带。

（3）分别绕行车道中心线旋转 将两侧行车道分别绕各自的中心线旋转，使之各自成为独立的单向超高断面，此时中央分隔带两边缘分别升高与降低而成为倾斜断面。车道数大于4条的公路可采用。

分离式断面的高速公路由于上、下行车道是各自独立的，其超高的设置及其过渡可按两条无分隔带的道路分别处理。按无中间带的公路分别予以过渡，如图6-14所示。

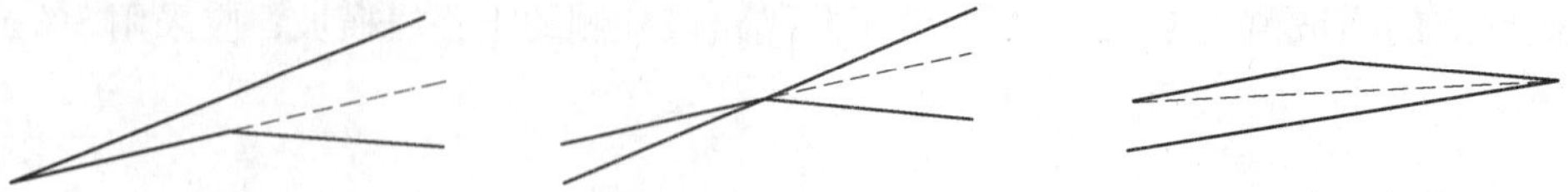

a) b) c)

图6-14 分离式断面高速公路的超高过渡

a)绕内边线旋转 b)绕中线旋转 c)绕外边缘旋转

若超高横坡度等于路拱坡度，路面由直线上双向倾斜路拱形式过渡到曲线上具有超高的单向倾斜形式，只需行车道外侧绕中线逐渐抬高，直至与内侧横坡相等为止。

当超高坡度大于路拱坡度时，可分别采用以下三种过渡方式：

（1）绕内边线旋转　先将外侧车道绕路中线旋转，待达到与内侧车道构成单向横坡后，整个断面再绕未加宽前的内侧车道边线旋转，直至超高横坡值。一般新建工程多用此法。

（2）绕中线旋转　先将外侧车道绕路中线旋转，待达到与内侧车道构成单向横坡后，整个断面绕中线旋转，直至超高横坡度。多用于旧路改建工程。

（3）绕外边缘旋转　先将外侧车道绕外边缘旋转，与此同时，内侧车道随中线的降低而相应降低，待达到单向横坡后，整个断面仍绕外侧车道边缘旋转，直至超高横坡度。路基外缘标高受限制或者路容美观有特殊要求时可采用此种方式。

3. 超高缓和段长度的确定

超高横坡度由直线段的双坡路拱，过渡到与圆曲线半径相适应的单向横坡的路段，要有一个逐渐变化的区段，这一变化段称作超高缓和段或超高过渡段。

超高过渡段长度按下式计算

$$l_c = \frac{B\Delta i}{\rho} \tag{6-2}$$

式中 l_c——超高缓和段长度(m)；

B——旋转轴至行车道(高速公路为路缘带)外侧边缘的宽度(m)；

Δi——超高坡度与路拱坡度的代数差(%)；

ρ——允许超高渐变率，即旋转轴(高速公路一般为路缘带边缘)与行车道外侧边缘间相对坡度，其值见表 6-13 规定。

表 6-13　超高渐变率

设计速度/(km/h)	超高旋转轴位置	
	中线	边线
120	1/250	1/200
100	1/225	1/175
80	1/200	1/150
60	1/175	1/125

依据式(6-2)求得的超高缓和段，应取整为 5m 的倍数，并不小于 10m 的长度。

超高的过渡应在回旋线全长范围内进行。当回旋线较长时，其超高的过渡可采用以下方式：

1）超高过渡段可设在回旋线的某一区段范围内，其超高过渡段的纵向渐变率不得小于 1/330，全超高断面宜设在缓圆点或圆缓点处。

2）六车道及以上的公路宜增设路拱线。对于高速公路，当采用中央分隔带外缘为旋转轴时，即便超高渐变率大于 1/330，在纵坡平缓的情况下，行车道排水也会因断面较宽而难以达到满意的效果。为避免这种不良现象，除采取减小超高过渡段长度、加大超高渐变率、在回旋线的某一区段内设置超高等措施外，还可以采用在行车道中间增设路拱线以减少流水行程，从而减轻路面积水的方法，以改善排水条件。

对于硬路肩超高其主要处理方式有：

1）硬路肩超高值与相邻车道超高值相同时，其超高过渡段应与车道相同，且采用与车道相同的超高渐变率。

2）硬路肩超高值比相邻车道超高值小时，应将硬路肩横坡过渡到与车道路拱坡度相同，再与车道一起过渡，直至硬路肩达到其最大超高坡值。

对线形设计要求较高的公路，应在超高过渡段的起、终点插入一段二次抛物线，使之连接圆滑、舒顺。

4. 超高值的计算

平曲线上设置超高以后，中央分隔带边缘和行车道外侧边缘与设计高的高差，应予以计算并列于“路基设计表”中，以便于施工。对于整体式断面的高速公路超高方式有三种，在实际的设计中应用较多的是绕中央分隔带边缘旋转和绕各自行车道中心线旋转这两种方法，在超高过程中，内外侧同时从超高缓和段起点开始绕各自旋转轴旋转，外侧逐渐抬高，内侧逐渐降低，直到HY(或YH)点达到全超高。计算公式列于表6-14和表6-15，计算点位置图如图6-15所示。

表6-14　绕中央分隔带边缘旋转超高值计算公式

超高位置		计算公式	x距离处行车道横坡值	备注
外侧	C	$(b_1+B+b_2)i_x$	$i_x=\frac{i_G+i_h}{l_c}x-i_G$	1. 计算结果为与设计高的高差 2. 设计高程为中央分隔带外侧边缘的高程 3. 加宽值 b_x 按加宽计算公式计算 4. 当 $x=l_c$ 时，为圆曲线上的超高值
	D	0		
内侧	D	0	$i_x=\frac{i_h-i_G}{l_c}x+i_G$	
	C	$-(b_1+B+b_x+b_2)i_x$		

表6-15　绕各自行车道中心旋转超高值计算公式

超高位置		计算公式	x距离处行车道横坡值	备注
外侧	C	$(\frac{B}{2}+b_2)i_x-(\frac{B}{2}+b_1)i_G$	$i_x=\frac{i_G+i_h}{l_c}x-i_G$	1. 计算结果为与设计高的高差 2. 设计高程为中央分隔带外侧边缘的高程 3. 加宽值 b_x 按加宽计算公式计算 4. 当 $x=l_c$ 时，为圆曲线上的超高值
	D	$-(\frac{B}{2}+b_1)(i_x+i_G)$		
内侧	D	$(\frac{B}{2}+b_1)(i_x-i_G)$	$i_x=\frac{i_h-i_G}{l_c}x+i_G$	
	C	$-(\frac{B}{2}+b_x+b_2)i_x-(\frac{B}{2}+b_1)i_G$		

表中符号的含义如下：

B——左侧(或右侧)行车道宽度(m)；

b_1——左侧路缘带宽度(m)；

b_2——右侧路缘带宽度(m)；

b_x——x距离处路基加宽值(m)；

i_h——超高横坡度；

i_G——路拱横坡度；

x——超高缓和段中任意一点至超高缓和段起点的距离(m)。

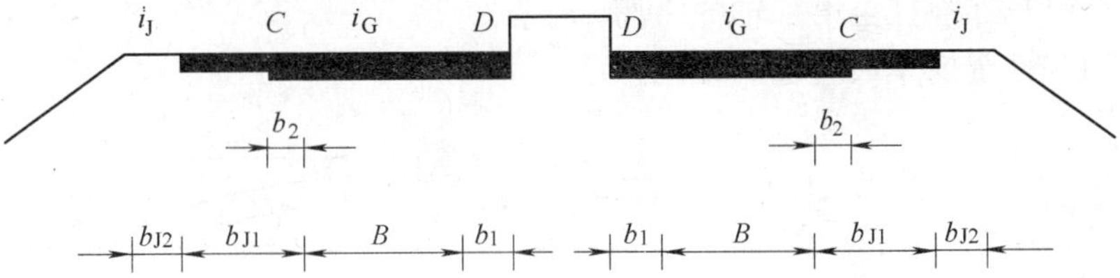

图 6-15　超高计算点位置图

表中仅列出了行车道外侧边缘和中央分隔带边缘的超高计算，硬路肩外侧边缘、路基边缘的超高可根据路肩横坡和路肩宽度从车道外侧边缘推算。

6.3.3　加宽

1. 加宽原因

从图 6-16 可知，汽车在曲线上行驶时，每个车轮所走过的轨迹是不一样的。后轴内轮行驶轨迹的半径是很小的，而且偏向曲线内侧，前轴外轮的轨迹半径最大。因此，汽车在曲线上行驶要比直线上多占用一部分宽度。此外，汽车在曲线上行驶，其行驶轨迹并不完全与理论行驶轨迹相吻合，而是有一定的摆动偏移，为了保证汽车在曲线上和在直线上具有同样的富余宽度，故需要路面加宽来弥补，以策安全，这种在曲线上适当拓宽路面的形式称为平曲线加宽。

2. 加宽值的计算

1）由图 6-16 所示的几何关系，可得普通汽车一条车道的加宽值

$$b = R - (R_1 + B)$$

$$R_1 + B = \sqrt{R^2 + A^2} = R - \frac{A^2}{2R} - \frac{A^4}{8R^3} - \cdots$$

故

$$b = \frac{A^2}{2R} + \frac{A^4}{8R^3} + \cdots$$

上式第二项及以后的数值极小，在计算中可以省略不计，故一条车道的加宽值为

$$b_{单} = \frac{A^2}{2R} \tag{6-3}$$

对于有 N 个车道的行车道

$$b = \frac{NA^2}{2R} \tag{6-4}$$

式中　A——汽车后轴至前保险杠的距离(m)；

R——圆曲线半径(m)。

2）半挂车的加宽值。半挂车的加宽值由图 6-17 所示的几何关系求得。

$$b = b_1 + b_2 = \frac{A_1^2 + A_2^2}{2R} \tag{6-5}$$

式中　b_1——牵引车的加宽值(m)；

b_2——拖车的加宽值(m)；

A_1——牵引车保险杠至第二轴的距离(m)；

A_2——第二轴至拖车最后轴的距离(m)。

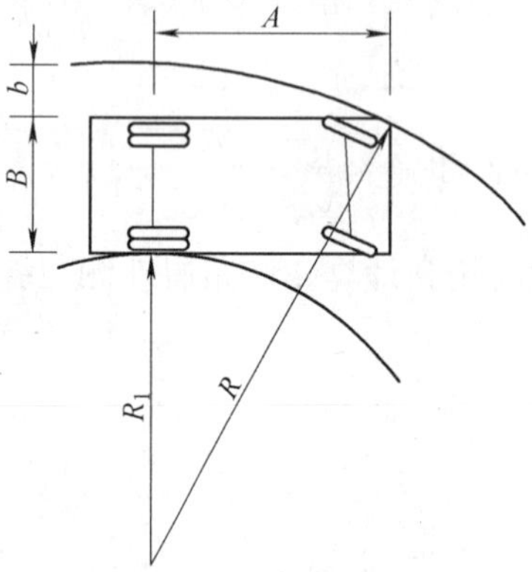

图 6-16　普通汽车的加宽

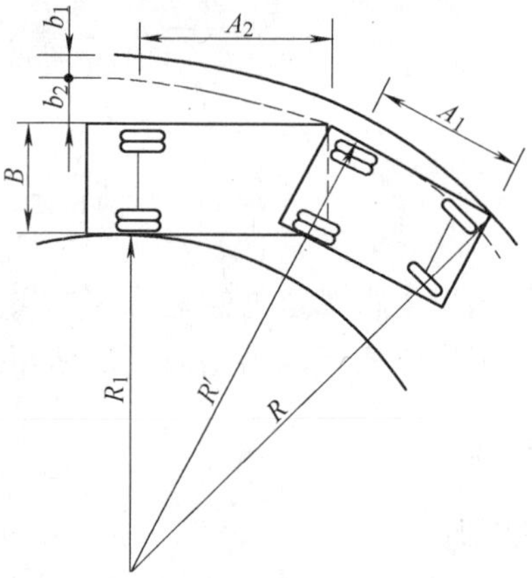

图 6-17　半挂车的加宽

3）加宽与车速的关系。汽车转弯加宽还与车速有关，一个车道摆动加宽值计算的经验公式为

$$b' = \frac{0.05V}{\sqrt{R}} \tag{6-6}$$

式中　V——设计速度(km/h)。

4）考虑车速影响的加宽值计算公式

$$b = N\left(\frac{A^2}{2R} + \frac{0.05V}{\sqrt{R}}\right) \tag{6-7}$$

《公路路线设计规范》规定，当圆曲线半径小于或等于 250m 时，应设置加宽。双车道公路路面加宽值规定见表 6-16。对于高速公路，当主线速度为 60km/h，且平曲线半径 $R \leqslant$ 250m 时，采用第 3 类加宽值。

表 6-16　双车道公路路面加宽值

加宽类别	加宽值/m　圆曲线半径/m　汽车轴距加前悬/m	250~200	200~150	150~100	100~70	70~50	50~30	30~25	25~20	20~15
1	5	0.4	0.6	0.8	1.0	1.2	1.4	1.8	2.2	2.5
2	8	0.6	0.7	0.9	1.5	1.5	2.0	—	—	—
3	5.2+8	0.8	1.0	1.5	2.5	2.5	—	—	—	—

注：单车道公路路面加宽值为表规定值的一半。

圆曲线上的路面加宽应设置在圆曲线的内侧，路面加宽后，路基也应相应加宽。

3. 加宽过渡段的长度

对于设置回旋线或超高过渡段时，加宽过渡段长度应采用与回旋线或超高过渡段长度相同的数值；对于不设回旋线或超高过渡段时，加宽过渡段应按渐变率为1:15且长度不小于10m的要求设置。

4. 加宽过渡方式

在加宽过渡段上，路面的宽度逐渐变化。高速公路加宽过渡段的设置可采用不同的加宽过渡方式。

（1）高次抛物线过渡　在加宽缓和段上插入一条高次抛物线，抛物线上任一点的加宽值可按下式计算

$$b_x = (4k^3 - 3k^4)b \tag{6-8}$$

式中　b——圆曲线上的全加宽值(m)；

k——系数，$k=\frac{L_x}{L}$，其中L为加宽缓和段全长，L_x为加宽缓和段任一点到起点距离。

用这种方法处理以后的路面内侧边缘圆滑、美观，适用于对路容有一定要求的高速公路和一级公路。

（2）回旋线过渡　在过渡段上插入回旋线，这样不但中线上有回旋线，而且加宽以后的路面边线也是回旋线，与行车轨迹相符，保证了行车的顺适与线形的美观。适用于高速公路的下列路段：

1）位于大城市近郊的路段。

2）桥梁、高架桥、挡土墙、隧道等构造物处。

3）设置各种安全防护设施的路段。

6.4 视距

6.4.1 行车视距定义

为了行车安全，驾驶人员应能随时看到汽车前面相当远的一段路程，一旦发现前方路面上有障碍物或汽车，能及时采取措施，避免相撞，这一必需的最短距离称为行车视距。行车视距是高速公路使用质量的重要指标之一，行车视距是否充分将直接关系到汽车行驶的安全与迅速。因此，应保证必要的行车视距。

6.4.2 停车视距

驾驶员发现障碍物或迎面来车，根据其采取措施的不同，行车视距可分为停车视距、会车视距、错车视距、超车视距。高速公路由于有中央分隔带和多个车道，不存在会车、错车情况，只要保证停车视距就能保证行车安全。《公路路线设计规范》也规定高速公路的视距采用停车视距，这里仅介绍停车视距。

停车视距是指汽车行驶时，从驾驶人员看到前方障碍物时起，至到达障碍物前能安全停止，所需的最短距离。停车视距可分解为反应距离和制动距离两部分来研究。

反应距离是当驾驶人员发现前方的阻碍物，经过判断决定采取制动措施的那一瞬间到制动器真正开始起作用的那一瞬间汽车所行驶的距离。这段时间又可分为“感觉时间”和“反应时间”。感觉时间在很大程度上取决于物体的外形、颜色、驾驶员的视力和机敏度以

及大气的可见度等。高速行车时的感觉时间要比低速时短一些，这是高速行驶时警惕性会更高的缘故。根据实测资料，设计上采用感觉时间为1.5s，制动反应时间取1.0s是较适当的，感觉和制动反应的总时间$t=2.5$s。制动距离是指汽车从制动生效到汽车完全停住，这段时间内所走的距离。另外，应增加安全距离5～10m。通常按下式计算

$$S_T = \frac{Vt}{3.6} + \frac{(V/3.6)^2}{2gf_1} \tag{6-9}$$

式中 S_T——停车视距(m)；

V——行驶速度，设计速度为120～80km/h时采用设计速度的85%；

f_1——纵向摩阻系数，依车速及路面状况而定；

t——驾驶者反应时间，取2.5s(判断时间1.5s，运行时间1.0s)。

依上式计算，路面处于潮湿状态时小客车停车视距见表6-17。

制动停车距离随纵坡不同而变化，表列计算值是对纵坡为零时的平坦路面而求得的，理论上下坡路段是危险的，上坡则比较有保障。但因采用值尚较富裕，当属安全。

载货车存在空载时制动性能较差、轴间荷载难以保证均匀分布、一条轴侧滑会引发其他车轴失稳、半挂车铰接制动不灵等现象。尽管载货车驾驶者的视点高可以看得远，但这一优势不足以补偿货车不良的制动性能，仍需要比小客车更长的停车视距。

表6-17 潮湿状态下小客车的停车视距

设计速度/(km/h)	行驶速度/(km/h)	f_1	计算值/m	规定值/m
120	102	0.29	212.0	210
100	85	0.30	153.70	160
80	68	0.31	105.90	110
60	54	0.33	73.2	75

高速公路的下坡路段，应采用下坡段货车停车视距对下列相关路段进行检验。

1）减速车道及出口端部。

2）主线下坡路段且纵面竖曲线半径小于一般值的路段。

3）主线分、汇流处，车道数减少，且该处纵面竖曲线半径小于一般值的路段。

4）要求保证视距的圆曲线内侧，当圆曲线半径小于2倍“一般值”或路堑边坡陡于1:1.5的路段。

下坡段载货车停车视距规定见表6-18。

表6-18 下坡段载货车停车视距 （单位：m）

设计速度/(km/h)		120	100	80	60
纵坡坡度(%)	0	245	180	125	85
	3	265	190	130	89
	4	273	195	132	91
	5	—	200	136	93
	6	—	—	139	95
	7	—	—	—	97

6.4.3　视距的保证

汽车在路上行驶，除保证直线段上的行车视距外，还应保证曲线上的行车视距，以确保行车安全。在高速公路平面上的暗弯(处于挖方路段的曲线和内侧有障碍物的曲线)、纵断面上的凸形竖曲线以及下穿式立体交叉的凹形竖曲线上以及中央分隔带内侧都有可能存在视距不足的问题，如图 6-18 所示。

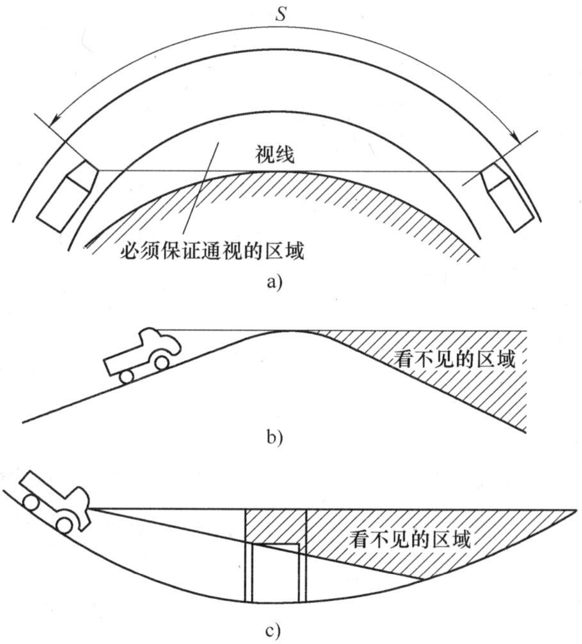

图 6-18　影响行车视距的地点
a)平面视距　b)纵断面视距　c)桥下视距

对于纵断面上的凸形竖曲线以及下穿式立体交叉凹形竖曲线上的视距问题，在规定竖曲线的最小半径时已作了考虑。在设计时，只要满足规范中最小竖曲线半径的要求，也就同时满足了竖曲线上视距的要求。所以在视距检查中，应重点注意弯道内平面视距能否保证。如有遮挡，必须清除弯道内侧一定范围内的障碍物。若是因平曲线内侧设置的人工构造物，或中间带设置防眩设施而不能保证视距时，可采取加宽中间带、加宽路肩或将构造物后移等措施予以处理；若阻挡视线的是树木、房屋等，应通过清除保证；若阻挡视线的是挖方边坡，则应按所需净距绘制包络线，通过开挖视距台保证。如图 6-19 所示，驾驶员的视线距离路面 1.2m(货车可取 2.0m)，驾驶员座位距未设加宽的路面外边缘 1.5m。

车辆在弯道上行驶时视点的运动轨迹半径为

$$R_s = R - \frac{B}{2} + 1.5\text{m} \tag{6-10}$$

式中　R——弯道圆曲线半径(m)；

　　　B——弯道路面宽度(m)。

检查弯道内平面视距是否能保证的方法有两种：视距曲线法和横净距法。

1. 视距曲线

如图6-20所示，AB是行车轨迹线，从汽车行驶轨迹线上的不同位置(图中的1、2、3…各点)引出一系列视线(图中的1—1′、1—2′、3—3′…)，它们的弧长都等于视距S，与这些线相切的曲线(包络线)称为视距曲线。视距曲线与轨迹线之间的空间范围，是应保证通视的区域，在这个区域内如有障碍物则要予以清除。

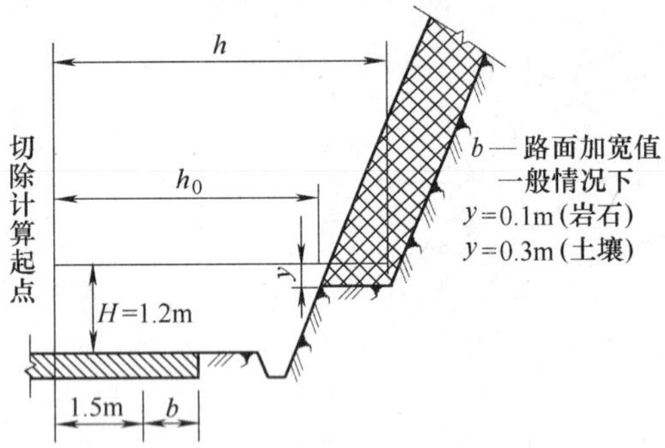

图6-19 开挖视距台断面

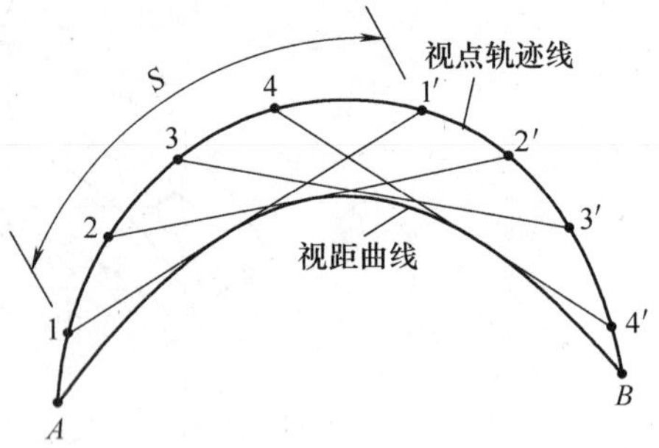

图6-20 弯道内侧应保证通视的区域

2. 横净距及及其计算

横净距是指在弯道各点的横断面上，汽车轨迹线与视距曲线之间的距离。在弯道内所有横净距中的最大值，称为最大横净距，用h表示。其值可根据视距S和弯道的曲线长L、行车轨迹曲线半径R_s算出。

(1) 不设缓和曲线的横净距 根据视点轨迹曲线长度和设计视距之间的大小关系，计算方法分两种情况。

1) $L>S$，如图6-21所示。

由图6-21所示的几何关系可知

$$h = R_s - R_s\cos\frac{\gamma}{2} = R_s\left(1-\cos\frac{\gamma}{2}\right) \tag{6-11}$$

式中 R_s——视点轨迹半径(m)；

γ——设计视距所对应的圆心角(°)，$\gamma=\dfrac{180S}{\pi R_s}$。

2) $L<S$，如图6-22所示。

由图6-22所示的几何关系可知，横净距由两部分组成，即曲线部分的最大净距和直线段部分最大净距之和。$h=h_1+h_2$，即

$$h = R_s\left(1-\cos\frac{\alpha}{2}\right)+\frac{1}{2}(S-L)\sin\frac{\alpha}{2} \tag{6-12}$$

式中 L——视点轨迹曲线长度(m)，$L=\dfrac{\pi\alpha R_s}{180}$；

α——对应的圆心角，即路线转角。

(2) 设缓和曲线的横净距计算 设置缓和曲线的平曲线处横净距的计算同样根据视点轨迹曲线长度L、圆曲线长度L'与设计视距S大小关系，可分为下列三种情况。

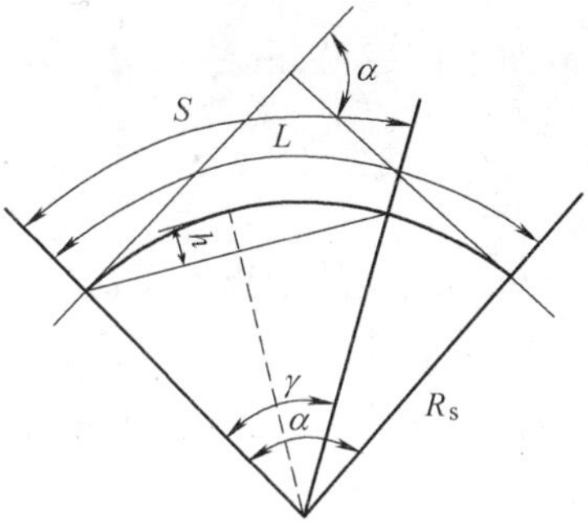

图 6-21　横净距计算图($L>S$)

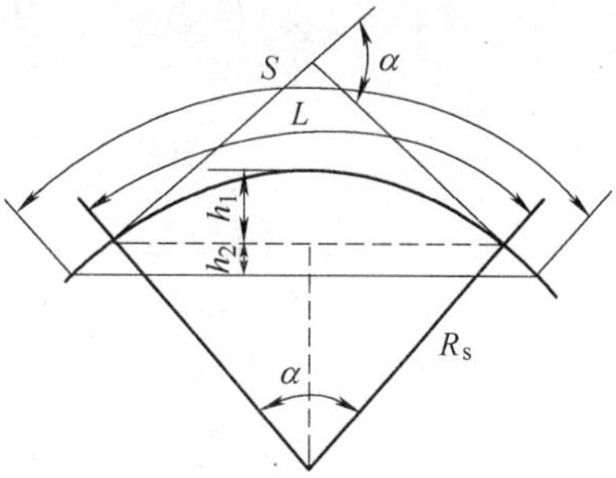

图 6-22　横净距计算图($L<S$)

1）$L'>S$，该情况的计算方法与前述不设缓和曲线的第一种情况类似，即

$$h = R_s\left(1 - \cos\frac{\gamma}{2}\right) \tag{6-13}$$

2）$L>S>L'$，如图 6-23 所示。

该情况的横净距由两部分组成，即圆曲线部分和部分缓和曲线的横净距之和，$h=h_1+h_2$，即

$$h = R_s\left(1 - \cos\frac{\alpha - 2\beta}{2}\right) + (l - l')\sin\left(\frac{\alpha}{2} - \delta\right) \tag{6-14}$$

式中　l——缓和曲线长度(m)；

l'——驾驶员位置到缓和曲线起点的距离(m)，$l'=\frac{1}{2}(L'-S)$；

L'——圆曲线长度(m)；

δ——过 M 或 N 点且与平曲线的导线相平行的直线与视点到 HY 点连线的夹角(rad)，$\delta=\arctan\left\{\frac{l}{6R_s}\left[1+\frac{l'}{l}+\left(\frac{l'}{l}\right)^2\right]\right\}$；

β——缓和曲线角(°)。

3）$L<S$，如图 6-24 所示。

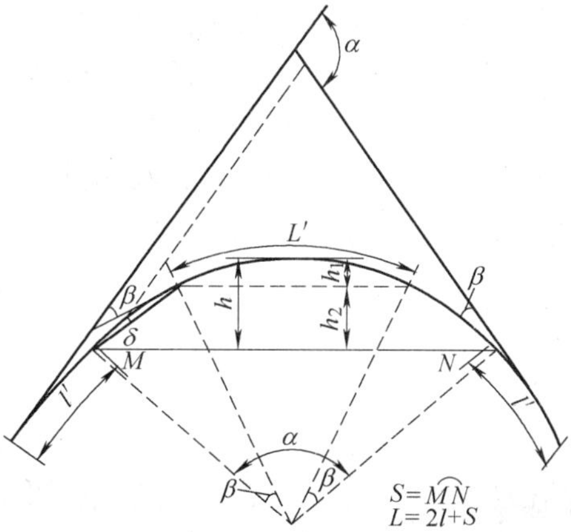

图 6-23　横净距计算图($L>S>L'$)

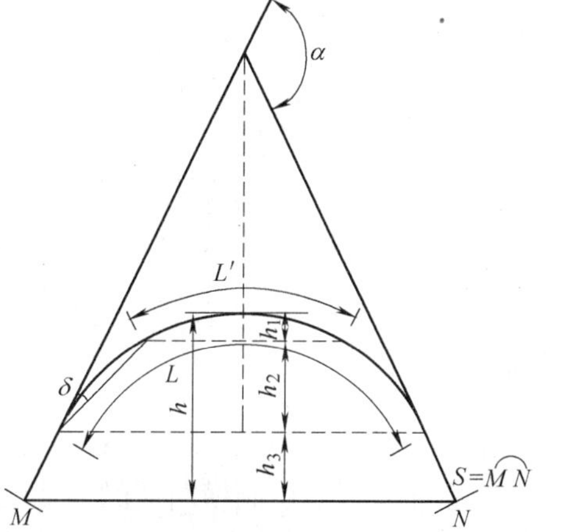

图 6-24　横净距计算图($L<S$)

$$h = R_s\left(1 - \cos\frac{\alpha - 2\beta}{2}\right) + \sin\left(\frac{\alpha}{2} - \delta\right)l + \frac{S - L}{2}\sin\frac{\alpha}{2} \tag{6-15}$$

式中 $\delta = \arctan\frac{l}{6R_s}$。

将按上述公式计算的 h 值与弯道内侧的障碍物与行车线之间的距离加以比较，则可知道该弯道是否能保证视距并进而确定清除范围，但 h 是曲线上需清除的最大横净距。对于需要清除的是重要建筑物或岩石边坡，则可用图解法或解析法求出弯道上不同断面的清除界线，并要增绘一些横断面以作为计算土石方和施工时的根据。

6.5 横断面设计

进行路基横断面设计时，要求在各桩位的横断面地面线基线上，确定横断面设计线的形状、尺寸和结构，其主要作用是：①为计算路基土石方提供资料；②确定用地范围；③为路基施工提供依据。

6.5.1 横断面设计的基本要求

横断面设计应使道路横断面布置及几何尺寸满足交通环境、用地经济等要求，路基是支撑路面，形成连续行车道的带状土、石结构物，它既要承受路面传来的车辆荷载，又要承受大自然因素的作用。因此，路基横断面设计必须满足以下基本要求。

1）稳定性：在荷载、自然因素的共同作用下，不倾覆、滑动、沉陷、坍方。

2）经济性：工程量小，节约资金。

3）规范性：断面的某些尺寸（如路基宽）必须符合公路规范和设计标准的要求。

4）兼顾性：要兼顾农田基本建设的需要，在取土和弃土以及挡土墙设置等方面应与农田改造、水利灌溉相配合。

6.5.2 路基标准横断面

在具体设计每个横断面之前，先确定路基的标准横断面（或称“典型横断面”）。在标准横断面图中，一般要包括：路堤，路堑，半填半挖、护肩路基、挡土墙路基、砌石路基等。断面中的边坡坡率、边沟尺寸、挡墙断面等必须按 JTG D30—2004《公路路基设计规范》的规定确定。

绘制标准横断面图时，应在整条高速公路全线范围内选择有代表性的典型横断面，作出路基标准横断面图。图中应标明用地界，安全护栏、防护栅、绿化等的位置，绘出路堤和路堑边坡以及横断面各组成部分的详细尺寸和布置，作为施工标准图，如图 6-25 所示。

6.5.3 横断面设计步骤及主要成果

1. 设计步骤

横断面设计在平面设计、纵断面设计完成后进行，其步骤如下：

1）在计算纸上绘制横断面的地面线。地面线是在现场测绘的，若是纸上定线，可从大比例尺的地形图上内插获得。在计算机辅助设计中，可通过数字化仪或数字地面模型自动获得。横断面图的比例一般是 1∶200。

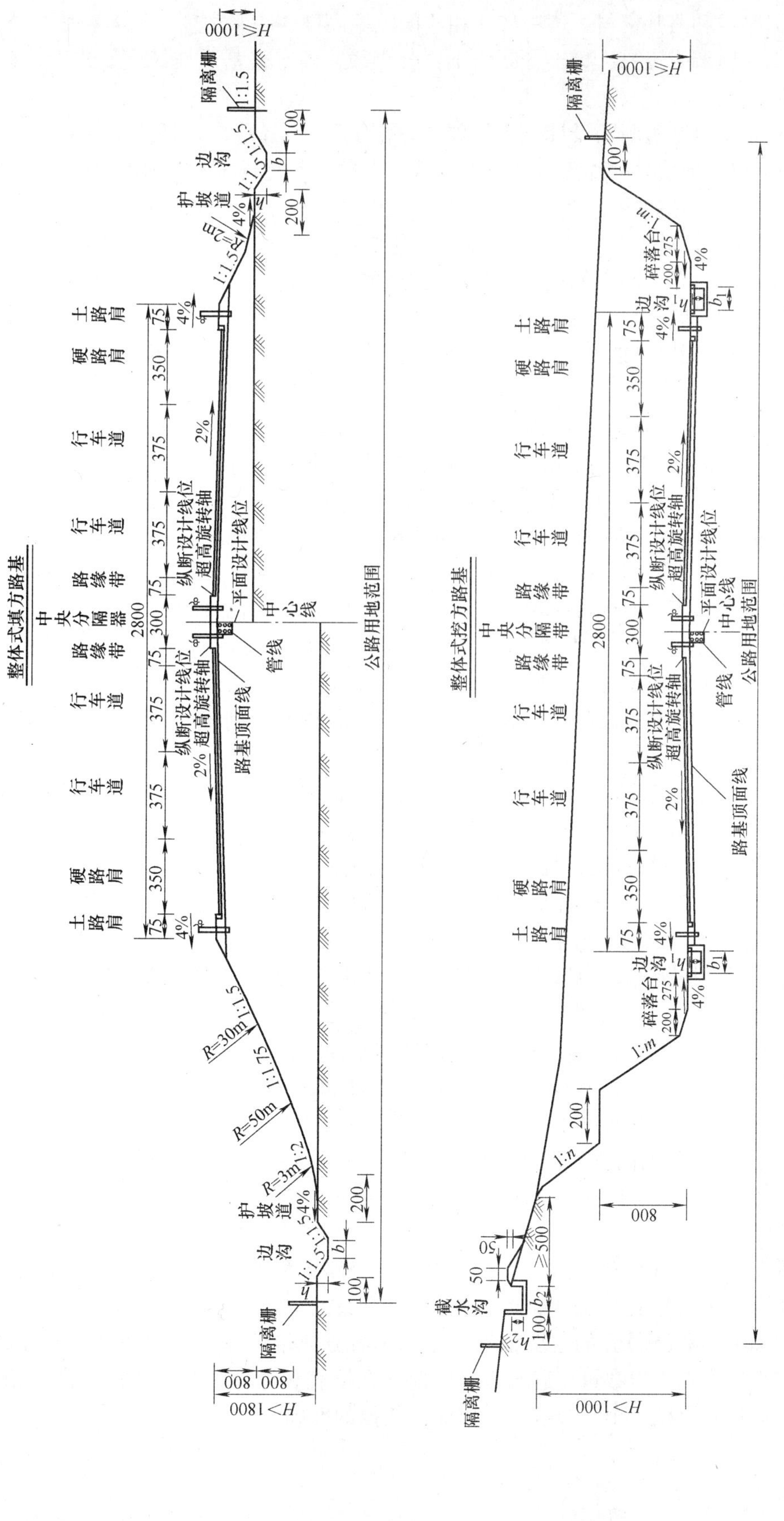

图 6-25 某高速公路路基标准横断面图(尺寸单位：cm)

2）根据路线和路基资料，逐桩标注相应的填挖高度、路基宽度、超高和加宽的数值。

3）根据地质调查资料，标出各断面土石分界线，确定路基边坡坡度及边沟、排水沟的形状和尺寸。

4）逐桩绘出路基横断面设计线，俗称“戴帽子”。设计线应包括路基、边沟、截水沟、加固及防护工程、护坡道、碎落台和视距台等。在弯道上的断面还应示出超高、加宽。直线段的断面可不示出路拱坡度。在需要设置各种支挡工程和防护工程的地方画出该工程结构的断面示意图。此外，对于取土坑、弃土堆、绿化等也尽可能画出。

5）分别计算各桩号断面的填方面积和挖方面积并标注于图上，完成全图。

对于分离式路基断面和具有变速车道、紧急停车道的断面，可参照上述步骤绘制。

对于特殊路基还应单独设计，绘制特殊路基设计图。图中应示出地质、各种防护工程设施和构造物布置大样等。

在以上横断面设计时，尽管在横断面图上按比例绘出了边沟、截水沟、护脚、挡土墙等设施，但一般不标注详细尺寸，仅注明其起讫桩号，其设计的详细尺寸，可见该设计路段的标准横断面图。

高速公路各车道的平面线形常以中央分隔带的中心线为基准向左右分别展开，做成整体式的路基横断面。但中央分隔带的宽度在特殊情况下不一定都是等宽的，特别是由于地形等条件，来往两向车道的设计线不一定在同一平面上，就会过渡到分离式的路基断面。此时，平面线和纵断面线都分别按上下车道独立设计。但此时上下车道的横断面往往互有影响，上行车道的边坡坡脚或挡土墙的布置都直接与下行车道的位置相干扰，因此就宜绘制贯通上下行车道的大横断面，把上行车道和下行车道的相对位置(水平距离和相对高差)清楚地绘制在路基横断面图上。

2. 设计成果

（1）路基横断面设计图　它反映了每个桩位处横断面的尺寸和结构，是路基施工、占地边界确定、土石方计算的依据。横断面设计图应按从下到上，从左到右的方式进行布置，比例尺一般用1:200，每页图样的右上角应标明横断面图的总页数和本页图样的编码数，在横断面图上要标注桩号、填挖高度、填挖面积、边坡坡度，在有超高、加宽的断面上还要标明其相应数值。绘制横断面图的工作量大且繁琐，一般都用计算机来完成。

（2）路基标准横断面图　路基标准横断面图是路基横断面设计图中所出现的所有路基典型形式的汇总。它示出了所有设计线(包括边沟坡、边沟、挡墙、护肩等)的形状比例及尺寸，用以指导施工。高速公路按整体式路基、分离式路基分别绘制，比例尺用1:100～1:200。

（3）路基设计表　“路基设计表”是路线设计和路基设计成果的体现，在道路设计文件中占有重要地位。表中列出了桩号、平曲线要素、纵坡(坡度、坡长、变坡点桩号及高程)、竖曲线要素、地面高程、设计高程、填挖高度、路基宽度、各点与设计高的差，并说明加宽超高情况。边沟需特殊设计时，还应列出沟底纵坡设计资料、形状及尺寸、沟底高程等。其样式见表6-19。

（4）路基土石方计算表　路基土石方计算是公路工程的一项重要内容，在公路路线方案评价和比选中，路基土石方的多少是评价设计方案的主要经济指标之一，也是编制公路施工组织计划和工程概(预)算的主要依据。路基土石方数量计算和调配是计算工程数量的主要环节，它直接影响工程数量正确与否，因此，在填表和计算中要注意每一栏的相互关系，做到填表、计算、复核三个环节统一，以保证数据的准确。

表6-19 某高速公路路基设计表

桩号	平曲线		坡度及竖曲线		横坡(%)		地面高程/m	设计高程/m	填挖高度/m	
	左偏	右偏	凹	凸	左	右			填	挖
1	2	3	4	5	6	7	8	9	10	11
K6 +760	ZY				2.00	-2.00	1.188	8.447	7.259	
ZY +782.363					2.00	-2.00	1.302	8.266	6.964	
+800.000	782.363				2.00	-2.00	1.551	8.123	6.572	
+820.000					2.00	-2.00	1.299	7.973	6.674	
+840.000					2.00	-2.00	1.353	7.844	6.491	
+860.000					2.00	-2.00	1.362	7.738	6.376	
+880.000					2.00	-2.00	1.337	7.655	6.318	
+900.000					2.00	-2.00	1.437	7.593	6.156	
+901.500					2.00	-2.00	0.904	7.589	6.685	
+904.400					2.00	-2.00	0.944	7.582	6.638	
+907.000					2.00	-2.00	1.884	7.577	5.693	
+908.400					2.00	-2.00	1.381	7.574	6.193	
+920.000			$i=-0.810\%$		2.00	-2.00	1.381	7.554	6.173	
+940.000					2.00	-2.00	1.624	7.537	5.913	
+953.500			6.989		2.00	-2.00	1.268	7.538	6.270	
+960.000			K6 +940		2.00	-2.00	1.385	7.542	6.157	
+967.000			$i=0.750\%$		2.00	-2.00	2.259	7.549	5.290	
+980.000			$R=18000.000$		2.00	-2.00	1.412	7.569	6.157	
K7 +000			$T=140.400$		2.00	-2.00	1.444	7.619	6.175	
+020.000			$E=0.548$		2.00	-2.00	1.350	7.690	6.340	
+036.700					2.00	-2.00	1.489	7.767	6.278	
+039.400					2.00	-2.00	1.050	7.781	6.731	
+042.700					2.00	-2.00	1.378	7.799	6.421	
+060.000					2.00	-2.00	1.361	7.901	6.540	
+080.000					2.00	-2.00	1.251	8.039	6.788	
+100.000					2.00	-2.00	1.285	8.189	6.904	
+120.000					2.00	-2.00	1.900	8.339	6.439	
K7 +127.3					2.00	-2.00	1.089	8.394	7.305	

（续）

路基宽/m					土路肩边缘（*A* 点）、硬路肩边缘（*B* 点）、行车道外边缘（*C* 点）、中央分隔带边缘（*D* 点）与设计高的高差/m								备注
左路肩宽	左路面宽	中央分隔带	右路面宽	右路肩宽	左路幅				右路幅				
					A	*B*	*C*	*D*	*D*	*C*	*B*	*A*	
12	13	14	15	16	17	18	19	20	21	22	23	24	25
0.75	11.75	3.00	11.75	0.75	−0.145	−0.235	−0.165	0	0	−0.165	−0.235	−0.145	高程设计线在中央分隔带边缘
0.75	11.75	3.00	11.75	0.75	−0.145	−0.235	−0.165	0	0	−0.165	−0.235	−0.145	
0.75	11.75	3.00	11.75	0.75	−0.145	−0.235	−0.165	0	0	−0.165	−0.235	−0.145	
0.75	11.75	3.00	11.75	0.75	−0.145	−0.235	−0.165	0	0	−0.165	−0.235	−0.145	
0.75	11.75	3.00	11.75	0.75	−0.145	−0.235	−0.165	0	0	−0.165	−0.235	−0.145	
0.75	11.75	3.00	11.75	0.75	−0.145	−0.235	−0.165	0	0	−0.165	−0.235	−0.145	
0.75	11.75	3.00	11.75	0.75	−0.145	−0.235	−0.165	0	0	−0.165	−0.235	−0.145	
0.75	11.75	3.00	11.75	0.75	−0.145	−0.235	−0.165	0	0	−0.165	−0.235	−0.145	
0.75	11.75	3.00	11.75	0.75	−0.145	−0.235	−0.165	0	0	−0.165	−0.235	−0.145	
0.75	11.75	3.00	11.75	0.75	−0.145	−0.235	−0.165	0	0	−0.165	−0.235	−0.145	
0.75	11.75	3.00	11.75	0.75	−0.145	−0.235	−0.165	0	0	−0.165	−0.235	−0.145	
0.75	11.75	3.00	11.75	0.75	−0.145	−0.235	−0.165	0	0	−0.165	−0.235	−0.145	
0.75	11.75	3.00	11.75	0.75	−0.145	−0.235	−0.165	0	0	−0.165	−0.235	−0.145	
0.75	11.75	3.00	11.75	0.75	−0.145	−0.235	−0.165	0	0	−0.165	−0.235	−0.145	
0.75	11.75	3.00	11.75	0.75	−0.145	−0.235	−0.165	0	0	−0.165	−0.235	−0.145	
0.75	11.75	3.00	11.75	0.75	−0.145	−0.235	−0.165	0	0	−0.165	−0.235	−0.145	
0.75	11.75	3.00	11.75	0.75	−0.145	−0.235	−0.165	0	0	−0.165	−0.235	−0.145	
0.75	11.75	3.00	11.75	0.75	−0.145	−0.235	−0.165	0	0	−0.165	−0.235	−0.145	
0.75	11.75	3.00	11.75	0.75	−0.145	−0.235	−0.165	0	0	−0.165	−0.235	−0.145	
0.75	11.75	3.00	11.75	0.75	−0.145	−0.235	−0.165	0	0	−0.165	−0.235	−0.145	
0.75	11.75	3.00	11.75	0.75	−0.145	−0.235	−0.165	0	0	−0.165	−0.235	−0.145	
0.75	11.75	3.00	11.75	0.75	−0.145	−0.235	−0.165	0	0	−0.165	−0.235	−0.145	
0.75	11.75	3.00	11.75	0.75	−0.145	−0.235	−0.165	0	0	−0.165	−0.235	−0.145	
0.75	11.75	3.00	11.75	0.75	−0.145	−0.235	−0.165	0	0	−0.165	−0.235	−0.145	
0.75	11.75	3.00	11.75	0.75	−0.145	−0.235	−0.165	0	0	−0.165	−0.235	−0.145	
0.75	11.75	3.00	11.75	0.75	−0.145	−0.235	−0.165	0	0	−0.165	−0.235	−0.145	
0.75	11.75	3.00	11.75	0.75	−0.145	−0.235	−0.165	0	0	−0.165	−0.235	−0.145	
0.75	11.75	3.00	11.75	0.75	−0.145	−0.235	−0.165	0	0	−0.165	−0.235	−0.145	

思　考　题

6.1　高速公路横断面的组成及类型有哪些?

6.2　简述中间带的作用、宽度及构成。

6.3　路肩有什么作用?

6.4　路缘石的作用是什么? 有哪些形状? 其高度如何控制?

6.5　如何确定加宽过渡段长度?

6.6　什么是超高? 平曲线为何要设置超高?

6.7　高速公路的超高过渡方式有哪些?

6.8　超高渐变段长度应如何确定?

6.9　爬坡车道的设置条件是什么?

6.10　避险车道的长度确定因素有哪些?

6.11　什么叫行车视距? 视距有哪些类型?

6.12　高速公路上容易发生视距不足的地方有哪些?

6.13　什么叫视距曲线? 什么叫横净距?

6.14　简述路基横断面设计步骤。

第 7 章　高速公路定线及现场放线

7.1　定线

定线是选线的第三个步骤，是根据既定的技术标准和路线方案，结合地形、地质条件，综合考虑平、纵、横三方面的合理安排，具体定出道路中线的确切位置。要求在平面上定出路线的交点和平曲线半径，在纵断面上定出变坡点和设计坡度，在横断面上定出中线填挖尺寸和边坡坡度。定线是道路设计中关键的一步，它不仅受地形、地物、地质等的限制，需要解决工程和经济问题，而且要受到技术标准、国家政策、社会影响、道路美学、风俗习惯等因素制约，需要充分考虑道路自身线形的美观与协调、驾驶员的视觉和心理反应、道路与周围环境的协调、道路与生态平衡的关系以及道路与人文的和谐等问题。

高速公路定线一般采用纸上定线和航测定线的方法。本节重点介绍纸上定线。

7.1.1　纸上定线

纸上定线是在 1∶1000 ~ 1∶2000 大比例尺地形图上确定道路中线位置的方法。

1. 纸上定线的步骤

1）收集资料与准备工作。需要收集的资料主要有：地形图、卫星照片、航测照片等，初拟的路线方案及所确定的控制点，沿线地质情况，不良地质地段，城市规划，地下电缆，文物古迹，自然保护区以及气候、气象等资料。

准备工作包括：在地形图上标绘出各个控制点、应避让的地段和区域。

2）根据地形和地物初定路线的位置。在相邻控制点之间，根据所经过的不同地形和地物分布情况，参照准备工作所标绘应避让的地段和区域，满足一定标准和要求，选择合适的路线位置，沿着前进方向加密中间控制点。采用徒手勾绘，将这些控制点顺滑地连成曲线，初定路线位置。

3）定线必须满足技术标准的有关规定，同时又要参照初拟的路线位置进行。根据不同地形特点，定线方法有“直线型定线法”和“曲线型定线法”两种。

4）纵断面设计。路线的平面线形确定以后，可按照规定要求，在地形图上设置中桩。设置的中桩除起、终点桩，曲线主点桩，百米桩，千米桩，大中桥桥位桩，隧道起、终点桩以及通道、涵洞和立体交叉中心桩等外，还应有地形和地物加桩。平原微丘区桩距一般取 50m，山岭重丘区取 20m。在地形图上读取各桩位的地面高程，绘制路线纵断面地面线，标注竖向控制高程及平面线形，试定纵坡设计线，纵坡设计线定出后，应检查修正。

5）最佳横断面修正。在路线的平面、纵断面基本确定后，还要检查横断面是否适当。应绘制出地面横坡较陡地段以及其他可能高填深挖处的横断面，找出最佳横断面位置，据此再对平面或纵断面线形予以修正。必要时，采用分离式横断面，重新调整平面和纵断面线形。

6）现场核对。在室内利用地形图进行纸上定线后的平、纵、横断面的成果，应再到现场进行实地检查核对。核查无误后，方可最后定案，然后实地敷设中线控制桩，以便进行水文、地质勘探调查等工作。

纸上定线的过程是一个反复试线、比较，逐步趋于完善的过程。定线时要在满足标准的前提下结合自然条件，综合考虑平、纵、横断面，反复试线，直到无论采取什么措施都不能显著节省工程或增进美感时，才可以认为纸上定线工作已完成。

2. 纸上定线的方法

一般定线方法有下列两种：

（1）直线型定线法　直线型定线方法是根据控制点或导向线和相应的技术指标，试穿出一系列与地形相适应的直线作为基本线形单元，然后在两直线转折处用曲线予以连接的定线方法，即传统的以直线为主的穿线交点定线法。平面线形以直为主，适用于地形简单的平原微丘区。

1）路线标定。对于高速公路，中线确定以后，必须采集交点坐标，并由此计算转角 α 和交点间距 D；确定圆曲线半径 R 和缓和曲线长度 L，计算平曲线要素和推算主点桩号；最后计算逐桩坐标。通常交点坐标的采集方法有两种：

a. 直接采集法：在绘有格网的地形图上读取各交点的坐标，一般只能估读到米，适用于交点前后直线方向和位置限制不严的情况。

b. 定前后直线间接推算法：在绘有格网的地形图上先固定交点前后的直线（即在直线上读取两个点的坐标），再用相邻直线相交的解析法计算交点坐标，一般适用于交点前后直线方向和位置限制较严的情况。

当已知交点前直线上两点的坐标（X_1，Y_1）和（X_2，Y_2），交点后直线上两点的坐标（X_3，Y_3）和（X_4，Y_4）时，则交点坐标（X，Y）可由下式计算。

$$\left.\begin{aligned} k_1 &= \frac{Y_2 - Y_1}{X_2 - X_1}, k_2 = \frac{Y_4 - Y_3}{X_4 - X_3} \\ X &= \frac{k_1 X_1 - k_2 X_3 - Y_1 + Y_3}{k_1 - k_2} \\ Y &= k_1 (X - X_1) + Y_1 \end{aligned}\right\} \tag{7-1}$$

当 $X_1 = X_2$ 时：$X = X_1 = X_2$，$Y = k_2(X - X_3) + Y_3$。

当 $X_3 = X_4$ 时：$X = X_3 = X_4$，$Y = k_1(X - X_1) + Y_1$。

2）坐标计算。经纸上定线确定了交点坐标后，应先计算出路线转角、交点间距、平曲线要素以及主点桩桩号，根据路线地理位置和几何关系计算出道路中线上各桩点的坐标，编制逐桩坐标表，然后根据逐桩坐标实地放线。

a. 路线转角、交点间距、曲线要素及主点桩计算。设起点坐标为 $JD_0(XJ_0, YJ_0)$，第 i 个交点坐标为 $JD_i(XJ_i, YJ_i)$，$i = 1, 2, \cdots, n$，则

坐标增量
$$\Delta X = XJ_i - XJ_{i-1}$$
$$\Delta Y = YJ_i - YJ_{i-1}$$

交点间距
$$S = \sqrt{(\Delta X)^2 + (\Delta Y)^2}$$

象限角
$$\theta = \arctan\left|\frac{\Delta Y}{\Delta X}\right|$$

计算方位角 A

$$\Delta X>0,\Delta Y>0,A=\theta$$
$$\Delta X<0,\Delta Y>0,A=180^\circ-\theta$$
$$\Delta X<0,\Delta Y<0,A=180^\circ+\theta$$
$$\Delta X>0,\Delta Y<0,A=360^\circ-\theta$$

转角 $\alpha_i=A_i-A_{i-1}$

一般情况下，α_i 为“+”，曲线为右偏；α_i 为“-”，曲线为左偏。曲线要素及主点桩号计算公式与传统方法相同。对于高速公路，由于精度要求较高，计算时应注意取舍误差，否则会影响计算精度。

b. 直线上中桩坐标计算。如图 7-1 所示，设交点坐标为 JD(XJ，YJ)，交点相邻直线的方位角分别为 A_1 和 A_2。

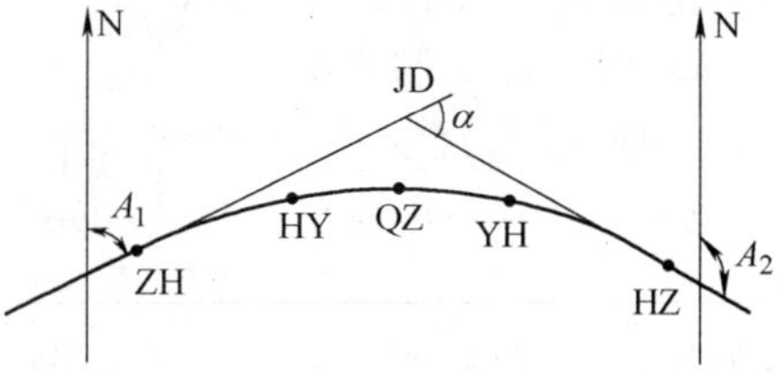

图 7-1 直线上中桩坐标计算示意图

ZH(或 ZY)点坐标

$$\left.\begin{aligned}X_{ZH}&=XJ+T\cos(A_1+180^\circ)\\Y_{ZH}&=YJ+T\sin(A_1+180^\circ)\end{aligned}\right\}\tag{7-2}$$

HZ(或 YZ)点坐标

$$\left.\begin{aligned}X_{HZ}&=XJ+T\cos A_2\\Y_{HZ}&=YJ+T\sin A_2\end{aligned}\right\}\tag{7-3}$$

设直线上任意桩里程为 L，ZH、HZ 表示曲线起、终点里程，则前直线上任意点坐标($L\leqslant ZH$)为

$$\left.\begin{aligned}X&=XJ+(T+ZH-L)\cos(A_1+180^\circ)\\Y&=YJ+(T+ZH-L)\sin(A_1+180^\circ)\end{aligned}\right\}\tag{7-4}$$

后直线上任意点坐标($L>HZ$)为

$$\left.\begin{aligned}X&=XJ+(T+L-HZ)\cos A_2\\Y&=YJ+(T+L-HZ)\sin A_2\end{aligned}\right\}\tag{7-5}$$

c. 单曲线内中桩坐标计算。

(a)不设缓和曲线的单曲线。设曲线起终点坐标分别 $ZY(X_{ZY}, Y_{ZY})$，$YZ(X_{YZ}, Y_{YZ})$，则圆曲线上坐标为

$$\left.\begin{aligned}X&=X_{ZY}+2R\sin\left(\frac{90^\circ l}{\pi R}\right)\cos\left(A_1+\xi\frac{90^\circ l}{\pi R}\right)\\Y&=Y_{ZY}+2R\sin\left(\frac{90^\circ l}{\pi R}\right)\sin\left(A_1+\xi\frac{90^\circ l}{\pi R}\right)\end{aligned}\right\}\tag{7-6}$$

式中 l——圆曲线内任意点至 ZY 点的曲线长；

R——圆曲线半径；

ξ——转角符号，右转为“+”，左转为“-”，下同。

(b) 设缓和曲线的单曲线。缓和曲线上任意点的切线横距

$$x=l-\frac{l^5}{40R^2L_s^2}+\frac{l^9}{3456R^4L_s^4}-\frac{l^{13}}{599040R^6L_s^6}+\cdots\tag{7-7}$$

式中　l——缓和曲线上任意点至 ZH(或 HZ)点的曲线长；

L_s——缓和曲线长度。

a)第一缓和曲线(ZH—HY)内任意点坐标计算

$$\left.\begin{aligned} X &= X_{ZH} + \left[x/\cos\frac{30°l^2}{\pi RL_s}\right)\right]\cos\left(A_1 + \xi\frac{30°l^2}{\pi RL_s}\right) \\ Y &= Y_{ZH} + \left[x/\cos\left(\frac{30°l^2}{\pi RL_s}\right)\right]\sin\left(A_1 + \xi\frac{30°l^2}{\pi RL_s}\right) \end{aligned}\right\} \tag{7-8}$$

b) 圆曲线内任意点坐标。

由 HY—YH 时

$$\left.\begin{aligned} X &= X_{HY} + 2R\sin\left(\frac{90°l}{\pi R}\right)\cos\left[A_1 + \xi\frac{90°(l + L_s)}{\pi R}\right] \\ Y &= Y_{HY} + 2R\sin\left(\frac{90°l}{\pi R}\right)\sin\left[A_1 + \xi\frac{90°(l + L_s)}{\pi R}\right] \end{aligned}\right\} \tag{7-9}$$

式中　l——圆曲线内任意点至 HY 点的曲线长；

X_{HY}、Y_{HY}——HY 点的坐标，由式(7-8)计算。

由 YH—HY 时

$$\left.\begin{aligned} X &= X_{YH} + 2R\sin\left(\frac{90°l}{\pi R}\right)\cos\left[A_2 + 180° - \xi\frac{90°(l + L_s)}{\pi R}\right] \\ Y &= Y_{YH} + 2R\sin\left(\frac{90°l}{\pi R}\right)\sin\left[A_2 + 180° - \xi\frac{90°(l + L_s)}{\pi R}\right] \end{aligned}\right\} \tag{7-10}$$

式中　l——圆曲线内任意点至 YH 点的曲线长。

c) 第二缓和曲线(HZ—YH)内任意点坐标

$$\left.\begin{aligned} X &= X_{HZ} + \left[x/\cos\left(\frac{30°l^2}{\pi RL_s}\right)\right]\cos\left(A_2 + 180° - \xi\frac{30°l^2}{\pi RL_s}\right) \\ Y &= Y_{HZ} + \left[x/\cos\left(\frac{30°l^2}{\pi RL_s}\right)\right]\sin\left(A_2 + 180° - \xi\frac{30°l^2}{\pi RL_s}\right) \end{aligned}\right\} \tag{7-11}$$

式中　l——第二缓和曲线内任意点至 HZ 点的曲线长。

d. 复曲线坐标计算

(a) 复曲线中间缓和曲线 L_F 上任意点坐标。复曲线中间有设缓和曲线和不设缓和曲线两种情况，设缓和曲线时即构成卵形曲线。该缓和曲线仍然采用回旋线，但它曲率不是从零开始，而是截取曲率 $1/R_1 \sim 1/R_2$ 这一段作为缓和曲线。

如图 7-2 所示，缓和曲线 AB 的长度为 L_F，A、B 点的曲率半径分别为 R_1、R_2、M 为缓和曲线 AB 上曲率为零的点，AB 段内任意点的坐标从 M 点推算。

根据回旋线几何关系

因　$$L_F = \sqrt{\frac{24R_1R_2P_F}{R_1 - R_2}}$$

而　$$P_F = p_2 - p_1 = \frac{L_{s2}^2}{24R_2} - \frac{L_{s1}^2}{24R_1}$$

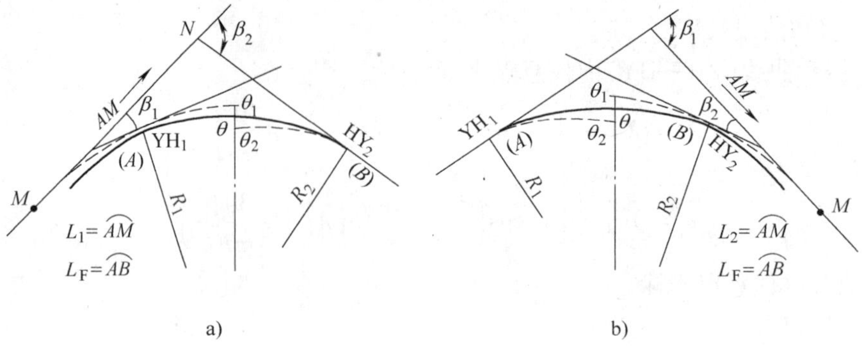

图 7-2 复曲线坐标计算示意图

a) $R_1>R_2$ b) $R_1<R_2$

故
$$L_F=\sqrt{\frac{|R_2L_{s1}^2-R_1L_{s2}^2|}{|R_1-R_2|}} \tag{7-12}$$

式中 L_{s1}、L_{s2}——第一、第二缓和曲线长度；

R_1、R_2——L_F 两端的圆曲线半径。

a）当 $R_1>R_2$ 时。如图 7-2a 所示，设 A 点（YH_1）的坐标为(X_A，Y_A)，由式(7-9)计算得到，切线方位角 A_A 用下式计算

$$A_A=A_1+\xi\frac{90(L_{s1}+2l)}{\pi R_1} \tag{7-13}$$

式中 l——半径为 R_1 的平曲线 HY_1 至 YH_1 的曲线长。

M 点的坐标(X_M，Y_M)为

$$\left.\begin{aligned}X_M&=X_A+\left[\left(l_1-\frac{l_1^3}{40R_1^2}\right)\Big/\cos\left(\frac{30°l_1}{\pi R_1}\right)\right]\cos\left(A_A+180°-\xi\cdot\frac{2}{3}\beta_1\right)\\Y_M&=Y_A+\left[\left(l_1-\frac{l_1^3}{40R_1^2}\right)\Big/\cos\left(\frac{30°l_1}{\pi R_1}\right)\right]\sin\left(A_A+180°-\xi\cdot\frac{2}{3}\beta_1\right)\end{aligned}\right\} \tag{7-14}$$

式中，$l_1=\frac{R_2L_F}{R_1-R_2}$；$\beta_1=\frac{90°l_1}{\pi R_1}$；$M$ 点的切线方位角：$A_M=A_A-\xi\beta_1$。

b）当 $R_1<R_2$ 时。如图 7-2b 所示，M 点的坐标为

$$\left.\begin{aligned}X_M&=X_A+\left[\left(l_2-\frac{l_2^3}{40R_1^2}\right)\Big/\cos\left(\frac{30°l_2}{\pi R_1}\right)\right]\cos\left(A_A+\xi\cdot\frac{2}{3}\beta_1\right)\\Y_M&=Y_A+\left[\left(l_2-\frac{l_2^3}{40R_1^2}\right)\Big/\cos\left(\frac{30°l_2}{\pi R_1}\right)\right]\sin\left(A_A+\xi\cdot\frac{2}{3}\beta_1\right)\end{aligned}\right\} \tag{7-15}$$

式中，$l_2=\frac{R_2L_F}{R_2-R_1}$；$\beta_1\ \frac{90°l_2}{\pi R_1}$；$M$ 点的切线方位角：$A_M=A_A+\xi\beta_1$。

c）L_F 内任意点坐标。计算出 M 点的坐标及切线方位角后，当 $R_1>R_2$ 时，用式(7-8)计算 L_F 上任意点坐标；$R_1<R_2$ 时，用式(7-11)计算。应注意的是，式中的 l 应为中间缓和曲线上计算点至 M 点的曲线长，A_1、A_2 相应换成 A_M。

(b) 复曲线内 L_F 段以外的任意点坐标。复曲线内除 L_F 段外其他部位上任意点坐标计算公式同式(7-7) ~ 式(7-11)。

(2) 曲线型定线法　根据导向线和地形条件及相应技术指标，先用一系列圆弧去拟合控制较严的地段或部位，然后把这些圆弧用适当的直线或缓和曲线连接起来，形成以曲线为主的连续线形。平面线形以曲线为主，适用于地形、地物复杂的山区和丘陵区，以及地物障碍较多的平坦地区。

1) 定线步骤

a. 参照导向线或控制点，徒手画出线形顺适、平缓并与地形相适应的概略线位。

b. 用直尺或不同半径的圆曲线弯尺拟合徒手线位，形成一条由圆弧和直线组成的具有错位(即设缓和曲线后圆曲线的内移值)的间断线形。

c. 在圆弧和直线上各采集两点坐标或在计算机上拾取圆弧和直线对象固定位置，通过试定或试算，用合适的缓和曲线将它们顺滑连接，形成连续的平面线形。

2) 确定回旋线参数。确定回旋线参数 A 值是采用曲线型定线法的关键。过去多采用回旋曲线尺或表法，即用不同整数的回旋线参数 A 值制作回旋线长度与曲率半径对应关系的尺或表，供使用时查对。

随着计算机广泛应用，目前主要采用解析计算法确定 A 值。解析法是根据几何关系，建立含有参数 A 的方程式，通过计算精确求解 A 值。下面分三种情况介绍。

a. 直线与圆曲线连接。如图 7-3 所示，已知直线上两点 $D_1(X_{D1}, Y_{D1})$ 和 $D_2(X_{D2}, Y_{D2})$ 和圆上两点 $C_1(X_{C1}, Y_{C1})$、$C_2(X_{C2}, Y_{C2})$ 以及圆曲线半径 R。

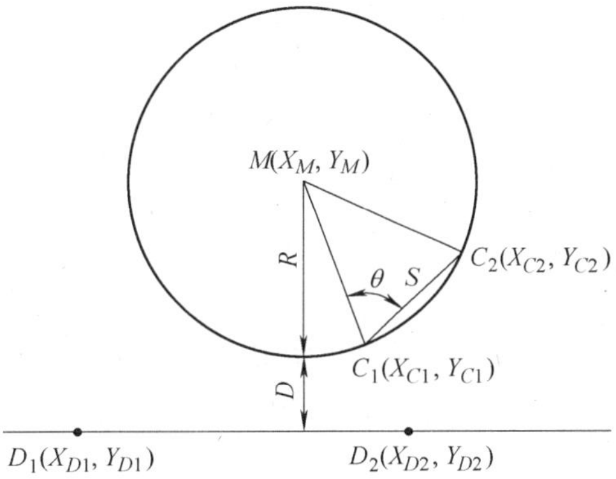

图 7-3　直线与圆曲线连接计算图

(a) 求圆心坐标

由图得
$$\theta = \arccos \frac{S}{2R}$$

C_1M 方位角
$$\alpha_m = \alpha_c + \xi\theta$$

式中　α_c——C_1C_2 的方位角。

圆心坐标为

$$\left.\begin{aligned} X_M &= X_{C1} + R\cos\alpha_m \\ Y_M &= Y_{C1} + R\sin\alpha_m \end{aligned}\right\} \tag{7-16}$$

式中，$R = |R|$，下同。

(b) 直线与圆曲线间距 D

令
$$k = \frac{Y_{D2} - Y_{D1}}{X_{D2} - X_{D1}}$$

则
$$D = \frac{|k(X_M - X_{D1}) - (Y_M - Y_{D1})|}{\sqrt{1 + k^2}} - R \tag{7-17}$$

（c）回旋线参数 A 及长度 L_s。由回旋线的几何关系，其内移值为

$$p = y + R\cos\tau - R \tag{7-18}$$

式中，$y = \dfrac{L_s^2}{6R}\left(1 - \dfrac{L_s^2}{56R^2} + \dfrac{L_s^4}{7040R^4} - \cdots\right)$；$\tau = \dfrac{L_s}{2R}$。

因 $p = D$，故式(7-18)只含未知数 L_s，可采用牛顿求根法解出 L_s，一般精确到 10^{-4}。则参数 A 值计算公式为

$$A = \sqrt{L_s R} \tag{7-19}$$

b. 两反向曲线连接。如图 7-4a 所示，已知两圆曲线上各两点坐标及相应半径 R_1 和 R_2，用上述计算方法求出两圆心坐标 $M_1(X_{M1},\ Y_{M1})$ 和 $M_2(X_{M2},\ Y_{M2})$ 后，可按下述步骤计算参数 A 值。

（a）计算两圆间距 D。如图 7-4a 所示，有

$$M_1M_2 = R_1 + R_2 + D = \sqrt{(X_{M2} - X_{M1})^2 + (Y_{M2} - Y_{M1})^2} \tag{7-20}$$

则 $$D = |M_1M_2 - R_1 - R_2| = \left|\sqrt{(X_{M2} - X_{M1})^2 + (Y_{M2} - Y_{M1})^2} - R_1 - R_2\right|$$

式中，$R_1 = |R_1|$，$R_2 = |R_2|$，下同。

（b）计算回旋曲线参数。《公路路线设计规范》规定，S 形两个回旋线参数 A_1 与 A_2 宜相等。当采用不同参数时，A_1 与 A_2 之比宜小于 2.0，有条件时应小于 1.5。这里用 k 表示回旋线参数的比值，即 $k = A_1/A_2$。

由几何关系知

$$M_1M_2 = \sqrt{(R_1 + R_2 + p_1 + p_2)^2 + (q_1 + q_2)^2} \tag{7-21}$$

式中 $p_i = y_i + R_i\cos\tau_i - R_i \quad (i = 1,\ 2)$；

$q_i = x_i - R_i\sin\tau_i$；

$x_i = 2R_i\tau_i\left(1 - \dfrac{\tau_i^2}{10} + \dfrac{\tau_i^4}{216} - \dfrac{\tau_i^6}{9360} + \cdots\right)$；

$y_i = \dfrac{2}{3}R_i\tau_i^2\left(1 - \dfrac{\tau_1^2}{14} + \dfrac{\tau_i^4}{440} - \dfrac{\tau_i^6}{25200} + \cdots\right)$；

$\tau_2 = \dfrac{1}{k^2}\left(\dfrac{R_1}{R_2}\right)^2\tau_1$。

由式(7-20) 和式(7-21) 可建立含 τ_1 的方程 $F(\tau_1) = 0$，解算出 τ_1 并求得 τ_2 后按下式计算参数

$$A_1 = R_1\sqrt{2\tau_1},\ A_2 = R_2\sqrt{2\tau_2} \tag{7-22}$$

（c）两同向曲线连接。如图 7-4b 所示，按上述方法求得圆心 $M_1(X_{M1},\ Y_{M1})$ 和 $M_2(X_{M2},\ Y_{M2})$ 坐标后，由图得：

$$D = |R_1 - R_2 - M_1M_2|$$

$$M_1M_2 = \sqrt{(R_1 - R_2 + p_1 - p_2)^2 + (q_2 - q_1)^2}$$

同样可建立含 τ_1 的方程，解算出 τ_1 后按下式计算 τ_2 和 A

$$\tau_2 = \left(\frac{R_1}{R_2}\right)^2\tau_1,\ A = R_1\sqrt{2\tau_1} \tag{7-23}$$

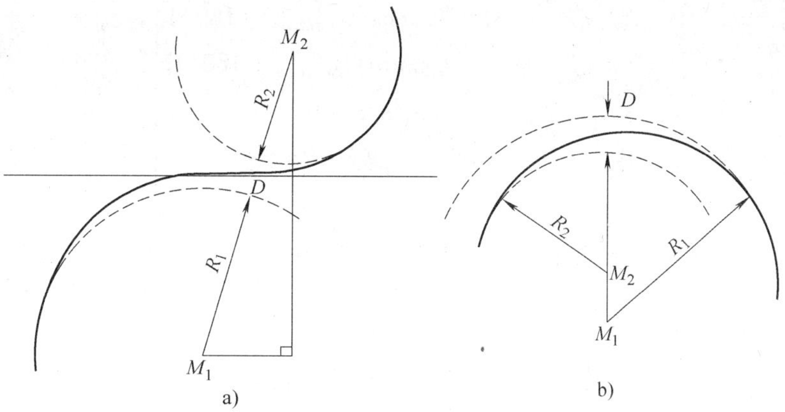

图 7-4　S 形和卵形曲线计算图

a）S 形曲线　b）卵形曲线

解析法精度高，适用于精细定线，但计算过程复杂，一般可利用计算机进行。

3）坐标计算。采用曲线型定线法定出的路线平面线形仍然是由直线、圆曲线和回旋线三种线形元素所组成的。各线形元素衔接点的坐标一经确定，路线平面线形的形状和位置便完全确定了。下面分别介绍各种组合线形线元衔接点的坐标和线元上任意点的坐标计算。

a. 各线元衔接点坐标计算

（a）直线与圆曲线的连接。如图 7-5 所示，ZH、HZ 点到圆心 M 的方位角为

$$\alpha_{ZM} = \alpha_1 + \xi\varphi$$

$$\alpha_{HM} = \alpha_2 + 180 - \xi\varphi$$

式中，$\varphi = \arctan\dfrac{Y_M}{q}$，$Y_M = |R| + p$，$q = x - |R|\sin\tau$，$\tau = \dfrac{90L_s}{\pi R}$。

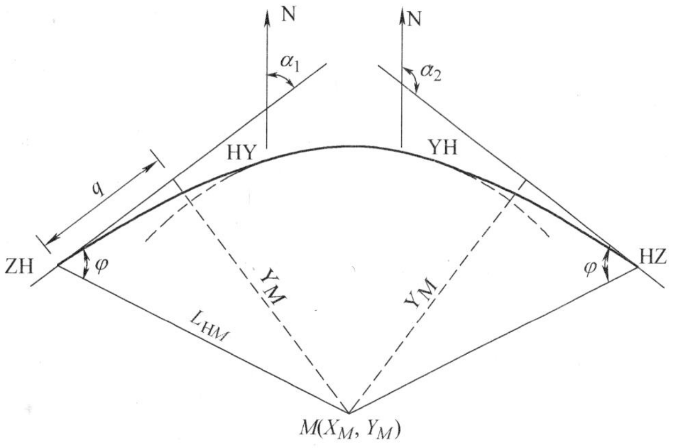

图 7-5　直线与圆曲线线的连接

各衔接点坐标计算式为

$$\left.\begin{aligned} X_{ZH(HZ)} &= X_M + L_{HM}\cos(\alpha_{ZM(HM)} + 180°) \\ Y_{ZH(HZ)} &= Y_M + L_{HM}\sin(\alpha_{ZM(HM)} + 180°) \\ X_{HY} &= X_{ZH} + x\cos\alpha_1 + \xi y\sin\alpha_1 \\ Y_{HY} &= Y_{ZH} + x\sin\alpha_1 + \xi y\cos\alpha_1 \\ X_{YH} &= X_{HZ} - x\cos\alpha_2 - \xi y\sin\alpha_2 \\ Y_{YH} &= Y_{HZ} - x\sin\alpha_2 + \xi y\cos\alpha_2 \end{aligned}\right\} \tag{7-24}$$

式中，$L_{HM} = \sqrt{q^2 + Y_M^2}$。

$$\left.\begin{aligned} x &= L_s\left(1 - \frac{L_s^2}{40R^2} + \frac{L_s^4}{3456R^4} - \frac{L_s^6}{599040R^6} + \cdots\right) \\ y &= \frac{L_s^2}{6|R|}\left(1 - \frac{L_s^2}{56R^2} + \frac{L_s^4}{7040R^4} - \cdots\right) \end{aligned}\right\} \tag{7-25}$$

各衔接点的桩号

$$\begin{aligned} S_{ZH} &= S_0 + \text{起点至 ZH 点的距离} \\ S_{HY} &= S_{ZH} + L_s \\ S_{YH} &= S_{HY} + L_c \\ S_{HZ} &= S_{YH} + L_s \end{aligned}$$

式中　L_c——HY 点至 YH 点的圆弧长度。

（b）两反向曲线的连接。如图 7-6 所示的几何关系得

$$\tan\varepsilon = \frac{q_1 + q_2}{R_1 + R_2 + p_1 + p_2} \tag{7-26}$$

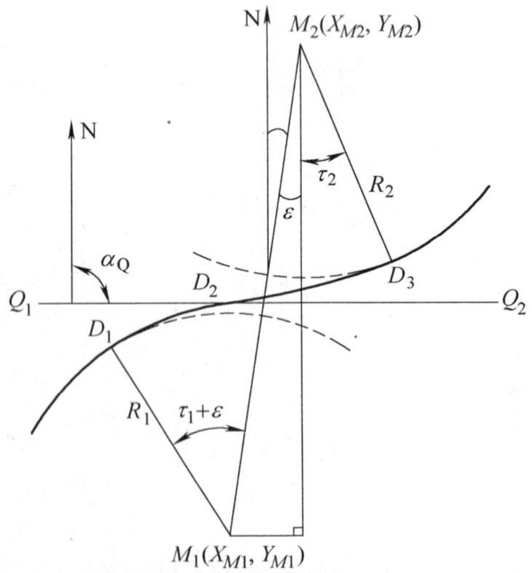

图 7-6　两反向曲线的连接

则公切线 Q_1Q_2 的方位角　　$\alpha_Q = \alpha_M + \xi(90° - \varepsilon)$

式中，$\xi = \mathrm{sgn}R_1$。

衔接点 D_1、D_2、D_3 坐标计算

D_2 到 M_1 的方位角　　$\alpha_{D_2M_1} = \alpha_Q + 180° - \xi\theta$

式中　$\xi = \mathrm{sgn}R_1$

$$\theta = \arctan \frac{Y_{M_1}}{q_1}$$

$$Y_{M_1} = |R_1| + p_1$$

D_2 点的坐标

$$\left.\begin{aligned} X_{D_2} &= X_{M_1} + L_D\cos(\alpha_{D_2M_1} + 180°) \\ Y_{D_2} &= Y_{M_1} + L_D\sin(\alpha_{D_2M_1} + 180°) \end{aligned}\right\} \tag{7-27}$$

式中，$L_D = \sqrt{q_1^2 + Y_{M_1}^2}$。

D_1 点的坐标

$$\left.\begin{aligned} X_{D_1} &= X_{D_2} - x\cos\alpha_Q - \xi y\sin\alpha_Q \\ Y_{D_1} &= Y_{D_2} - x\sin\alpha_Q + \xi y\cos\alpha_Q \end{aligned}\right\} \tag{7-28}$$

式中，$\xi = \mathrm{sgn}R_1$。

D_3 点的坐标

$$\left.\begin{aligned} X_{D_3} &= X_{D_2} + x\cos\alpha_Q - \xi y\sin\alpha_Q \\ Y_{D_3} &= Y_{D_2} + x\sin\alpha_Q + \xi y\cos\alpha_Q \end{aligned}\right\} \tag{7-29}$$

式中，$\xi = \mathrm{sgn}R_2$，x，y 由式(7-25)计算。

(c) 同向圆曲线的连接。由图7-7可知($R_1 > R_2$)

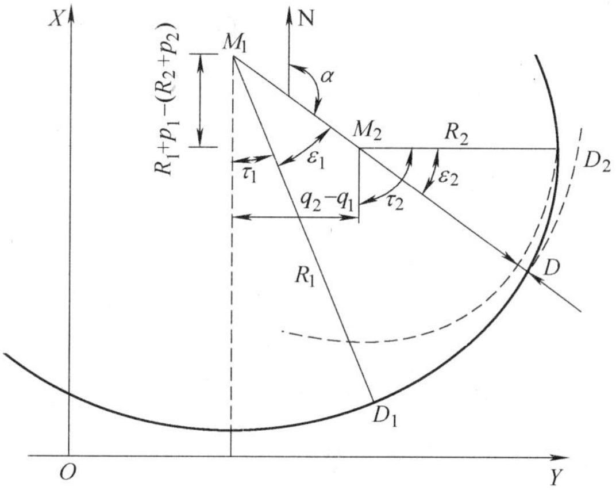

图7-7　同向圆曲线的连接

$$\tan\alpha_0 = \tan(\varepsilon_1 + \tau_1) = \frac{q_2 - q_1}{R_1 + p_1 - R_2 - p_2}$$

$$\varepsilon_1 = \alpha_0 - \tau_1$$

$$\varepsilon_2 = \alpha_0 - \tau_2$$

若从大圆过渡到小圆时方位角　$\alpha_{M_1D_1} = \alpha - \xi_1\varepsilon_1$

$$\alpha_{M_2D_2} = \alpha + \xi_2\varepsilon_2$$

若从小圆过渡到大圆时方位角 $\alpha_{M_1D_1} = \alpha + 180° - \xi_1\varepsilon_1$

$$\alpha_{M_2D_2}=\alpha+180°+\xi_2\varepsilon_2$$

式中，$\xi_1=\text{sgn}R_1$，$\xi_2=\text{sgn}R_2$，α 为 M_1M_2 的方位角。

则衔接点 D_1 和 D_2 的坐标计算公式为

$$\left.\begin{aligned}X_{D_i}&=X_{M_i}+|R_i|\cos\alpha_{M_iD_i}\\Y_{D_i}&=Y_{M_i}+|R_i|\sin\alpha_{M_iD_i}\end{aligned}\right\}(i=1,2)\tag{7-30}$$

b. 各线元上加桩坐标计算

（a）直线上加桩坐标。如图 7-8 所示，设 $S_0(X_0,\ Y_0)$为直线上已知点，S 为任意点桩号，α 为该直线的方位角，则：

$$\left.\begin{aligned}X&=X_0+(S-S_0)\cos\alpha\\Y&=Y_0+(S-S_0)\sin\alpha\end{aligned}\right\}\tag{7-31}$$

（b）圆曲线上加桩坐标。如图 7-9 所示，α_0 为 S_0 点的切线方位角，α 为 S 点的切线方位角，则

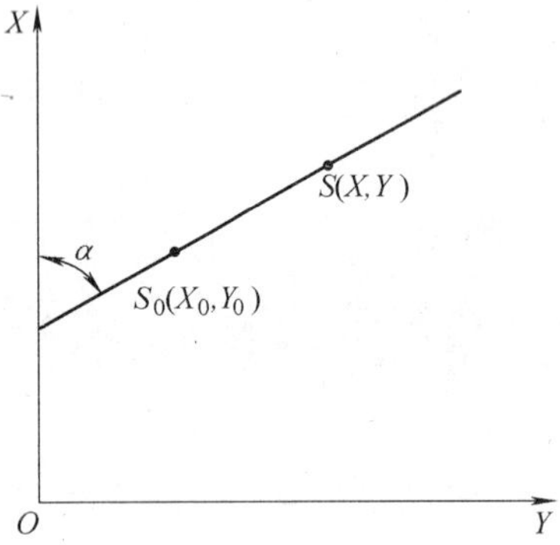

图 7-8 直线上加桩坐标计算

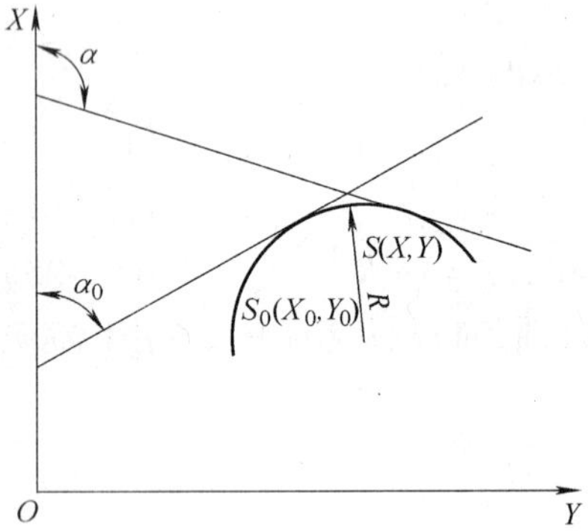

图 7-9 圆曲线上加桩坐标计算

$$\left.\begin{aligned}X&=X_0+R\left[\sin\left(\alpha_0+\frac{S-S_0}{R}\cdot\frac{180°}{\pi}\right)-\sin\alpha_0\right]\\Y&=Y_0+R\left[\cos\left(\alpha_0+\frac{S-S_0}{R}\cdot\frac{180°}{\pi}\right)-\cos\alpha_0\right]\end{aligned}\right\}\tag{7-32}$$

式中 R——圆曲线半径，右转为正，左转为负。

圆曲线上任意点坐标也可以参照式(7-6)、式(7-10)计算。

（c）缓和曲线上加桩坐标。

a）直线与圆曲线连接时。由图 7-5 和式(7-24)可得：

以 ZH 为局部坐标原点时

$$\left.\begin{aligned}X&=X_{ZH}+x\cos\alpha_1-\xi y\sin\alpha_1\\Y&=Y_{ZH}+x\sin\alpha_1+\xi y\cos\alpha_1\end{aligned}\right\}\tag{7-33}$$

以 HZ 为局部坐标原点时

$$\left.\begin{aligned}X&=X_{HZ}-x\cos\alpha_2-\xi y\sin\alpha_2\\Y&=Y_{HZ}-x\sin\alpha_2+\xi y\cos\alpha_2\end{aligned}\right\}\tag{7-34}$$

式中

$$\left.\begin{aligned} x &= l - \frac{l^5}{40R^2L_s^2} + \frac{l^9}{3456R^4L_s^4} - \frac{l^{13}}{599040R^6L_s^6} + \cdots \\ y &= \frac{l^3}{6|R|L_s}\left(1 - \frac{l^4}{56R^2L_s^2} + \frac{l^8}{7040R^4L_s^4} - \cdots\right) \end{aligned}\right\} \tag{7-35}$$

$$\xi = \mathrm{sgn}R$$

l——缓和曲线上任意点至 ZH 或 HZ 点的曲线长。

同样，直线与圆曲线之间的回旋线上任意点坐标也可按式(7-8)和式(7-11)计算。

b）反向曲线连接时。对于反向圆曲线之间的回旋线(图 7-6)，当公切线方位角 α_Q 以及拐点 $D_2(X_{D_2}, Y_{D_2})$ 确定以后，回旋线上任意点的坐标可参照直线型定线法有关公式计算。下面介绍另一种计算方法，由式(7-28)和式(7-29)得：

由 D_2 过渡到 D_1

$$\left.\begin{aligned} X &= X_{D_2} - x\cos\alpha_Q - \xi_1 y\sin\alpha_Q \\ Y &= Y_{D_2} - x\sin\alpha_Q + \xi_1 y\cos\alpha_Q \end{aligned}\right\} \tag{7-36}$$

由 D_2 过渡到 D_3

$$\left.\begin{aligned} X &= X_{D_2} + x\cos\alpha_Q - \xi_2 y\sin\alpha_Q \\ Y &= Y_{D_2} + x\sin\alpha_Q + \xi_2 y\cos\alpha_Q \end{aligned}\right\} \tag{7-37}$$

式中，$\xi_1 = \mathrm{sgn}R_1$，$\xi_2 = \mathrm{sgn}R_2$，x、y 按式(7-35)计算。

c）同向曲线连接时。由几何关系得知同向曲线间回旋线长度

$$L_F = \sqrt{\frac{24R_1R_2D}{R_1 - R_2}}$$

当 $R_1 > R_2$ 时，如图 7-10 所示，M_1、M_2 以及 D_1、D_2 的坐标已知，M_1D_1 的方位角为 $\alpha_{M_1D_1}$，若 D_1 点的切线方位角用 α_{D_1} 表示，则

$$a_{D_1} = \alpha_{M_1D_1} + 90°\xi$$

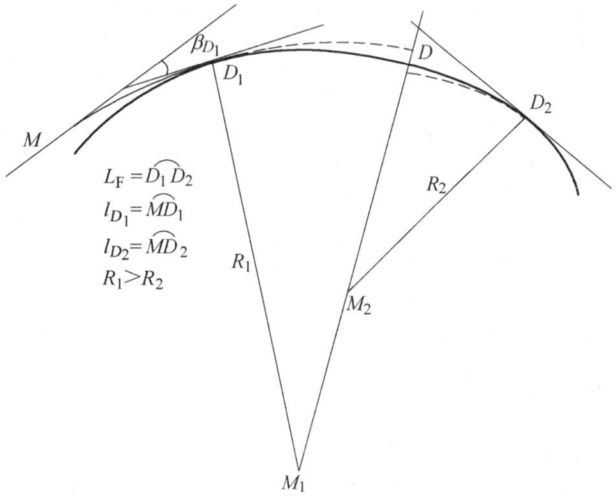

图 7-10　同向圆曲线之间的回旋线上点坐标计算

回旋线起点 M 的切线方位角

$$\alpha_M = \alpha_{D_1} - \xi\beta_{D_1}$$

式中，$\beta_{D_1} = \dfrac{90 l_{D_1}}{\pi R_1}$；$l_{D_1} = \dfrac{R_2 L_F}{R_1 - R_2}$。

M 点的坐标为

$$\left.\begin{aligned} X_M &= X_{D_1} + \left[\left(l_{D_1} - \frac{l_{D_1}^3}{40R_1^2}\right)\Big/\cos\left(\frac{30 l_{D_1}}{\pi R_1}\right)\right]\cos\left(\alpha_{D_1} + 180° - \xi\frac{2}{3}\beta_{D_1}\right) \\ Y_M &= Y_{D_1} + \left[\left(l_{D_1} - \frac{l_{D_1}^3}{40R_1^2}\right)\Big/\cos\left(\frac{30 l_{D_1}}{\pi R_1}\right)\right]\sin\left(\alpha_{D_1} + 180° - \xi\frac{2}{3}\beta_{D_1}\right) \end{aligned}\right\} \tag{7-38}$$

当 $R_1 < R_2$ 时，如图 7-2b 所示，M 点的切线方位角

$$\alpha_M = \alpha_{D_1} + \xi\beta_{D_1}$$

式中，$\beta_{D_1} = \dfrac{90 l_{D_2}}{\pi R_1}$；$l_{D_2} = \dfrac{R_2 L_F}{R_2 - R_1}$。

M 点的坐标为

$$\left.\begin{aligned} X_M &= X_{D_1} + \left[\left(l_{D_2} - \frac{l_{D_2}^3}{40R_1^2}\right)\Big/\cos\left(\frac{30 l_{D_2}}{\pi R_1}\right)\right]\cos\left(\alpha_{D_1} + \xi\frac{2}{3}\beta_{D_1}\right) \\ Y_M &= Y_{D_1} + \left[\left(l_{D_2} - \frac{l_{D_2}^3}{40R_1^2}\right)\Big/\cos\left(\frac{30 l_{D_2}}{\pi R_1}\right)\right]\sin\left(\alpha_{D_1} + \xi\frac{2}{3}\beta_{D_1}\right) \end{aligned}\right\} \tag{7-39}$$

计算出 M 点的坐标和切线方位角后，当 $R_1 > R_2$ 时，按式(7-33) 计算缓和曲线上计算点坐标，当 $R_1 < R_2$，按式(7-34)计算。

7.1.2 航测定线

纸上定线必须要测绘大比例尺地形图，这种方法需要大量人力、物力，劳动强度大，选线周期长。而航测定线是利用航测像片选线，或者通过航测成图在图样上定线，这样可以把大量的野外工作搬到室内来做，选线人员可以在像片和图样上找出许多比较方案，从而提高选线质量。我国领土的绝大部分地区，已有不同比例尺的航空摄影像片，容易收集。将像片拼接成地貌略图，通过立体观察，可以了解选线地区的山脉、水系以及工程地质情况。对于在特别困难的山岭、森林、沙漠、草原地带定线时，航测资料具有特别重要的实用价值。

7.2 现场放线

现场放线是将纸上定好的路线敷设到地面，供详细测量和施工使用。目前高速公路现场常用的放线方法有极坐标放线法、坐标放线法等。

7.2.1 极坐标放线法

极坐标放线的基本原理是以控制导线为根据，以角度和距离定点。如图 7-11 所示，在控制导线点 T_i 置仪，后视 T_{i-1}(或 T_{i+1})，待放点为 P。图 7-11a 所示为采用夹角 J 的放点，

图 7-11b 所示为采用方位角 A 的放点。只要算出 J 或 A 和置仪点 T_i 到待放点 P 的距离 D，就可在实地放出 P 点。放样时置仪点至待放点的距离不应大于后视距离的 1.5 倍。采用支导线放样时，支导线的边数不得超过两条，并应与控制点闭合。

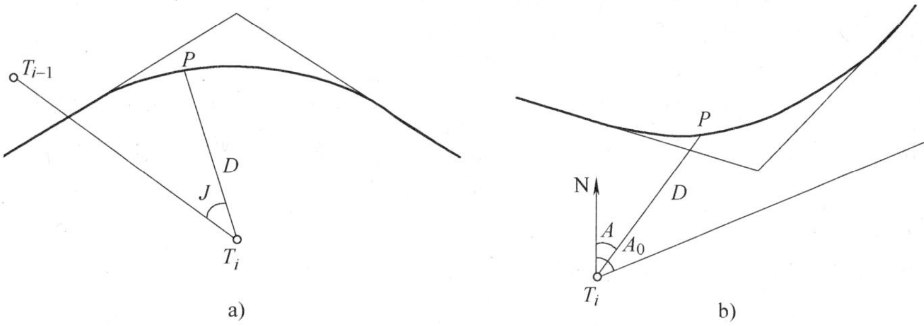

图 7-11　极坐标放线示意图

置仪点的坐标为 $T_i(X_0,\ Y_0)$，后视点的坐标为 $J_{i-1}(X_h,\ Y_h)$，待放点的坐标为 $P(X,\ Y)$。放线数据 D、A、J 可按直线型定线法计算。据此角测距即可放出待定点 P。

7.2.2　坐标放线法

此法的基本原理与极坐标法相同，它是利用现代自动测量仪的坐标计算功能自动完成有关数据计算，只需输入有关点的坐标值即可，现场不需做任何手工计算。放线的具体操作步骤如下：

1）在置仪点 T_i 安置仪器，后视 T_{i-1}点。

2）键入置仪点和后视点坐标 $T_i(X_0,\ Y_0)$、$T_{i-1}(X_h,\ Y_h)$，完成定向工作。

3）键入待放点坐标 $P(X,\ Y)$。

4）转动照准头使水平角为 0°00′00″，完成待放点 P 定向。

5）置反射镜于 P 点方向上，并使面板上显示 0.000m 时，即为 P 点的精确点位。

重复第 3 步至第 5 步，可放出其他中桩位。当改变置仪点的位置后，要重复第 1 步至第 5 步。

坐标法放线数据全部来自于精确计算，放线精度高，可用于直线或曲线的标定。因此，坐标放线法适用于直线型定线法和曲线型定线法。

思　考　题

7.1　纸上定线有哪两种方法？分别适用于何种情况？

7.2　简述纸上定线的一般步骤及要点。

7.3　试推导设缓和曲线时圆曲线上任意点的坐标计算公式。

第 8 章　高速公路立体交叉设计

立体交叉是指两条道路（公路与公路、公路与铁路、公路与其他通道）利用跨线构造物在不同平面上相互交叉的连接方式。立体交叉的设置可以消除平面交叉路口的车流冲突点，使相交路线的交通流空间分隔、互不干扰，从而确保交叉口处车流的畅通、快速与安全，并大大提高其通行能力。

高速公路是交通运输现代化的重要标志，立体交叉是高速公路必不可少的组成部分。随着我国高速公路的迅速发展，必然要修建大量立体交叉，以实现道路之间交叉和行车方向的转换。

8.1　立体交叉的发展概况

立体交叉是近几十年随汽车交通发展而兴起的一种交通设施。首先起步于城市道路，发展于高速公路。

早在 20 世纪 20 年代，美国就开始修建立体交叉。1928 年，美国最早在新泽西州修建了第一座苜蓿叶式立体交叉，平均昼夜交通量 6.25 万辆，高峰小时交通量达 6074 辆之多，不仅通行能力增大，而且还很安全，社会效益和经济效益都很好。因此，立体交叉被广泛采用。到 1936 年，美国已建成 125 座立体交叉。随美国之后，加拿大、德国以及其他欧洲国家也相继开始修建立体交叉，并随汽车交通的进一步发展，立体交叉开始向多层次（三层、四层）及定向型方向发展。20 世纪 50 年代，日本随着高速公路的修建，也建造了不少立体交叉，前苏联修建立体交叉较迟，到 1957 年才建成第一座苜蓿叶式立体交叉。

我国修建立体交叉起步较晚，首先从解决城市道路交叉口的交通问题开始。1955 年，在武汉滨江路建成了第一座半边苜蓿叶式立体交叉。1964 年，在广州市大北路修建了一座双层环形立体交叉。到 20 世纪 70 年代以后，北京市在二环路上先后修建了复兴门、阜成门、西直门、建国门等十几座立体交叉。与此同时，天津市修建了八里台、中山门、王顶堤等互通式立体交叉，大连修建了香炉礁立体交叉，广州区庄修建了一座四层环形立体交叉，这些立体交叉线形有了进一步创新，技术水平也有了很大提高，形成了我国特有的风格。

近几年，随着我国高速公路的大量修建，与之相适应的立体交叉也在大量修建，如沈大高速仅互通式立体交叉就有 35 座。并且立体交叉的设计水平也逐渐提高，新颖、优美、适用的立体交叉越来越多地出现在全国各地。

8.2　立体交叉的基本组成及作用

8.2.1　互通式立体交叉的组成

互通式立体交叉通常由跨线构造物、主线、匝道、出入口以及变速车道等组成，如图

8-1所示。

1. 跨线构造物(立体交叉桥或地道)

跨线构造物是指立体交叉实现车流空间分离的主体构造物，立体交叉分为上跨式和下穿式。上跨式是跨越被交道路的跨线桥(立体交叉桥)，下穿式是穿越被交道路的地道，有的还可利用地形做成隧道。

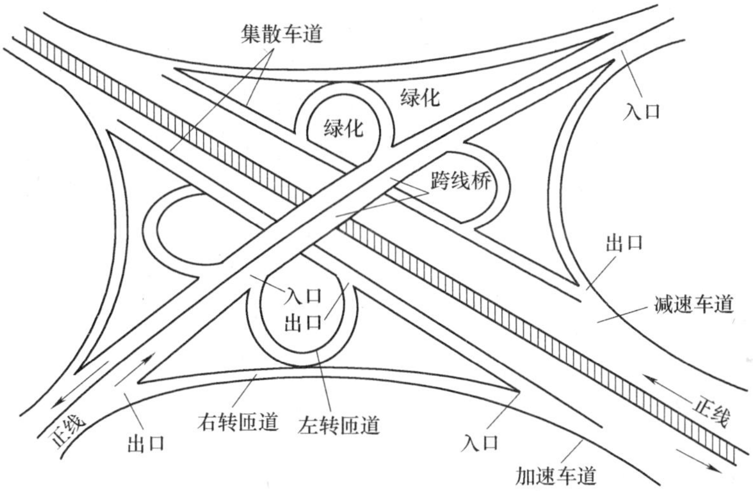

图 8-1 互通式立体交叉的组成

2. 主线(正线)

主线是指两条相互交叉的公路或道路，是组成立体交叉的主体。

3. 匝道

匝道是立体交叉的重要组成部分，是指供上下相交道路的转弯车辆行驶的连接道，有时也包括匝道与主线或匝道与匝道之间的跨线桥或地道。按其作用，分为右转匝道(供右转车辆行驶)和左转匝道(供左转车辆行驶)两类。匝道与主线的连接点称为匝道的端部，包括起点和终点。

4. 出口与入口

由主线驶出进入匝道的道口称为出口，由匝道驶入主线的道口称为入口。

5. 变速车道

为适应车辆变速行驶的需要，在匝道端部附近、主线右侧出入口附近增设的附加车道称为变速车道。按其作用，分为减速车道和加速车道，出口端为减速车道，入口段为加速车道。

6. 辅助车道

在高速公路与次要道路立体交叉时，在分合流附近，为使匝道与高速公路车道数保持平衡和保持主线的基本车道数而在主线外侧增设的附加车道。

7. 集散车道

在城市附近，为减少车流进出高速公路的交织和出入口数量，而在立体交叉范围内主线的一侧或两侧设置的与其平行且分离的专用车道。

8. 绿化地带

在立体交叉范围内，由匝道与主线或匝道与匝道所围成的封闭区域，一般用来布设美化环境的绿地，也可布设排水管渠、照明杆柱等设施。

立体交叉范围，一般是指各交汇道路变速车道渐变段顶点以内所包含的跨线构造物、主线、匝道和绿化地带等的全部区域。

除以上主要组成部分外，还包括立体交叉范围内的排水系统、照明设备以及交通工程设施等。对于收费立体交叉还包括收费站、收费广场和服务设施等。

8.2.2 立体交叉的作用

立体交叉的主要作用是可使各向车流在不同平面上通过，各行其道，互不干扰，从而显著提高行车速度，减少行车延误时间，提高交叉口通行能力，同时保证交通安全，改善交通环境，提高社会效益和经济效益。

1. 单个立体交叉

交叉口是道路系统的重要组成部分，交汇道路上的各种车辆都需要在交叉口汇集、通过和转换方向。对于平面交叉口，由于转向车辆之间的相互干扰，使得行车速度降低、通行能力减小、交通事故多发。

修建立体交叉是解决平面交叉口交通问题最彻底的方法。它能将相互冲突的车流从空间上分离，使其互不干扰，为高速、安全的行车提供可靠保障。设置立体交叉后，行车速度和通行能力，要比相同的平面交叉口提高2.5~3倍。

2. 作为出入口的互通式立体交叉

高速公路上的互通式立体交叉是高速公路的门户，不仅起着吞吐交通量的作用，而且还能使全部车流渠化并控制出入，为高速公路安全运营提供保障。因此，作为出入口的互通式立体交叉在高速公路上的地位十分重要。

高速公路是全封闭的，主要通过其出入口处的互通式立体交叉与沿线地区发生联系，促进沿线地区的发展。实践表明，高速公路出入口附近的地区受益最高。

8.3 立体交叉的类型、特点及选择

8.3.1 立体交叉的分类

1. 按交通功能划分

（1）分离式立体交叉　仅设一座跨线桥，使相交道路空间分离，上、下道路无匝道连接的交叉方式。

此种形式立体交叉占地少、构造简单，但其交通功能有限。

（2）互通式立体交叉　不仅设置跨线桥使相交道路空间分离，而且上、下道路有匝道连接，以供转弯车辆行驶的交叉方式。

互通式立体交叉根据交叉处车流轨迹线的交错方式和几何形状的不同，又可分为部分互通式、完全互通式和环形立体交叉三种类型。

1）部分互通式立体交叉：相交道路的车流轨迹线之间至少有一个平面冲突点的交叉。

2）完全互通式立体交叉：相交道路的车流轨迹线全部在空间分离的交叉，它是一种比较完善的高级形式，各转向都有专用匝道。

3）环形立体交叉：相交道路的车流轨迹线因匝道数不足而共同使用，且有交织路段的交叉。此种形式立体交叉占地多，造价高，但其交通功能完善。

2. 按主线与相交道路的跨越方式划分

（1）上跨式立体交叉　用跨线桥从相交道路上方跨过的交叉方式。上跨式立体交叉高于原地面，线形视距条件好，施工方便，工期较短，对地下管线影响小，排水容易处理。但引道较长，占地、拆迁数量较大，对环境影响较大，污染相对严重。

（2）下穿式立体交叉　用地道（或隧道）从相交道路下方穿过的交叉方式。下穿式立体交叉的主体结构在地面以下，对环境影响较小。但排水困难，需增加水泵等排水设施，且需日常维护，地道施工周期较长，对地下管线影响也较大。

（3）半上跨半下穿式立体交叉　半上跨半下穿式立体交叉是介于上述两种方式之间的一种立体交叉方式。

3. 按交叉口交通流线相互关系划分

交通流在交叉口的行驶轨迹称为交通流线。按交叉口交通流线之间的关系可将立体交叉分为三类。

（1）完全立体交叉型　相交道路的所有交通流线均空间分离，无冲突点和交织段，是最理想的立体交叉形式。

（2）交织型　相交道路的交通流线之间有相互重叠，即存在交织路段的立体交叉。这类交叉虽然存在一些交织点，但却完全消除了冲突点。

（3）不完全立体交叉型　相交道路的交通流线之间至少存在一个平面冲突的立体交叉。一般能够通过立体交叉消除直行交通流线常见的冲突点，但直行流线与左转流线间至少存在一个冲突点。设计时应将冲突点安排在一般道路上或交通量较小的道路上。

4. 按立体交叉的平面几何形状划分

有苜蓿叶形、喇叭形、环形、叶形、星形、涡轮形等多种形式。

5. 按相交道路的条数划分

按相交道路的条数可划分为：三路立体交叉、四路立体交叉和多路立体交叉三种形式。

1）三路立体交叉：“T”形或“Y”形。

2）四路立体交叉：“＋”形或“X”形。

3）多路立体交叉：五路及五路以上交叉，除采用环形立体交叉外，一般没有标准的形式可套用。

6. 按立体交叉的层数划分

按立体交叉的层数可划分为：两层立体交叉、三层立体交叉和多层立体交叉三种形式。

7. 按是否收费划分

按是否收费可划分为：收费立体交叉和不收费立体交叉两种形式。

8.3.2 互通式立体交叉的基本形式及特点

对于分离式立体交叉，因其形式单一，不作详细介绍。互通式立体交叉随匝道布置的不同，会形成许多不同形式的立体交叉，其特点和实用性也不同。

1. 三路立体交叉

（1）喇叭形立体交叉　喇叭形立体交叉是国内外高速公路广泛采用的形式之一，如图

8-2 所示。它是用一个环圈式匝道(转向角约为 270°)和一个半定向匝道来实现车辆左转弯的完全互通式立体交叉。喇叭形立体交叉又可分为 A 式和 B 式，经环圈式左转匝道驶入主线是称为 A 式，驶出时称为 B 式。

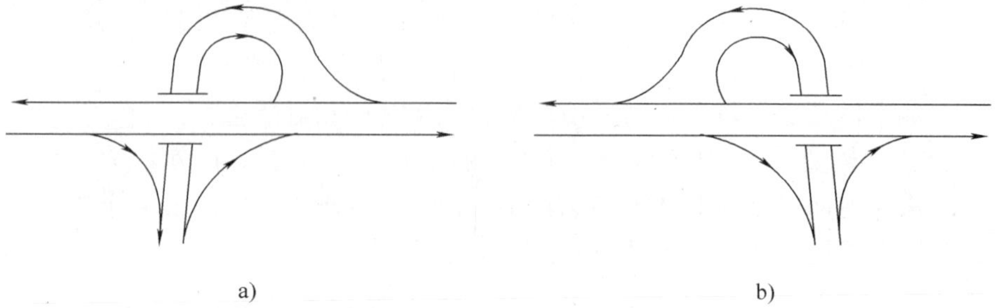

图 8-2 喇叭形立体交叉

a) A 式 b) B 式

特点：只需一座跨线构造物，投资较省；无冲突点，通行能力大，行车安全；造型美观，行车方向容易辨认。但小环道上左转车辆绕行路线长，线形差，对行车不利，占地较多。

适用条件：喇叭形立体交叉适用于高速公路与一般道路相交的 T 形立体交叉。环圈式匝道适应的交通量不大，设计速度以不大于 50km/h 为宜。布设时应将环圈式匝道设在交通量小的方向上，主线转弯交通量大时宜采用 A 式，反之，可采用 B 式。

(2) 叶形立体交叉 叶形立体交叉是用两个环圈式匝道来实现车辆左转弯的 T 形立体交叉，如图 8-3 所示。

图 8-3 叶形立体交叉

特点：各方向匝道独立设置，完全互通；只需一座跨线构造物，投资较省；匝道对称设置成叶形，造型美观。但环圈式左转匝道线形较差，运行条件不如喇叭形好；左转弯车辆绕行距离较长；主线上存在交织运行。

适用条件：叶形立体交叉的适用性与喇叭形立体交叉相近，多用于苜蓿叶形立体交叉的前期工程。

(3) 定向式立体交叉 定向式立体交叉是左转车辆直接在定向匝道上由一个方向车道的左侧驶出，并由左侧进入另一方向车道的立体交叉方式，如图 8-4 所示，其中图 8-4a 所示为三处两层式跨线构造物，图 8-4b 所示为一处两层式跨线构造物。

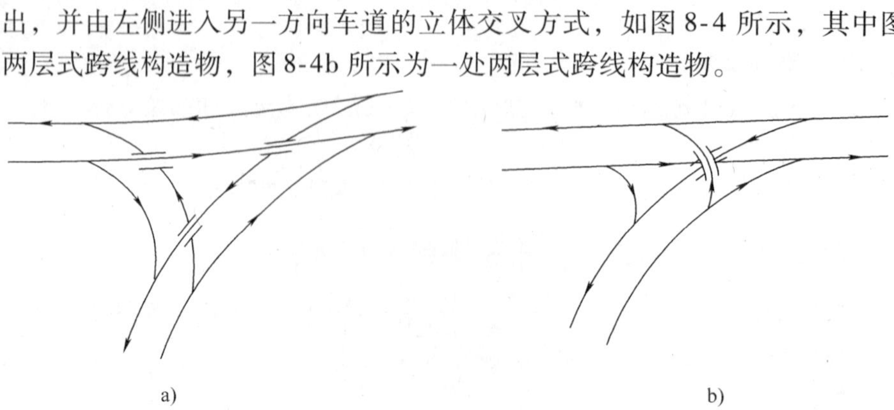

图 8-4 定向式立体交叉

特点：车辆左右转弯匝道的转向角均在90°左右，路径短捷，半径较大，利于行车；结构紧凑，用地较少，直接转向，行车方向容易识别。但跨线构造物较多，占地较大，造价较高。

适用条件：定向式立体交叉适用于各方向交通量都很大的高速公路之间的交叉，特别是主线双向为分离式断面且相距一定宽度时较适宜。另外，当主线外侧有障碍物时最为适宜。设计时主线双向行车道之间在交叉范围内所拉开的距离，必须满足左转匝道纵坡和桥下净空要求。

（4）半定向式立体交叉　半定向式立体交叉如图8-5所示，它是对定向式立体交叉的改进，将定向左转匝道改为半定向匝道，即左转弯车辆由行车道的右侧分离或汇入主线。

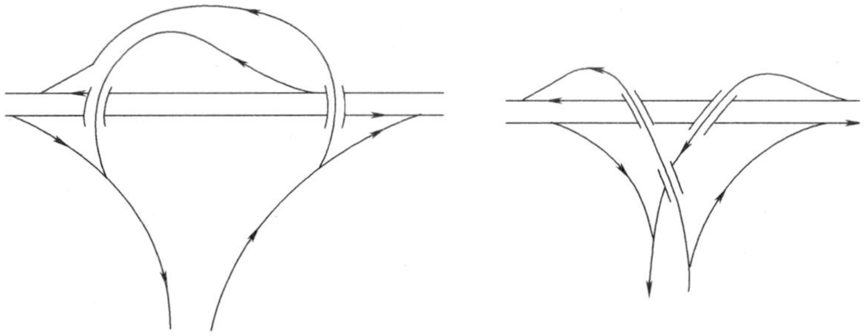

a)　　b)

图8-5　半定向式立体交叉

特点：对转弯车辆能提供较高速的半定向运行，通行能力较大；各方向运行流畅，方向明确，不会发生错路运行；主线外侧占用土地较少；左转弯车辆由主线右侧分离或汇入，运行安全方便，主线双向行车道之间不必分开。但匝道长度比定向式立体交叉长；跨线构造物多，占地较大，造价较高。

适用条件：半定向式立体交叉的适用性与定向式立体交叉基本相同，一般用于主线双向交通量相对较大，且双向行车道之间不必拉开或难以拉开的情况。因主线外侧相对占地较少，更适用于主线外侧有平行于路线的铁路、河流、房屋等障碍物的情况。

（5）环形立体交叉　三路环形立体交叉如图8-6所示，它是在半定向左转匝道之间通过交织的方式来实现转弯运行。其中，图8-6a所示为左转车辆之间交织运行，直行车辆直通；图8-6b所示为左转车辆之间交织运行，外侧直行车辆绕行。

a)　　b)

图8-6　环形立体交叉

特点：转弯行驶方向明确，交通组织方便；除了图8-6b所示的外侧直行车辆绕行外，能保证主线交通快速流畅；结构紧凑，占地较少。但存在交织运行，限制了通行能力和行车速度；左转绕行距离较长；需设置两座跨线构造物，造价较高。

适用条件：环形立体交叉适用于高速公路与次要道路相交叉的中等交通量情况。布设时应让高速公路直通，并将交织路段设在地面一层。高速公路采用上跨式还是下穿式，应根据地形、地质、排水等条件综合考虑而定。

2. 四路立体交叉

（1）全苜蓿叶形立体交叉　全苜蓿叶形立体交叉是最常用的立体交叉形式之一，它是平面像苜蓿叶形状的一种完全互通式立体交叉，通过四个对称的环圈式左转匝道实现各方向左转车辆的运行，如图8-7所示。

特点：外形简单对称，造型美观，行车视距条件好；交通运行连续自然；仅需一座跨越构造物，造价较省；无冲突点；可由部分苜蓿叶形立体交叉经分期修建而成。但左转绕行距离较长，占地较大；环圈式左转匝道线性差，行车速度低；上、下线左转匝道出入口之间存在交织运行，限制了通行能力；主线上为双重出口，其中左转匝道出口在跨越构造物之后，使标志设置复杂。

适用条件：全苜蓿叶形立体交叉多用于高速公路与一般道路或等级较高道路之间的相互交叉。环圈式匝道可采用单曲线、多心复曲线、方形或压扁形等，布设时视具体条件而定。为了消除主线上的交织，避免双重出口而使标志简化，提高通行能力和行车安全，常在主线的外侧加设集散车道，成为带集散车道的苜蓿叶形立体交叉。

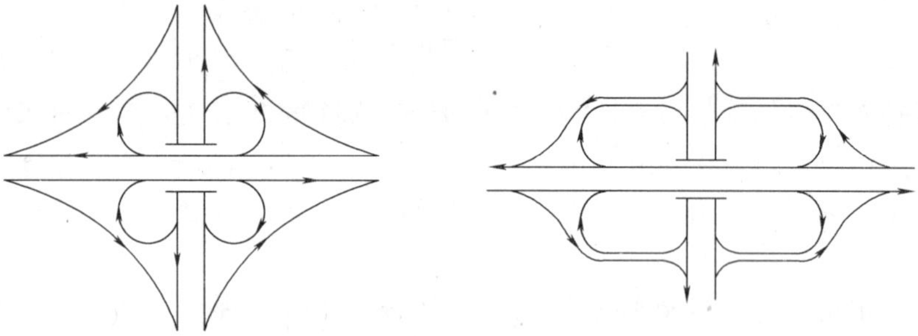

a)　　b)

图8-7　全苜蓿叶形立体交叉

（2）部分苜蓿叶形立体交叉　部分苜蓿叶形立体交叉是全苜蓿叶形立体交叉的一种变形，在部分左转弯方向设环圈式左转匝道，而在次要道路上以平面交叉的方式实现左转弯运行，如图8-8所示，可根据转弯交通量的大小或场地的限制，采用图8-8所示中任一种形式或其他变形形式。

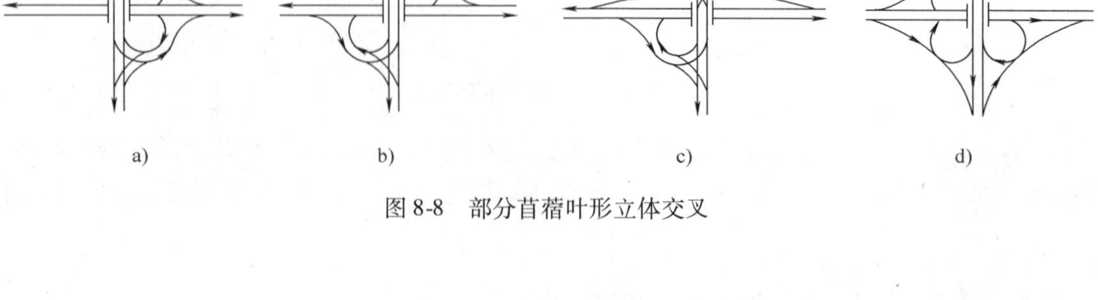

a)　　b)　　c)　　d)

图8-8　部分苜蓿叶形立体交叉

特点：可保证主要道路直行车辆快速通畅；单一的驶出方式简化了主要道路上的交通标志；仅需一座跨线构造物，用地和工程费用较少；便于分期修建，远期可扩建为全苜蓿叶形立体交叉。但次要道路上存在平面冲突点，影响通行能力和行车安全；次要道路上可能有停车等待和错路运行现象；有时次要道路平面交叉口需设信号控制，当出口匝道储存能力不足时，往往会影响主要道路的交通。

适用条件：当主要道路与次要道路相交时可采用部分苜蓿叶形立体交叉。布设时使转弯车辆的出入尽可能少地妨碍主要道路的交通，平面交叉口布设在次要道路上，必要时次要道路上组织渠化交通或设置信号控制。当跨线构造物前后有两个连续出口或入口时，宜在主要道路外侧设集散车道以简化出入口。

（3）定向式立体交叉　定向式立体交叉是由定向左转匝道组成的一种高级的完全互通式立体交叉，如图 8-9 所示。

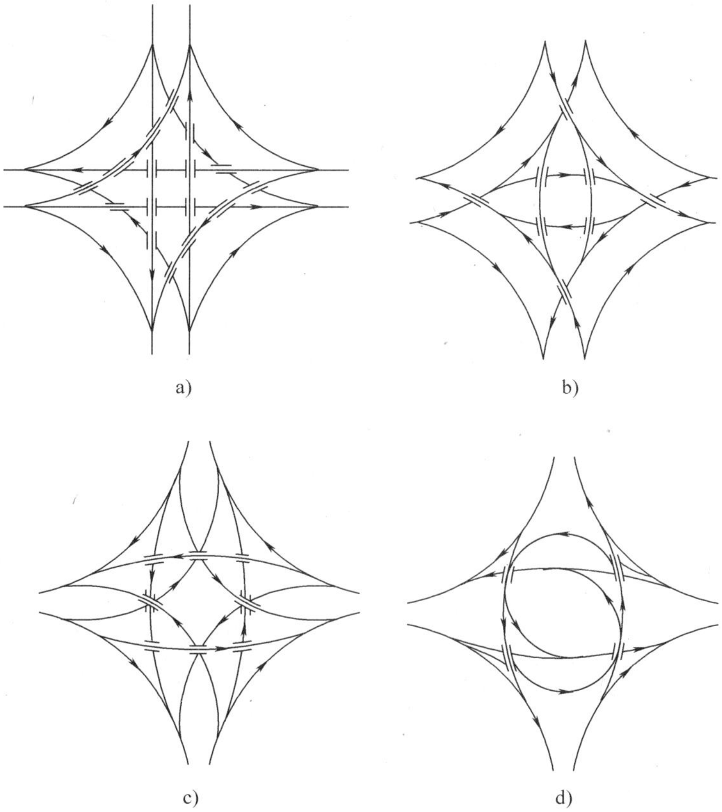

图 8-9　定向式立体交叉

特点：匝道转弯半径大，行车方向明确，路径短捷；能为转弯车辆提供高速的定向运行，通行能力大；无交织，无冲突点，行车安全。但此种形式存在左侧分离和左侧汇入的困难；主线双向行车道之间必须拉开足够距离，直线车辆略有绕行；跨越构造物多，占地面积大，造价高。

适用条件：定向式立体交叉适用于高速公路之间相互交叉的情况。由于存在左出和左进的问题，只有在交通量大，车速高的情况下可考虑采用。布设时，在满足桥下最小净空要求的情况下，合理利用空间高差变化。主线双向行车道之间拉开的距离，应满足纵坡和跨越对向行车道净空要求，同时应保持主线和匝道平面线形的连续性。

（4）菱形立体交叉　菱形立体交叉只设右转和左转公用的匝道，在跨线构造物两侧的次要道路上存在平面交叉。菱形立体交叉如图 8-10 所示，其中图 8-10a 所示为常用形式。

特点：形式简单，仅需要一座跨线构造物，用地和工程费用小；左转匝道直捷，车辆绕行短，速度较高。但由于匝道数不足，存在平面交叉，有冲突点和交织段，影响行车速度和通行能力。

适用条件：菱形立体交叉多用于高速公路与次要道路相交用地困难的情况，布设时应将平面交叉设在次要道路上。

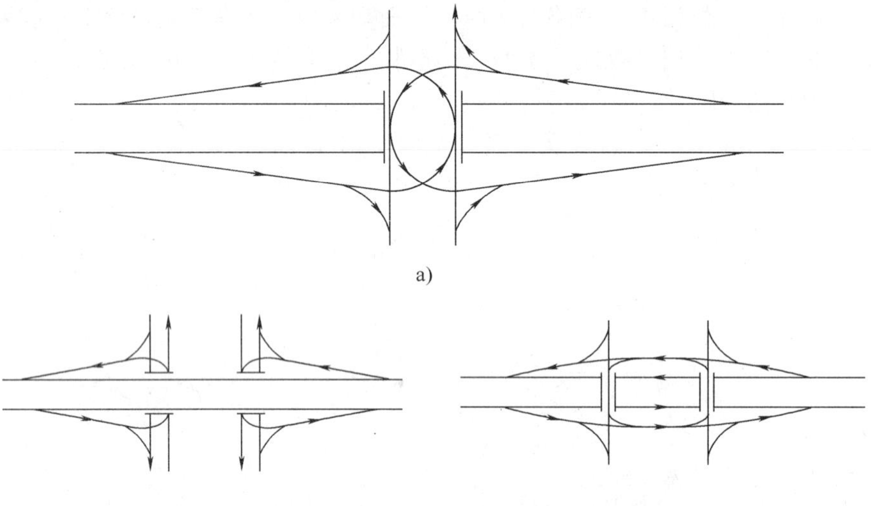

a)　b)　c)

图 8-10　菱形立体交叉

（5）环形立体交叉　环形立体交叉是由平面环形交叉发展而来的，它是利用环形匝道来实现各方向转弯的立体交叉方式，常用形式如图 8-11 所示。

特点：能保证主要道路快速通畅，转弯行驶方向明确；无冲突点，行车较安全，交通组织方便；结构紧凑，占地较少。但此种方式存在交织运行，通行能力受到环道交织能力的限制；车速受中心岛半径影响，速度较低；构造物较多，工程费用较多；左转弯车辆绕行较长。

环形立体交叉多用于城市道路，而公路上由于收费的影响一般不采用。环形立体交叉形式多样，环形匝道可设计成椭圆形或圆形，立体交叉层数可设置成两层、三层或四层。

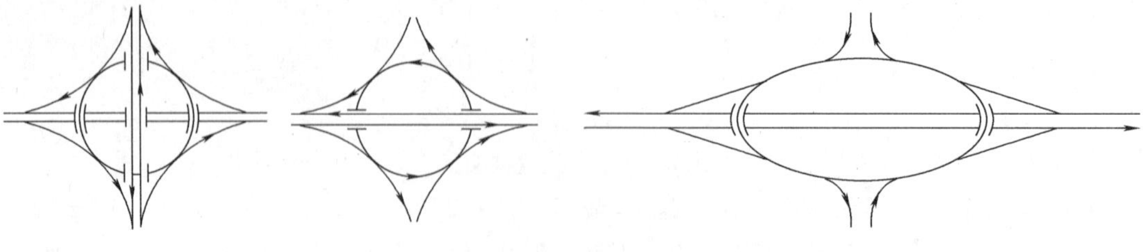

a)　b)　c)

图 8-11　环形立体交叉

适用条件：两层式立体交叉适用于高速公路与次要道路相交的情况，如图 8-11a 所示；三层式立体交叉适用于高速公路之间相交的情况，如图 8-11b 所示；四层式立体交叉适用于城市道路非机动车与机动车分离行驶的情况。

对于五路及五路以上的复式交叉采用环形立体交叉最为适宜，如图 8-12 所示。当高速公路与其他多条次要道路相交时，可使高速公路直行车流采用上跨或下穿的方式通过，转弯车流和次要道路上的车流绕环道运行。

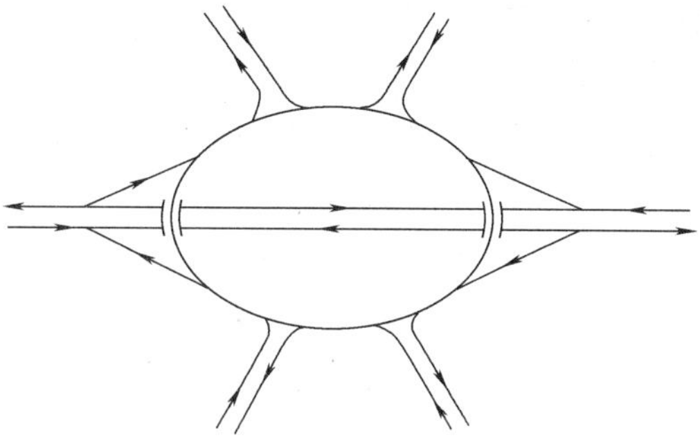

图 8-12　多路环形立体交叉

（6）组合式立体交叉　组合式立体交叉是根据交通量要求，结合地形环境限制条件，将各种类型立体交叉有机结合所形成的立体交叉，如图 8-13 所示。

a)　b)

图 8-13　组合式立体交叉

8.4　立体交叉的规划布局及形式的选择

立体交叉的规划布局合理与否，对交叉口通行能力的提高、交通的安全、行驶时间的节省和高速公路功能的发挥都有很大影响。它不仅关系高速公路所在地区的整体规划，还关系高速公路的整体使用效果和高速公路的经济价值。因此，在规划布局高速公路的立体交叉时，应从全局出发，充分考虑整个公路网络系统的功能和要求，综合交通条件、自然条件及社会情况，经全面分析论证后确定。

8.4.1　立体交叉规划设计所需资料

1. 道路资料

1）相交道路在公路网中的作用、现状和规划等级、车道数等。

2）相交道路的几何线形设计标准。

2. 交通条件

1）相交道路的现状与未来交通量资料。

2）相交道路的交通组成情况。

3. 自然条件和社会经济条件

1）沿线的地带类型、周围环境、文化古迹等。

2）沿线社会经济状况，包括人口、国民生产总值、工农业生产值、汽车保有量、消费支出等指标。

3）沿线建筑材料、施工条件、地质、水文、气象、地震等条件。

4）用地、地物、环境等条件。

8.4.2 立体交叉规划的一般原则和设置条件

1. 立体交叉规划的一般原则

（1）以公路网规划为依据　立体交叉的设置应符合公路网规划的要求，保证高速公路交通的畅通。立体交叉的设置不仅要考虑每一个立体交叉的位置、形式和规模，更要综合考虑整个公路网上立体交叉系统的协调与一致性，以便提高整个公路网的效率。

（2）满足交通发展的需求　立体交叉不仅造价高，而且由其产生的运营费用也很高。因此，高速公路与其他道路相交时，立体交叉是否设置、何时设置、设置成何种形式和规模，都应从交通需求的角度进行论证。

（3）技术上可行　立体交叉的规划设计在技术上应具有合理性，包括立体交叉的方案、交通组织方式、立体交叉的结构形式与周围环境的配合及分期修建方案等方面都应全面论证。

（4）用地上可行　立体交叉占地一般较大，因此在规划时应充分考虑用地的可能性，尽量降低因拆迁、征用土地而支付的大笔建设费用。在条件允许的情况下，尽量减少其用地规模，通过相邻的立体交叉来完善其交通功能。

（5）经济上有效益　立体交叉的规划设计应具有经济可行性，即应在满足交通需求的前提下尽可能提高其经济效益，据分析，收费高速公路的总收益随互通立体交叉数目的增加而增加，当其数量增加到某一值后，反而有减少的趋势。

2. 立体交叉的设置条件

立体交叉的设置应根据相交道路的性质、等级、社会条件、自然条件及交通管理方式等因素确定，根据《公路路线设计规范》的规定，高速公路同其他各级公路、铁路及乡村道路交叉时，必须采用立体交叉。交叉类型除在控制出入的地点设置互通式立体交叉外，均采用分离式立体交叉。

下列情况高速公路应设置互通式立体交叉：

1）高速公路与高速公路相互交叉，以及高速公路与一级公路及其他交通繁忙的其他等级公路相交处。

2）高速公路同通往大城市，重要政治、经济中心，重点工矿区，地区或市、县的经济技术开发区，重要农业基地等的公路相交处。

3）高速公路同通往重要港口、机场、车站和游览胜地的公路相交处。

4）高速公路同通往重要交通源的支线相交处。

5）高速公路与城市快速路、城市出入口的城市放射性快速路或主干路交叉处。

8.4.3 互通式立体交叉的合理间距

1. 立体交叉间距的影响因素

（1）交通密度 互通式立体交叉间距主要取决于拟建高速公路所在区域公路网的交通密度。合理的立体交叉间距应能均匀地分散交通，并使相邻立体交叉所担负的交通量保持平衡。不能产生一处立体交叉的交通量过分集中，另一处立体交叉的交通量稀少，使整个高速公路和区域交通流量分配不协调的情况。

（2）相邻立体交叉之间的交织段要求 在相邻的两个互通式立体交叉之间，要有足够的交织段长度，以满足车辆进出高速公路时相互交换车道所需的交织长度要求。交织段长度是指前一个立体交叉匝道与主线的合流点到后一个立体交叉主线与匝道的分流点之间的长度，如图 8-14 所示。

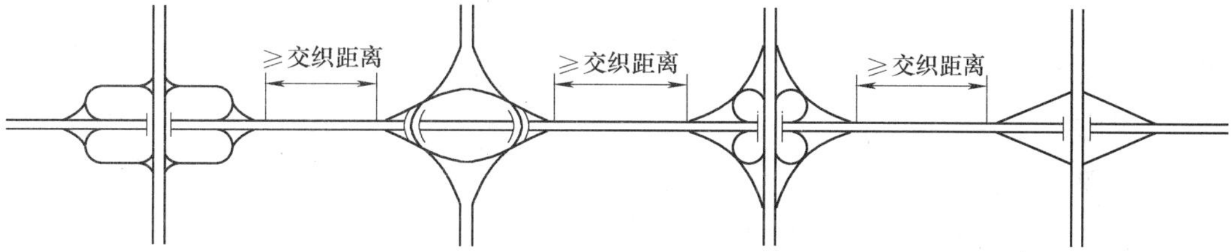

图 8-14 相邻立交间的交织段示意图

（3）标志和信号布置的要求 在相邻的立体交叉之间应保持足够的距离，在该距离内能够设置若干指示标志以连续不断地警告驾驶员立体交叉和出口的到来。在高速公路上，一般有 2km 的视认标志距离，该距离主要根据车辆行驶速度与驾驶员的反应时间等因素决定。为了不使标志重叠，野外立体交叉的间距需在 4km 以上，市郊需在 2. 5km 以上。

（4）驾驶员驾驶顺适的要求 互通式立体交叉，尤其是多层式立体交叉的线性变换和纵坡起伏皆很频繁，如间距过近，对车辆运行、驾驶操作及景观都不利。

（5）经济上的考虑 如果互通式立体交叉布置过密，造价很高，反而不如改为高架路更为经济合理。

2. 互通式立体交叉间距的规定

根据《公路路线设计规范》的规定：相邻互通式立体交叉的最小间距不宜小于 4km；最大间距不宜大于 30km；超过时应设置与主线立体分离的“U 形转弯”设施；宜结合具体地区条件而定。一般大城市、重要工业园区附近的平均间距宜为 5 ~ 10km；其他地区宜为 15 ~ 25km。

8.4.4 互通式立体交叉的位置选定

立体交叉位置的选定，应以现有道路网或已批准的规划为依据。在保证主线畅通的条件下，综合考虑立体交叉对地区交通的分散和吸引作用、立体交叉的设置条件、技术上的合理性、经济上的可行性以及拟选立体交叉的形式等，选择较为理想的地带。一般应选择在地势平坦开阔、地质良好、拆迁较少及相交道路具有较高的平纵线形指标处。

通常情况下，应根据下列条件选定立体交叉的位置：

（1）相交道路的性质 如高速公路与高速公路相交、高速公路与其他各级道路相交、一级公路与交通繁忙的一般公路相交时，均应设置互通式立体交叉。

（2）相交道路的任务　高速公路与通往大城市，重要政治、经济、文化中心，重要港口、机场、车站和游览胜地的道路相交处，应设置互通式立体交叉。

（3）相交道路的交通量　公路上未作具体规定；城市道路规定：当进出口的交通量达4000～6000辆/小时(小汽车)，相交道路为四车道以上，且对平面进出口采取改善措施和调整交通组织均难以奏效时，可采用立体交叉。

（4）地形条件　当交叉所在地的地形条件适宜修建立体交叉时可采用，如高填方路段与其他道路交叉处、较高的桥头引道与滨河路交叉处等。

（5）经济条件　修建立体交叉的年平均投资费用应小于平面交叉口的年经济损失总额，否则是不经济的。

8.4.5　立体交叉形式的选择

互通式立体交叉形式选择的目的是为了提供行车效率高、适应设计交通量和设计速度、满足车辆转弯需要，并与环境相协调的合理立体交叉形式。形式选择是否合理，不仅影响立体交叉本身的功能，如通行能力、行车安全和工程经济等，而且与地区规划、地方交通的发挥及市容环境等都有十分密切的关系。

1. 互通式立体交叉形式选择的影响因素

归纳起来主要包括道路、交通、环境及自然条件，具体内容如图8-15所示。

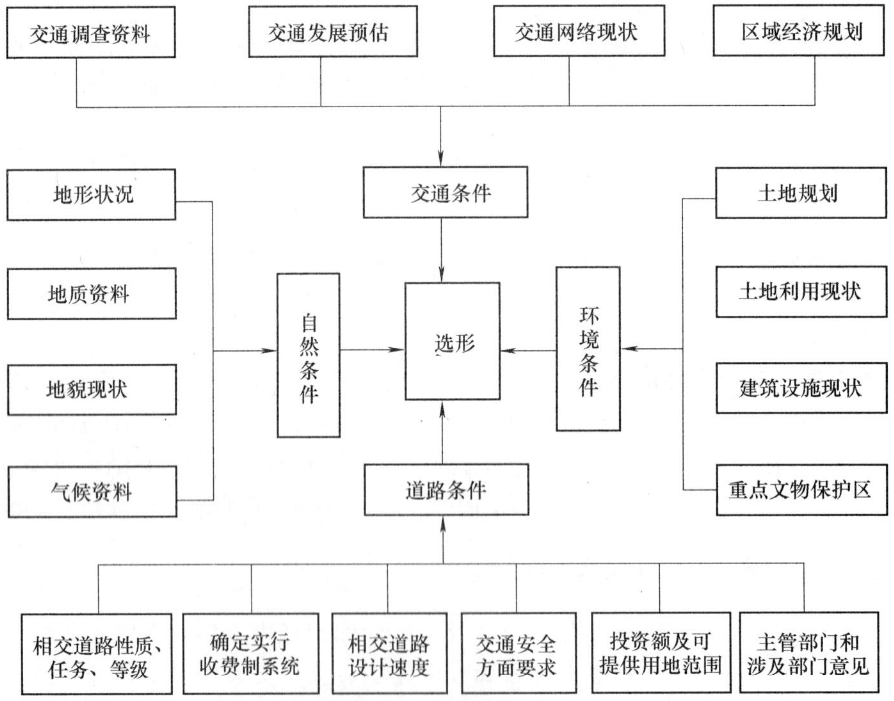

图8-15　互通式立体交叉形式选择的影响因素

2. 互通式立体交叉形式选择的基本原则

1）互通式立体交叉的形式首先取决于相交道路的性质、任务和远景交通量等，确保行车安全畅通和车流的连续。相交道路等级高时，应采用完全互通式立体交叉，且交通量大、计算行车速度高的行车方向要求线形标准高、路线短捷、纵坡平缓。

2）选定的互通式立体交叉形式应与所在地的自然环境条件相适应，要充分考虑区域规划、地形地质条件、可能提供的用地范围、周围建筑物及设施分布现状等。在满足交通要求的前提下综合分析研究，力求合理利用地形，与周围环境相协调，力求造型美观，结构新颖合理。

3）互通式立体交叉形式选择要全面考虑近远期结合，既要考虑近期交通要求，减少投资费用，又要考虑远期交通发展需要。例如：为合理利用资金，适应交通量增长需要，近期可选用部分互通式、两层式立体交叉等，远期可改建为完全互通式、三层或四层式，但应注意前期工程能为后期工程所利用，以免造成浪费。

4）选形应从实际出发，有利于施工、养护和排水，尽量采用新技术、新工艺、新结构，以提高质量、缩短工期和降低成本。

5）互通式立体交叉形式选择和总体布置要全面安排，分清主次，充分考虑平面线形指标和竖向标高的要求。如铁路与道路相交，以铁路上跨为宜，可减少净空高度；高速公路与其他道路相交，原则上高速公路不变或少变，其他道路抬高或降低。

6）互通式立体交叉形式选择要与定位相结合。立体交叉的形式随所在位置的地形、地物及环境条件而异，通常先定位后选形，二者统筹考虑。

7）互通式立体交叉形式选择要考虑是否收费以及实行的收费制。如果是收费立体交叉，根据转弯交通量大小，首先确定连接线所在的象限，然后按变速车道长度要求确定连接线的具体位置，连接线两端三路交叉的形式应与主线的性质相适应。

3. 互通式立体交叉形式选择的步骤和要点

（1）确定互通式立体交叉的基本形式　首先选择立体交叉的总体布局，如上跨式或下穿式，完全互通式或部分互通式，两层式、三层式或四层式，机动车与非机动车分行或混行，是否考虑行人交通，是否收费等，在此基础上进一步选择立体交叉的基本形式。

根据互通式立体交叉形式选择的影响因素，表8-1列出了常用互通式立体交叉形式的选择条件(直行交通按六车道计，交通量为当量小客车数)，可供参考。

表8-1　互通式立体交叉形式的选择条件

立体交叉形式	设计速度/(km/h)			交叉口总通行能力/(辆/h)	占地面积/km^2	相交道路等级及交叉口情况
	直行	左转	右转			
定向式	80~100	70~80	70~80	13000~15000	8.5~12.5	高速公路间
苜蓿叶形	60~80	30~40	30~40	9000~13000	7.0~9.0	高速公路间
部分苜蓿叶形	30~80	25~35	30~40	6000~8000	3.5~5.0	高速公路与快速路；苜蓿叶形立交的前期工程
菱形	30~80	25~35	25~35	5000~7000	2.5~3.5	高速公路与次要公路
三、四层环形	60~80	25~35	25~35	7000~10000	4.0~4.5	高等级公路与次要公路
喇叭形	60~80	30~40	30~40	6000~8000	3.5~4.5	高速公路与快速路；高等级公路间
三路环形	60~80	25~35	25~35	5000~7000	2.5~3.0	高等级公路间
三路叶形	60~80	25~35	25~35	5000~7000	3.0~4.0	高等级公路间；苜蓿叶形立交前期工程
三路定向式	80~100	70~80	70~80	8000~11000	6.0~7.0	高速公路间；地形适宜的双向分离式公路间

在确定公路立体交叉基本形式时，应根据各方面的交通量，结合地形、地物、当地交通条件综合考虑而定，并注意以下几点：

1）直行和转弯交通量均大，相交道路的计算行车速度较高并要求用较高的速度集散时，可采用定向式或半定向式立体交叉。

2）相交道路等级相差较大，且转弯交通量不大时，可用菱形、部分苜蓿叶形或喇叭形立体交叉。

3）不设收费站的高速公路、一级公路相交时，可用苜蓿叶形立体交叉，但其规模和用地较大，且应设置集散车道以减少交通堵塞和交通事故。

4）部分苜蓿叶形立体交叉有两处相隔较近的平面交叉，对次线直行交通不利。当各向转弯交通量相差悬殊时，应在适当象限内布置匝道，将冲突减至最低程度。

5）干线公路与一般公路相交、不设收费站时，应优先采用菱形立体交叉；若设收费站而主线转弯交通量较小时，允许匝道上存在平面交叉。

6）苜蓿叶形立体交叉的环圈式匝道以单车道为宜。若交通量接近或大于单车道通行能力，则应采用半定向或定向匝道。

（2）互通式立体交叉几何形状及结构的选择　互通式立体交叉几何形状及结构对行车速度、运行时间、行车视距、视野范围、服务水平及通行能力等影响较大。在基本形式的基础上，通过仔细研究，对立体交叉的总体结构进行安排，并合理布置匝道。

（3）互通式立体交叉方案的比较　经以上过程产生几个立体交叉方案，必须经过多方案的技术、经济比较，选择合理的立体交叉形式和适当的规模，以满足交通功能要求、适合现场条件、工程量小、投资经济。对于复杂的大型立体交叉，还应制作透视图或复合透视图进行检查比较。

方案比选的方法很多，常用的有综合评价法和技术经济比较法两种。

综合评价法是对建立的综合评价指标体系，借助运筹学的层次分析法或模糊数学的方法或二者结合使用，通过各因素权重的计算和综合分析比较，以寻求整体最优或较优的立体交叉方案，作为决策的依据。

技术经济比较法是直接计算各立体交叉的方案的技术、使用及经济指标，逐项进行对比分析，选出最优方案。

立交方案综合评价指标体系如图 8-16 所示。

8.4.6 互通式立体交叉形式的统一性

一条高速公路上设置的立体交叉往往很多，由于各种因素的影响，所选用的交叉形式可能是多种多样的。这经常会导致立交出口的不一致。尽管有出口指示标志，但仍然不可避免地使驾驶员产生犹豫的心理而自然减速，这不仅会影响其他车辆的正常行驶，降低通行能力，还很容易引发交通事故，引起交通混乱。因此，当一条高速公路上要设置一系列立体交叉时，立体交叉形式的选择要考虑进、出口匝道的通用性和形式的统一性，应注意以下几个方面：

1）在一座互通式立体交叉中，应避免出现一条主线的一个方向左转车采用专用左转匝道而对向左转车却采用平面交叉这种情况。

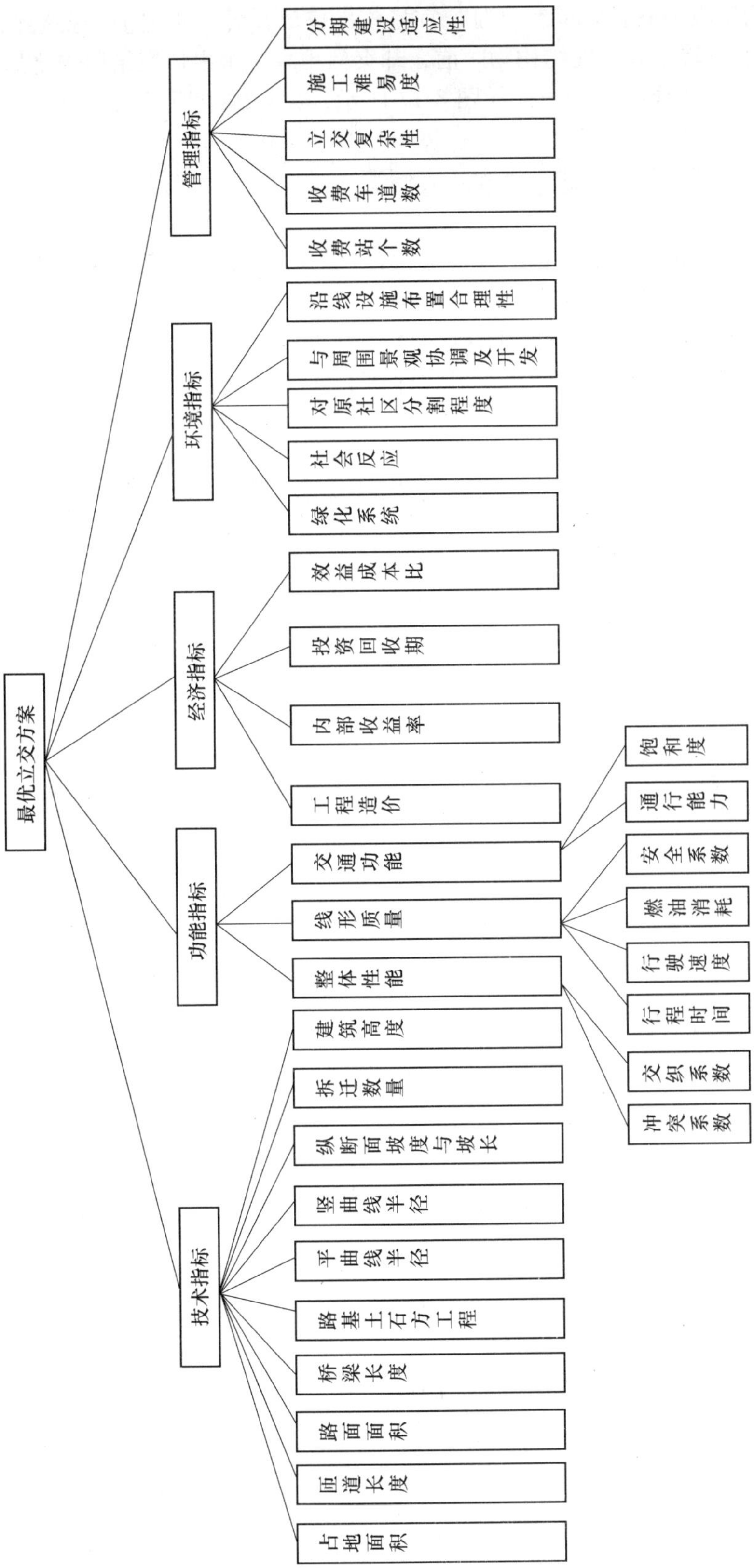

图 8-16　立交方案综合评价指标体系

2）当互通式立体交叉的出口为右转匝道出口时，宜将该出口放在结构物之前。要避免一条道路上一系列立体交叉的右转出口都在结构物之前，却突然出现一个出口在结构物之后这种情况；更不利的情况是出口变成左转驶出。如图 8-17 所示，就是如上所述的不统一的出口形式。

3）当一连串立体交叉的匝道都是从右侧驶出和从右侧汇入时，应避免突然夹杂一个匝道是从左侧驶出或从右侧汇入的立体交叉。

4）一条路线上立体交叉的出口应相似，包括楔形端部设计、标志设置和标线画法都应相似。

总之，在实际可能的范围内，沿高速公路的所有互通式立体交叉的几何布置和整个外观都应合理统一。图 8-18 就是对图 8-17 的改进，出口形式达到了统一。

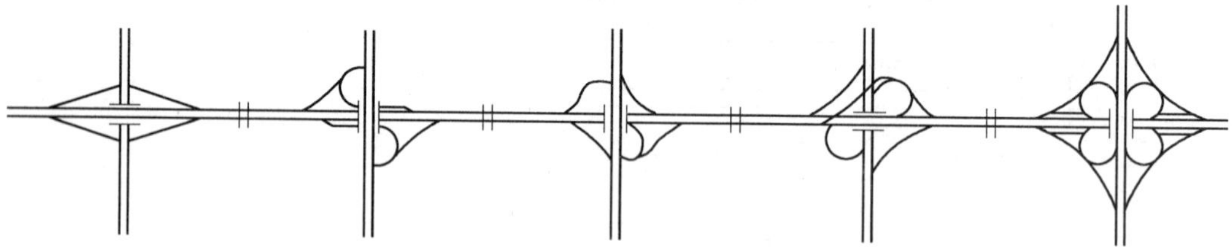

图 8-17　不统一的出口形式

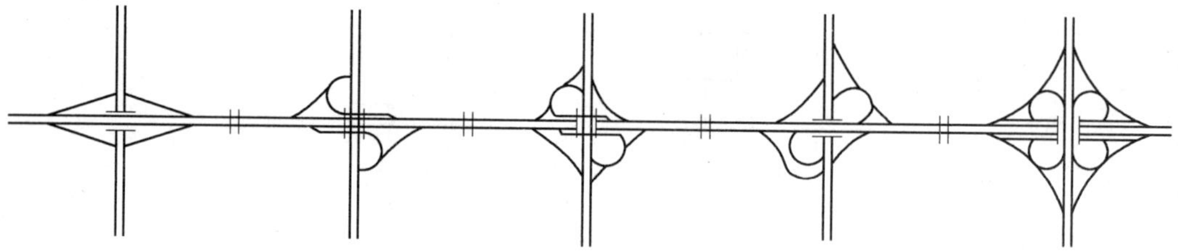

图 8-18　统一的出口形式

8.5　立体交叉的设计依据及技术标准

8.5.1　立体交叉的设计依据

1. 设计速度

（1）主线设计速度　为了保证主线上的车流快速连续地通过交叉口，规范规定主线的设计速度应与其所在道路的设计速度一致。

（2）匝道设计速度　立体交叉中匝道的交通量一般小于主线的交通量，且匝道受地形、地物、立体交叉形式、经济条件等的限制，其设计速度应低于主线的设计速度。由于匝道的设计速度是决定匝道技术标准、通行能力的决定因素，因此必须慎重而正确地选定。

根据《公路路线设计规范》的规定，互通式立体交叉的匝道设计速度见表 8-2。

表 8-2 互通式立体交叉匝道设计速度

匝道类型		直连式	半直连式	环形匝道
匝道设计速度/(km/h)	枢纽互通式立交	80、70、60、50	80、70、60、50、40	40
	一般互通式立交	60、50、40	60、50、40	40、35、30

注：1. 右转弯匝道宜采用上限或中间值。
2. 直连式或半直连式左转弯匝道宜采用上限或中间值。

2. 设计交通量

互通式立体交叉的设计交通量一般包括主线及各转向的设计交通量，它是以预测年限的年平均日交通量为基础，继而求得的设计小时交通量(一般以预测年限的第30位小时交通量为标准)，它是立体交叉方案设计、主线和匝道横断面设计的重要依据。

3. 设计通行能力

立体交叉可分解为主线、匝道和交织段三个主要组成部分，各组成部分的通行能力各不相同。主线的通行能力可按主线基本路段计算方法确定，详见第2章2.4节。此节仅介绍匝道及交织路段的通行能力。

（1）匝道的通行能力　互通式立体交叉匝道的通行能力取决于匝道本身的通行能力和出、入口处的通行能力，以三者之中较小者作为采用值。通常情况下匝道出、入口处的通行能力与匝道本身的通行能力相比甚小，因此匝道的通行能力主要取决于匝道的出、入口处的通行能力。而这一通行能力又受到主线的通行能力、车道数、设计交通量以及匝道间距离等因素的影响。

参照我国现行《公路通行能力手册》，对匝道出、入口处的通行能力通常按六种情况计算，当每种情况有两个计算公式时，采用两式计算结果中较小者，如图8-19和表8-3所示。

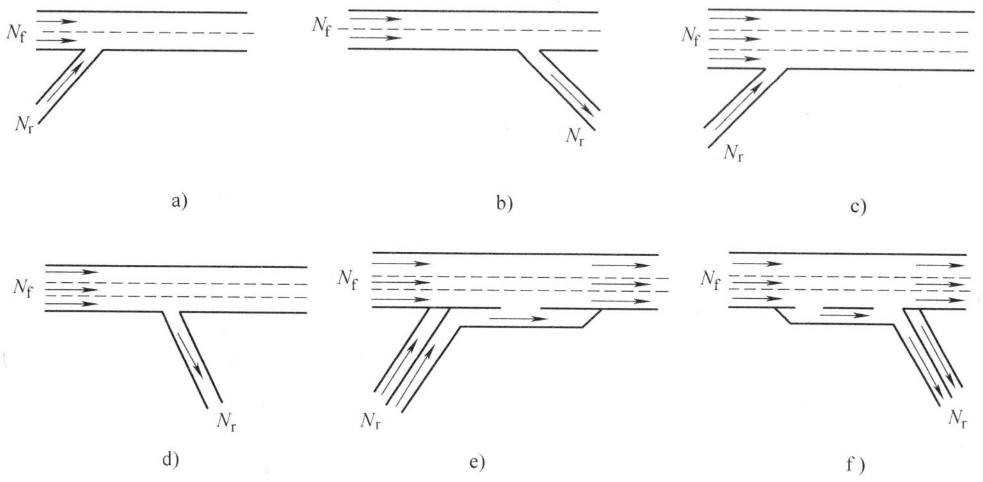

图8-19 匝道出、入口通行能力计算图示

当匝道出、入口处的通行能力小于设计交通量时，应在主线外侧增设辅助车道。在上述各种情况下，对于单车道匝道，任何一种情况都不限制加、减速车道的长度。但对于双车道匝道，入口处加速车道长度应大于240m，出口处减速车道长度应大于210m。

表 8-3 匝道出、入口处通行能力的计算图示和计算公式

序号	情况	计算图示	通行能力计算公式	条件
1	单车道匝道驶入单向双车道主线	图 8-19a	$N_r = 1.13N_D - 154\text{pcu/h} - 0.39N_f$ $N_r = 2N_D - N_f$	$N_f = 400 \sim 3400\text{pcu/h}$ $N_r = 50 \sim 1400\text{pcu/h}$
2	单车道匝道驶出单向双车道主线	图 8-19b	$N_r = 1.92N_D - 317\text{pcu/h} - 0.66N_f$	$N_f = 400 \sim 4200\text{pcu/h}$ $N_r = 50 \sim 1500\text{pcu/h}$
3	单车道匝道驶入单向三车道主线	图 8-19c	$N_r = N_D + 120\text{pcu/h} - 0.244N_f$ $N_r = 3N_D - N_f$	$N_f = 2600 \sim 6200\text{pcu/h}$ $N_r = 100 \sim 1700\text{pcu/h}$
4	单车道匝道驶出单向三车道主线	图 8-19d	$N_r = 2.11N_D - 203\text{pcu/h} - 0.488N_f$	$N_f = 1100 \sim 6200\text{pcu/h}$ $N_r = 20 \sim 1800\text{pcu/h}$
5	双车道匝道驶入单向三车道主线	图 8-19e	$N_r = 1.739N_D + 357\text{pcu/h} - 0.499N_f$ $N_r = 3N_D - N_f$	$N_f = 600 \sim 3000\text{pcu/h}$ $N_r = 1100 \sim 3000\text{pcu/h}$
6	双车道匝道驶出单向三车道主线	图 8-19f	$N_r = 1.76N_D + 279\text{pcu/h} - 0.062N_f$	$N_f = 2100 \sim 6000\text{pcu/h}$ $N_r = 1100 \sim 6000\text{pcu/h}$

注：1. N_r表示匝道出口或入口处的通行能力（pcu/h）。
2. N_D 表示主线每一车道的设计通行能力（pcu/h）。
3. N_f 表示主线单向合计交通量（pcu/h）。

（2）交织路段的通行能力

1）交织路段的形式。交织是互通式立体交叉中常见的交通组织方式之一。如环形立体交叉本身就存在交织运行。另外，为消除冲突点，经常在匝道上为交叉车流设置一段公共匝道，形成交织路段。

在交织路段上运行的汽车有两种运行特性，一是进入、通过和离开交织路段与其他正常行驶车辆的轨迹没有发生相交，如图 8-20 中的 Q_{01} 和 Q_{02}；二是进入交织路段后，必须穿过其他正常行驶车辆的轨迹，然后离开交织路段，如图 8-20 中的 Q_{w1} 和 Q_{w2}。

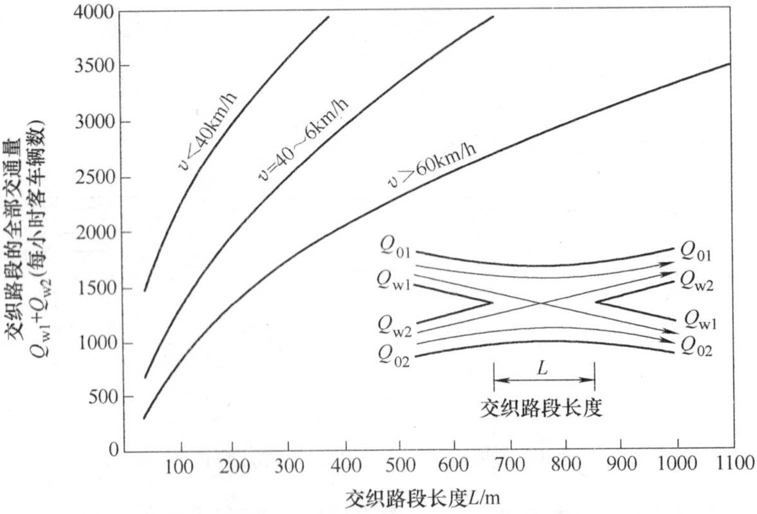

图 8-20 交织路段长度与交通量的关系

2）交织路段长度与交通量的关系。交织路段的通行能力主要与交织路段长度、行车速度、交织交通量、总交通量、车道数等有关。对给定长度的交织路段，在交织运行不产生拥

挤的情况下，其最大通过交通量有一定的极限。这个极限交通量视交织运行中的车流特性、交织路段长度和交织路段车道数而定。交织路段通行能力的求解可参考美国《公路通行能力手册》提供的曲线，如图 8-20 所示。

3）交织路段的车道数与交通量的关系。设由交织运行影响后的交通量为 Q，即

$$Q = Q_{w1} + KQ_{w2} + Q_{01} + Q_{02} \tag{8-1}$$

式中　Q_{w1}——交织车流中较大的交织交通量(pcu/h)；

Q_{w2}——交织车流中较小的交织交通量(pcu/h)；

Q_{01}、Q_{02}——不交织车流的交通量(pcu/h)；

K——交织影响系数，$1 \leqslant K \leqslant 3$，越接近 1 运行条件越好。

交织路段所需的车道数为 n，即

$$n = Q/SV = (Q_{w1} + KQ_{w2} + Q_{01} + Q_{02})/SV \tag{8-2}$$

式中　n——交织路段所需的车道数(条)；

SV—— 一条车道的设计通行能力(pcu/h)。

用式(8-2)所求值为交织路段全部车道数，除整数车道数外，小数部分的取舍应按如下原则处理：当道路的服务水平较高、不发生交织的交通量较多或小数部分的数值小时，不需要增加一条车道；当交通量接近通行能力、交织交通量较大或小数部分数值大时，应增加一条车道。

8.5.2　立体交叉的技术标准

1. 主线设计的技术标准

首先，立体交叉范围内主线是各自所在公路的组成部分，其技术标准必须符合各自路段统一的路线等级和标准要求；其次，互通式立体交叉范围内布线和匝道出入口较多，跨线构造物也较多，车辆运行中的分流、合流、交织较多，无论工程布置或车辆行驶均较复杂，因此，线形标准比一般路段还应适当提高。所以，互通式立体交叉范围内主线在满足各自所在路段的技术标准的前提下，还必须满足表 8-4 所列举的《公路路线设计规范》所规定的各项技术标准的要求。

表 8-4　互通式立体交叉范围内的主线技术标准

设计速度/(km/h)			120	100	80	60
平曲线最小半径/m		一般值	2000	1500	1100	500
		极限值	1500	1000	700	350
竖曲线最小半径/m	凸形	一般值	45000	25000	12000	6000
		极限值	23000	15000	6000	3000
	凹形	一般值	16000	12000	8000	4000
		极限值	12000	8000	4000	2000
最大纵坡(%)		一般值	2	2	3	4.5(4)
		极限值	2	2	4	5.5(4.5)

注：1. 当主要公路以较大的下坡进入互通式立体交叉，且所接的减速车道为下坡，同时，后随的匝道线形指标较低时，主要公路的纵坡不得大于括号内的值。

2. 一般情况下，最小平曲线及竖曲线半径应采用大于或等于表列一般值；最大纵坡应小于或等于表列一般值；当受地形条件或其他特殊情况限制时，方可采用表列极限值。

2. 匝道设计的技术标准

（1）匝道平面线形设计标准　匝道平面线形设计标准主要包括匝道圆曲线最小半径、回旋线参数及长度、分流鼻处匝道的最小曲率半径等。根据《公路路线设计规范》，匝道的平面线形设计标准规定如下：

1）匝道的圆曲线最小半径应根据匝道设计速度选用不宜小于表8-5所列的一般值；当受地形条件或其他特殊情况限制时，方可采用表列极限值。

2）匝道及其端部设置回旋线时，其参数及长度不宜小于表8-5所列数值。回旋线的长度应不小于超高过渡所需要的长度。

表8-5　匝道平面线形设计技术标准

匝道设计速度/(km/h)		80	70	60	50	40	35	30
圆曲线最小半径/m	一般值	280	210	150	100	60	40	30
	极限值	230	175	120	80	50	35	25
回旋线	参数 A/m	140	100	70	50	35	30	20
	长度/m	70	60	50	40	35	30	25

3）驶入匝道的分流鼻（分流点）处应具有较大的曲率半径，并使曲率变化适应行驶速度的变化，如图8-21所示。分流鼻处的匝道平曲线的最小曲率半径规定见表8-6。

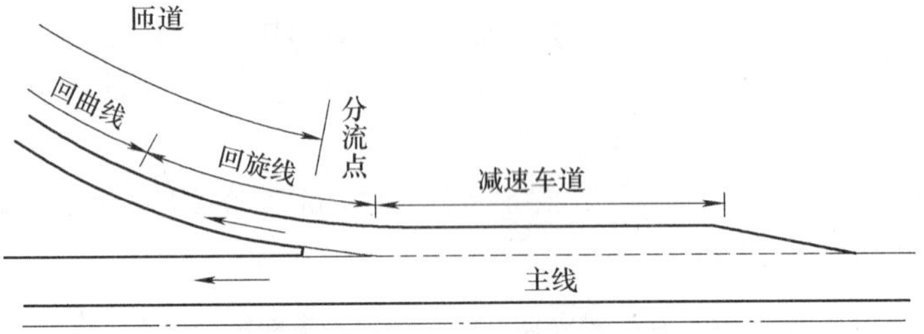

图8-21　主线分流点曲率过渡

表8-6　分流鼻处匝道平曲线的最小曲率半径

主线设计速度/(km/h)		120	100	≤80
平曲线的最小曲率半径/m	一般值	350	300	250
	极限值	300	250	200

（2）匝道纵断面线形设计标准　匝道纵断面线形设计标准主要包括匝道的最大纵坡、匝道竖曲线最小半径及长度等技术指标。根据《公路路线设计规范》，匝道的纵断面线形设计标准规定见表8-7。

表 8-7 匝道纵断面线形设计技术标准

匝道设计速度/(km/h)			80	70	60	50	40	35	30
最大纵坡(%)	出口匝道	上坡*	3	3	4	4	5	5	5
		下坡	3	3	3	3	4	4	4
	入口匝道	上坡	3	3	3	3	4	4	4
		下坡*	3	3	4	4	5	5	5
竖曲线最小半径/m	凸形	一般值	4500	3500	2000	1600	900	700	500
		极限值	3000	2000	1400	800	450	350	250
	凹形	一般值	3000	2000	1500	1400	900	700	400
		极限值	2000	1500	1000	700	450	350	300
竖曲线最小长度/m		一般值	100	90	70	60	40	35	30
		极限值	75	60	50	40	35	30	25

注：最大纵坡因地形困难或用地紧张可增大 1%；* 表示非冰冻积雪地区在特殊困难情况下可增大 2%。

（3）匝道横断面的技术标准 匝道横断面组成：由车道、路缘带、硬路肩和土路肩组成，对向分离行驶的双车道匝道还应包括中央分隔带。根据《公路路线设计规范》，匝道各组成部分的尺寸规定如下：

1）车道宽度为 3.50m。

2）路缘带宽度为 0.50m。

3）左侧硬路肩(含路缘带)宽度为 1.00m。

4）右侧硬路肩(含路缘带)宽度：设供紧急停车用硬路肩时为 2.50m，条件受限制时可采用 1.50m，但为对向分隔式双车道时宜采用 2.00m；不设供紧急停车用硬路肩时为 1.00m。

5）土路肩宽度为 0.75m；条件受限制时，不设路侧护栏时可采用 0.50m。

6）中央分隔带的宽度应不小于 1.00m。

匝道横断面类型：分为Ⅰ型——单车道、Ⅱ型——双车道、Ⅲ型——双车道(设供紧急停车用硬路肩)、Ⅳ型——对向分隔式双车道四种类型，具体如图 8-22 所示。

匝道超高及其过渡：匝道上的圆曲线应设置必要的超高，超高值应根据设计速度、圆曲线半径、公路条件、自然条件等计算确定。匝道上直线与超高圆曲线之间，或两超高不同的圆曲线之间，应设置超高过渡段。超高过渡段长度应根据设计速度、横断面的类型、旋转轴位置以及渐变率等因素确定。匝道的超高渐变率规定见表 8-8。

表 8-8 匝道超高渐变率

匝道设计速度/(km/h)	单向单车道		单向双车道及非分隔式对向双车道	
	左侧路缘带外边线旋转	行车道中心线旋转	左侧路缘带外边线旋转	行车道中心线旋转
80	1/200	1/250	1/150	1/200
70	1/175	1/235	1/135	1/185
60	1/150	1/225	1/125	1/175
50	1/125	1/200	1/100	1/150
≤40	1/100	1/150	1/100	1/150

横坡处于水平状态附近时，其超高渐变率不应小于表 8-9 规定。

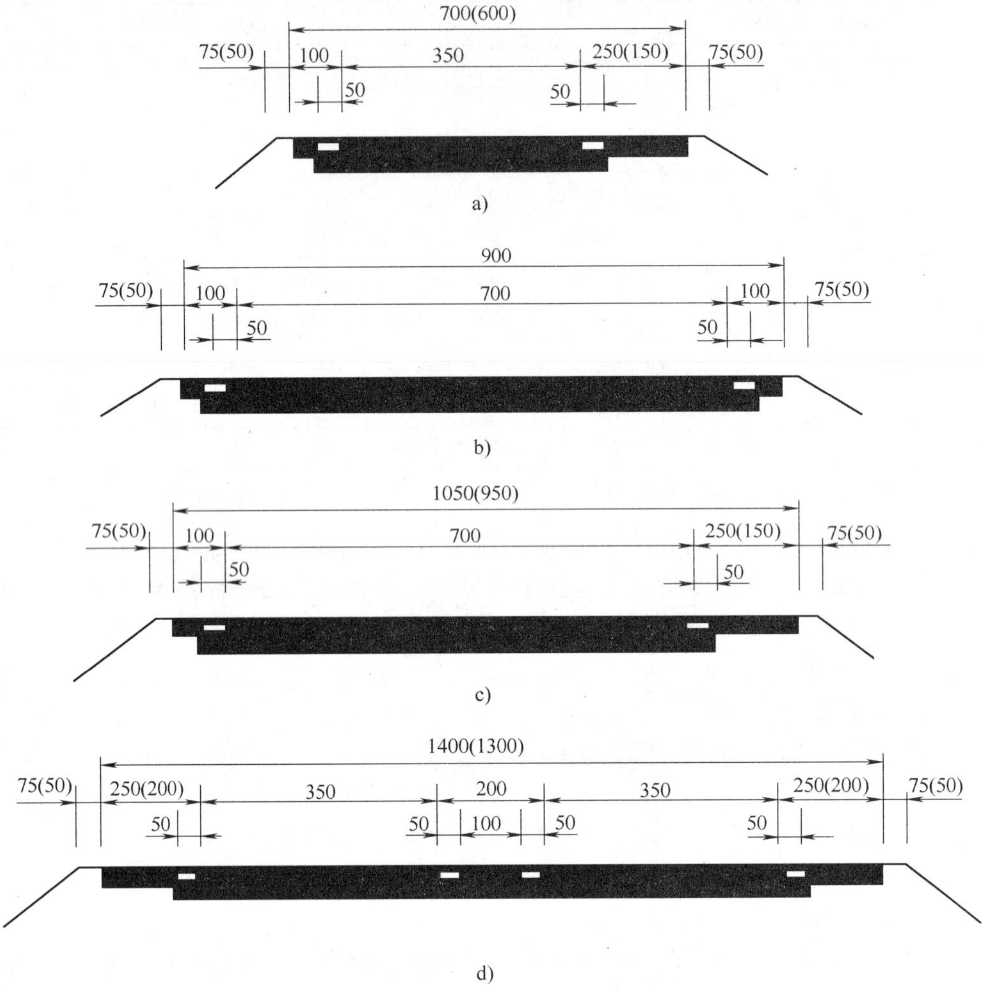

图 8-22　匝道横断面的基本类型(尺寸单位：cm)

a）Ⅰ型——单车道　b）Ⅱ型——双车道

c）Ⅲ型——双车道(设供紧急停车用硬路肩)　d）Ⅳ型——对向分隔式双车道

注：不包括曲线上的加宽值。

表 8-9　匝道最小超高渐变率

匝道横断面类型		单向单车道	单向双车道及非分隔式对向双车道
旋转轴位置	行车道中心线	1/800	1/500
	路缘带外边线	1/500	1/300

匝道曲线部分的加宽：匝道曲线部分的加宽值，应根据圆曲线半径采用表 8-10 所列数值。曲线部分加宽的过渡按照主线加宽的方式执行。

表 8-10 匝道圆曲线的加宽值

单车道匝道(Ⅰ型)		单向双车道及对向双车道匝道(Ⅱ型)	
圆曲线半径/m	加宽值/m	圆曲线半径/m	加宽值/m
25～27	2.00	25～26	2.25
27～29	1.75	26～27	2.00
29～32	1.50	27～29	1.75
32～36	1.25	29～31	1.50
36～42	1.00	31～33	1.25
42～48	0.75	33～36	1.00
48～58	0.50	36～39	0.75
58～72	0.25	39～43	0.50
≥72	0	43～47	0.25
		≥47	0

注：1. 表中加宽值是对图 8-22a 所示的标准行车道宽度而言的；当遇到特殊断面时，加宽值应予以调整，使加宽后的总宽度与标准一致。

2. Ⅳ型匝道应按各自车道的曲线半径所对应的加宽值分别加宽。

3. Ⅲ型匝道的加宽为Ⅱ型的加宽值减去Ⅱ、Ⅲ型两者硬路肩的差值。

（4）匝道的视距　匝道全长范围内应满足停车视距要求，停车视距应大于表 8-11 所列数值。

主线分流鼻之前应保证判断出口所需的识别视距。识别视距应大于表 8-12 的规定。条件受限制时，识别视距应大于 1.25 倍的主线停车视距。

表 8-11 匝道停车视距

匝道设计速度/(km/h)	80	70	60	50	40	35	30
停车视距/m	110(135)	95(120)	75(100)	65(70)	40(45)	35	30

注：积雪冰冻地区，应大于表列括号内的数值。

表 8-12 识别视距

主线设计速度/(km/h)	120	100	80	60
识别视距/m	350～460	290～380	230～300	170～240

3. 变速车道的技术标准

变速车道长度为加速或减速车道与渐变段长度之和，应根据主线设计速度应大于表 8-13 所列的数值。

表 8-13 变速车道长度及有关参数

变速车道类别		主线设计速度/(km/h)	变速车道长度/m	渐变率/(1/m)	渐变段长度/m	主线硬路肩或其加宽后的宽度 C_1/m	分、汇流鼻端半径 r/m	分流鼻处匝道左侧硬路肩加宽 C_2/m
出口	单车道	120	145	1/25	100	3.5	0.60	0.60
		100	125	1/22.5	90	3.0	0.60	0.80
		80	110	1/20	80	3.0	0.60	0.80
		60	95	1/17.5	70	3.0	0.60	0.70
	双车道	120	225	1/22.5	90	3.5	0.70	0.70
		100	190	1/20	80	3.0	0.70	0.70
		80	170	1/17.5	70	3.0	0.70	0.90
		60	140	1/15	60	3.0	0.60	0.60
入口	单车道	120	230	-(1/45)	90(180)	3.5	0.60(0.55)	—
		100	200	-(1/40)	80(160)	3.0	0.60(0.75)	—
		80	180	-(1/40)	70(160)	2.5	0.60(0.75)	—
		60	155	-(1/35)	60(140)	2.5	0.60(0.70)	—
	双车道	120	400	-(1/45)	180	3.5	0.63	—
		100	350	-(1/40)	160	3.0	0.63	—
		80	310	-(1/37.5)	150	2.5	0.67	—
		60	270	-(1/35)	140	2.5	0.50	—

注：1. 表中单车道入口为平行式的，若为直接式时，采用表列括号内的数值；入口为单车道的双车道匝道，其加速车道的长度应增加 10m 或 20m。

2. 表中分、汇流鼻端半径 r 值在设计中可取至小数点后一位，甚至均采用 0.6m。此时渐变段长度仍为表列数值。

下坡路段的减速车道和上坡路段的加速车道，其长度应按表 8-14 中所列修正系数予以修正。

表 8-14 坡道上变速车道长度的修正系数

主线平均坡度(%)	$i \leqslant 2$	$2 < i \leqslant 3$	$3 < i \leqslant 4$	$i > 4$
下坡减速车道修正系数	1.00	1.10	1.20	1.30
上坡加速车道修正系数	1.00	1.20	1.30	1.40

8.6 互通式立体交叉线形设计

8.6.1 主线线形设计

立体交叉的主线应与路线有相同的设计速度和同等的舒适性和安全性。但由于桥梁墩台、上部构造、护栏、路缘石以及匝道等的存在，会给行车造成不利的影响。因此要求主线具有更高的线形标准，这样才能保证汽车行驶的快速、舒适与安全。

在主线线形设计时除应满足《公路路线设计规范》规定的各项技术指标的要求之外，还应注意以下几个问题。

1. 确保主线及其引线有足够长度的直线路段

主线及其引线的直线路段应满足立体交叉的需求。设置足够长度的直线路段，可以减小桥跨结构的长度、避免斜弯桥，对设计、施工和工程经济都有利，且利于行车安全。

2. 力求两相互交叉的主线正交

如两相互交叉的主线正交，不但可以减少桥跨结构的长度，降低工程造价，还有利于匝道的布置和行车安全；如必须斜交，其交角宜不小于60°；条件受限制时也不应小于45°。

3. 确保主线及其引线范围内有较长的行车视距

主线及其引线范围内设置较长的行车视距，可使驾驶员能够在足够远的距离内辨明立体交叉的位置及其走向，不会产生犹豫不决的不良心理状态，以利于车辆安全行驶。当立体交叉处于凸形地带时，更应保证行车视距，尽量采用较大的竖曲线半径。

4. 力求用较缓的纵坡

因为上坡时，爬坡能力低的汽车将使车速降低，导致超车频繁增加，同时交叉口主线车速降低，容易被匝道进入的车辆切断，对高速公路车流也是一种潜在的危险。

5. 确保相交路线有足够的跨越高度

上下线间路基边缘设计高差是纵断面线形及匝道线形设计的基本尺寸，直接影响交叉路线、匝道线形、各部分几何尺寸和工程经济。因此必须确保相交路线有足够的跨越高度。

8.6.2 匝道线形设计

1. 匝道的组成

车辆在匝道上的行驶过程可分为分流减速行驶过程、匀速(或变速)行驶过程和加速合流行驶过程。相应地可将一条转弯匝道也分为驶出道口、中间匝道路段和驶入道口三个部分，如图 8-23 所示。驶出道口和驶入道口统称为匝道的道口(或端部)。

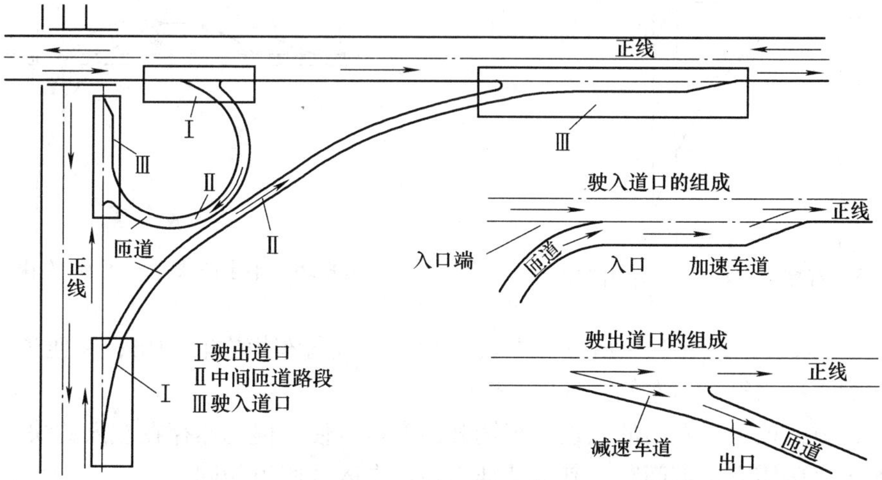

图 8-23　匝道的组成

2. 匝道的分类

（1）按匝道功能及其与主线的关系分类

1）右转匝道。右转匝道是指车辆从主线右侧驶出后直接右转约 90°，从另一主线的右侧驶入，是最简单的匝道，一般不设构造物，如图 8-24 所示。

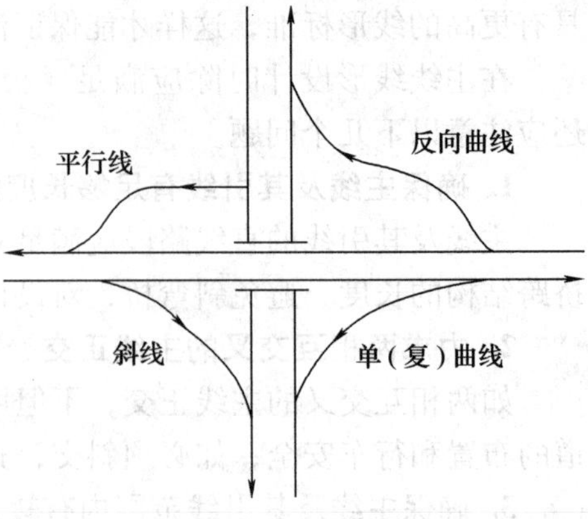

图 8-24　右转匝道

特点：车流右出右入，形式简单、方向明确、线形舒顺，曲线半径较大，车速较高、行程较短。

2）左转匝道。左转匝道上的车辆需转 90°～270°并越过对向车道后到达另一主线，除环圈式左转匝道外，匝道上至少需要一座跨越构造物。按匝道与主线的关系，左转匝道有直接式、半直接式和间接式三种类型。

a. 直接式（又称左出左入式）。直接式左转匝道是指左转弯车辆直接从主线行车道左侧驶出，左转 90°，从另一主线行车道的左侧驶入，如图 8-25 所示。

特点：匝道长度最短，可降低营运费用；没有反向迂回运行，自然顺畅；适应车速高，通行能力较大。但跨线构造物较多；左出左入不适合驾驶员习惯，一般不宜采用。

b. 半直接式。按车辆由主线出入匝道的方式不同，又可分为以下三种基本形式。

a）左出右入式：如图 8-26 所示，左转车辆从主线行车道左侧直接驶出后左转弯，到另一主线时由行车道右侧驶入。

特点：与直接式左转匝道相比，右入改善了左入的缺点，车辆驶入安全方便。但仍然存在左出的问题，匝道上车辆略有绕行，驶出道路双向行车道之间需有足够间距，跨越构造物多。

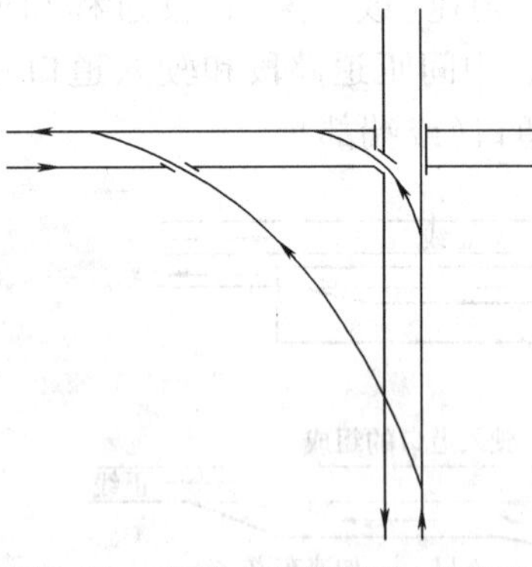

图 8-25　直接式左转匝道（左出左入）

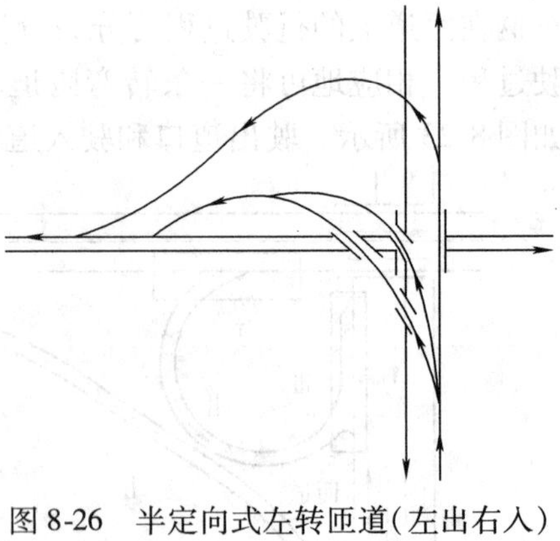

图 8-26　半定向式左转匝道（左出右入）

b）右出左入式：如图 8-27 所示，左转车辆从主线行车道右转驶出，在匝道上左转弯，到另一主线后直接由行车道左侧驶入。

特点：此方式改善了左出的缺点，车辆驶出安全方便。但仍然存在左入的缺点，驶入道路双向行车道之间需有足够间距。其余特征与左出右入式匝道相同。

c）右出右入式：如图 8-28 所示，左转车辆都是由主线行车道右侧驶出和驶入，在匝道上左转改变方向。

特点：右出右入式是最常用的左转匝道形式，它完全消除了左出和左入的缺点，行车安全方便。其缺点是左转绕行距离较长，跨线构造物较多。

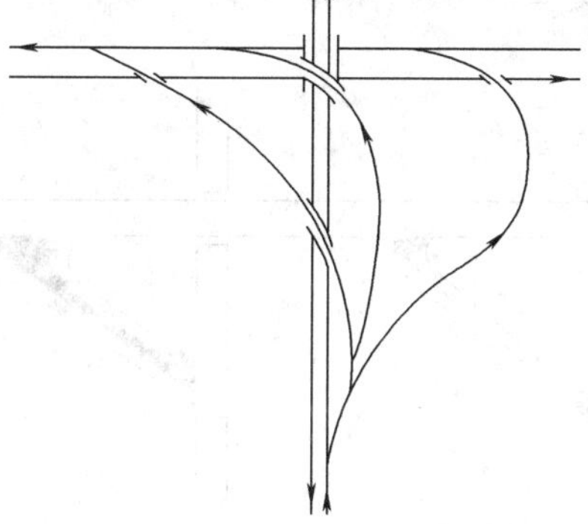

图 8-27 半定向式左转匝道(右出左入)

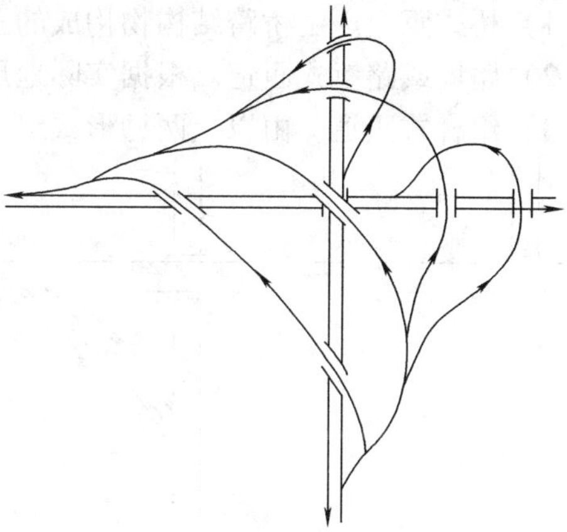

图 8-28 半定向式左转匝道(右出右入)

c. 间接式(环形匝道)。如图 8-29 所示，左转弯车辆驶过跨线构造物后向右转约 270°在行车道的右侧驶入。

特点：车流右出右入，分合自然，不增跨线构造物就可达到左转的目的，但左转绕行距离长，匝道线形指标较差，车速较低。如图 8-29 所示，其中图 8-29a 所示为常用基本形式；当为了改善互通式立体交叉的交织而设置集散车道时，可采用图 8-29b、c、d 所示的三种形式。

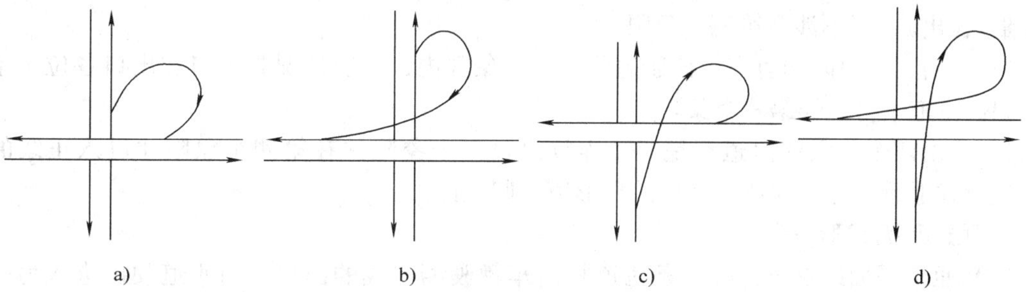

a) b) c) d)

图 8-29 环形左转匝道

(2)按匝道横断面车道类型分类

1) 单向匝道。根据交通需求不同，单向匝道可分为单向单车道和单向双车道匝道两种。前者是一种常用的匝道形式，无论是右转匝道还是左转匝道，当转弯交通量比较小而未超过单车道匝道的设计通行能力时都可以采用，如图 8-30a 所示；后者适用于转弯交通量超过单车道匝道设计通行能力的情况，两个方向的车行道采用画线分隔，交通运行安全性较差，如图 8-30b 所示。该形式适用于一般左、右转匝道。

2) 双向匝道。双向匝道是将左、右转的单车道匝道合并在一起，采用画线分隔或用中央分隔带将左、右转弯匝道加以分隔，如图 8-30c 所示；当左右转匝道分离设置时，分别按各自交通量确定匝道车道数，并分别进行设计，形成分离式双向匝道，如图 8-30d 所示。该形式适用情况与双向有分隔匝道相同，但占地较多，有较多的三角形地带可供绿化及其他之用。

（3）按匝道的结构形式分类

1）桥式匝道。由桥跨结构物构成的匝道，定向式立体交叉常采用这种形式。

2）路堤或路堑式匝道。根据实际地形情况将匝道修建成路堤或路堑式。

3）组合式匝道。由以上两种形式组合而成的匝道。

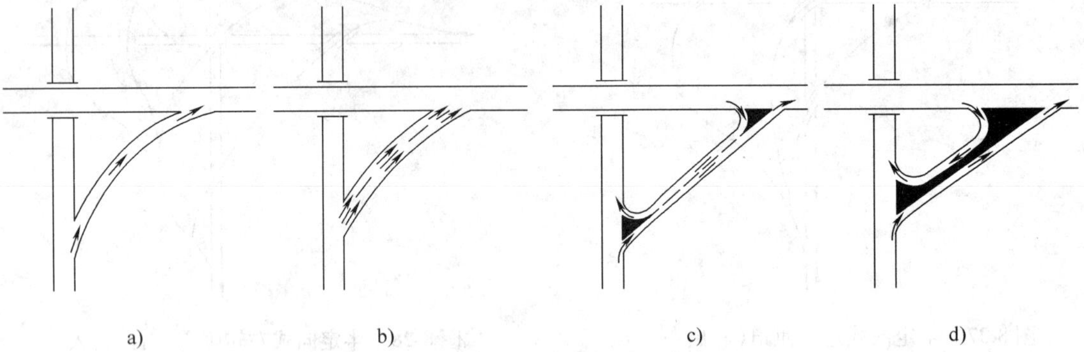

图 8-30　按匝道横断面车道类型分类的匝道

（4）按匝道所在象限分类　由相交道路构成一坐标系，形成四个象限。根据一条匝道经过的象限数量，匝道可以分为以下四种。

1）经由一个象限的匝道。是指从出（入）口至入（出）口均在同一象限内的匝道，车辆转弯运行在同一象限内完成。

2）经由两个象限的匝道。是指经由两个象限的匝道，车辆从一个象限出（入）而从另一个象限入（出），但不涉及第三个象限。

3）经由三个象限的匝道。该匝道位于三个象限内，一般情况是入口和出口各位于不同的象限，匝道本身途经第三个象限。

4）经由四个象限的匝道。是一条连续穿过三个象限并在第四个象限才进入正线的匝道。从形式上看，环形立体交叉中的环形道可归入此类。

3. 匝道平面线形设计

（1）匝道平面线形设计　一条匝道是由车辆驶离主线的出口、由匝道驶出进入另一主线的入口和匝道本身三部分组成。对于出、入口应按一定图示及要求单独设计，详见本章 8.7 节；这里仅介绍匝道本身的平面线形设计。

由于我们通常把一条匝道看做是一条很短的道路，因此可以应用道路线形设计原理进行匝道设计。但由于匝道的平面位置和高程都受到较严格的限制，匝道的平面线形要比道路的平面线形复杂，因此设计时往往需要进行复杂的计算工作，甚至要多次计算才能满足设计要求。

匝道曲线计算是匝道平面线形设计的重要内容。比较典型的计算方法是解析法（线元法）。采用解析法，人工计算量很大，但由于目前计算机的广泛应用，完全可以依据通用计算公式，开发专门的应用软件，继而减小手工计算量，提高计算效率和准确度。

（2）匝道平面线形设计要点　匝道的平面线形应根据匝道设计速度、交叉类型、交通量、地形、用地条件、工程造价等因素确定。根据本章 8.5 节所介绍的内容合理选用平面线形的各项技术标准，在此基础上，匝道平面线形设计应遵循以下设计要点。

1）从出入口至匝道中平面线形紧迫路段的范围内，圆曲线的半径应与变化着的速度相适应。

2）右转匝道和左转直连式或半直连式匝道应采用较高的平面指标。

3）直连式互通式立体交叉中，纵面起伏时凸形竖曲线前后的平面线形应一致，或具备良好的线形诱导。严禁在小半径凸形竖曲线以后紧接反向平曲线。

4）匝道平面线形指标应与交通量相适应，交通量大的匝道应具有较高的平面线形指标。

5）避免不必要的反弯。

4. 匝道纵断面线形设计

（1）一般要求

1）匝道及其与主线连接处，纵断面线形应尽量连续，避免线形的冲突。

2）匝道上应尽量采用较缓的纵坡，特别是加速上坡匝道和减速下坡匝道，严禁采用等于或接近于最大纵坡值的纵坡。

3）匝道及端部纵坡变化处应采用较大半径的竖曲线，以保证足够的停车视距。分、合流点及其附近的竖曲线还应满足识别视距的要求，以保证能看清前面的路况。

（2）匝道纵断面线形设计　匝道纵断面线形多受其两端连接主线的纵坡大小及坡向限制，当匝道跨越匝道或主线时，还要受跨线处标高的控制。右转匝道纵断面线形通常由一个以上竖曲线组成，但纵坡较小，起伏不大，竖曲线较大；左转匝道纵断面线形一般由反向或同向竖曲线组成。反向竖曲线的上端多为凸形，下端多为凹形，中间宜插入直坡段，也可以直线连接。同向竖曲线宜加大半径，连成一个竖曲线或复合竖曲线。匝道纵断面线形设计的各项技术指标应满足表 8-7 所示规定。

（3）匝道纵断面线形设计要点

1）匝道的纵坡应平缓，并避免不必要的反坡。

2）匝道同主线相连接的部位，其纵断面线形应连续，避免线形的突变。

3）出口匝道宜为上坡匝道。

4）上坡加速或下坡减速的匝道，应采用较缓的纵坡，避免采用最大纵坡值。

5）匝道中设收费站时，邻接收费广场的路段，其纵坡应平缓，不得以较大的下坡紧接收费广场。

6）匝道端部纵坡变化处应采用较大半径的竖曲线。匝道中间难以避免反坡时，凸形竖曲线应具有较大的半径，尤其在其后不远有反向平曲线或匝道分、汇流的情况下。

5. 匝道横断面设计

（1）匝道横断面组成　匝道横断面由行车道、硬路肩、土路肩、路缘带组成。行车道一般为单向单车道，个别为单向双车道。当两条对向匝道并列时，匝道之间应设置中间带。中间带由中央分隔带和两侧路缘带组成，其具体数值如图 8-22 所示。

（2）匝道曲线的加宽　匝道曲线的加宽值应根据圆曲线半径采用表 8-10 所列数值。

1）加宽缓和段。设置回旋线或超高缓和段时，加宽缓和段长度应采用与回旋线或超高缓和段长度相同的数值；如果不设回旋线或超高缓和段时，加宽缓和段长度应按渐变率 1∶1.5且长度不小于 10m 的要求设置。

2）加宽过渡方法。加宽过渡的方法一般有两种：一是在加宽缓和段全长范围内按直线成比例加宽过渡；二是在加宽缓和段全长范围内采用高次抛物线加宽过渡。

3）匝道加宽的位置。按照规定，圆曲线上的路面加宽应设置在曲线的内侧。对连续的反向曲线或S形曲线，如果匝道加宽位置仍然在圆曲线内侧，将使匝道加宽忽左忽右，匝道宽度变化频繁，从而导致匝道桥梁上部结构布置困难。可按照一条匝道或局部区段内某一圆曲线所对应的最大加宽值对该条匝道或该区段匝道进行加宽，也就是采用等宽的匝道断面，这样处理便于匝道桥梁布置，也改善了路容。

（3）匝道的超高

1）超高过渡段。超高过渡段长度应根据匝道设计速度、匝道断面类型、旋转轴位置及规定的超高渐变率等计算确定。计算后的超高过渡段长度应凑整为5m的倍数，并不小于10m。

2）超高过渡段设置方法。超高过渡段设置方法应视匝道平面线形而定。当匝道上设回旋线时，超高过渡应在回旋线的全长或部分范围内进行；当不设回旋线时，可将所需过渡段长度的1/3～1/2插入圆曲线，其余设置在直线上；当两圆曲线径相连接时，可将超高过渡段的一半分别置于两圆曲线上。

3）分、合流点附近匝道超高及过渡方法。

a. 直接式驶出道口或驶入道口。当主线为直线或是与匝道同向的曲线时，变速车道在楔形端之前采用与主线相同的横坡；当主线与匝道曲线为反方向的曲线且主线超高小于3%时，在达到变速车道宽度的那一点之前采用与主线相同的超高，其后至楔形端之间使之逐渐变为向外倾斜2%的横坡，楔形端后采用与匝道所需超高相对应的渐变率进行过渡；当主线与匝道曲线为反向的曲线且主线超高大于3%时，匝道的超高横坡在楔形端处向外倾斜1%，但楔形端处横坡代数差应小于8%，其过渡方法同上。

b. 平行式驶出道口或驶入道口。当主线为直线或是与匝道同向的曲线时，变速车道在楔形端之前采用与主线相同的横坡；当主线与匝道曲线为反方向的曲线且主线超高小于3%时，匝道曲线起点(ZH点)之前采用与主线相同的超高值，ZH点到楔形端之间使之先变为向外倾斜2%的横坡，楔形端后采用与匝道所需超高相对应的渐变率进行过渡；当主线与匝道曲线为反向的曲线且主线超高大于3%时，超高过渡方法与a相应部分相同。

c. 出入口附近两相邻横坡的代数差不应大于表8-15所规定的上限值。

表8-15　转弯匝道出入口路面横坡的最大代数差

出入口曲线设计速度/(km/h)	在转移拱顶线处的最大代数差(%)
<30	5.0～8.0
30～50	5.0～6.0
≥50	4.0～5.0

4）主线为直线、曲线时，匝道端部超高设置方法。

a. 直线段直接式出、入道口，变速车道位于直线段，主线正常路拱横坡延伸到变速车道上，在到达匝道ZH点之前，保持相同的单向路拱横坡，如图8-31a所示。

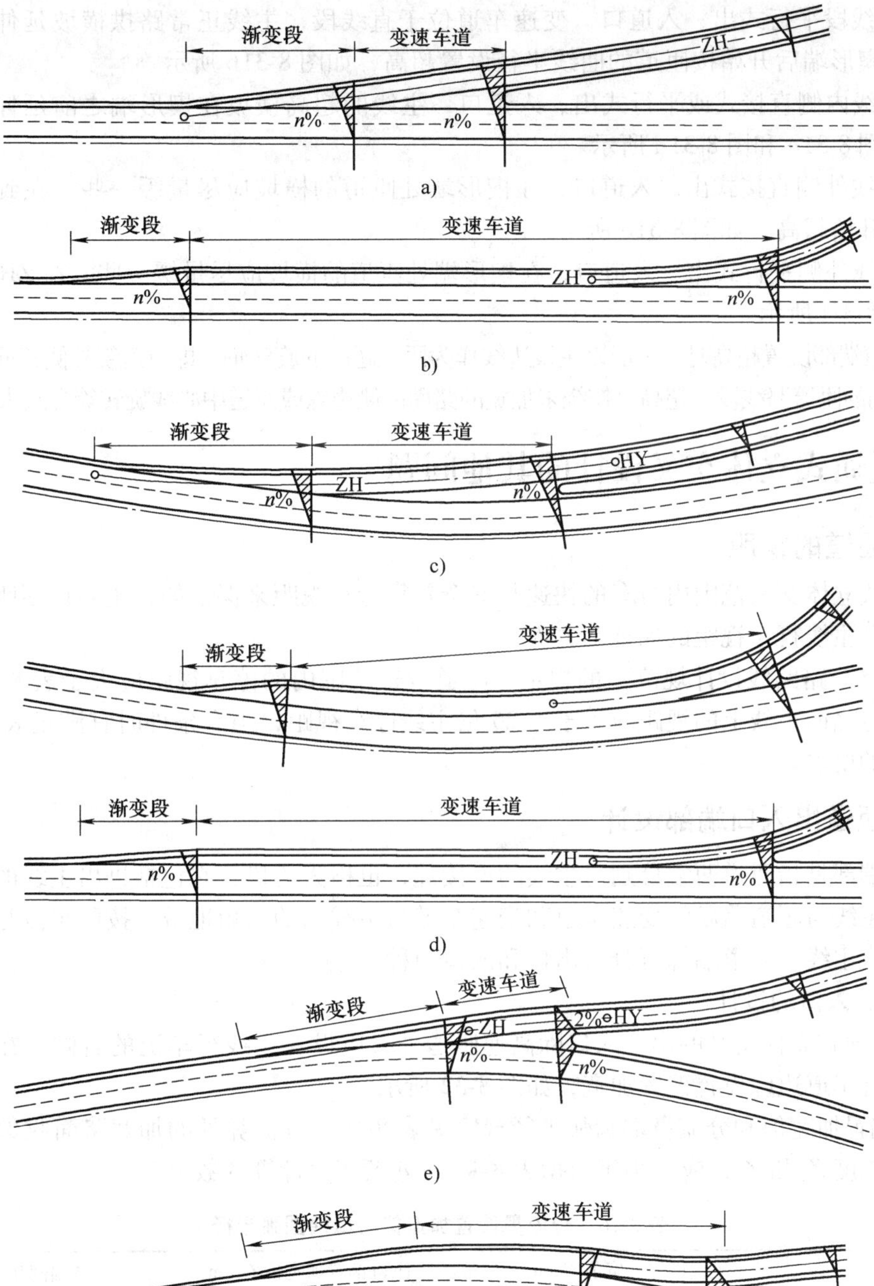

图 8-31　匝道端部超高设置方法

a）直线段直接式出、入道口　b）直线段平行式出、入道口

c）曲线内侧直接式出、入道口　d）曲线内侧平行式出、入道口

e）曲线外侧直接式出、入道口　f）曲线外侧平行式出、入道口

b. 直线段平行式出、入道口，变速车道位于直线段，主线正常路拱横坡延伸到变速车道上，在楔形端后开始按匝道的曲线半径设置超高，如图 8-31b 所示。

c. 曲线内侧直接式或平行式出、入道口，主线的超高横坡在楔形端之前延伸到变速车道上，如图 8-31c 和图 8-31d 所示。

d. 曲线外侧直接式出、入道口，在楔形端处匝道的横坡应尽量缓一些，在到达一个车道宽度处开始超高，如图 8-31e 所示。

e. 曲线外侧平行式出、入道口，在楔形端处匝道的横坡应尽量缓一些，在 ZH 点开始超高，如图 8-31f 所示。

在匝道端部设置超高时，一般以主线边线作为匝道超高的旋转轴，即匝道绕外侧路面边缘旋转；对于道口间的匝道路线段，超高可按绕未加宽的路面内侧边缘或匝道中心线旋转等方式来实施。

8.7 互通式立体交叉设计的其他问题

8.7.1 匝道的视距

互通式立体交叉范围内行车的快速与安全是靠行车视距来保证的，主要包括匝道行车视距的保证和主线行车视距的保证两方面。

根据《公路路线设计规范》的规定，匝道全长范围内的停车视距应大于表 8-11 所列数值；分流点之前主线上的视距应大于 1.25 倍主线停车视距，当有条件时宜满足表 8-12 所列识别视距的要求。

8.7.2 匝道出入口端部设计

匝道端部是指匝道两端分别与主线的连接部，也称为道口，它包括进出主线的三角渐变段、连接主线与匝道路段的变速车道和变速车道与主线间的三角地带。按照车流是从主线驶出还是驶入主线，匝道端部可分为出口和入口两种。

1. 出、入口的设计

1）互通式立体交叉的出、入口除高速匝道外，应设在主线行车道的右侧。在分流鼻两侧，应在行车道边缘设置偏置加宽，如图 8-32 所示。

2）偏置加宽值和分流鼻端圆弧半径规定见表 8-16。分流鼻处的加宽路面收敛到正常路面的过渡长度 Z_1 和 Z_2，应不小于依据表 8-17 所列渐变率计算的数值。

表 8-16 分流鼻偏置加宽值与鼻端圆弧半径

分流方式	主线偏置加宽值 C_1/m	匝道偏置加宽值 C_2/m	鼻端圆弧半径/m
驶离主线	2.5～3.5	0.6～1.0	0.6～1.0
主线分岔	≥1.80		0.6～1.0

表 8-17 分流鼻端偏置加宽渐变率

设计速度/(km/h)	渐变率/(1/m)	设计速度/(km/h)	渐变率/(1/m)
120	1/12	60	1/8
100	1/11	≤40	1/7
80	1/10		

3）分流鼻位于桥梁等构造物上时，自分流鼻端后应预留安装防撞垫等缓冲设施的位置，即分流鼻端后方(行驶的前进方向)6～10m 的区域应铺设桥面系统，并安装护栏，如图 8-33 所示。

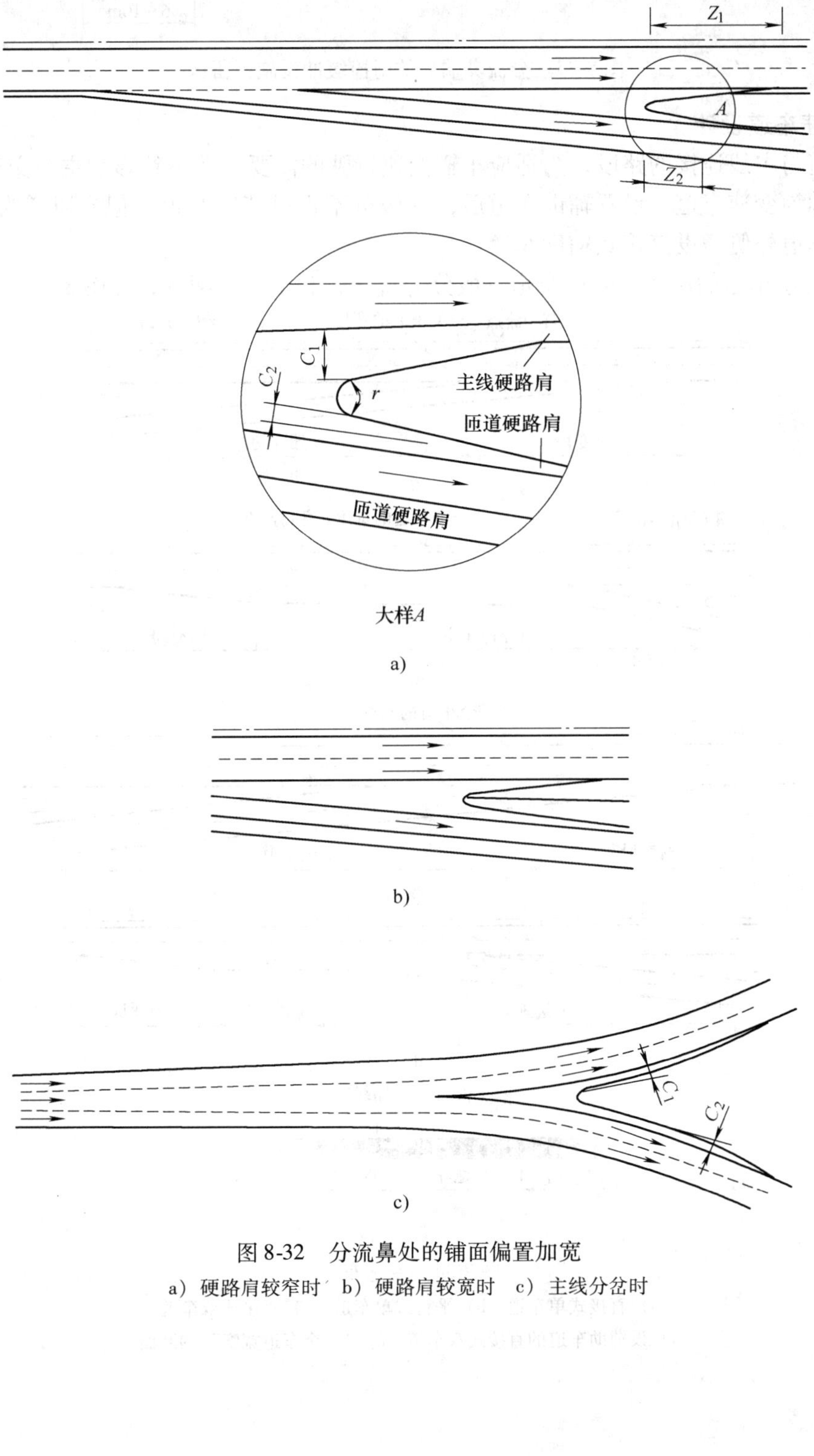

图 8-32　分流鼻处的铺面偏置加宽

a）硬路肩较窄时　b）硬路肩较宽时　c）主线分岔时

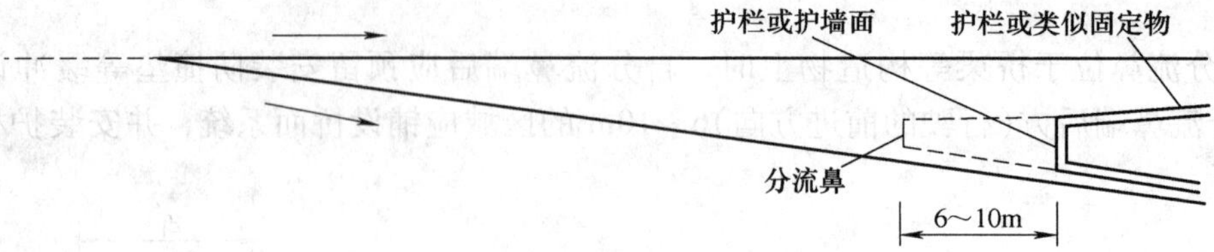

图 8-33 分流鼻端后的防撞缓冲设施预留区

2. 变速车道设计

在匝道与主线连接的路段，为适应车辆变速行驶的需要，而不致影响主线交通所设置的辅助车道称为变速车道。设置辅助车道后，一般可不再设变速车道。但当匝道为双车道时，应在辅助车道外侧增设直接式辅助车道。

（1）变速车道的形式 变速车道一般分为直接式和平行式两种，如图 8-34 所示。

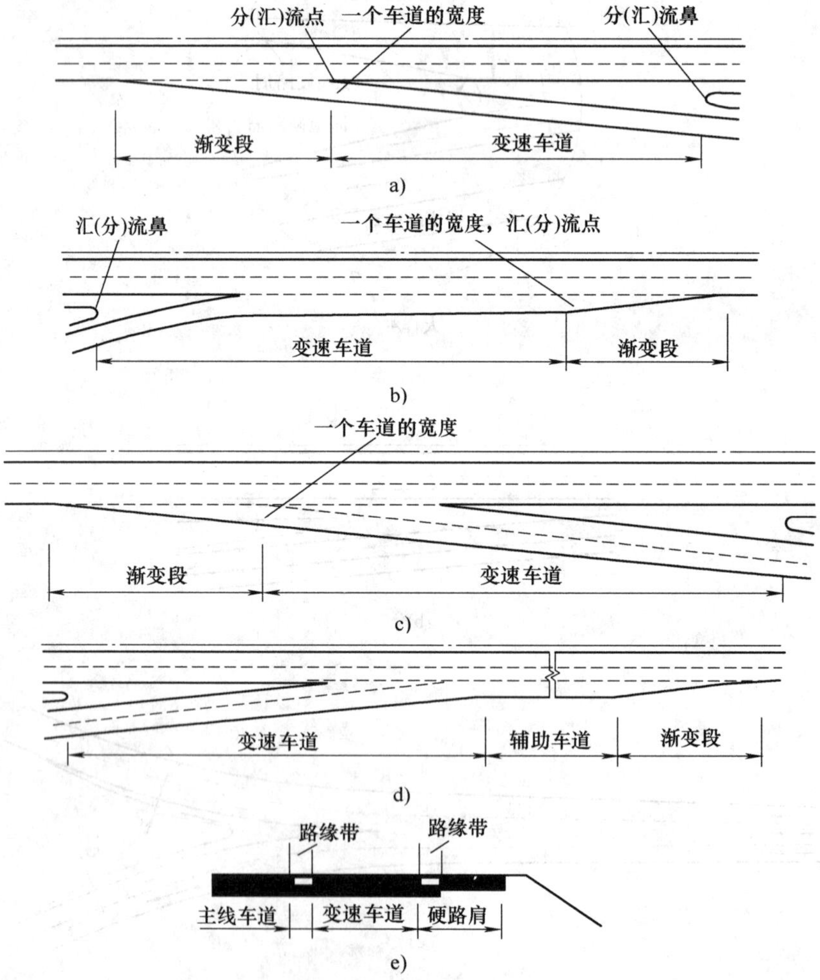

图 8-34 变速车道

a）直接式单车道 b）平行式单车道 c）直接式双车道

d）设辅助车道的直接式双车道 e）“一个车道宽度”的断面

1）平行式。平行式是在主线外侧平行增设的一条附加车道。

特点：车道划分明确，行车容易辨认，但车辆行驶轨迹呈反向曲线，对行车不利。

原则上加速车道采取平行式，因为加速车道较长，平行式容易布置。平行式变速车道端部应设渐变段与主线连接。

2）直接式。直接式指主线斜向渐变加宽，形成一条与匝道连接的附加车道。

特点：线形平顺并与行车轨迹吻合，对行车有利，但起点不易识别。

原则上减速车道采用直接式。另外，加速车道较短或匝道为双向车道的加、减速车道应采用直接式。

（2）变速车道的横断面　变速车道的横断面的组成与单车道匝道基本相同，由行车道、路肩和路缘带组成，各组成部分如图8-34所示。

（3）变速车道的长度　变速车道长度为加速或减速车道长度与渐变线长度之和，应根据主线设计速度采用大于表8-13所列数值的变速车道长度。下坡路段的减速车道和上坡路段的加速车道，其长度应按表8-14所示的修正系数予以修正。

变速车道长度的选用，除应符合以上规定的最小长度要求外，还应结合主线和匝道的设计速度、交通量、大型车所占比例等对变速车道长度进行验算，按实际情况确定其合理长度。符合下列情况者宜增长变速车道。

1）主线设计速度小于或等于100km/h，且匝道的线形指标又不高时，宜采用高一个设计速度档次的变速车道长度。

2）主线、匝道的预测交通量接近通行能力，或载货车和大型客车比例较高时。

3. 主线为曲线时变速车道的线形

（1）平行式变速车道　因平行式变速车道与主线平曲线的曲率半径接近，故变速车道可采用与主线相同的曲率半径。

平行式变速车道同匝道的连接段的线形：当为同向曲线时，线形分岔点CP以外宜采用卵形回旋线或复合回旋线，如图8-35a所示；当为反向曲线时，则CP以外宜采用S形回旋线，如图8-35c所示；当主线的圆曲线半径大于2000m时，可采用完整的回旋线。

（2）直接式变速车道　直接式变速车道直至分、汇流鼻的全长范围内应采用与主线相同的线形。对于曲线外侧的直接式变速车道，当主线为设置大于3%超高的左弯曲线时，或因其他原因而不便在接近分、汇流鼻附近采用与主线相同的线形时，可在主线边车道外缘线和匝道车道内缘线的距离为3.5m这一点至分、汇流鼻端范围内采用S形回旋线向匝道线形过渡，如图8-35e所示。

8.7.3　辅助车道

1. 车道平衡设计

在高速公路的全长或较长路段内，必须保持一定的基本车道数；同时，在主线与匝道的分、合流处必须保持车道数目的平衡，二者是通过辅助车道来协调的。

（1）基本车道数　基本车道数是指一条道路或某一区段内，根据交通量和通行能力的要求所必需的一定数量的车道数。基本车道数在相当长的路段内不应该变动，不能因互通式立体交叉而改变基本车道数。

（2）车道平衡原则　主线的车流量必然会因分、合流的存在而发生变化，分流减少，

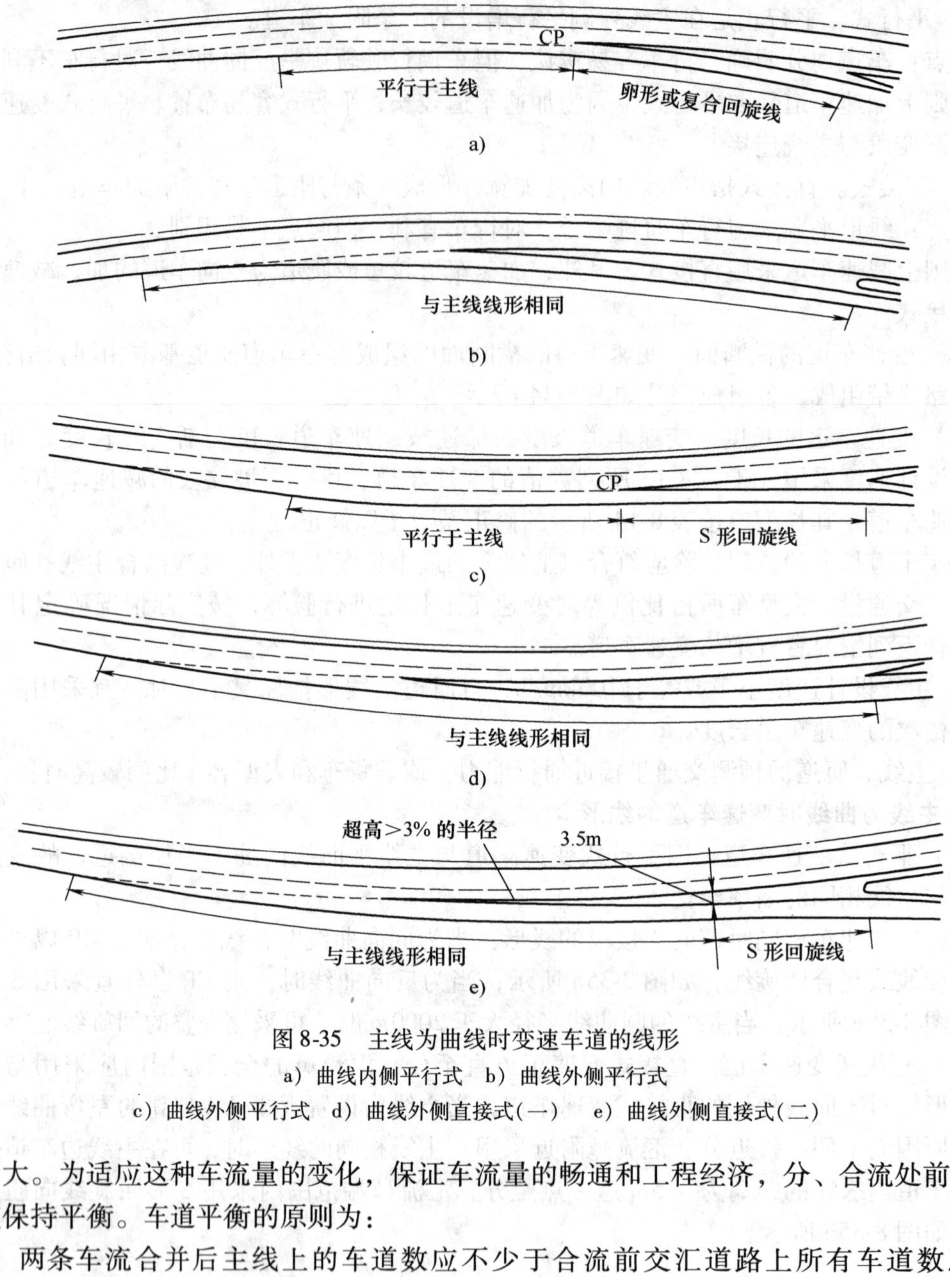

图 8-35　主线为曲线时变速车道的线形

a）曲线内侧平行式　b）曲线外侧平行式

c）曲线外侧平行式　d）曲线外侧直接式(一)　e）曲线外侧直接式(二)

合流增大。为适应这种车流量的变化，保证车流量的畅通和工程经济，分、合流处前后的车道数应保持平衡。车道平衡的原则为：

1）两条车流合并后主线上的车道数应不少于合流前交汇道路上所有车道数总和减一条。

2）主线上车道数应不少于分流后分岔道路上所有车道数总和减一条。

3）主线上的车道数每次变化不应该多于一条。根据车道平衡原则，分、合流处应按车道数平衡公式式(8-3)进行计算，以检验车道数是否平衡，如图 8-36 所示。

$$N_C \geqslant N_F + N_E - 1 \tag{8-3}$$

式中　N_C——分流前或合流后的主线车道数；

N_F——分流后或合流前的主线车道数；

N_E——匝道车道数。

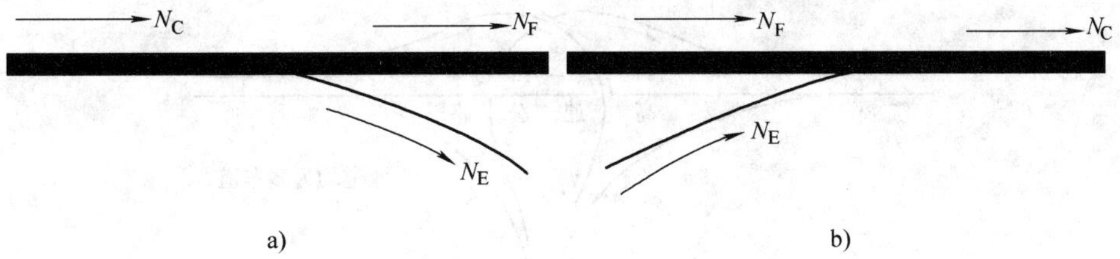

图 8-36 分、合流处的车道数平衡
a）分流 b）合流

2. 辅助车道

高速公路保持基本车道连续的路段，当互通式立体交叉的匝道车道数大于1时，出、入口应增设辅助车道，如图 8-37 所示。

辅助车道的长度规定见表 8-18。当互通式立体交叉入口与下一个互通式立体交叉出口均设有或其中之一设有辅助车道时，如果入口终点至出口起点的距离小于1000m，则应增长辅助车道而将两者贯通。当交通量较大、交织运行比例较高且增加车道的成本不高时，即使此间距超出 2000m，也宜采用贯通的辅助车道。

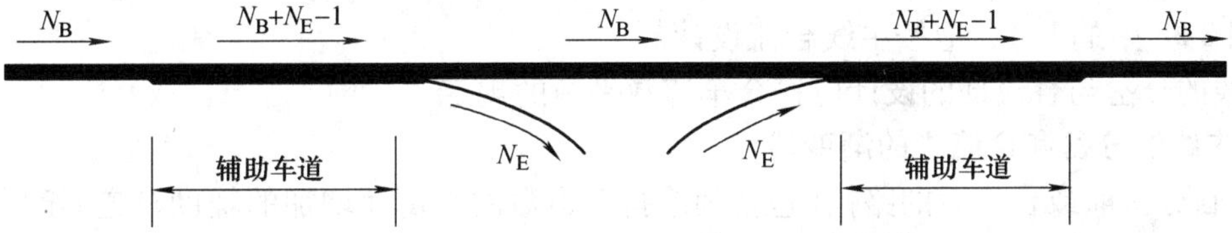

图 8-37 双车道出入口的辅助车道
注：N_B为基本车道数。

表 8-18 辅助车道的长度

主线设计速度/(km/h)		120	100	80
辅助车道长度/m	入口	400	100	80
	出口	300	250	200
渐变段长度/m	入口	180	160	140
	出口	90	80	70

辅助车道的宽度与主线车道相同，且与主线车道间不设路缘带。辅助车道右侧的硬路肩，其宽度一般与正常路段的主线硬路肩相同；用地或其他条件受限制时可减窄，但不得小于 1.50m。

8.7.4 主线的分岔、合流和匝道间的分流、汇流

一条高速公路的一幅行车道分成两条连接到另一条高速公路上去的多车道匝道的分岔部（图 8-38 中的 A），或由一条高速公路分成两条高速公路的分岔部（图 8-38 中的 A′），应按主线分岔设计。

自一条高速公路引出的两条直连式或半直连式多车道匝道汇合成为另一条高速公路的一幅行车道（图 8-38 中的 B），或由两条高速公路的同向行车道合并成一条高速公路的一幅行

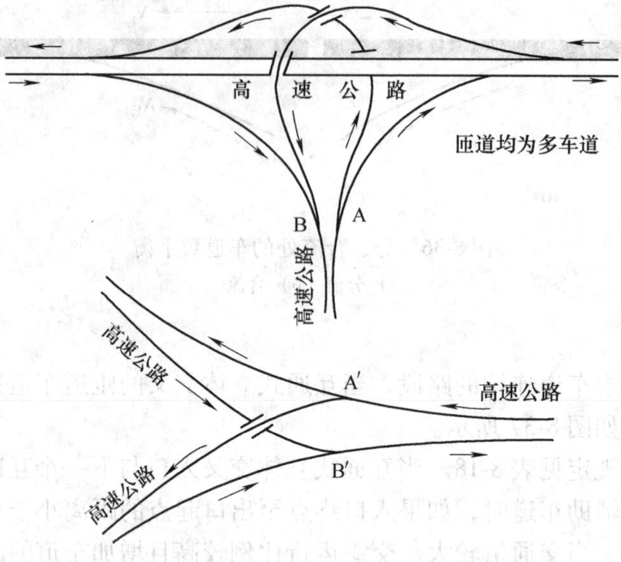

图 8-38 主线分岔与合流

车道(图 8-38 中的 B′)，应按主线合流设计。

主线的分岔与合流部的设计应符合车道数平衡的规定。

1. 主线的分岔和合流中的渐变段

1）自分岔前或合流后的路幅(包括为维持车道数的平衡而增加的辅助车道)至增加或减少一条车道(两幅行车道出现公共路缘带的断面)的渐变段内，路幅宽度应线性变化。

2）分岔和合流渐变段的渐变率分别为 1∶40 和 1∶80。

3）渐变段的边线及其邻接的双幅路段的边线，其线形应连续。

2. 匝道间的分流和汇流中的渐变段

1）匝道间分流、汇流前后车道数不同时，应设分流、汇流渐变段。分流、汇流渐变段的最小长度规定见表 8-19。

2）在渐变段范围内行车道两边线的线形应一致，并与双幅路段边线的线形相连接。汇流鼻后或分流鼻前，两行车道的公共铺面路段的纵断面线形应一致。

3）汇流前的匝道系仅为超车之需，而采用双车道时，宜在汇流前先并流为单车道，如图 8-39 所示。在并流前应设置预告标志，且在并流渐变段内的路面上画有并流标记。

表 8-19 匝道间分流和汇流渐变段最小长度

分、汇流速度/(km/h)	渐变段最小长度/m	
	分流	汇流
80	80	120
60	60	90
40	40	60

3. 相邻出、入口的间距

1）高速公路上如图 8-40 所示的各种相邻出口或入口之间、匝道上相邻出口或入口之间、主线上的出口至前方相邻入口之间的距离应不小于表 8-20 所列数值。

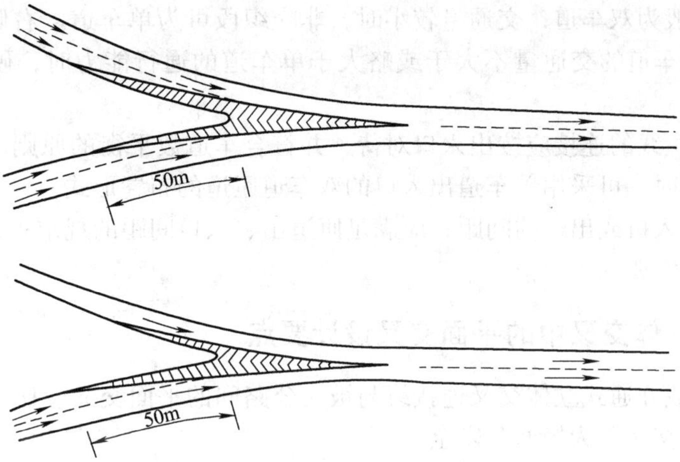

图 8-39　汇流前先并流

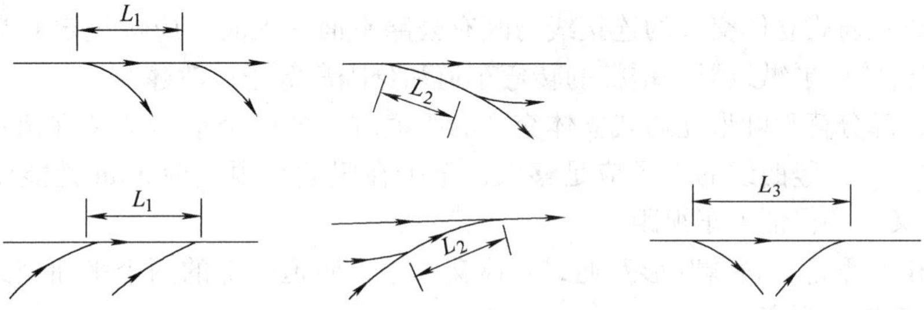

a)　　b)　　c)

图 8-40　各种相邻出、入口之间的距离

a）主线上的相邻出口或入口　b）匝道上的相邻出口或入口

c）主线上的出口至前方相邻入口

表 8-20　高速公路相邻出、入口最小间距

主线设计速度/(km/h)				120	100	80
间距/m	L_1	一般值		350	300	250
		最小值	干线	300	250	200
			支线	240	220	200
	L_2	一般值		300	250	200
		最小值	枢纽互通式立体交叉	240	200	200
			一般互通式立体交叉	180	160	160
	L_3	一般值		200	150	150
		最小值	干线	150	150	120
			支线	120	100	100

2）当不能保证主线出、入口间的应有距离或遇转弯车流的紧迫交织干扰主线车流时，应采用与主线相分隔的集散道将出、入口串联起来。

3）集散道由行车道、硬路肩组成。集散道与主线间应设边分隔带。

4）集散道一般为双车道；交通量较小时，非交织段可为单车道。右侧硬路肩的宽度一般为2.50m；当双车道的交通量不大于或略大于单车道的通行能力时，硬路肩的宽度可减至1.0m。

5）集散道与主线的连接应按出入口对待，并符合车道数平衡的原则。单车道出入口能满足交通量的需要时，可采用单车道出入口的双车道匝道的布置形式。

集散道上相继入口或出口的间距，应满足匝道出、入口间距的规定；入口和后继出口的间距应满足交织的需要。

8.7.5 互通式立体交叉中的平面交叉设计要点

1）匝道端部或互通式立体交叉连接线与被交公路间的平面交叉应比该被交公路上同等交通量的其他平面交叉更为畅通和安全。

2）互通式立体交叉连接线与被交公路间的平面交叉应作渠化设计。菱形、部分苜蓿叶形互通式立体交叉中的平面交叉，其渠化方式如图8-41所示。

3）匝道或互通式立体交叉的连接线与既有公路平面交叉时，应按规定对交叉及其引道范围内的既有公路的平纵线形、增辟的转弯车道和分隔岛等予以改建。

4）菱形和部分苜蓿叶形互通式立体交叉的匝道端部的两个平面交叉宜相互通视，其间有凸形竖曲线时，该竖曲线的半径应足够大，至少在竖曲线顶点前30m处能使驾驶者看到前方的平面交叉，并保证停车视距。

5）菱形和B型部分苜蓿叶形互通式立体交叉中，匝道端部的两个平面交叉间，应有容纳两个左转弯车道的距离。

6）匝道端部或互通式立体交叉连接线与被沟通公路间的平交范围内，以及菱形和部分苜蓿叶形匝道端部的两个平面交叉间的路段内，不宜设置人行横道。

7）在平面交叉引道和上述两平面交叉间的路段内，应设置行人和非机动车的专用车道，并妥善作好其穿越上述平面交叉的渠化设计。若被交公路的一般路段的非机动车道宽度大于2.50m时，则设于附加车道或标线分隔带的路段内，非机动车道可减窄至1.50~2.00m。

8.7.6 收费广场的设计要点

1）收费广场设在主线上时，平面线形与互通式立体交叉的主线线形标准一致；收费广场设在匝道或连接线上时，其平曲线半径不得小于200m。

2）收费广场处的纵坡应小于2%，当受地形条件及其他特殊情况限制时，不得大于3%。收费广场处的竖曲线半径有如下规定：

a. 收费广场设在主线上时，应与互通式立体交叉的主线标准一致。

b. 设在匝道或连接线上时，竖曲线半径应大于800m。

3）收费广场的横坡为1.5%~2.0%。

4）收费岛前后应铺筑水泥混凝土路面，其长度规定见表8-21。

5）收费广场的平面形式如图8-42所示，图中$L/S=3$；$L=5\sim20$m，一般采用10m。

6）从互通式立体交叉收费广场中心线至匝道分岔点的距离不得小于75m；至被交叉公路的平交点的距离不应小于150m，不能满足时，应在被交叉公路上增设停留车道。

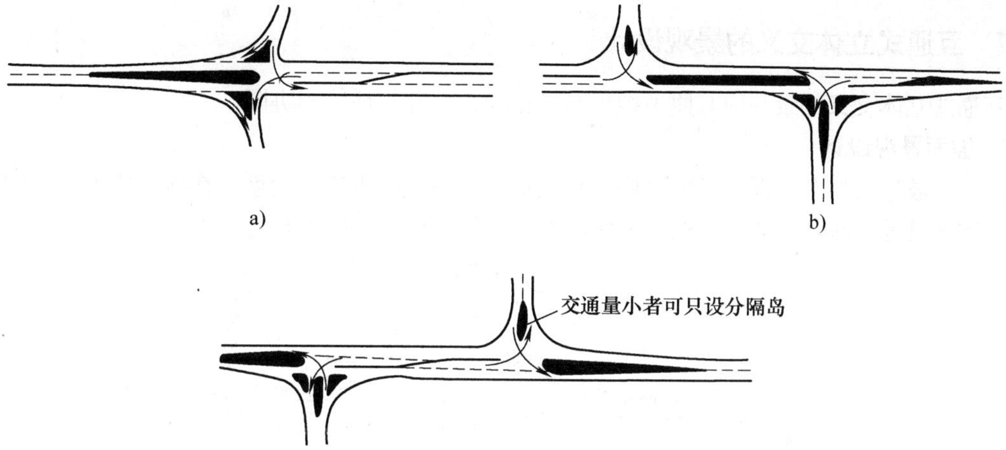

图 8-41　匝道端部平面交叉的渠化设计
a）菱形　b）部分苜蓿叶形（A 型）　c）部分苜蓿叶形（B 型）

7）收费岛间的车道宽度为 3.0～3.2m，行驶方向右侧的边车道是无棚开敞的，其宽度为 3.5～4.0m，收费岛宽度为 2.0～2.2m。收费岛长度为 20～25m，设计时应根据收费系统所安装的收费设备情况具体确定。收费岛的端部应具有一定高度并收敛成楔形，端部应有醒目的标记。

表 8-21　收费岛前后应铺筑水泥混凝土路面的长度

收费方式	匝道收费站	主线收费站
单向付款式/m	25	50
双向付款式/m	20	40

8）收费岛间的车道的建筑限界，规定如图 8-43 所示。

9）交通特别繁忙、收费车道多的收费站，应设置供收费工作人员上、下岗位的专用地下通道。

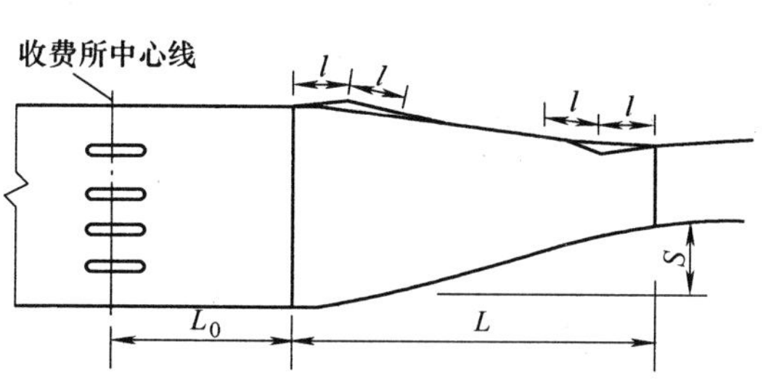

图 8-42　收费广场的平面形式

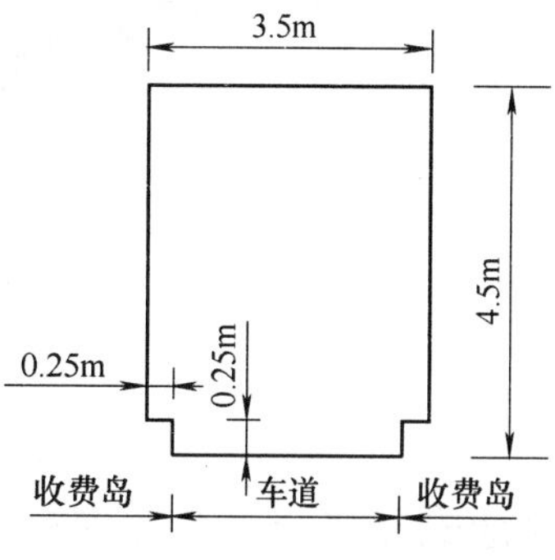

图8-43　收费岛间车道的建筑限界

8.7.7 互通式立体交叉的景观设计

互通式立体交叉的景观应与匝道线形布设相配合，并与环境相协调。

1. 坡面景观设计

应对边坡进行修整，保持坡面规则、坡脚顺适。填方段匝道的边坡，在接近原地面一定的高度内应逐渐减缓，使其整齐、美观。坡面原则上只修饰匝道包围的区域，如图8-44所示。

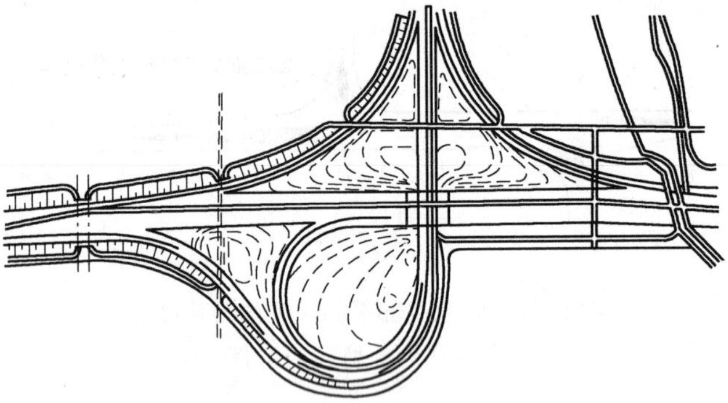

图8-44 立体交叉坡面修饰

2. 绿化设计

在互通式立体交叉范围内栽植树木时，应栽植不同树种以作为该互通式立体交叉的特征标志。在出、入口处，应栽植引导视线的树木。在出口一侧可栽植灌木以缩小视野，间接引导驾驶者降低车速。

匝道转弯处所构成的三角区内只可种植花、草，平曲线内侧栽植灌木时，应满足视距要求，并起诱导驾驶的作用，如图8-45所示。

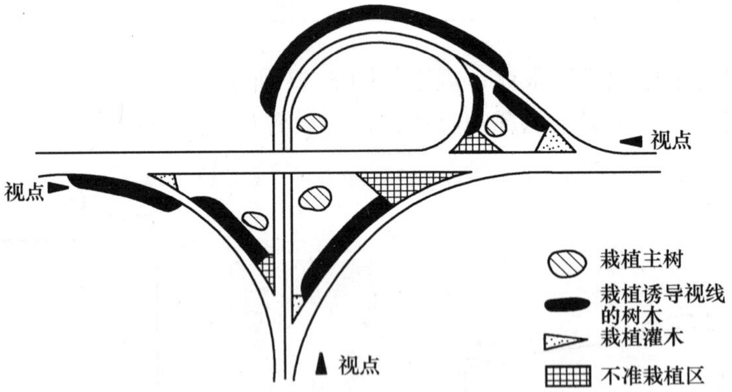

图8-45 立体交叉的绿化

8.7.8 互通式立体交叉范围内的排水

互通式立体交叉范围内的排水，应与相交公路的排水统一设计，以构成完整的排水系统。

8.8 分离式立体交叉线形设计

《公路路线设计规范》规定：高速公路同其他各级公路交叉，必须采用立体交叉。交叉类型除在控制出入的地点设置互通式立体交叉外，均采用分离式立体交叉。因此，分离式立体交叉也是高速公路建设中被广泛采用的立交形式，其设计有其自身的技术要求和特点。

8.8.1 分离式立体交叉的设计要点

1）主要公路的平、纵线形应保持直捷、顺适。两相交公路不得因增设分离式立体交叉而使平、纵面线形过于弯曲、起伏。

2）两相交公路以正交或接近正交为宜，且交叉附近平面线形宜为直线或不设超高的大半径曲线。

3）高速公路、一级公路同二、三、四级公路相交采用分离式立体交叉。

a. 应充分利用被交公路的线形、线位。当交叉角过小或原线形技术指标过低时，应采用改线方案。

b. 被交公路的等级、路基宽度、桥梁净宽、净高及车辆荷载等级等技术指标，应按被交公路现状或已批准的规划公路等级设计。

4）分离式立体交叉跨线桥的桥面雨水，应通过管道引至桥下公路的排水沟，不得散排于桥下公路路面。跨线桥桥下公路的排水宜采用自流排水。

5）跨线桥的桥型设计应注重美学要求。桥型应简洁、明快、轻巧，跨径配置应和谐、悦目，并同周围环境相协调。

6）分离式立体交叉远期计划改为互通式立体交叉时，应按分期修建原则设计并预留布设匝道的工程条件。

8.8.2 分离式立体交叉上跨或下穿方式的选择

分离式立体交叉上跨或下穿方式的选择，应综合考虑以下因素，经技术经济论证后确定。

1）两相交公路的平面线形和纵坡设计的组合，应使整个工程的造价最低，占地、拆迁数量最少。

2）不良工程地质条件下，主要公路(尤其是高速公路)宜下穿。

3）交叉附近需与现有公路设置平面交叉或为路旁用户提供出、入口的公路宜下穿。

4）交通量大的公路宜下穿。

5）同已街道化的公路相交时，新建公路宜上跨。

6）结合地形、已建工程现状或发展规划，使之同周围景观相协调。

8.8.3 主要公路(或高速公路)上跨时设计要点

1）跨线桥布孔和跨径必须满足被交公路建筑限界、视距和对前方公路识别、通视的要求。

2）跨线桥下为双车道公路时，不得在对向行车道间设置中墩。

3）跨线桥下为多车道公路，在中间带设置中墩时，其中墩两侧必须设防撞护栏，并留有护栏缓冲变形的余地；跨线桥下为无中间带多车道公路，若须在行车道中间设置中墩时，其中墩前后必须增设足够长度的中间带，且中墩两侧必须设防撞护栏，并留有护栏缓冲变形的余地。

4）主要公路（或高速公路）纵面设计根据路堤平均填土高度、纵坡起伏程度、交叉处被交公路排水设计等因素综合分析后确定。

5）跨线桥不得压缩桥下公路横断面的任何组成部分，以及原有的渠道、电信管道等设施，并留有余地。

6）分离式立体交叉或被交叉公路采用分期修建时，跨线桥应按规划规模一次建成。

8.8.4 主要公路（或高速公路）下穿时设计要点

1）应充分利用被交公路的线形、线位。当交叉角小或原线形技术指标过低时，宜采用改线方案。

2）被交公路的等级、路基宽度、车辆荷载等级应按现状或已批准的规划设计。

3）跨线桥的桥长和布孔必须满足主要公路（或高速公路）的建筑限界、视距和对前方公路识别、通视的要求。主孔宜一孔跨越主要公路全断面，除主孔外应有适当长度的边孔。

4）跨线桥下主要公路（或高速公路）中间带较宽或为四车道以上高速公路，在中间带设置中墩时，中墩两侧必须设置防撞护栏并留有护栏缓冲变形的余地。不得在局部范围内改变中间带宽度而使行车道扭曲。

5）跨线桥下主要公路（或高速公路）附有以边分隔带分离的慢车道、集散车道、附加车道、非机动车道时，可在边分隔带上设置桥墩。当边分隔带较窄时，应在桥墩前后一定范围内加宽，并宜在右方作变宽过渡。

6）跨线桥前方主要公路（或高速公路）有出、入口或平面交叉时，跨线桥应增设供通视用的辅助桥孔；主要公路（或高速公路）为曲线时，应满足载货车停车视距要求。

7）跨线桥下为路堑时，若路堑不深，宜将桥台置于坡顶之外；若路堑较深或边坡缓而长需在边坡上设置桥台时，则应将桥台置于坡顶附近，不得布置于坡脚处。

8）主要公路为高速公路、一级公路时：

a. 跨线桥必须设置防撞护栏和防护网。

b. 跨线桥上严禁设置商业广告和同交通安全无关的宣传栏目。

c. 跨线桥上悬挂交通标志时，不宜采用通栏式的，且上、下边缘不得超出护栏顶部和边梁外缘底线。

8.9 高速公路与铁路、乡村道路及管线交叉

8.9.1 高速公路与铁路交叉

高速公路与铁路交叉时，必须设置分离式立体交叉。

1. 高速公路与铁路立体交叉的平、纵面设计要点

1）高速公路与铁路立体交叉宜选在双方线形均为直线的地段，或平、纵面线形技术指标高且通视良好的地段。

2）高速公路与铁路立体相交，以垂直交叉为宜。必须斜交时，其交叉的锐角应不小于70°；受地形条件与其他特殊情况限制时，应不小于60°。

3）高速公路与铁路交叉，在考虑铁路对立交桥设置要求的同时，其立交位置应符合该路段公路平、纵面线形设计总体布局，使线形连续、均衡、顺适，不得在该局部地段降低技术指标。

4）高速公路与铁路立体交叉的改建工程，应根据公路网规划确定交叉位置。由于改善交叉角或移位而改线时，其路线的平、纵技术指标不得低于相衔接路段的一般值，更不得采用相应公路等级的最小值。

5）高速公路与铁路立体交叉范围内的公路视距应满足停车视距要求。

2. 高速公路上跨铁路时的设计要点

1）高速公路跨线桥的跨径与净高必须符合1435mm标准轨距铁路建筑限界的规定。

2）高速公路跨线桥的跨径与布孔应根据地形、地质、桥下净空、铁路排水体系、沿铁路敷设的专用管线位置等综合确定。

3）高速公路上跨电气化铁路时，其跨线桥结构形式应按不中断电力输送的施工工艺与方法确定，以不致危及公路施工和铁路行车的安全。

4）高速公路跨线桥及其引道的排水系统应自成体系排除，跨线桥桥面雨水不得直接排至铁路道砟界范围内。

5）高速公路跨铁路时，考虑到公路、铁路弯、坡、斜及超高的因素，应对跨线桥周围的铁路建筑限界予以检核。

6）高速公路跨越旅客列车设计行车速度为140km/h的铁路路段时，其跨线桥应设防撞护栏和防落网。

3. 铁路上跨高速公路时的设计要点

1）铁路跨线桥的跨径与净高必须符合公路建筑限界的规定。

2）铁路跨越四车道高速公路时，不得在中间带设置中墩。铁路跨越六车道及其以上高速公路时，若须在中间带设置中墩时，中墩两侧必须设防撞护栏，并留足设置防撞护栏和护栏缓冲变形的安全距离。

3）铁路跨线桥所跨越的宽度应包括该路段高速公路标准横断面宽度及其所附属的变速车道、爬坡车道、边沟等的宽度。

4）铁路跨线桥的跨径与布孔应留有足够的侧向余宽，不得将墩、台设置在公路排水边沟以内，并满足公路视距和对前方公路识别的要求。不能满足公路视距与对前方公路识别要求时，应设置边孔。

5）铁路跨越高速公路时，其铁路跨线桥应设置防落网。

6）铁路跨线桥及其引道的排水系统应自成体系，跨线桥桥面雨水不得直接排至公路建筑限界范围内。

8.9.2 高速公路与乡村道路交叉

乡村道路泛指位于村镇之间供机动车、非机动车及行人通行的非等级道路。高速公路与乡村道路交叉时，必须设置立体交叉，即通道或天桥。

高速公路与乡村道路的交叉设计应纳入公路交叉设计部分的总体设计，统筹规划，合理布局。

高速公路与乡村道路交叉的形式、位置、间隔等应根据县级和乡（镇）土地利用总体规划中农业耕作机械需求布设。必要时应结合公路网建设规划，对农业机耕道进行调整或归并，以控制建设用地指标。

1. 通道设计要点

1）通道的间隔以400m左右为宜。农业机械化程度高的地区间隔宜适当加大。

2）通道的交叉角以垂直为宜。必须斜交时，其交叉的锐角应不小于70°；受地形条件或其他特殊情况限制时，应不小于60°。

3）通道处的乡村道路平面线形宜为直线。其两侧的直线长度应不小于20m。

4）通道处的乡村道路纵断面线形应为直坡，宜不大于3%，构造物不得设于凹形竖曲线底部。通道应采用自流排水方式做好排水设计。

5）通道的净空：

a. 净高：当通行拖拉机、畜力车时，净高大于或等于2.70m；当通行农用汽车时，净高大于或等于3.20m。

b. 净宽：当按交通量和通行农业机械类型选用时，其净宽大于或等于4.00m；当通道过长或敷设排水渠时，视情况增宽。

6）通道为人行通道时，人行通道的净高大于或等于2.20m，净宽大于或等于4.00m。并且下穿高速公路的人行通道应利用中间带设置采光井；人行通道除设梯道外，应视情况设置坡道，其坡度不应陡于1:7；必须做好排水设计，不得因积水影响通行。

2. 天桥设计要点

1）主要公路为路堑地段或地形条件有利时可设置天桥，并以垂直交叉为宜，其主要技术指标可参照四级公路相关标准执行，桥面净宽应不小于4.50m。

2）天桥的车道荷载等级应采用公路－Ⅱ级。为防止超载车辆通行，应设置标志等设施。

3）跨越高速公路的天桥，应设防落网。

4）天桥的桥面雨水不得直接排至公路路面。

5）如为人行天桥，设计时人行天桥的净宽大于或等于3.00m，其人群荷载为3kN/m^2，对于行人密集地区为3.5kN/m^2。人行天桥除设梯道外，有条件时应设置坡道，其坡度不应陡于1:4。

8.9.3 高速公路与管线交叉

按照管线的性质和用途，可分为管道和电缆两大类。管道主要有给水管、污水管、雨水管、燃气管、暖气管、输油管等；电缆包括电力线、电信线等。根据管线的布设位置，可有地下埋设和空中架设两种。一般管道都敷设在地面以下，称为地下管线；而多数电缆架设在地面杆柱上，称为地上杆线，但也有少数电缆埋设在地下。高速公路与管线交叉的设计要点如下：

1）高速公路与架空送电线路相交，以垂直交叉为宜。必须斜交时，其交叉的锐角应不小于70°；受地形条件与其他特殊情况限制时，应不小于60°。

2）高速公路从架空送电线路下穿过时，应从导线最大弧垂与杆塔间通过，并使送电线路导线与公路交叉处的距路面的垂直距离不小于表8-22所示规定值。

表8-22 架空送电线路导线距路面的最小垂直距离

架空送电线路标称电压/kV	35～110	154～220	330	500
距路面最小垂直距离/m	7.0	8.0	9.0	14.0

3）架空送电线路导线与路面的垂直距离，应根据最高气温情况或覆冰无风情况求得的最大弧垂和根据最大风速情况或覆冰情况求得的最大风偏进行计算确定。

4）高速公路与原油、天然气输送管道相交，以垂直交叉为宜。必须斜交时，其交叉的锐角应不小于60°；受地形条件与其他特殊情况限制时，应不小于45°。

5）原油、天然气输送管道与高速公路相交应采用穿越方式，埋置地下专用通道。

6）穿越高速公路的地下专用通道的埋置深度，除应符合石油、天然气行业标准的荷载相关规定外，还应符合JTG D60—2004《公路桥涵设计通用规范》的有关规定，并按所穿越公路的车辆荷载等级进行验算。

7）严禁天然气输送管道利用公路桥梁跨越河流。原油、天然气输送管道穿（跨）越河流时，管道距大桥的距离，不应小于100m；距中桥不应小于50m。

8）严禁原油、天然气输送管道通过公路隧道。

9）各种管道跨越高速公路的设施，不得侵入高速公路的设施，不得侵入高速公路建筑限界，不得妨碍公路交通安全、损害公路设施，也不得对公路及其设施形成潜在威胁。

思考题

8.1 互通式立体交叉是由哪几部分组成的？各自功能是什么？

8.2 三路互通式立体交叉的基本形式有哪些？每种形式的特点及适用条件是什么？

8.3 设置立体交叉时应考虑哪些因素？

8.4 立体交叉的最小间距是多少？如不能满足，经过论证必须设置时应怎样解决？

8.5 左转匝道的基本形式有哪些？其特点是什么？

8.6 举例说明互通式立体交叉的车道平衡原理及高速公路沿线各互通式立体交叉出口形式的一致性问题。

8.7 同一座立体交叉具有不同形式的匝道，各匝道的设计速度是否相同？说明原因。

8.8 立体交叉次要道路上若存在平面交叉情况时，举例说明应采取何种措施才能保证交通畅通和安全。

8.9 在进行匝道纵断面线形设计时应注意哪些问题？

8.10 变速车道有哪些形式？其优缺点及适用条件是什么？

第9章　高速公路的沿线设施

随着高速公路的快速发展，与其高效、快速、安全、舒适的功能相匹配的沿线设施建设成为公路建设的重要组成部分。一般认为，高速公路的沿线设施主要包括交通安全设施和服务设施等。

9.1　高速公路的交通安全设施

为了保证高速公路行车安全，沿线应设置必要的交通安全设施。交通安全设施主要包括：安全护栏(或称防护栏)、防眩设施、隔离设施、视线诱导设施、防噪声设施和照明设施、交通标志以及标线等。交通安全设施直接影响高速公路的功能和经济效益，对减少交通事故、减轻事故严重程度、排除各种纵向行车干扰、提供视线诱导、增强公路景观起着重要的作用。

9.1.1　安全护栏

安全护栏是为防止高速公路车辆驶出路外或闯入对向车道，而沿高速公路边缘或在分隔带上设置的一种安全防护措施，是一种重要的交通安全设施。

1. 护栏的分类

（1）按设置位置分类　此种分类可分为路侧护栏、中央分隔带护栏和桥梁护栏三类。

1）路侧护栏：设置于公路路肩上，用来防止失控车辆越出路外，保护路侧构造物和其他设施的一种护栏形式。

2）中央分隔带护栏：设置于中央分隔带内，用来防止失控车辆穿越中央分隔带闯入对向车道，保护中央分隔带内的构造物和其他设施的一种护栏形式。

3）桥梁护栏：设置于桥梁上的护栏，用来防止失控车辆越出桥外。

（2）按护栏的刚度分类　此种分类可分为：刚性护栏、半刚性护栏和柔性护栏。我国目前使用的混凝土护栏、W梁护栏和缆索护栏就分别属于这三类。

1）刚性护栏。刚性护栏一般指的是水泥混凝土墙式护栏。这是一种具有一定断面形状的水泥混凝土墙式结构，依靠汽车爬高、变形和摩擦来吸收碰撞能量。

水泥混凝土墙式护栏是刚性护栏的主要形式。我国高速公路使用较多的是NJ型(新泽西型)和F型(改进新泽西型)两种混凝土护栏，如图9-1所示。

刚性护栏在碰撞时不变形，几乎不会被损坏，维修费用很低，对防止车辆越出路(桥)外的效果较好，但当车辆与护栏的碰撞角度较大时，对车辆和驾驶人员的伤害较大，而且对驾驶员有较强的行驶压迫感，乘客的瞭望舒适性也较差，在寒冷地区使用容易积雪。因此，不推荐其在高速公路上全线设置，仅适用于窄中央分隔带、桥梁及设置较高路肩式挡墙等的特殊路段。

2）半刚性护栏。半刚性护栏一般指的是梁式护栏。这是一种用支柱固定的梁式结构，依靠护栏的弯曲变形和张拉力来抵抗车辆的碰撞。梁式护栏按不同结构可分为W型波形梁护栏、管梁护栏、箱梁护栏等数种。

波形梁护栏是半刚性护栏的代表形式，它是一种以波纹状钢护栏板相互拼接并由立柱支撑而组成的连续结构，利用土基、立柱、波形梁的变形来吸收碰撞能量，并迫使失控车辆改变方向，如图9-2所示。

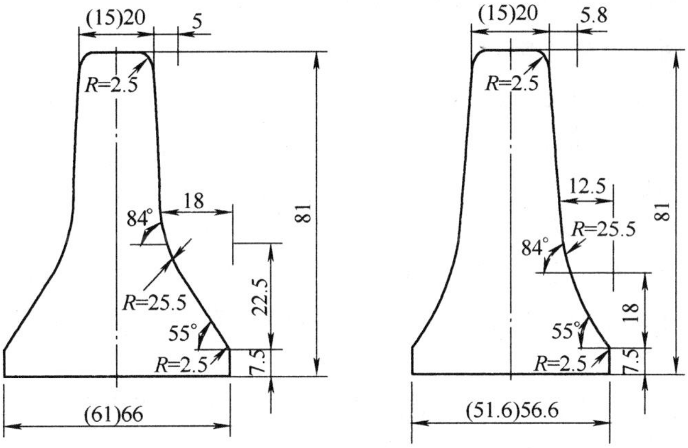

图9-1　混凝土护栏(尺寸单位：cm)

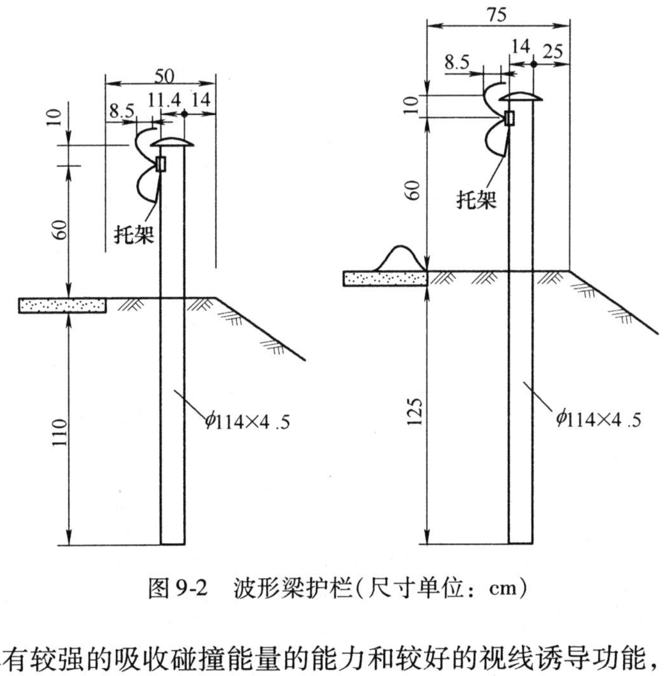

图9-2　波形梁护栏(尺寸单位：cm)

波形梁护栏具有较强的吸收碰撞能量的能力和较好的视线诱导功能，能与高速公路线形相协调，可在小半径弯道上使用，外形美观，损坏易于更换。适用于高速公路和互通式立体交叉匝道的中央分隔带护栏和路侧护栏(大、中桥的路侧护栏除外)。

3）柔性护栏。柔性护栏一般指的是缆索护栏，这是一种以数根施加初拉力的缆索固定于立柱上的结构，完全依靠缆索的拉应力来抵抗车辆的碰撞，吸收碰撞能量，缆索在弹性范围内工作，几乎不需要更换。

缆索护栏这种护栏形式美观，可重复使用，容易修复，车辆行驶时没有压迫感，但视线诱导效果差。适用于交通量低、大型车占有率小、对景观要求高的路段，特别适合冬季积雪的公路。

2. 护栏的功能

1）阻止失控车辆越出路外或穿越中央分隔带闯入对向车道。

2）保护路侧或中央分隔带内的重要结构物和设施。

3）能使失控车辆回复到正常行驶方向。

4）具有良好的吸收碰撞能量的功能。

5）能诱导驾驶员的视线。

3. 护栏的设置原则

（1）路侧护栏的设置原则

1）凡车辆驶出路外有可能造成二次特大事故的路段必须设置路侧护栏。

2）凡符合下列情况之一、车辆驶出路外有可能造成单车特大事故或二次重大事故的路段必须设置路侧护栏：

a. 高速公路边坡坡度和路堤高度在图 9-3 所示的Ⅰ区方格阴影范围之内的路段。

b. 路侧有江、河、湖、海、沼泽、航道等水域的路段。

3）凡符合下列情况之一，车辆驶出路外有可能造成重大事故的路段，应设置路侧护栏：

a. 高速公路边坡坡度和路堤高度在图 9-3 所示的Ⅱ区斜线阴影范围以内的路段。

b. 高速公路路侧安全净区内设有车辆不能安全穿越的照明灯、摄像机、可变信息标志、交通标志、路堑支撑壁、声屏障、上跨桥梁的桥墩或桥台等设施的路段。

c. 高速公路路侧边沟无盖板、车辆无法安全穿越的挖方路段。

4）凡符合下列情况之一、经论证车辆驶出路外有可能造成一般或重大事故的路段宜设置路侧护栏：

a. 高速公路边坡坡度和路堤高度在图 9-3 所示的Ⅲ区内的路段。

b. 高速公路纵坡大于或等于《公路工程技术标准》规定的最大纵坡值的下坡路段和连续长下坡路段。

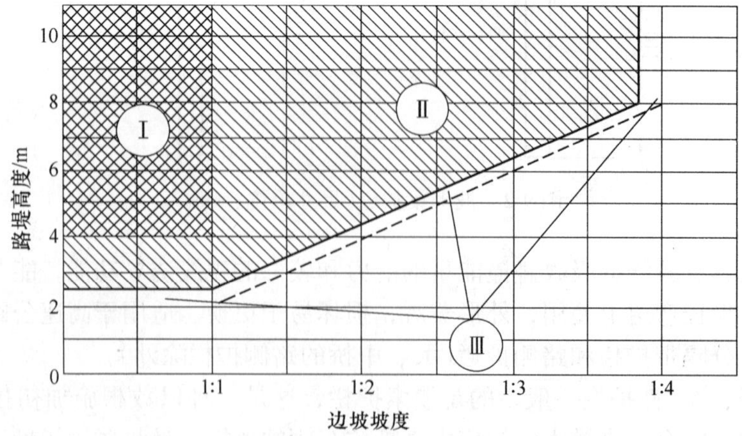

图 9-3　边坡坡度、路堤高度与设置护栏的关系

c. 高速公路平曲线半径小于《公路工程技术标准》规定的一般最小半径的路段外侧。

d. 在高速公路用地范围内存在粗糙的石方开挖断面、高出路面30cm以上的混凝土基础、挡土墙或大孤石等障碍物时。

e. 高速公路互通式立体交叉出口匝道的三角地带及匝道小半径圆曲线外侧。

5）根据车辆驶出路外有可能造成的交通事故等级，应按表9-1所示的规定选取路侧护栏的防撞等级。因公路线形、运行速度、填土高度、交通量和车辆构成等因素易造成更严重碰撞后果的路段，应在表9-1所示的基础上提高护栏的防撞等级。

6）高速公路路侧护栏最小设置长度应符合表9-2所示的规定，相邻两段路侧护栏的间距小于表9-2所示规定的最小长度时宜连续设置。

表9-1 高速公路路基护栏的防撞等级适用条件

设计速度/(km/h)	车辆驶出路外或进入对向车道有可能造成的交通事故等级		
	一般事故或重大事故	单车特大事故或二次重大事故	二次特大事故
120	A、Am	SB、SBm	SS
100、80			SA、SAm
60		A、Am	SB、SBm

表9-2 路侧护栏最小设置长度

公路等级	护栏类型	最小长度/m
高速公路、一级公路	波形梁护栏	70
	混凝土护栏	36
	缆索护栏	300

（2）中央分隔带护栏的设置原则

1）当整体式断面中间带宽度小于或等于12m时，必须设置中央分隔带护栏；大于12m时，应分路段确定是否设置中央分隔带护栏。

2）公路采用分离式断面时，行车方向左侧应按路侧护栏设置；上、下行路基高差大于2m时，可只在路基较高的一侧按路侧护栏设置。

3）高速公路和禁止车辆掉头的一级公路中央分隔带开口处，必须设置活动护栏。

4）根据车辆驶入对向车道有可能造成的交通事故等级，应按表9-1所示的规定选取中央分隔带护栏的防撞等级。因公路线形、运行速度、填土高度、交通量和车辆构成等因素易造成更严重碰撞后果的路段，应在表9-1所示的基础上提高护栏的防撞等级。

（3）桥梁护栏的设置原则

1）高速公路桥梁的外侧和中央分隔带必须设置桥梁护栏。

2）根据车辆驶出桥外或进入对向车行道有可能造成的交通事故等级，按表9-3所示的规定选取桥梁护栏的防撞等级。因桥梁的线形、运行速度、桥梁高度、交通量和车辆构成等因素易造成更严重碰撞后果的路段，应在表9-3所示的基础上提高护栏的防撞等级。

表 9-3 高速公路桥梁护栏的防撞等级的适用条件

设计速度/(km/h)	车辆驶出路外或进入对向车道有可能造成的交通事故等级	
	重大事故或特大事故	二次重大事故或二次特大事故
120	SB、SBm	SS
100、80		SA、SAm
60	A、Am	SB、SBm

4. 护栏的防撞等级

护栏按防撞等级可分为：路侧 B、A、SB、SA、SS 五级；中央分隔带 Am、SBm、SAm 三级。各等级护栏的碰撞条件和性能应满足表 9-4 所示的规定。高速公路路基护栏的防撞等级的适用条件见表 9-1。

常用路侧桥梁护栏按防撞等级可分为 B、A、SB、SA、SS 五级，常用中央分隔带桥梁护栏防撞等级可分为 Am、SBm、SAm 三级。高速公路桥梁护栏的混凝土强度等级不应低于 C30。高速公路桥梁护栏的碰撞荷载见表 9-5。高速公路桥梁护栏的防撞等级的适用条件见表 9-3。

表 9-4 护栏防撞性能

防撞等级	碰撞条件			碰撞加速度①/(m/s^2)	碰撞能量/kJ
	碰撞速度/(km/h)	车辆质量/t	碰撞角度(°)		
B	100	1.5	20	≤200	—
	40	10	20	—	70
A、Am	100	1.5	20	≤200	—
	60	10	20	—	160
SB、SBm	100	1.5	20	≤200	—
	80	10	20	—	280
SA、SAm	100	1.5	20	≤200	—
	80	14	20	—	400
SS	100	1.5	20	≤200	—
	80	18	20	—	520

① 指碰撞过程中，车辆重心处所受冲击加速度 10m/s 间隔平均值的最大值，为车体纵向、横向和铅直加速度的合成值。

表 9-5 桥梁护栏的碰撞荷载

防撞等级	碰撞力/kN		防撞等级	碰撞力/kN	
	$Z=0$m	$Z=0.3\sim0.6$m		$Z=0$m	$Z=0.3\sim0.6$m
B	95	75 ~ 60	SA、SAm	430	360 ~ 310
A、Am	210	170 ~ 140	SS	520	435 ~ 375
SB、SBm	365	295 ~ 250			

注：Z 是桥梁护栏的允许变形量。

高速公路小桥、通道、明涵的护栏防撞等级宜与相邻的路基护栏相同。

5. 波形梁护栏的设计要点

（1）路侧波形梁护栏构造　路侧波形梁护栏的横断布设，不应使护栏面侵入高速公路建筑限界以内，并不得使护栏立柱外侧的侧向土压力明显减少。路侧波形梁护栏的构造应符合下列规定：

1）A级路侧波形梁护栏由二波波形梁板（310mm×85mm×4mm）、立柱（ϕ140mm×4.5mm）和防阻块（196mm×178mm×200mm×4.5mm）等组成，如图9-4所示。

2）SB级路侧波形梁护栏由三波波形梁板（506mm×85mm×4mm）、立柱（ϕ130mm×130mm×6mm）和防阻块（300mm×200mm×290mm×4.5mm）等组成，如图9-5所示。

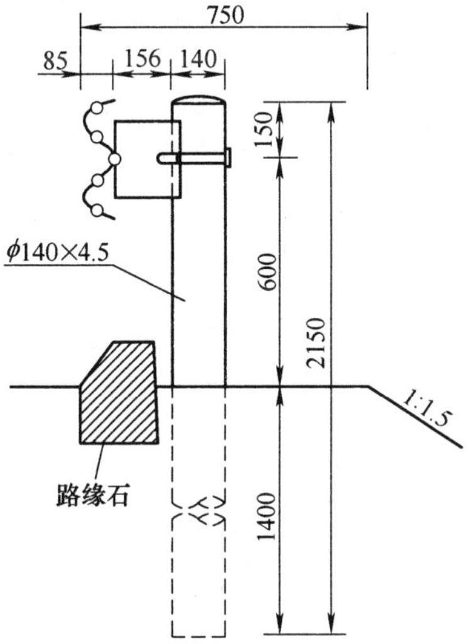

图9-4　路侧A级波形梁护栏构造

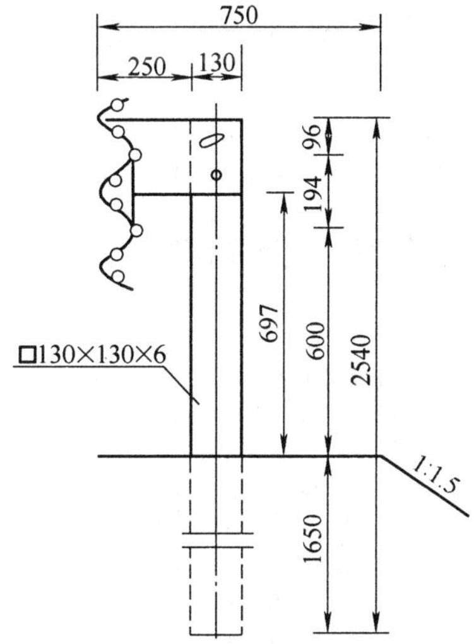

图9-5　路侧SB级波形梁护栏构造

3）SA级路侧波形梁护栏由三波波形梁板（506mm×85mm×4mm）、横梁（ϕ89mm×5.5mm）、立柱（ϕ130mm×130mm×6mm和ϕ102mm×4.5mm）和防阻块（300mm×200mm×290mm×4.5mm）等组成，如图9-6所示。

4）SS级路侧波形梁护栏由三波波形梁板（506mm×85mm×4mm）、横梁（ϕ89mm×5.5mm）、立柱（ϕ130mm×130mm×6mm和ϕ102mm×4.5mm）和防阻块（350mm×200mm×290mm×4.5mm）等组成，如图9-7所示。

（2）中央分隔带波形梁护栏构造　中央分隔带波形梁护栏的构造应符合下列规定：

1）中央分隔带波形梁护栏可采用分设型或组合型，可根据中央分隔带的宽度、构造物和管线的分布加以确定。

2）Am级中央分隔带分设型波形梁护栏由二波波形梁板（310mm×85mm×4mm）、立柱（ϕ140mm×4.5mm）防阻块（196mm×178mm×200mm×4.5mm）等组成，如图9-8所示。

3）Am级中央分隔带组合型波形梁护栏由二波波形梁板［2×（310mm×85mm×4mm）］、立柱（ϕ140mm×4.5mm）和横隔梁（480mm×200mm×50mm×4.5mm）等组成，如图9-9所示。

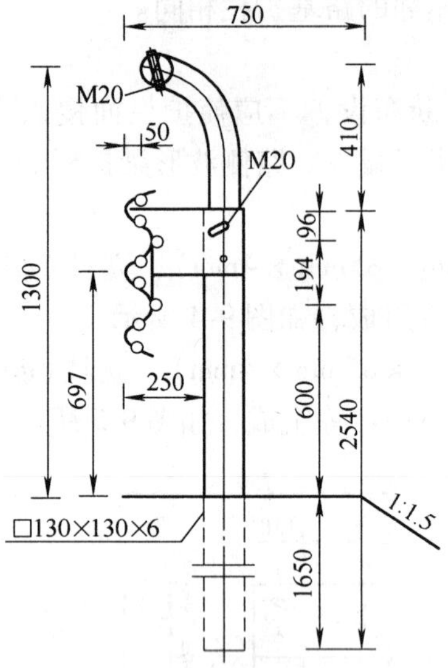

图 9-6 路侧 SA 级波形梁护栏构造

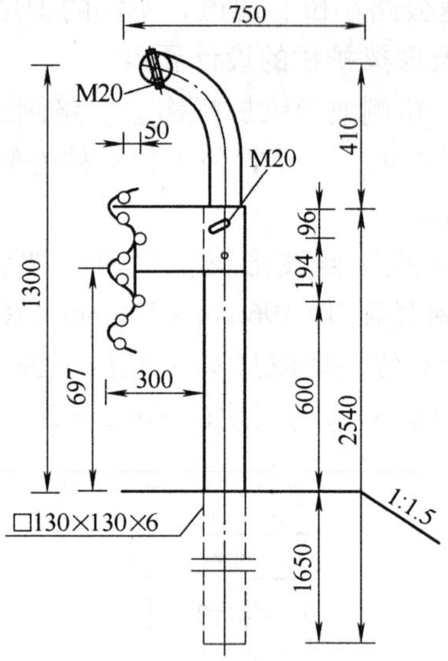

图 9-7 路侧 SS 级波形梁护栏构造

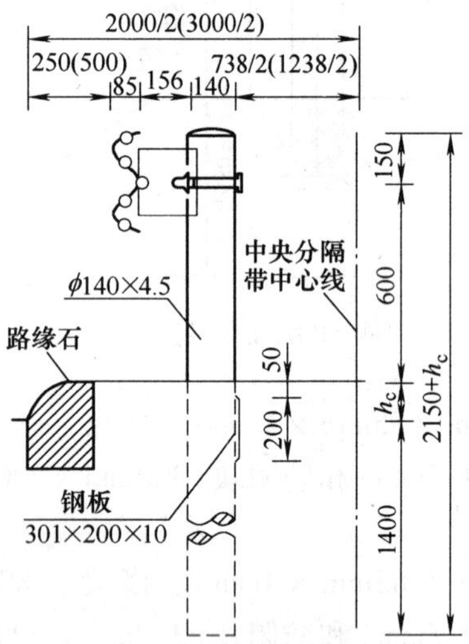

图 9-8 中央分隔带分设型 Am 级波形梁护栏构造

注：h_c为路缘石高度。

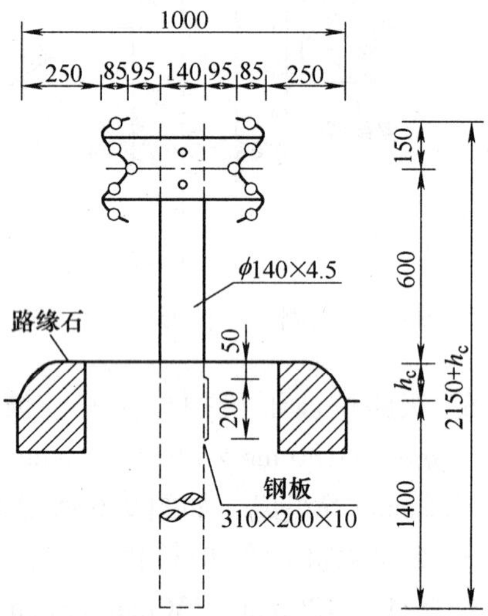

图 9-9 中央分隔带组合型 Am 级波形梁护栏构造

注：h_c为路缘石高度。

4）SBm 级中央分隔带波形梁护栏由三波波形梁板（506mm × 85mm × 4mm）、立柱（ϕ130mm × 130mm × 6mm）和防阻块（300mm × 200mm × 290mm × 4. 5mm）等组成，如图 9-10 所示。

5）SAm 级中央分隔带波形梁护栏由三波波形梁板（506mm × 85mm × 4mm）、横梁（ϕ89mm × 5. 5mm）、立柱（ϕ130mm × 130mm × 6mm 和 ϕ102mm × 4. 5mm）和防阻块（300mm × 200mm × 290mm × 4. 5mm）等组成，如图 9-11 所示。

（3）波形梁护栏沿公路横断面设置的位置

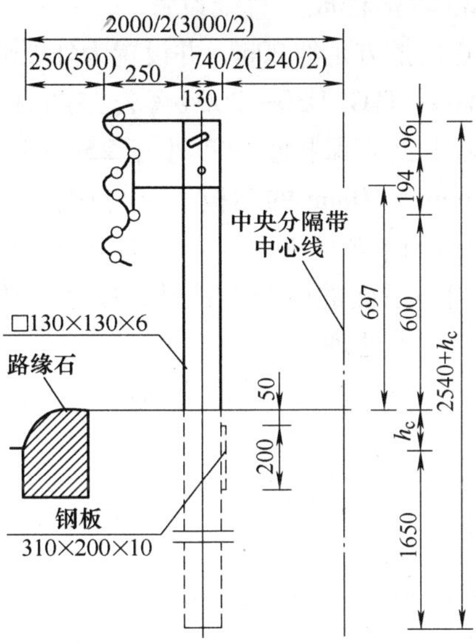

图9-10 中央分隔带SBm级波形梁护栏构造
注：h_c为路缘石高度。

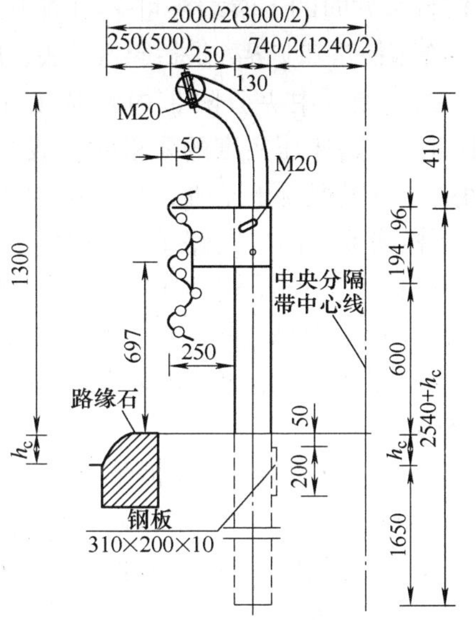

图9-11 中央分隔带SAm级波形梁护栏构造
注：h_c为路缘石高度。

1）路侧波形梁护栏应位于公路土路肩内，护栏面可与土路肩左侧边缘或路缘石左侧立面重合，立柱外侧土路肩保护厚度不应小于25cm。

2）中央分隔带分设型和组合型波形梁护栏宜以公路中心线为轴对称设置。当公路中心线位置内有构造物、地下管线时，可适当调整护栏的横向设置位置或改变护栏形式。

3）护栏的任何部分不得侵入公路建筑限界以内。

（4）波形梁护栏横梁中心高度

1）二波波形梁护栏（B级、A级、Am级）的横梁中心高度，从路面算起至连接螺栓孔中心的距离为600mm。

2）三波波形梁护栏（SB级、SBm级、SA级、SAm级、SS级）的横梁高度，从路面算起至三波板中心的距离为697mm。

3）护栏面与路缘石左侧立面不重合，上述高度还应增加路缘石的高度。

（5）从路面起算，波形梁护栏立柱的埋深

1）设置于土基中的B级二波波形护栏，立柱埋深不小于125cm。

2）设置于土基中的A级、Am级二波波形护栏，立柱埋深不小于140cm。

3）设置于土基中的SB级、SBm级、SA级、SAm级和SS级三波波形护栏，立柱埋深不小于165cm。

4）设置于小桥、通道、明涵等混凝土基础内的波形梁护栏，立柱埋深不小于30cm。

5）设置于石方、地下有管线等路段混凝土基础内的波形梁护栏，立柱埋深不小于40cm。

（6）路侧波形梁护栏的起、讫点的端头处理

1）行车方向的上游端头宜设置为外展地锚式或圆头式，端头与护栏标准段之间应设置渐变段。

2）行车方向的下游端头可采用圆头式，并与标准段护栏成一直线设置。

3）在填挖路基交界处护栏起点端头，应从填挖零点向挖方延伸20m，并设置为外展圆头式。

4）当路侧、中央分隔带内路基土压实度不能满足 JTG D30—2004《公路路基设计规范》中对路基路床压实度的要求时，或护栏立柱外侧土路肩保护层厚度小于25cm时，应设置加肋板或设置混凝土基础，加肋板为310mm×200mm×10mm的钢板，可与护栏立柱焊接或通过螺栓连接，固定在路缘石顶面或路面以下50mm的立柱外侧，与交通流前进方向成0°~15°夹角。中间分隔带采用混凝土基础时，宜将同一断面的两个立柱基础联成整体。

（7）设置于中央分隔带起点、终点及开口处护栏端头处理

1）标准路段采用分设型波形梁护栏时，其圆形端头及过渡段线形应与中央分隔带相一致，立柱间距为2m。

2）标准路段采用组合型波形梁护栏时，可以圆形端头开始或结束。

（8）交通分流处三角地带波形梁护栏端头处理

1）交通分流处三角地带的护栏，其构造应与路侧波形梁护栏一致，并根据三角地带的线形和地形进行布设，其中靠公路主线一侧的8m范围内和靠匝道一侧8m范围内立柱间距应减半，并用圆形端头把三角地带两侧的护栏连接起来。

2）在迎交通流方向的危险三角地带范围应设置缓冲设施。

（9）路侧设有紧急电话处，护栏应留有开口并进行端头处理　开口处应位于行车方向下游距紧急电话1~2m处。

（10）隧道入口处的路侧波形梁护栏的端头

1）隧道入口处的路侧波形梁护栏宜以抛物线形向洞口壁延伸，并设置满足隧道建筑限界要求的圆形端头。

2）隧道入口处的路侧波形梁护栏可与隧道壁搭接，端部护栏板应进行斜面焊接处理。

端头处理的各种形式详见 JTG/T D81—2006《公路交通安全设施设计细则》。

9.1.2 防眩设施

汽车前照灯产生的眩光是危害公路夜间行车的主要因素，它使驾驶员获得信息的质量显著降低，视觉性能受到伤害，容易产生紧张与疲劳，是发生交通事故的潜在因素，尤其在高速公路上，由于车速很高，夜间对向车前照灯对驾驶员的眩目和视距的影响会更加严重。目前解决汽车前照灯眩光问题的行之有效而又经济可行的方法是在高速公路上设置防眩设施。

1. 防眩设施的分类

防眩设施按构造可分为防眩板、防眩网、植物防眩三种形式。表9-6所示是对不同类型的防眩设施进行综合比较的结果。

表9-6　不同类型防眩设施的综合性比较

特点	植树（灌木）		防眩板	防眩网	特点	植物（灌木）		防眩板	防眩网
	密集型	间距型				密集型	间距型		
美观	好		好	较差	经济性	差	好	好	较差
对驾驶员心理影响	小	大	小	较小	施工难易	较难		易	难

（续）

特点	植树（灌木）		防眩板	防眩网	特点	植物（灌木）		防眩板	防眩网
	密集型	间距型				密集型	间距型		
对风阻力	大		小	大	养护工作量	大		小	小
积雪	严重		轻微	严重	横向通视	差	较好	好	好
自然景观配合	好		好	不好	阻止行人穿越	较好	差	差	好
防眩效果	较好		好	较差	景观效果	好		好	差

2. 防眩设施的设置原则

（1）高速公路凡符合下列条件之一者，应设置防眩设施

1）中央分隔带宽度小于9m的路段。

2）夜间交通量较大，服务水平达到二级以上的路段。

3）圆曲线半径小于一般值的路段。

4）凹形竖曲线半径小于一般值的路段。

5）公路路基横断面为分离式断面，上下行车行道高差小于或等于2m时。

6）与相邻公路或交叉公路有严重眩光影响的路段。

7）连拱隧道进出口附近。

（2）公路沿线有连续照明设施的路段，可不设置防眩设施

（3）防眩设施连续设置时，应符合下列规定

1）应避免在两段防眩设施中间留有短距离间隙。

2）各结构段应相互独立，每一结构段的长度不宜大于12m。

3）结构形式、设置高度、设置位置发生变化时应设置渐变过渡段，过渡段长度以50m为宜。

防眩设施应设置在高速公路的中央分隔带上，最好与护栏、隔离封闭设施配合使用，既可节省投资，又可防止行人在公路上随意横穿而使驾驶员行车紧张。

3. 防眩设施的形式与选择

目前在世界各国使用最广泛的主要是防眩板及防护网。由于防眩板是一种经济、美观、对风阻挡小、积雪小、对驾驶员心理影响小的防眩设施，尤其是适当板宽的防眩板与混凝土护栏配合使用效果更好，所以防眩板是一种最佳的结构形式，它与植树形式均被作为我国高速公路防眩的两种基本形式。

进行防眩设施形式选择时，主要应注意如下几点：

1）选择防眩设施的形式时，应针对公路的平纵线形设计、气候条件，充分比较各种防眩设施的性能，分析行驶安全感、压迫感、景观要求，并考虑与公路周围环境的协调，结合经济性、施工条件及养护维修等因素综合确定。

2）宜采用防眩板和植树两种方式交替设置进行防眩。在进行经济技术论证后，也可以采用其他的防眩形式。

3）中央分隔带护栏间距小于树冠直径时，或植树对中央分隔带通信管道有影响时不宜

采用植树防眩。

4. 防眩设施的设计标准

防眩设施的标准取决于汽车前照灯的远光亮度及照射距离、不同类型汽车会车时驾驶员视线高度、相会两车的横向位置距离和要求的遮光程序、会车时高速公路的平面与纵断面线形因素。

（1）防眩设施的高度　防眩设施的高度与车辆前照灯高度、驾驶员视线高度、公路纵断面曲线及前照灯的最小几何可见角、配光性能等因素有关，图 9-12 所示是防眩设施最小高度理论计算图。假定公路是平坦无横坡的直线段，则防眩设施最低高度可按驾驶员恰好看见对向车前照灯这一几何关系进行计算(图中 L 为汽车前照灯的远光照距)。

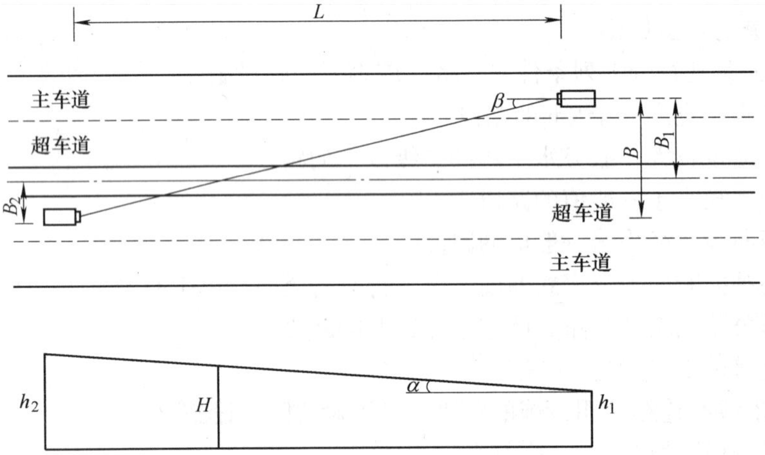

图 9-12　防眩设施最小高度理论计算图

直线路段防眩施工的高度 H 为

$$H = h_1 + (h_2 - h_1)\frac{B_1}{B} \tag{9-1}$$

式中　H——防眩设施高度(m)；

h_1——汽车前照灯高度(m)，大型车取 1.0m，小型车取 0.8m；

h_2——驾驶员视线高度(m)，大型车取 2.0m，小型车取 1.3m；

B_1、B_2——车道上车辆距防眩设施中心线的距离(m)，$B = B_1 + B_2$，如图 9-12 所示。

平曲线路段应按式(9-2)、式(9-3)验算防眩设施高度对停车视距的影响。平曲线路段防眩设施高度验算图如图 9-13 所示，停车视距按《公路工程技术标准》取值。

$$H < \frac{D - (R + m/2)\cos\gamma}{D}(h_2 - h_1) + h \tag{9-2}$$

$$D = 2R\sin\frac{S}{2R} \tag{9-3}$$

式中　D——驾驶员与障碍物通视的直线距离(m)；

m——中央分隔带的宽度(m)；

h——障碍物高度(m)；

S——停车视距(m)。

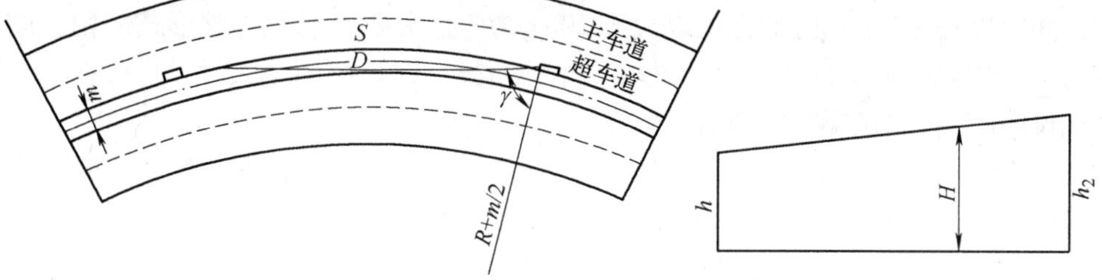

图9-13 平曲线路段防眩设施高度验算图

在竖曲线路段，当竖曲线半径小于《公路工程技术标准》所规定的一般最小半径时，应根据竖曲线路段前后纵坡的大小计算防眩设施是否满足要求。

（2）防眩板的遮光角 防眩板是通过其宽度部分来阻挡对向车前照灯的光束，即在中央分隔带上连续设置间距为 L、横置宽度为 b 的板条，设与前照灯主光轴的水平夹角呈 β_0 的光线照射到防眩板上时，光线刚好被相邻两块板条所阻挡。从图9-14中可以看出：

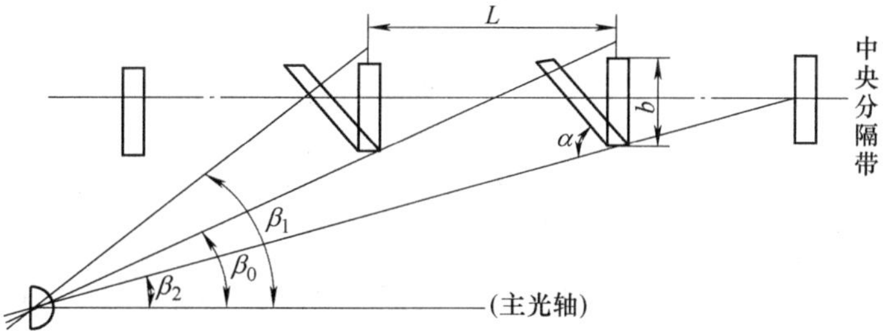

图9-14 遮光角计算图示

直线路段遮光角 β_0 为

$$\beta_0 = \arctan\left(\frac{b}{L}\right) \tag{9-4}$$

平曲线路段遮光角 β 为

$$\beta = \arccos\left(\frac{R - B_3}{R}\cos\beta_0\right) \tag{9-5}$$

式中 R——平曲线半径(m)；

B_3——车辆驾驶员与防眩设施的横向距离(m)。

遮光角是一个非常重要的计算参数，它将是防眩设施设计的重要依据。当与前照灯主光轴的水平夹角呈 β_2 的光线照射到防眩板上时，当 $\beta_2 < \beta_0$ 时光线将被全部遮挡，而当水平夹角 $\beta > \beta_1 > \beta_2$ 时，部分光线将穿过防眩板。

（3）防眩板宽度和间距 防眩板的宽度可为8～25cm，间距为50～100cm；植树防眩的树丛间距应根据树冠有效直径经计算确定。

5. 防眩设施的设置

（1）植树 中央分隔带的宽度满足植树需要时，可采用树木作为防眩设施。一般用整形式栽植，间距6m(种三棵，树冠宽1.2m)或2m(种一株，树冠宽0.6m)，树高1.5m。灌木丛也具有遮光防眩作用。

试验显示，树距1.7m时遮光效果良好，无眩光感；树距2.5m时有瞬间眩光。故完全植树时，间距以小于2m，树干直径以大于20㎝为宜。分隔带绿化为整形式侧柏、刺柏、黄杨等绿篱时，防眩效果良好。绿篱高度可视车种而异。在植树间距大时，也可在树间植常青绿篱，或设防眩栅、防眩网等防眩设施。

（2）防眩板　防眩板的设置主要有三种情况：一是防眩板单独设置；二是防眩板设置在波形梁护栏的横梁上；三是防眩板设置在混凝土护栏上。

1）防眩板通过混凝土护栏顶部的预埋件架设在混凝土护栏上，预埋件的间距一般为2m。一般采用焊接，如图9-15所示。

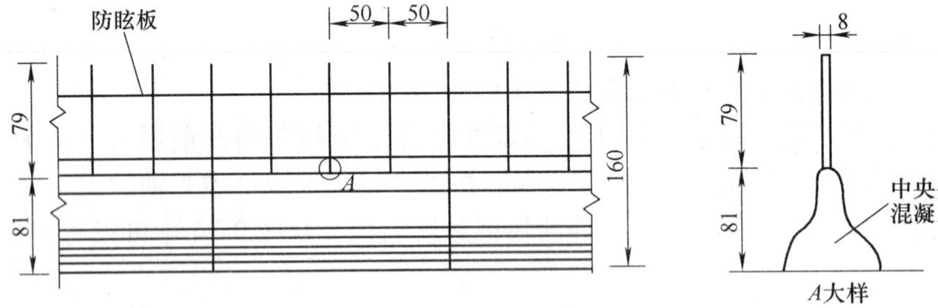

图9-15　设置于混凝土护栏上的防眩板构造（尺寸单位：cm）

2）防眩板与波形梁护栏配合设置，可通过连接件将其架设在护栏上，也可单独竖立支柱将其埋设在中央分隔带上，如图9-16和图9-17所示。

防眩板连续设置时，应每隔一定距离使其纵向断开成为相互独立的结构段，每一结构段的长度一般宜为4～12m。

防眩板及其连接件的尺寸应结合结构和景观等因素确定。一般板条厚度为2.5～4.0mm，板宽为8～25cm；方形型钢的外形尺寸可为40mm×40mm～65mm×65mm，其壁厚可为2～3mm。

防眩板设置在中央分隔带上，免不了要遭受失控车辆的冲撞而损坏。为减轻损坏的严重程度，设计时应每隔一定距离使前后相互分离，这样做有利于加工制作和运输安装，从防止温度应力破坏的角度来说也是必要的，防眩板每一独立段的尺度可与护栏的设置间距相协调，选择4m、6m、8m、12m或稍长一些都是可以的。

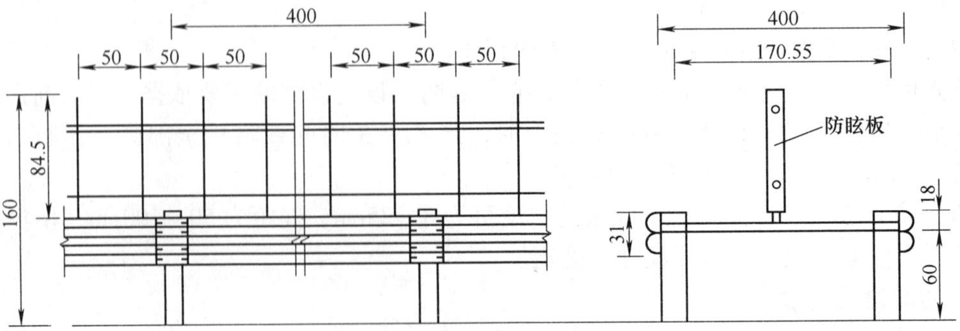

图9-16　设置于护栏中央的防眩板构造（一）（尺寸单位：cm）

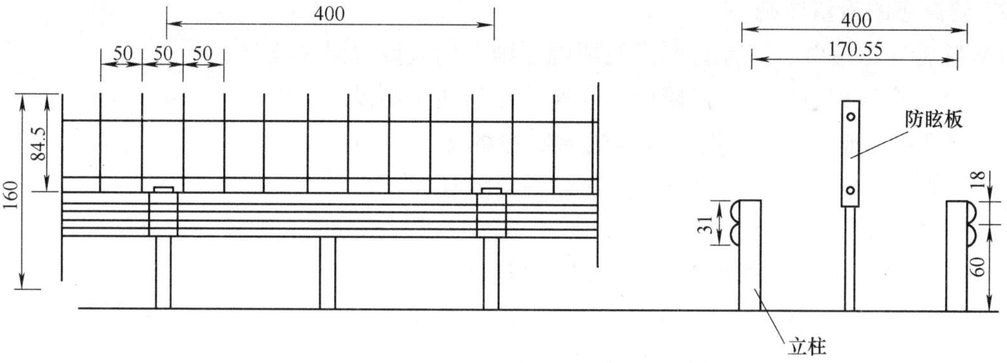

图 9-17　设置于护栏中央的防眩板构造(二)(尺寸单位：cm)

防眩板这种形式的主要优点是对风阻挡小、不易引起积雪、美观经济和对驾驶员心理影响小。只要防眩板能满足一般构造上的要求，就足以抵抗风力的破坏，故一般可不对其进行力学计算，而只要满足构造上的要求即可。但在经常遭受台风袭击的沿海地区和常年风力较大、风可能刮倒树木或破坏道路设施的地区，防眩板单独埋设基础时，在设计上应对防眩板的连接部件或基础进行抗倾覆力等力学验算。

9.1.3　隔离设施

隔离设施又可称为隔离栅，它是随着修建全封闭、全立交的高速公路而出现的，是为了阻止人畜进入高速公路，防止非法占用公路用地的基础设施。它可有效地排除横向干扰，避免由此产生的交通延误或交通事故，保障高速公路效益的发挥。我国对隔离栅的结构、分类、防腐处理、施工安装、质量要求和验收等项目已在有关规范中作了详细规定，有关隔离栅的产品标准也已颁布，这将使隔离栅的制作走向规范化。

1. 隔离设施的分类

1）按构造形式分类，可分为钢板网、编织网、电焊网、刺钢丝网、常青绿篱和隔离墙等。常青绿篱在南方地区与刺钢丝网配合使用，具有降噪、美化路容和节约投资的功效。

2）按立柱断面形式分类，可分为直缝焊接钢管立柱、型钢立柱、Y 形立柱及混凝土立柱等。

3）按防腐形式分类，可分为热浸镀锌、热浸镀铝、浸(涂)塑隔离栅。

4）按安装方法分类，可分为整网连续安装和分片式(组合式)安装。

其分类的一般规定见表 9-7。

表 9-7　隔离栅的分类

类　型	埋设条件	支撑结构
电焊网	混凝土基础或直埋土中	钢支柱
钢板网	混凝土基础或直埋土中	钢支柱
编织网	混凝土基础或直埋土中	钢支柱
刺钢丝网	混凝土基础或直埋土中	钢筋混凝土支柱或钢支柱
常青绿篱	土中	—

2. 隔离栅的设置原则

1）除特殊路段外，高速公路沿线两侧原则上均应设置隔离栅。

2）凡符合下列条件之一的路段，高速公路沿线可不设隔离栅。

a. 路侧有水池、池塘、湖泊等天然屏障的路段。

b. 路侧有高度大于1.5m挡土墙或砌石等陡坝的路段。

c. 桥梁、隧道等构造物的两侧，除桥头或洞口需与路基隔离栅连接以外的路段。

3）隔离栅遇桥梁、通道时，应在桥头锥坡或端墙处围封。

4）隔离栅遇尺寸较小、流量不大的涵洞时可直接跨越。

5）隔离栅的中心线应沿公路用地范围界限以内20~50cm处设置。

3. 隔离栅的形式选择

1）下列路段可选择钢板网、编织网、电焊网的形式：

①靠近城镇人口稠密地区的路段。

②沿线经过风景区、旅游区、著名地点等的路段。

③互通式立体交叉、服务区、停车区、管理养护机构两侧。

2）下列路段可选择刺钢丝网的形式：

①人口稀少的路段。

②公路预留地。

③跨越沟渠而需要封闭的路段。

3）金属网隔离栅可与常绿小乔木或灌木配合使用。

4）根据需要和当地条件可采用常青绿篱和隔离墙等其他形式的隔离墙。

9.1.4 视线诱导设施

视线诱导设施是随着高速公路的修建而逐步受到重视的，这些设施为夜间行驶车辆的驾驶人员提供道路线形轮廓的指示，诱导交通流的交汇运行，指示或警告前方行驶方向的改变，对提高行驶的安全性和舒适性有重大作用。

1. 视线诱导设施的分类

视线诱导设施按其功能可分为：轮廓标，分、合流诱导标，指示性和警告性线形诱导标以及突起路标四大类。

1）轮廓标：以指示道路线形轮廓为主要目标。

2）分、合流诱导标：以指示交通流分、合为主要目标。

3）线形诱导标：以指示和警告车辆驾驶人改变行驶方向为主要目标。

4）突起路标：以辅助和加强标线作用、保证行车安全、提高道路服务质量为主要目标。

2. 视线诱导设施的设置原则

（1）轮廓标的设置原则

1)高速公路的主线及其互通式立体交叉、服务区、停车区等处的进出匝道应全线连续设置轮廓标。轮廓标在公路前进方向左、右侧对称设置。直线路段设置间距不应超过50m，曲线路段和匝道处设置间距不应大于表9-8的规定。公路路基宽度、车道数量有变化的路段及竖曲线路段，可适当加密轮廓标的间隔。

表9-8　曲线路段、匝道处轮廓标的设置间隔

曲线半径/m	≤89	90～179	180～274	275～374	375～999	1000～1999	≥2000
设置间隔/m	8	12	16	20	30	40	50

2）安装轮廓标时，反射体应面向交通流，其表面法线应与公路中心线成0°～25°的角度。

3）各种类型的轮廓标设置高度宜保持一致，轮廓标反射体中心线距路面的高度应为60～70cm。有特殊需要时，经论证可以采用其他高度。

（2）分、合流诱导标的设置原则　在互通式立体交叉的进、出口附近和有交通分、合流的地方，应设置诱导驾驶员视线、注意匝道交织运行的分流诱导标和合流诱导标。分流诱导标设在分流点前方适当地点；合流诱导标设在合流点前方适当地点。

（3）线形诱导标的设置原则

1）指示性诱导标应设置在主曲线半径较小或通视条件较差、对行车安全不利的曲线外侧。

2）警告性诱导标应设置在高速公路局部施工或维修作业等需要临时改变行车方向的路段。

3）线形诱导标至少在150m远处就能看见，其设置间距保证驾驶员至少能看见三块诱导标或能辨明前方进入弯道运行。

4）曲线半径较小的匝道上，驾驶员应连续看到不少于三块线形诱导标。

（4）突起路标的设置原则　突起路标可设置在高速公路主线上，用来标记车道分界线、边缘线，也可用来标记弯道、进出口匝道、导流标线、车行道变窄、路面障碍物危险路段。

对于多雪地区，高速公路某些路段可能积雪，这样普通突起路标便会影响到铲雪机的正常工作。对此，可增加轮廓标的数量予以弥补。

9.1.5　照明设施

设置高速公路照明系统，可以使车辆在夜间行驶时驾驶人能够看清前方道路形状、周围交通情况，并能够及时认清前方障碍及各类标志等，从而将良好的视觉信息传递给道路使用者。设置高速公路照明系统可改善夜间行车条件，达到提高通行能力、减少交通事故的目的。合理的照明设计还能够提高交通诱导性，具有美化环境和改善景观的作用。

高速公路照明可分为三类：路段照明、广场照明和桥隧照明。高速公路照明应满足亮度、照度、眩光限制及诱导性四项指标的要求，高速公路特殊部位和相关场所的照明标准推荐值见表9-9。

表 9-9　高速公路照明标准推荐

照明区域		亮度			照度	眩光限制	诱导性
		平均路面亮度 $L_{av}/(cd/m^2)$	总均匀度 L_{min}/L_{av}	纵向均匀度 L_{min}/L_{max}	平均照度 E_{av}/lx		
特殊部位	高速公路路段	1.5～2	0.4	0.7	20～30	6	很好
	立体交叉	主路 2 匝道 1	0.5	0.7	主路 30 匝道 15	5	好
	平面交叉口	1.5～2	0.3	0.6	20～30	6	很好
	特大型桥梁	1.5～3.5	0.5～0.7	0.7	15～50	5	很好
	收费站广场	2～5	0.4	0.6	20～50	5	好
	进出口	0.5～2	0.3	0.6	10～30	5	好
相关场所	服务区	0.5～1.5	0.3	0.5	10～20	5	好
	养护区	0.5～1.5	0.3	0.5	10～20	5	好
	停车场	1～2	0.3	0.5	15～30	5	一般

1. 路段照明方式

路段照明方式采用常规照明，即在灯杆上安装 1～2 盏路灯，沿道路两侧或在中间带上布置，灯杆高度通常不超过 12～13m。

（1）常规照明基本形式　路段常规照明的基本形式包括交错布置、对称布置和中心对称布置三种基本形式，如图 9-18 所示。

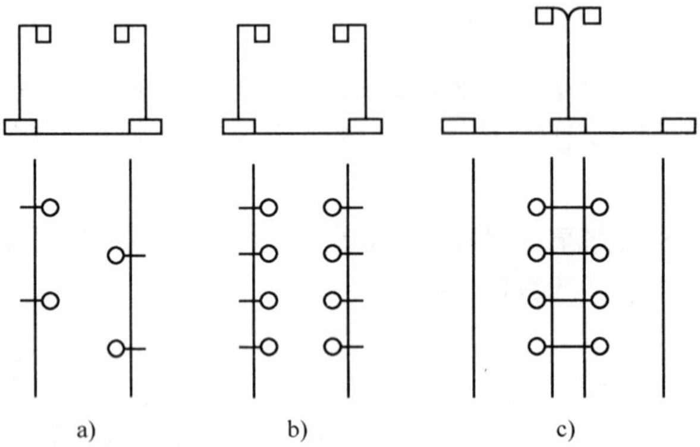

图 9-18　常规照明基本形式

a) 交错布置　b) 对称布置　c) 中心对称布置

（2）灯具安装基本要求　首先必须明确杆柱照明的位置与道路的关系，如图 9-19 所示。在此基础上注意以下四个方面：

1）注意灯具的安装高度（h）。灯具高度应根据灯具布置方式、路面有效宽度、灯具配光及光源功率来决定。杆柱照明安装高度一般在 15m 以下。随着灯具安装高度的增加，眩光越来越少，整个照明的舒适感相应增加。但从另一角度来看，由于提高了安装高度，会使照明灯杆的成本相应增加，同时，溢向路面以外的光通量也会增加，这样会使总效率降低。

一般灯杆高度在 10 ~ 15m 较为经济。

2）注意灯具的安装间距(S)。灯的间距与灯具配光、安装高度、路面纵向均匀度有关，安装高度越高间距可以越大。增加间距可以减少路面亮度变化，从而改善驾驶员的视觉反应特征和增加其视觉舒适感。

3）注意灯具的外伸部分(oh)。加大外伸长度可使照明器伸入车道的长度增加，车道接受的光通量增多，提高路面平均亮度，但路肩或紧急停车道的光通量下降。过长的外伸需加大结构长度，国际照明委员会(CIE)建议外伸长度不超过杆高的 1/4。

4）注意灯具的倾斜角度(θ)。灯具宜尽量采用水平安装，考虑美观，倾角可以做成 5° 或 15°，一般希望在 5°以下。因为倾角过大会增加眩光。

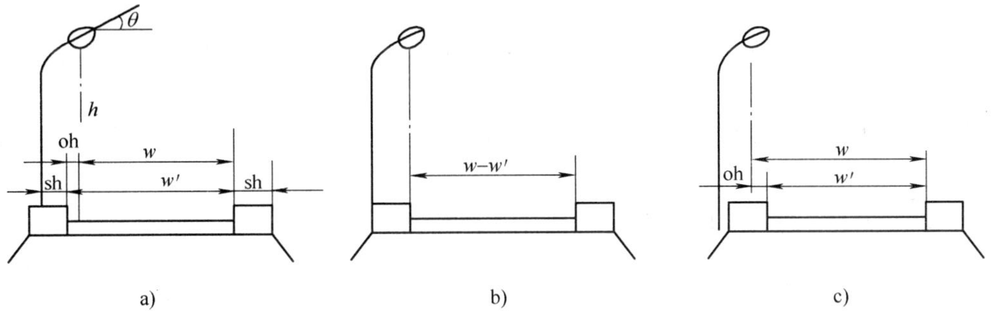

图 9-19　杆柱照明的位置与道路的关系

a)外伸为正值　b)外伸为零　c)外伸为负值

注：w'为车道宽；sh 为路边 + 侧带的宽；h 为灯具安装高度；θ 为倾斜角度；oh 为外伸部分宽度。

为了达到路面亮度分布均匀，对不同类型配光的灯具安装时采用不同的配置方式，将其安装高度(h)、灯的安装间距(S)、道路宽度(w)的比率限制在一定范围之内，参照表 9-10 选取。

表 9-10　照明灯具的配置标准

排列方式	截止型		半截止型		非截止型	
	安装高度 h	装置间隔 S	安装高度 h	装置间隔 S	安装高度 h	装置间隔 S
交错排列	$h \geqslant 0.7w$	$S \leqslant 3.0h$	$h \geqslant 0.8w$	$S \leqslant 3.5h$	$h \geqslant 0.9w$	$S \leqslant 4.0h$
对称排列	$h \geqslant 0.5w$	$S \leqslant 3.0h$	$h \geqslant 0.6w$	$S \leqslant 3.5h$	$h \geqslant 0.7w$	$S \leqslant 4.0h$

(3)曲线路段布灯

1）曲率半径大于或等于 1000m 的曲线路段，其照明灯杆可按直线路段设置。

2）曲率半径小于或等于 1000m 的路段，灯具布置应在弯道的外侧。为了得到较均匀的路面亮度，需要适当减小灯的安装间距，一般为直线段的 50% ~ 75%，灯具的外伸部分也应缩短。

3）转弯处的灯具不应安装在直线路段的延长线上，以免驾驶员误认为是道路向前延伸而发生事故。

4）急转弯处安装的灯具应能给车辆、缘石、护栏以及周围环境提供充足照明。

5）曲线路段发生视线障碍时，可在曲线外增设照明灯杆。

2. 立体交叉广场照明

立体交叉广场的照明是为了创造良好的视觉环境，保证交通安全，同时形成夜间景观效果。合理的照明设计，不仅能确保夜间行车的便利和安全，起着诱导交通的作用，还能强化立体交叉的感染力，烘托、辉映出建筑造型的艺术效果，增强其现代化的氛围。立体交叉广场照明要求照明范围大、光学诱导性强及眩光控制好。

（1）照明布置方式

1）单侧布置。如果桥面不宽，属于单向行车时(如匝道桥)，在一侧布置路灯。优点是诱导性好、造价低。

2）双侧交错布置。亮度总均匀度要比单侧布置好，但纵向要差一些，适用于桥面较宽的立体交叉桥上。

3）双侧对称布置。纵向均匀度和诱导性比双侧交错布置好，适用于桥面较宽的立体交叉桥上。

4）中心对称布置。照明灯布置在中央分隔带上，比两侧布置经济，且可获得良好的视觉诱导性。

（2）照明方式选择　照明方式选择主要从使用需要和总体美观方面考虑，灯型要与立体交叉结构形式相协调。

常规照明方式为一只或两只灯具安装在适当高度的灯杆上，按一定间距有规律连续布置在桥梁一侧或两侧的照明方式，一般多采用简单流畅的悬挑式和挂托式。

高杆照明为一组灯具安装在高度等于或大于 20m 高的灯杆上，进行大面积照明的一种照明方式。这种照明方式有以下特点：

1）照明范围广阔，光通量利用率高。

2）使用高效率大功率光源，经济性好。

3）由于灯塔很高，下面亮度均匀性高。

4）驾驶人员很容易从远处看到高杆照明，便于预知前方情况。

5）高杆一般在车道外安装，易于维修、清扫和换灯，不影响交通秩序。

高杆照明的结构通常有柱式和塔式两类，灯架分为可升降和不可升降两种。可升降灯盘的维修比较方便，并可携带 1 ~2 人升到柱顶进行检修。其供电方式有触头式及可移动软电缆式，此种形式不便于调整灯具的瞄准点，升降方法可用升降机、电动绞车或手动绞车控制小型杆灯(3 ~4 只灯)。固定式灯盘不可升降，检修时只能靠爬梯或者高架车进行，其优点是有利于到灯盘上调整灯具的瞄准角度，缺点是上下不方便，尤其是在天气恶劣时，危险性较大、不易维护。

选用高杆照明方式必须根据需要和具体条件，进行技术比较。大型互通式立体交叉为避免各路线方向设置灯具照明引起视角混乱，使各部分互相协调，多采用高杆照明。高杆照明设计应注意以下几点：

1）正确处理功能和美观两者之间的关系，合理选择高杆照明的结构造型，在满足照明功能的要求下，尽量达到美观要求。

2）高杆照明建设费用和养护管理费用都比常规照明高，设计时要进行分析和比较。

3）正确选择杆位，合理选择灯具数量和灯架灯杆的结构形式，以达到最佳照明效果。

3. 收费广场照明

由于车辆在驶入收费广场之前就要看清周围环境。快速、安全、准确地驶入收费车道并停车交费，所以收费广场的照明要求与一般路段相比就更为严格。

（1）设计标准 实际交通量在确定照明标准时起着重要的作用。根据对国内几十条高速公路、几十座互通式立体交叉的调查、分析，收费广场照明标准可参照表9-11。

表9-11 收费广场照明标准

交通量种类	路面亮度/(cd/m^2)
交通量大	2
交通量中	1.5
交通量小	1.5

在互通式立体交叉和高速公路布设连续照明、收费广场设置照明的情况下，要增设过渡照明，即把照明延伸到收费广场以外，并逐渐降低亮度水平，以利于驾驶员的视觉适应，通常收费广场产生的平均路面亮度为$2cd/m^2$左右，要求过渡段内的平均亮度约为$0.3cd/m^2$。驾驶员通过过渡照明这段道路所需时间大于或等于10s，对于互通式立体交叉匝道，限速40km/h时，完成过渡需要110m。

（2）照明方式

1）收费广场照明方式。通常的照明方式有：高杆照明、中杆照明、低杆照明。收费广场规模相差较大，针对这种情况在设计中采用了低、中、高相结合的方式。用低杆灯解决小型收费广场的照明问题，效果好，而且造价低；中杆灯及高杆灯用于大中型收费广场的照明设计。

2）收费顶棚照明方式。收费车道、收费岛和收费亭都在收费顶棚覆盖下，其照明与收费广场照明相比更为重要，因为在灯光照明下，收费员可以清晰地看出车型，便于收缴费用，为确保不出差错并尽可能缩短车辆的等候时间，收费顶棚照明标准比收费广场照明标准更高。收费顶棚一般采用嵌装在顶棚之内的嵌入式窄射光类的照明器。

4. 桥梁照明系统

桥梁照明的目的是使桥下频繁往来的船只避免不利光线的干扰，并且能够确保道路交通所必需的路面照明特性。

1）一般大桥照明设计标准与道路照明基本一致，但是桥梁照明亮度应高出与其相连接的进出口主线道路。

2）对于桥下有通航要求的桥梁，其照度除了要满足大桥桥面的照明要求外，还要注意桥上设置的照明设施可能对过往船舶行驶造成的不利影响。因此，对照明器、配光及安装等要慎重考虑。

为了使水上船只能够及时发现由桥梁造成的障碍，还应在桥梁下部设置照明设施，以便使航行船舶能够准确辨认前方桥墩位置和通航净空，采取有效的安全通行措施。另外，有较高桥头柱或塔的大桥还应考虑其可能对空中飞机航行造成的不利影响。

3）对位于特殊地理位置的具有重大意义和观赏价值的大型桥梁，除了考虑行车安全需要的正常照明外，还需要设置供夜间观赏的立面照明，从而产生较强的艺术效果。

4）在桥面出现较陡坡度时，桥面高度和与其连接的道路高差相差比较大，或为了突出大桥造型而采用一些装饰照明的情况下，桥梁照明要限制眩光。一是避免给桥上驾驶员照成眩光；二是避免给与其相连接或邻近的道路上的驾驶员造成眩光；三是当桥下有船只通航时，要避免给船上的领航员造成眩光。为此，必要时应采用严格控光灯具（有时在灯具内装上专用的挡光板或格栅），不得使用对船舶航行等水上交通及渔业活动造成不利影响的照明设施。

5）不宜采用栏杆照明方式，这是因为对驾驶员造成的眩光不易限制，只是在桥面很窄、对照明要求不高（如只起导向作用）或常规照明方式接受不了的特殊情况下才可采用。

5. 隧道照明系统

（1）隧道照明的特点　驾驶员在白天从明亮的自然环境接近、进入和通过公路隧道的过程中，会发生特殊的视觉问题：

1）首先由于隧道内外亮度差别很大，如汽车按常规匀速前进，则驾驶员在进入隧道口的一瞬间会产生什么也看不见的感觉——黑洞现象。

2）进入隧道以后，由于视觉不能迅速适应，驾驶员要经过一定时间（3s以上）才能看清前面的情况，而这一视觉的滞后现象对于行驶的汽车来说是十分危险的。

3）在隧道中，由于大量通过的汽车排出的废气无法迅速驱散而形成烟雾，降低了能见度。

4）在隧道出口处，由于隧道内照明和出口后的照明相差很大，在白天，外面亮度很高，驾驶员出了隧道口，感到强烈的眩光，在夜间，驾驶员出了隧道口看见的是一个黑洞，无法辨认公路的线形，也无法发现障碍物。

由于隧道照明情况既复杂，又特殊，照明技术采取的措施也相应较多。

（2）隧道照明措施及照明标准

1）洞外采取专用减光措施。明亮的日光下亮度可达8000cd/m^2，显然亮度过高，因此，需要在洞口外进行适当的处理，如在接近入口地段设置遮光棚、铺设黑色路面以及植树或铺植草坪等，借以降低此段的天然亮度，并使路面的亮度与洞口亮度相适应。遮光处理是解决入口照度突变造成的视觉不适应的方法之一，可以减小缓和照明的安装功率。

遮光的原则是使接近入口的光线能够变得较弱，遮光距离一般不小于50m。遮光棚在国外常用，但其建筑费较高，用栽树的方法来代替遮光棚较为经济，同样也能收到较好的效果。无论洞外是否采用遮光处理，在进口段墙面和路面上都应使用反射率较高的浅色建筑材料。

2）分段设置不同亮度。为减小洞外和洞内的亮度变化率，隧道照明一般应划分为入口段、基本段、出口段等多个功能区段，各段的长度和亮度的高低随设计速度及洞外亮度等因素而变化。

a. 入口段。隧道照明的关键在于入口段照明的处理，应以白天和夜间两种不同情况确定设计亮度。在白天，洞外光线较强，过渡段的照明需从洞口向里逐渐降低，最后和内部照度一致，如图9-20所示；在夜间，洞外光线较弱，过渡段的照明应从内部照明逐渐向洞外降低，防止出现“黑洞效应”。

为了使驾驶员从露天进入隧道口就能看到洞内环境和障碍物，引入段必须具有较高的亮度。研究资料认为：3s内亮度降低不能超过1/3，4s以上可降到1/10。引入段的亮度和长

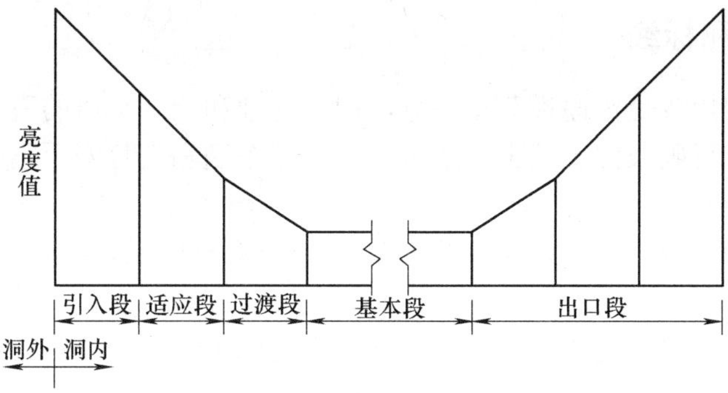

图 9-20　白天照明渐变梯度

度随设计速度和洞外亮度而变化。逐渐加大灯具排列间距和改变布置方式可以实现亮度随路段长度而减弱。

适应段和过渡段提供一个由高到低的视觉适应过程。如果在过渡段亮度降低过于急剧或适应时间过短，能见度和视觉舒适性都将因适应不充分而恶化。试验表明此路段的适应时间可取为 2 ~4s。

b. 基本段。隧道内的基本照明可按照隧道中的实际设计速度对照明的需求来决定。隧道内基本照明及夜间照明标准见表 9-12。

c. 出口段。凡单向通行的隧道，一般应对出口段的照明作适当的处理，以减少驾驶员白天出隧道后的强烈眩光感觉和晚上出隧道后的黑洞现象。

具体方法为在出口段两侧植树遮光和设置遮光棚，以降低白天自然光的强度，同时在出口段两侧布置路灯，提供晚上道路照明，避免出口段的黑洞现象。

表 9-12　基本照明及夜间照明亮度

设计速度/(km/h)	路面的平均亮度/(cd/m^2)	换算平均亮度/lx	
		混凝土路面	沥青路面
100	9.5	120	120
80	4.5	60	100
60	2.3	30	50

注：平均照度换算系数：13(混凝土路面)；22(沥青路面)。

3）应急照明。隧道照明由于突然停电或其他原因而熄灭，在灭灯最初数秒内是最危险的。此时，如果某一辆汽车突然减速，而后面其他车辆仍以原速度继续行驶，在这种亮度突然降低的情况下汽车速度突然变化会带来危险。但在几秒钟后汽车前灯开启，驾驶员慢慢适应环境，危险才能消除。

因此，事故照明在停电后数秒开启是不能满足要求的。宜有两个以上独立电源供电，应急照明应有另外的独立供电系统。备用电源在主电源停电后能自动投入使用，并持续 3min 以上。应急照明的照度一般应为正常照明的 1/5 以上，对于长时间停电，则希望设置诱导照明，此时应在隧道内壁等间隔布灯，以指明隧道内壁位置及进出方向。

9.1.6 交通标志和标线

道路交通标志和标线是传递规范化信息并用以管理和疏导交通的重要设施，对提高道路通行能力、改善车流行驶条件、减少交通事故、保护车辆和人身安全具有十分重要的作用。

1. 交通标志

道路交通标志是以颜色、形状、字符、图形等向道路使用者传递信息，用于管理交通的设施。

交通标志应结合道路及交通情况设置，通过交通标志提供准确及时的信息和引导，使道路使用者顺利快捷地抵达目的地，促进交通畅通和行车安全。

（1）基本要求

1）交通标志的设置应综合考虑、布局合理，防止出现信息不足或过载的现象。信息应连续，重要的信息宜重复显示。

2）交通标志一般情况下应设置在道路行进方向右侧或行车道上方，也可根据具体情况设置在左侧，或左右两侧同时设置。

3）为保证视认性，同一地点需要设置两个以上标志时，可安装在一个支撑结构上，但最多不应超过四个；分开设置的标志，应先满足禁令、指示和警告标志的设置空间。

4）原则上要避免不同种类的标志并设。解除限制速度标志、解除禁止超车标志、路口优先通行标志、会车先行标志、会车让行标志、停车让行标志、减速让行标志应单独设置；如条件受限制无法单独设置时，一个支撑结构上最多不应超过两种标志。标志板在一个支撑结构上并设时，应按禁令、指示、警告的顺序，先上后下，先左后右地排列。

5）警告标志不宜多设。同一地点需要设置两个以上警告标志时，原则上只设置其中最需要的一个。

（2）交通标志的分类　根据 GB 5768.2—2009《道路交通标志和标线　第 2 部分：道路交通标志》的规定，交通标志按其作用分为主标志和辅助标志两大类。

1）主标志。按照含义的不同，可分为以下七类：

①警告标志：警告车辆、行人注意道路交通的标志；②禁令标志：禁止或限制车辆、行人交通行为的标志；③指示标志：指示车辆、行人应遵循的标志；④指路标志：传递道路方向、地点、距离信息的标志；⑤旅游区标志：提供旅游景点方向、距离的标志；⑥作业区标志：告知道路作业区通行的标志；⑦告示标志：告知路外设施、安全行驶信息以及其他信息的标志。

2）辅助标志。辅助标志是附设于主标志下面，起辅助说明作用的标志，为长方形、白色底黑字黑边框，可分为表示车辆种类、表示时间、表示区域或距离、表示禁令或警告理由等四种，它不能单独设立。

（3）交通标志的颜色　标志的视角清晰度与它的颜色和背景的对比度有很大关系。颜色可分为彩色和非彩色两类。黑、白色系列称为非彩色，黑、白色系列以外的各种颜色为彩色。不同颜色有不同的光学特性，如对比性、远近性、视认性等。

1）对比性：指相邻区域的不同颜色相互的影响。有的色彩对比效果强烈，有的则对比效果较差。如把绿色纸片放在红色纸片上，绿色显得更绿，红色显得更红；若把绿色纸片放在灰色纸片上，对比效果就差，而且会妨碍视认。

2）远近性：表现为等距离放置的几种颜色使人有不等距离的感觉。如红色与青色放在等距离处，红比青使人感到近。红、黄色为显近色，绿、青为显远色。

3）视认性：指在同样距离内，可见光的颜色能看清楚的易见性好。如红色的易见性最好，橙黄、绿次之，即以光的波长为序，光波长的视认性高于光波短的颜色。

根据心理学的研究，不同颜色会使人有不同的联想，产生不同的心理感觉。因此可利用颜色的不同特性，制成不同的功能标志。

GB 5768.2—2009《道路交通标志和标线　第 2 部分：道路交通标志》规定了各种交通标志的颜色、含义以及用途，具体见表 9-13。

表 9-13　交通标志的颜色、含义以及用途

颜色	表示含义	用途
红色	禁止、停止、危险	用于禁令标志的边框、底色、斜杠，也用于叉形符号和斜杠符号、警告性线形诱导标志的底色等
黄色或荧光黄色	警告	用于警告标志的底色
蓝色	指令、遵循	用于指示标志的底色
	地名、路线、方向等的行车信息	用于一般道路指路标志的底色
绿色	地名、路线、方向等的行车信息	用于高速公路和城市快速路指路标志的底色
棕色	旅游区及景点项目的指示	用于旅游区标志的底色
黑色	—	用于标志的文字、图形符号和部分标志的边框
白色	—	用于标志的底色、文字和图形符号以及部分标志的边框
橙色或荧光橙色	—	用于道路作业区的警告、指路标志
荧光黄绿色	—	用于注意行人、注意儿童的警告标志

（4）交通标志的形状　驾驶员在道路上应易于识别标志的形状、颜色，从而快速辨别标志属于哪一类，可以提前做些准备，充分发挥交通标志的作用。

根据对交通标志形状可认性的研究，具有同等面积的不同形状的标志，其可辨性是不同的。通常在同等面积条件下，三角形的辨认效果最好，其次是菱形、正方形、圆形、六角形、八角形等。在决定道路交通标志的形状时，除考虑其形状对可辨性的影响外，还要考虑标志牌的可应用面积的大小(即可容纳的信息量多少)以及过去使用的习惯等因素。各类交通标志的形状及其用途见表 9-14。

表 9-14　交通标志的形状及其用途

形状	用途
正等边三角形	用于警告标志
圆形	用于禁令和指示标志
倒等边三角形	用于“减速让行”禁令标志
八角形	用于“停车让行”禁令标志
叉形	用于“铁路平交道口叉形符号”警告标志
方形	用于指路标志，部分警告、禁令和指示标志，旅游区标志，辅助标志，告示标志等

（5）交通标志的边框和衬边

1）除个别标志外，标志边框的颜色应与标志的图形或字符的颜色一致。除指示标志外标志衬边的颜色应与标志底色一致，个别标志除外。各类标志的边框和衬边见表9-15。

2）相同底色标志套用时，应使用边框；不同底色标志套用时，套用的禁令标志一般不使用衬边，套用的指路标志一般不使用边框，道路编号标志套用于指路标志上，也可使用边框。

表9-15　各类标志的边框和衬边

标志类别	边框	衬边	备注
警告	黑色	黄色	叉形符号和斜杠符号除外
禁令	红色	白色	个别标志除外
指示	—	白色	白色衬边外无蓝色
指路	白色	蓝色或绿色	—
旅游区	白色	棕色	—
道路作业区	黑色	橙色	道路作业区所用禁令、指示等标志不变，只对警告、绕行等标志
辅助	黑色	白色	—
告示	黑色	白色	—

（6）交通标志的字符　道路交通标志的字符应规范、正确、工整。按从左至右、从上至下顺序排列。一般一个地名不写成两行或两列。

根据需要，可并用汉字和其他文字。标志上的汉字应使用规范汉字，除有特殊规定之外，汉字应排在其他文字上方。

如果标志上使用英文，地名用汉语拼音，第一个字母大写，其余小写；专业名称用英文，第一个字母大写，其余小写，根据需要也可全部大写。

除特殊规定外，指路标志汉字高度一般值应根据设计速度，按表9-16选取。汉字字宽和字高相等。字高可考虑设置路段的运行速度进行调整。

表9-16　汉字高度与设计速度的关系

设计速度/(km/h)	100～120	71～99	40～70	<40
汉字高度/cm	60～70	50～60	35～50	25～30

指路标志的阿拉伯数字和其他文字的高度应根据汉字高度确定，其与汉字高度的关系宜符合表9-17所示的规定。在特殊情况下，由于具体原因不能满足要求时，经论证字符高度最小不应低于规定值的0.8倍。

表 9-17 其他文字与汉字高度的关系

其他文字		与汉字高度(h)的关系
拼音字母、拉丁字母或少数民族文字	大小写	$(1/3 \sim 1/2)h$
阿拉伯数字	字高	h
	字宽	$(1/2 \sim 4/5)h$
	笔画粗	$(1/6 \sim 1/5)h$

(7)交通标志的支撑方式　交通标志的支撑方式有柱式、悬臂式、门式和附着式。交通标志的支撑方式应根据交通量、车型构成、车道数、沿线构造物分布、风荷载大小以及路侧条件等因素综合确定。

1）柱式。柱式一般有单柱式和多柱式。柱式支撑时标志内边缘不应侵入道路建筑限界。一般距车行道或人行道的外侧边缘或土路肩不小于25cm。

标志板下缘距路面的高度一般为150～250cm。

单柱式是标志板安装在一根立柱上，如图9-21所示，适用于中小型尺寸的警告、禁令、指示标志和小型指路标志；多柱式是标志板安装在两根及两根以上立柱上，如图9-22所示，适用于长方形的指示或指路标志。

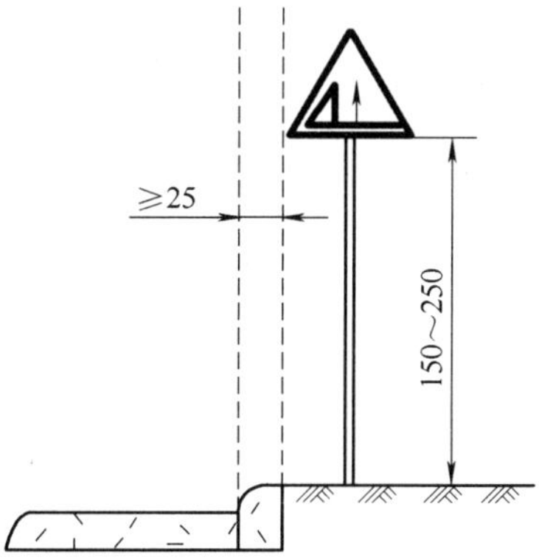

图9-21　单柱式(尺寸单位：cm)

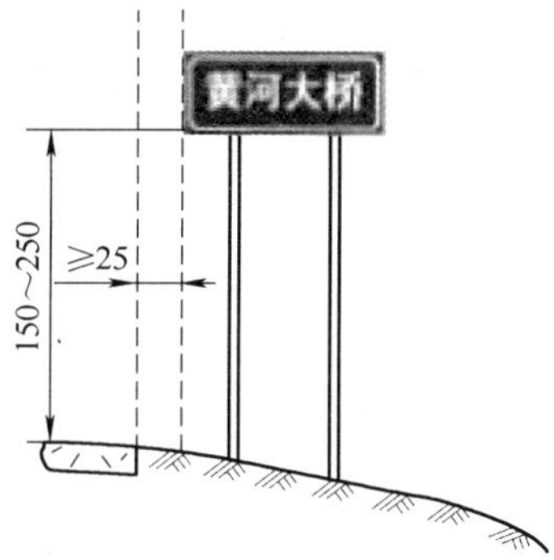

图9-22　多柱式(尺寸单位：cm)

2）悬臂式。悬臂式是标志板安装于悬臂上，如图9-23所示。标志下缘离地面的高度应大于该道路规定的净空高度。

悬臂式适用于以下情况：①柱式安装有困难；②道路较宽、交通量较大、外侧车道大型车辆阻挡内侧车道小型车辆视线；③视距或视线受限制；④景观上有要求。

3）门架式。门架式是标志板安装在门架上，如图9-24所示。标志下缘离地面的高度应大于该道路规定的净空高度。

门架式标志适用于以下情况：①多车道道路(同向三车道以上)需要分别指示各车道去向；②交通量较大、外侧车道大型车辆阻挡内侧车道小型车辆视线；③交通流在较高运行速度下发生交织、分流和合流的路段，如互通式立交间隔距离较近标志设置较密处、高速公路与高速公路相交的互通立交主线区域等；④受空间限制，柱式、悬臂式安装有困难；⑤出口匝道在行车方向的左侧；⑥景观上有要求。

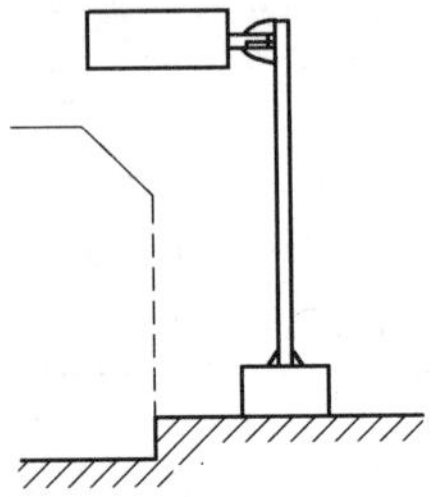

图 9-23　悬臂式

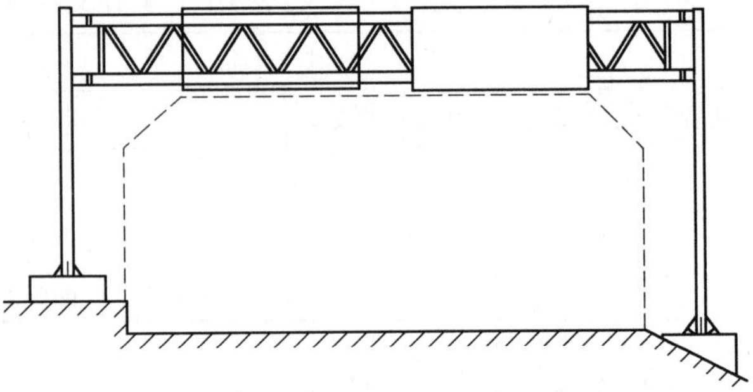

图 9-24　门架式

4）附着式。标志附着安装在上跨桥和附近构造物上，如图 9-25 所示。按附着板面所处位置不同可分为车行道上方附着式、路侧附着式两种。

附着式标志的安装高度应符合柱式和门架式的规定。

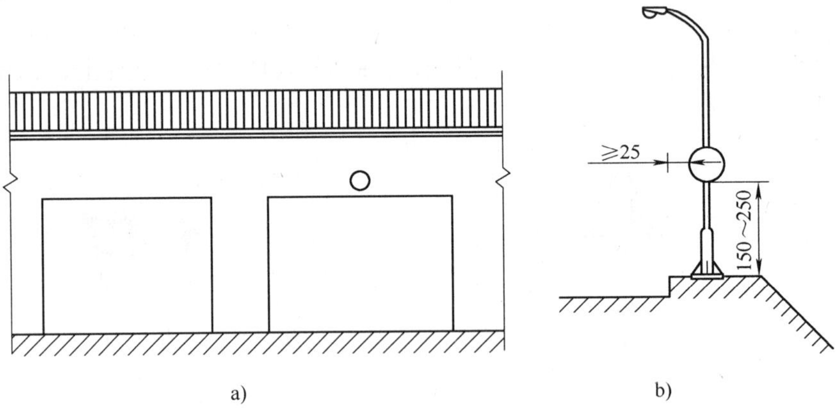

图 9-25　附着式(尺寸单位：cm)

a) 车行道上方附着式　b) 路侧附着式

高速公路交通标志详细尺寸及绘制规定详见 GB 5768. 2—2009《道路交通标志和标线 第 2 部分：道路交通标志》。

2. 标线

交通标线是由标画于路面上的各种线条、箭头、文字、立面标记、突起路标和轮廓标等所构成的一种交通安全措施。它的作用是管制和引导交通，可以与标志配合使用，也可单独使用。高速公路应设置反光标线。

（1）标线的分类

1）按设置方式分类：①纵向标线：沿高速公路行车方向设置的标线；②横向标线：垂直于高速公路行车方向设置的标线；③其他标线：字符标记或其他形式标线。

2）按功能分类：

①指示标线：指示高速公路行车道、行车方向、路面边缘等设施的标线；②禁止标线：告示高速公路交通的遵行、禁止、限制等规定的标线；③警告标线：促使车辆驾驶员提高警觉，准备防范应变措施的标线。

3）按形态分类：①线条：标画于路面、缘石或立面上的实线或虚线；②字符标记：标画于路面上的文字、数字及各种图形符号。

（2）标线设置原则

1）高速公路的一般路段应设置车行道边缘线、车行道分界线，车行道边缘线应设置于公路两侧紧靠车行道的硬路肩内，不得侵入车行道内。车行道分界线应设置于同向行驶的车行道分界处。车行道边缘线的宽度应为15～20cm，车行道分界线的宽度应为10～15cm，交通标线的宽度应根据公路的设计速度和路面宽度确定。

2）经常出现强侧向风的特大桥梁路段、宽度窄于路基的隧道路段、急弯陡坡路段、车行道宽度渐变路段，应设置禁止变换车道线，线宽与车行道分界线一致。

3）路面文字标记应按由近到远的顺序排列，字数不宜超过3个，设置规格应符合规定。最高限速值应按一个文字处理。

4）位于中央分隔带或路侧安全净区内未加护栏防护的桥墩、隧道洞口、交通标志立柱等构造物应设置立面标记，颜色为黄黑相间，线宽及间距均为15cm。立面标记应向车行道方向以45°角倾斜。立面标记宜设置为120cm高。

5）需要车辆减速或提醒驾驶员注意安全行车处，可根据需要设置减速标线。

6）互通式立体交叉、服务区、停车区出入口交通标线应根据互通式立体交叉、服务区、停车区的形式，准确反映交通流的行驶方向。互通式立体交叉出入口处，宜设置导向箭头。出口导向箭头应以减速车道渐变点为基准点，间距50m。入口导向箭头应以加速车道起点为基准点，视加速车道长度而定，可设三组或两组。

7）收费广场入口端应设置减速标线、收费岛路面标线、岛头标线，各条减速标线的设置间距应根据驶入速度、广场长度经计算确定。收费广场出口端可设置部分车行道分界线。

8）突起路标的设置：

①高速公路的车行道边缘线上和互通式立体交叉匝道出入口路段，应在路面标线的一侧设置突起路标，并不得侵入车行道；②隧道的车行道分界线上宜设置突起路标；③突起路标可单独设置成车行道边缘线和车行道分界线；④突起路标的壳体颜色、设置位置、间距应符合GB 5768.3—2009《道路交通标志和标线　第3部分：道路交通标线》的规定。

9.2　高速公路的服务设施

服务设施包括服务区（加油站、汽车维修部、休息室、小卖部、食堂、厕所等）、停车区（停车场、电话亭）、辅助设计（养路站、园地）和公共汽车停车站等。

9.2.1　服务区

1. 服务区的基本形式

服务区的基本形式随其主要设施如停车场、加油站、厕所及餐厅的布置位置不同而有所不同。

1）停车场的位置：

a. 分离式。上、下行车道停车场分别布置在高速公路两侧，如图9-26所示。

b. 集中式。上、下行车道停车场集中布置在高速公路一侧，如图9-27所示。

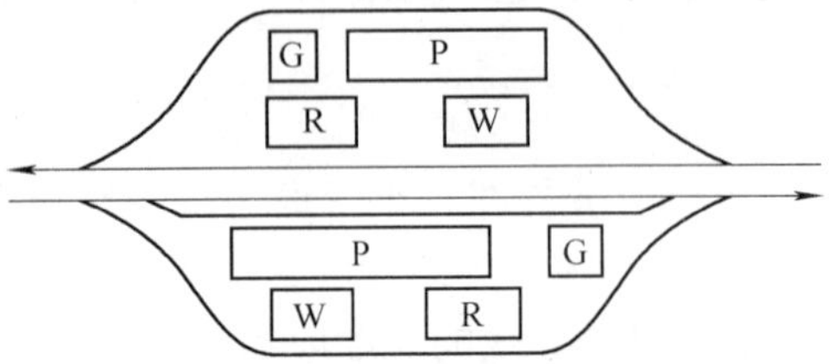

图 9-26　分离式服务区

注：P 为停车场；G 为加油站；
W 为公共厕所；R 为餐厅；后同。

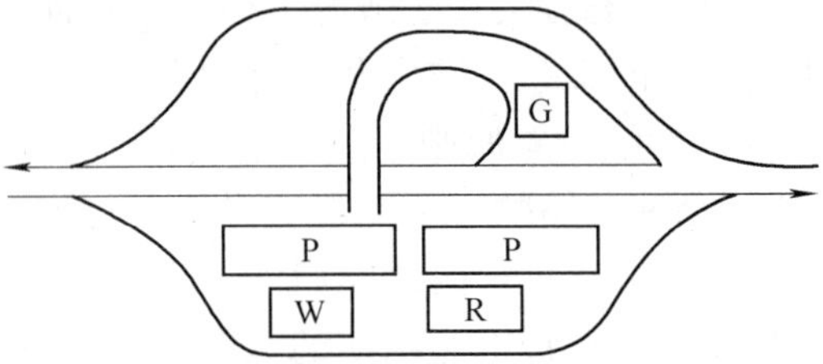

图 9-27　集中式服务区

由于高速公路上、下行车道有中央分隔带，两侧行驶的车辆都要使用停车场，所以分离式服务区更便于停车，车辆可直接开到停车场，不必绕到对面停车场去。同时，在高速公路上采用分离式服务区，还可以防止驾驶员互相交换通行卡和收费票据等作弊现象。所以，一般高速公路都采用分离式服务区。

2）餐厅的位置，有外向型、内向型和平行型三种。

a. 外向型：在餐厅和高速公路之间布置停车场、加油站等其他服务设施。这种布置形式适用于服务区外侧地形较开阔的情况，旅客在用餐时可避开嘈杂的汽车声的干扰，在安静的环境中得到较好的休息，是一种常用的布置形式如图 9-28 所示。

b. 内向型：餐厅与高速公路相邻，餐厅的另一端布置停车场和加油站等其他服务设施。这种布置形式适用于服务区周围比较封闭，旅客无法向外远眺的情况，如四周位于乡镇街道路段或挖方路段。内向型的服务区不便于停车，只有在地形条件受到限制时，才采纳内向型的方案，如图 9-29 所示。

c. 平行型：餐厅和停车场、加油站等服务设施相邻，沿高速公路方向作长条形布置。这种布置形式用于地势狭长和山区地段，如图 9-30 所示。

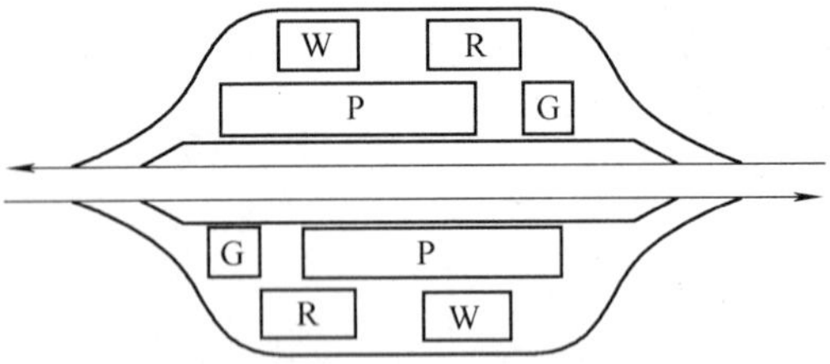

图 9-28　外向型服务区

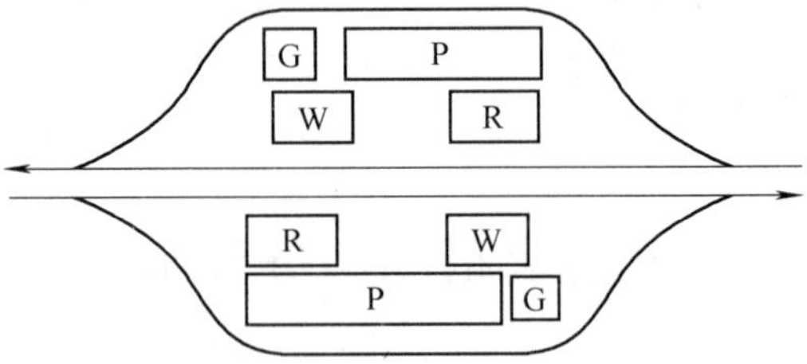

图 9-29　内向型服务区

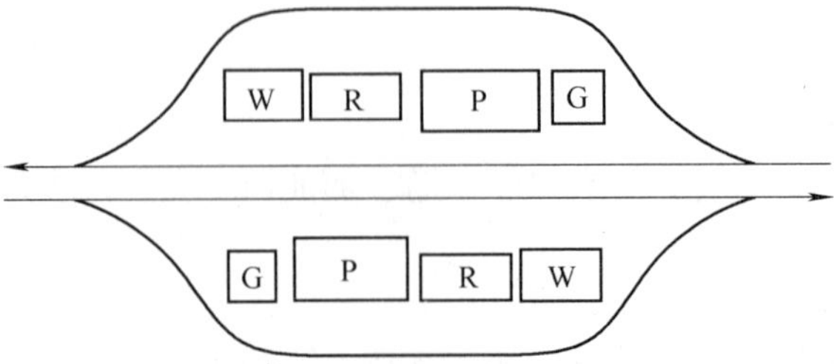

图 9-30　平行型服务区

3）加油站的位置，有入口型、出口型和中间型三种：

a. 入口型：加油站布置在服务区的入口处，车辆一进入服务区立刻就可以进行加油，如图9-28所示。入口型有利于场区合理布置、交通流畅以及行人行车的安全，但加油车辆较多时，可能会妨碍入口匝道上车辆的行驶。

b. 出口型：加油站布置在服务区的出口处，驾驶员稍事休息后出服务区时再给车辆加油，如图9-29所示。

c. 中间型：加油站布置在入口和出口之间，使用起来比较灵活。

由于停车场(P)、餐厅(R)、加油站(G)、公共厕所(W)等主要设施的布置与地形、地貌、沿线自然特征、土地利用、投资费用以及管理条件等因素有关，实际上服务区的形式是通过对各种因素的综合分析和比较，并且按照上述不同分类进行组合确定的。我国目前常见的服务区形式主要有分离式外向型(图9-28)和分离式平行型(图9-30)等。国外常用的服务区形式还有分离式餐厅主线上空型和中央集聚型等。

2. 服务区内各种服务设施的布置原则

1）为车辆服务的设施(如加油站、汽车维修站、停车场等)与为人服务的设施(如餐厅、旅社、商店、小卖部、公共厕所等)，原则上应单独、分开设置，尽量避免车流与人流的交叉，为人们休息提供更安全的场所。

2）关于汽车维修站的位置。

a. 一般认为汽车维修站应与加油站并排布置。这样布置便于共用通信设备、浴室、盥洗室及室外场地，提高设备和场地的利用率。但是一定要注意按照消防规范进行设计。

b. 汽车维修站与加油站分开布置。根据使用的经验，认为维修站设在进口、加油站设在出口为好。驾驶员进入服务区后先维修车辆，然后休息，临走时再去加油。使用者认为这样顺当，而且较安全，也不用采取特殊的消防措施。

3）餐厅、旅社、商店、小卖部、办公用房等宜设在同一栋综合服务楼内，以方便旅客，减少人流和车流的交叉，提高安全性。

4）公共厕所宜靠近大型车辆停车场，便于大批旅客使用。厕所同时要靠近餐厅、旅社和商店。如服务区规模大，则可分设几处。

5）其他如给水排水设施、供电设施、垃圾处理设施等应尽量设在较隐蔽的地方。

3. 服务区规模

对于服务区、停车场规模的确定，我国至今年还没有明确和统一的规定。目前大多数是参考1986年修订版《日本高速公路设计要领》(以下简称《设计要领》)中的有关规定进行设计的。按照《设计要领》的规定，决定服务区、停车场规模的基本要素是停车车位数，并以此为基础，计算出服务区中其他各种设施的规模。服务区的总体规模由停车场、加油站、厕所、休息区、小卖部、餐厅、汽车维修站、绿地、广场等要素的面积组成，停车车位数一般根据主线交通量与服务区规模考虑分期修建。对于一些绿地和广场类设施，应按其他的条件来确定其适当的规模，如考虑占用土地的难易及经济性等。

9.2.2　停车区

停车区是为满足驾驶员生理上的要求，并解除疲劳和紧张所需要的最小限度的服务设施。停车区内设置公共厕所、长凳等设施和少量停车车位。一般在停车区内不设加油站，但是当服务区的间隔长或由于其他特殊条件而必需时，可以设置。停车区与服务区或停车区之间的间隔宜为 15 ~ 25km。

1. 停车区的基本形式

停车区的形式原则上采用分离式外向型，如图 9-31 所示。但当周围为深挖方或附近的景色不佳时，最好采用内向型。停车区在规划、设计方面基本上与服务区的原则相同，并应与周围的环境、景观相协调。

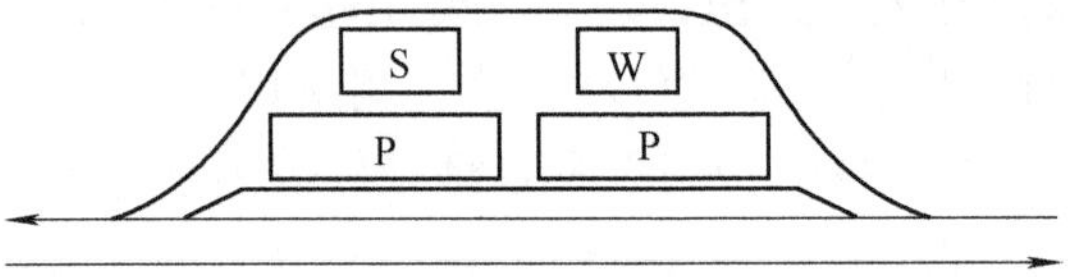

图 9-31　停车区布置示意图

注：S 为商店；P 为停车场；W 为公共厕所。

停车区同服务区不同，其设施的种类较少，而且布置也简单。一般由出入车道、小规模停车场、公共厕所、小卖店、绿地等构成。不设餐厅，有时仅放些长凳、桌子等设施。

2. 停车场的设计

1）停车场的设计原则。停车场内停车车位与车道的布置，必须与设计车辆相适应，使之能够合理地停放与自由地进出，且能有效地使用场地。停车场内的设计车辆是考虑了如下几点而确定的：

a. 停车场以高峰时所占比例大的车种作为设计车辆。

b. 为了充分利用地面和促使停放的车辆排列整齐，不要把过长的车辆作为设计车辆。

c. 关于设计车辆，对将来车辆的尺寸变化可以不予考虑。因为在将来车辆尺寸发生变化时修改路面标线、安全岛等比较容易，所以小型车采用小轿车，而大型车采用载货车。停车区还应根据需要设置拖挂车的停车车位。

停车场应当集中在一处，避免分散设置成许多小停车场。最好是将小型车与大型车的停车场完全分开。对于小规模的休息设施，当采用交通岛将大型车与小型车停车场严格地分开时，往往会妨碍机动灵活地停车，而采用大、小型兼顾的方法比较有利，因此设置交通岛最好采用最小限度值。

从使用状况来看，小型车的停车场应该是设置在使用休息室便利的位置上。

2）停车场的坡度。为使所停放的车辆不滑动，在考虑停车车位的布置之后，停车场内的坡度应在规定的数值之内。一般停车车辆的纵向倾斜应小于 2%，横向倾斜应小于 3%，另外，在进行停车场内的排水设计时，应当注意坡度的设计。

3）停车车位的布置与车道宽度的确定，要注意以下三个方面：

a. 原则上小型车的停车方法是直角前进停车、后退出车，或后退停车、前进出车。大型车的停车方法是右斜 60°前进出车。拖挂车原则上是纵列停车。但由于用地条件等原因不得已时，也可以采用其他方法。

b. 车道宽度规定，如图 9-32 所示。

c. 身体残疾者用停车车位，原则上是一辆车位置，停车方法与小型车相同，设置的位置要靠近专用厕所。但在不得已时，可以同一般停车场合并设置。标准的布置图如图 9-32 所示。

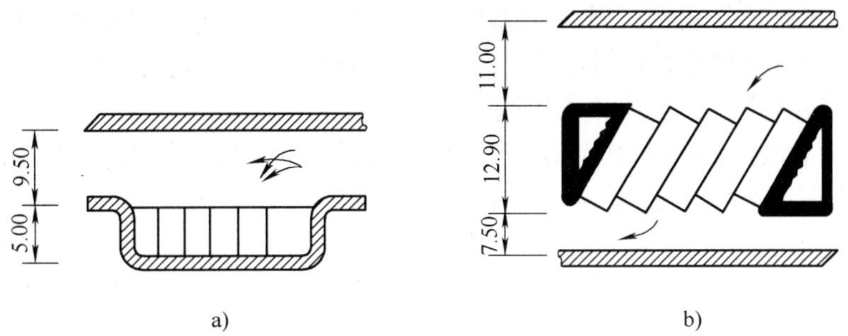

图 9-32　车道宽度设计示意图(尺寸单位：m)
a) 小型车(90°前进停车)　b) 大型车

停车车位的布置大体分为纵列停车与横列停车。前者是顺着车道的方向排列停在一侧或两侧，后者是与车道的方向成一定的角度横着停车。不论是哪一种停车车位的布置方法，车道的宽度都必须按照停车方法和停车车位的布置而保证其宽度。拖挂车的停车车位，原则上设置在贯穿车道上。向步行道、广场等去的引道和在车道部分设置的横穿步行道，应以白线做成路面标线。

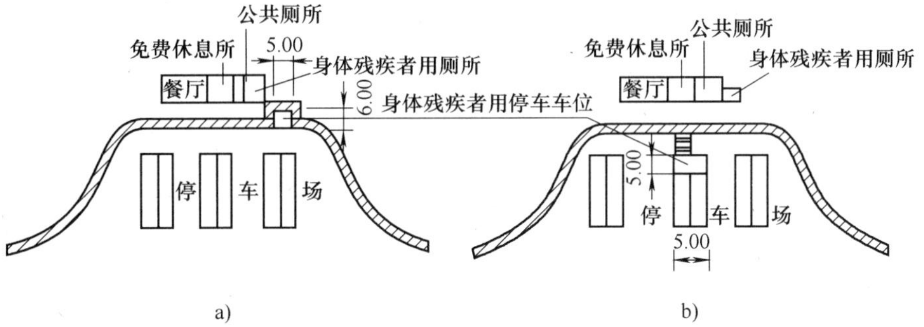

图 9-33　身体残疾者用停车车位布置图(尺寸单位：m)
a) 单独设置停车车位靠近专用厕所　b) 车位与一般停车场合并，尽量靠近专用厕所

9.2.3　公共汽车停靠站

公共交通是高速公路中客运的重要组成部分，由于高速公路的全封闭性，就必须在适当的位置设置公共汽车停靠站，以满足乘客上下车的需要。公共汽车停靠站应根据沿线城镇分布、出行需要设置。公共汽车停靠站有单独的主线停靠站、与互通式立体交叉合并设置的停靠站以及与服务区、停车区合并设置的停靠站等形式。由于公共汽车停靠站与互通式立体交叉合并设置有利于减少主线上的交通设施和出入口，方便乘客换乘，在高速公路规划时，应优先考虑。

下面介绍与互通式立体交叉合并设置停靠站的布设形式和设计要点。

1. 布设形式

1）在收费立体交叉的连接线上布设停靠站，如图 9-34 所示。这种布设形式适合于公共交通车辆离开或进入一条高速公路时采用。当高速公路与次要道路相交而在次要道路上采用平面交叉时，如图 9-34a 所示，公共交通停靠站布设在平面交叉口与收费站之间连接线的两侧；当高速公路与高速公路相交时，如图 9-34b 所示，公共交通停靠站布设在收费站之前或之后连接线的两侧。这种布设应注意上下车的乘客横穿连线而影响交通和安全的问题，必要时可在连接线上设置人行天桥或人行地道。

2）在收费立体交叉内的高速公路上布设停靠站，如图 9-35 所示。这种布设形式适合于公共交通车辆在高速公路上途经该立体交叉时采用。在立体交叉的三角地带（一般为绿化区），平行于高速公路增设公共交通停车车道。为了不影响高速公路主线车辆的正常行驶，应在主线与停车车道之间设置隔离带或用栅栏分隔，停车车道两端与出入口附近的匝道连接，形成港湾式停靠站。利用通道、梯道、盘道等组合设施，组织乘客进出立体交叉。这种公共交通停靠站与互通式立体交叉配合布设的形式，充分利用立体交叉匝道的变速车道作为公共交通车辆进出主线时变速行驶的车道，与公共交通停靠站布设在立体交叉范围以外的路段上相比，大大减小了设置长度，节省了用地和投资。但需设置专用人行设施组织乘客进入或离开立体交叉范围的公共交通停靠站，又使投资有所增加。

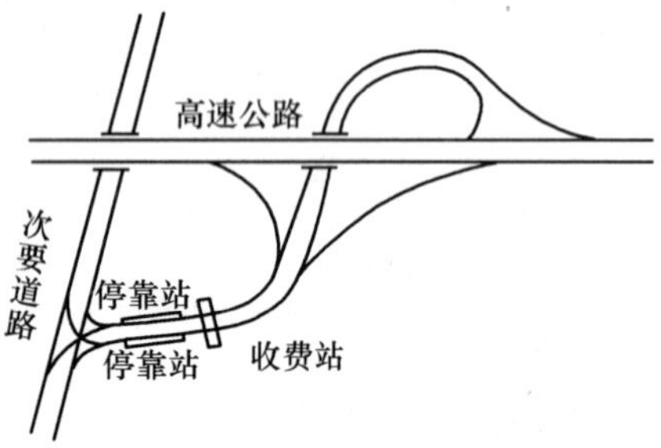

a)

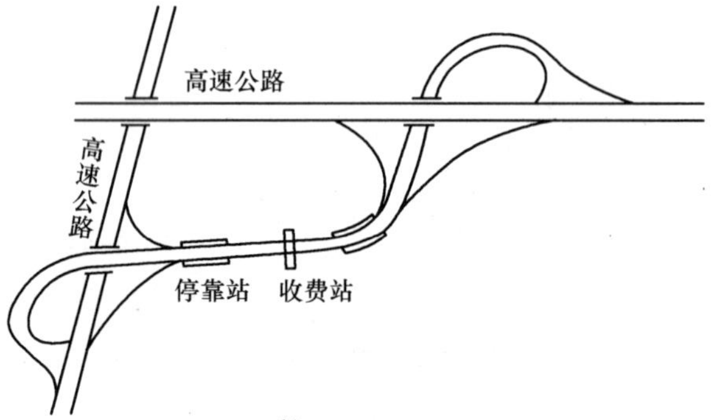

b)

图 9-34 在收费立体交叉的连接线上布设停靠站

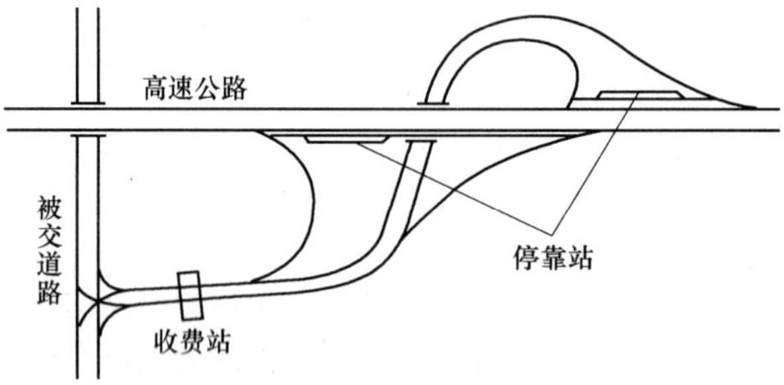

图 9-35 在收费立体交叉内的高速公路上布设停靠站

2. 平面布设

布设在收费立体交叉连接线上的公共交通停靠站，可以利用收费站上车辆行驶速度慢的特点。公共交通停靠站平面布设，如图 9-36 所示，可不考虑车辆加、减速行驶的要求。一般情况下，当收费站各行驶方向外侧供大型车行驶的边车道车辆很少时，边车道可以作为公共交通停靠站，但在边车道右侧应增设公共交通停靠站的站台，站台长度不小于 20m，宽度不小于 2m，以供乘客候车，如图 9-36a 所示。如果收费站外侧的边车道兼作收费车道使用，应在边车道右侧增设公共交通停靠站，以不影响其他车辆进出收费站，其平面布设，如图

9-36b所示。

布设在收费立体交叉内高速公路上的公共交通停靠站，横向必须用隔离带与直行车道分离，另外公共交通停靠站两端应设足够长的二次变速车道，使车速与互通式立体交叉匝道的变速车道(一次变速车道)车速相适应，其平面布置如图 9-37 所示。二次变速车道的长度取决于匝道减速端出口或加速端入口处的行车速度及车辆的平均减速度或加速度。二次变速车道的长度可用式(9-6)计算。

$$L_2 = \frac{V_2^{\ 2}}{26a} \tag{9-6}$$

式中　L_2——二次变速车道的长度(m)；

V_2——匝道减速端出口或加速端入口的行车速度(km/h)；

a——汽车平均减速度或加速度(m/s²)。

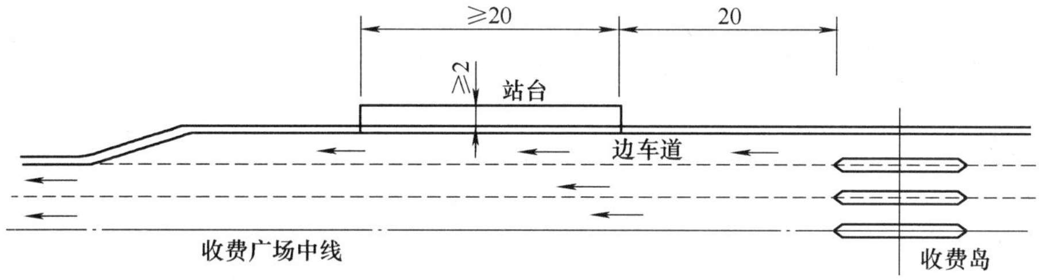

a)

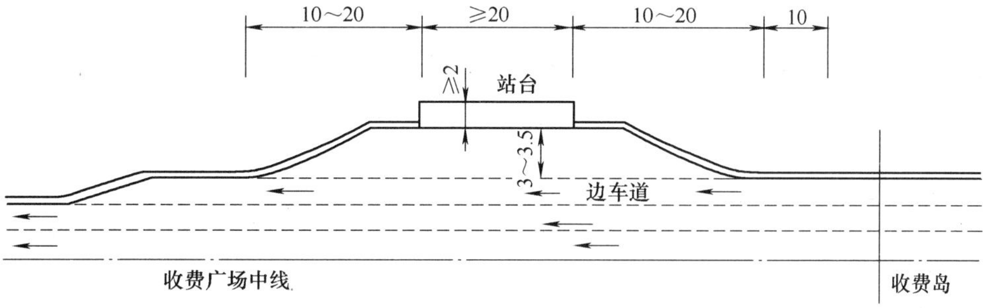

b)

图 9-36　连接线上公共交通停靠站的平面布设(单位：m)

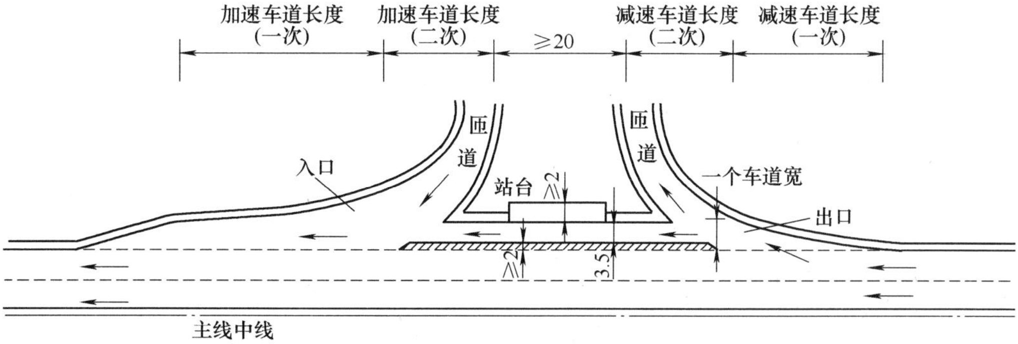

图 9-37　收费立体交叉内高速公路上公共交通停靠站的平面布设(单位：m)

思 考 题

9.1 交通标志、标线是如何分类的?

9.2 高速公路的护栏是如何分类的? 其设置原则是怎样的?

9.3 高速公路上的护栏应实现哪些功能?

9.4 高速公路的交通安全设施有哪些? 其相应的设计要点是怎样的?

9.5 高速公路符合哪些条件时应设置防眩设施?

9.6 符合何种情况时可不设置隔离栅?

9.7 视线诱导设施的种类有哪些? 各自的作用是什么?

9.8 高速公路服务区的基本形式有哪几种? 各自特点及适用条件是什么?

第 10 章　高速公路的三大系统

高速公路的三大系统包括“收费系统”、“监控系统”和“通信系统”。

10.1　高速公路的收费系统

高速公路建成交付使用后，对行驶其上的车辆收取通行费，用以偿还贷款，补偿建路所耗巨额资金，维持道路养护管理费用支出，是当今世界大多数国家发展高速公路的通行做法，也是近年来我国各地自行摸索并得到国家明确肯定的行为。车辆通行费的征收及收费制度的逐步完善，给高速公路的发展注入了新的生机和活力，具有十分重要的意义。

10.1.1　收费公路的分类与发展方向

1. 收费公路的分类

由于收费目的不同，收费公路可以划分为收费还贷公路、收费经营公路和收费控制公路三种类型。

（1）收费还贷公路　收费还贷公路是指依靠贷款修建的公路，其收费目的是在贷款偿还期内筹措足够的资金用于偿还贷款本息。这类公路应该具有明显的级差效益。级差效益越大，公路用户对收费分敏感性越小，因而收费对交通量的影响也就越小，这有利于建设贷款本息在规定期限内收回。由于修建公路所需的贷款一般由政府出面筹措或政府担保并指定某事业单位执行，因而收费还贷实质上是政府行为。

（2）收费经营公路　收费经营公路是指由国家特许某法人组织负责建造和经营，以获利为目的的收费公路。经营性公路并非将公路商品化，法人组织只是依法取得收费公路的收费权，而非取得公路的所有权。收费经营公路主要包括两种形式：建设-经营-转让方式和收费有偿转让方式。

1）建设-经营-转让方式，即第 1 章 1.1 节所述的 BOT 方式（Build-Operate-Transfer），是指公司得到特许后，投资建设、拥有，并在规定期内运营管理，规定期结束后移交政府管理部门的收费经营方式。

2）收费有偿转让方式是指由国家投资建设，建成后某特许公司从国家管理部门收购现成的公路，并在规定运营期内收费。

（3）收费控制公路　由于高等级公路具有较高的级差效益而使大量交通从一般公路向高等级公路转移，高等级公路交通量不断增加，从而造成高等级公路使用成本增加；相形之下，与高等级公路平行的一般公路则会因交通量损失而得不到合理利用。解决这一矛盾的有效措施是实施控制收费，从而使整个区域交通量在公路网上得到合理的分配，最大限度地提高公路网的使用效益。

2. 我国收费公路的发展方向

基于我国高速公路建设资金不足的实际情况，目前我国高速公路多数是利用贷款修建的。因此，收费还贷模式还将是今后发展的重要模式之一。由于修建公路所需的贷款一般是由政府部门出面筹措或由政府担保委托某事业单位筹措的，所以贷款修路并没有在实质上减少政府部门还贷的压力。

相比较而言，收费经营公路具有下列优势：

1）公路股份有限公司可以通过发行股票将社会资金永久地转变为公路资本。

2）通过公路经营权的有偿转让，国家可以有效地将建设和经营公路的风险转嫁给经营者。

因此，在未来一定时期内收费经营模式在缓解资金不足、加快高速公路建设方面将发挥着重要的作用。

展望未来，随着我国高速公路网络化的不断深入和联网收费技术的不断完善，作为有效配流手段的收费控制模式将会出现，并成为重要发展方向。

10.1.2 收费制式与收费方式

1. 收费制式

（1）收费制式的分类　目前，常用的收费制式主要有均一式、开放式、封闭式和混合式四种。四种收费制式的收费站在高速公路上的布设形式如图 10-1 所示，为简化起见，互通式立交画成喇叭形或菱形。

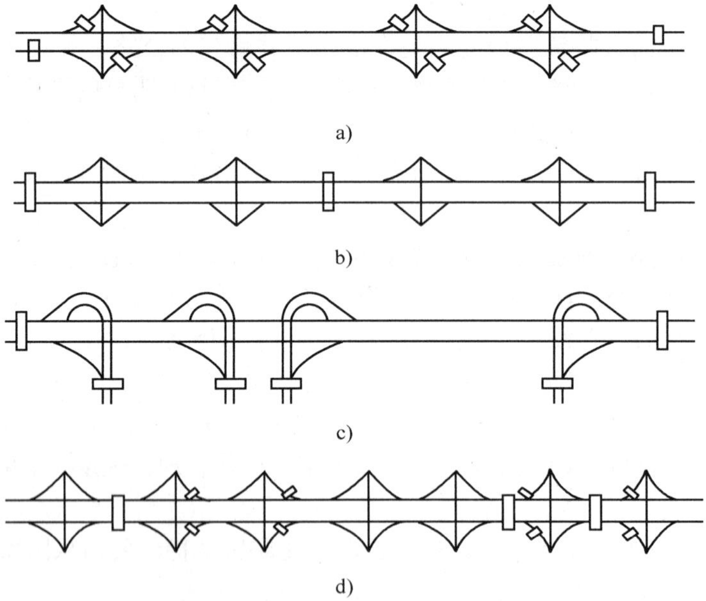

图 10-1　四种收费制式收费站示意图(图中“□”表示收费站)

a)均一式收费　b)开放式收费　c)封闭式收费　d)混合式收费

1）均一式。均一式是最简单的一种收费制式，其收费站一般设置在收费公路的各个入口处(包括主线两端入口和各互通式立交入口)，而主线和匝道的出口都不再设站。每辆车在进入收费公路时都要经过一个收费站交费，然后就可以在公路内行驶，不再受阻拦。

均一式的收费标准仅根据车型一个因素确定，与行驶里程无关，而且各个收费站都取同一收费标准。

由于均一式收费制式实行入口一次收费，如果道路里程较长，车辆行驶里程的差距较大，交纳同样的通行费就显得不够公平合理。因而均一式比较适合于短途城市间的高速公路。这种道路的交通特点是道路总里程较短，道路出入口(互通式立交)多而且间距小，车辆行驶里程差距不大，而交通量很大。

2）开放式。开放式收费制式又称为栅栏式收费制式或路障式收费制式。

这种收费制式的收费站建在高速公路主线上，距离较长的高速公路可以建多个收费站，间距一般为40～60km。各个互通式立交的出入口不再设站，这样车辆可以自由进出，不受控制，高速公路对外界呈“开放”状态。

每个收费站的收费标准和均一式一样也是固定的，仅因车型不同而变化，但各站的标准因收费站的管辖距离不等而有所区别，这方面和均一式不同。

开放式收费制式适用于较短的或互通式立交比较稀少的道路，通常独立的桥梁、隧道收费均采用这种方式。

3）封闭式。封闭式收费制式是在高速公路的起、终点建主线收费站，在所有互通式立交的出、入口建匝道收费站。车辆进出高速公路都要两次经过收费站，高速公路对外界呈“封闭”状态。

国内出现过两种封闭式收费的管理方法：

a. “入口发卡、出口收费”。即车辆驶入高速公路时，在收费站的入口车道领取一张通行券(或卡)，上面记录着车型、入口收费站名称或编号(或入口地址编码)、进入高速公路的时间等信息，当车辆通过出口车道驶离高速公路时，届时收费人员将根据车型和行驶里程两个因素计价收费。

b. “入口收费、出口验票”。即车辆驶入高速公路通过入口车道时，收费人员根据驾驶员所述去向，按车型和行驶里程计价收费，并发给通行费票据，票据上记录入口站号。车辆驶离高速公路通过出口车道时，驾驶员交验票据，收费人员检查所缴费额是否与驶出地相符，一致放行，不一致则补缴。

“入口发卡、出口收费”的方式是目前高速公路主要的收费方式。“入口收费、出口验票”的方式是针对人工收费时，少数车辆行驶高速公路却不缴纳通行费的现象而出现的管理模式，属人工收费系统，随着半自动收费系统的广泛使用，这种方式已不多见。

一般说来，封闭式收费制式适用于道路距离较长、互通式立交较多、车辆行驶里程差距较大的场合。目前，这种制式在我国应用较多。

4）混合式。混合式收费制式是既取开放式和封闭式两者之所长，又能做到基本合理收费的一种比较实用的收费制式。

这种制式在主线上设一定数量的收费站，间距大于40km，同时为减少不合理收费现象，在两主线站之间的部分匝道上设收费站。每个站的收费标准不同，但对每一个站来说仅根据车型不同而变化，各站同一类型车辆的收费额根据收费区间的不同而有所区别。在减少漏收和不合理收费额的前提下，收费区间要认真分析确定。

混合式收费系统中，在一个区界内行驶的车辆只需停车一次，长途行驶车辆的停车次数可能多于两次。

混合式收费制式适用于距离长、互通式立交间距大、长途行驶车辆较多的道路。

（2）收费制式的比较　均一式、开放式、封闭式和混合式四种收费制式各有其自身的特点，见表 10-1。

（3）收费制式的选择　收费制式对高速公路的建设标准、规模、投资及运营管理有很大的影响，在规划设计阶段应根据路网特点、地区特点、工程投资和管理费用合理选择收费制式。

1）在城市出入口路段、环城路段和短途城市间路段以及总里程短、出入口密集、交通量大、收费站受限制的路段，宜采用均一式收费制式。

2）在里程较短或互通式立交稀少的高速公路可考虑采用开放式收费制式。

3）高速公路里程较长、互通式立交较多以及车辆的行驶里程差距较大时，可考虑采用封闭式收费制式。

4）高速公路跨接两个或两个以上大中城市或经济区，互通式立交在两端都比较密集而在两个城市之间相当长的距离不设或很少设置的高速公路可采用混合式收费制式；对于欠发达地区要带动地方经济发展，或近期预测交通量较小，不具备收费站设置条件或分期修建的高速公路也可采用混合式收费制式。

5）省际或省内进行联网收费时，所有联网高速公路必须统一采用封闭式收费制式，以合理分配通行费和进行收费统一管理。

表 10-1　各种收费制式比较

项　目	均一式	开放式	封闭式	混合式
收费效率	高	高	最低	较低
运营费用	高	最低	最高	较高
建造成本	高	最低	最高	低
管理困难度	难	最容易	最难	容易
立体交叉增减困难度	难	最容易	最难	略难
使用者付费	完全	不完全	完全	完全
依行驶里程计费	最差	差	最佳	佳
对地区交通影响	严重(上)/甚微(下)	甚微	严重	局部严重(上)/甚微(下)
对主线交通影响	甚微(上)/严重(下)	最严重	甚微	严重
短程交通管制	最有效	无效	有效	有效
缓解城市区段短程交通	较难	可以	甚难	较难
收费站数量	较多	少	最多	多
收费车道数	较多	少	多	较少
安全性	好	差	较好	最差
延误大小	最小	大(长途)	小	最大
兼顾交通管理	较好	—	好	较差

2. 收费方式

收费方式是指收取通行费中的一系列操作过程，涉及车型的分类、通行券、通行费的计算、付款方式和停车及不停车收费等因素。

（1）收费方式的分类　通常情况下，根据收费人员参与收费过程的多少，收费方式可分为人工收费、半自动收费和全自动收费三种。

1）人工收费方式。人工收费方式是目前最简单的收费方式，它是指收费全过程由人工完成的收费方式，包括人工判车型，人工套用收费标准，人工收钱、找零、给发票或人工收取次数票。人工收费所需设备简单，资金投入少，但管理复杂，少收、漏收、作弊、闯口现象严重。

根据单一车道上的收费亭数，人工收费方式可分为单座收费方式和串列收费方式，如图 10-2 所示。

a. 单座收费方式是指每一收费车道口只设一个收费亭，且只有一名收费人员，每次只对一部车辆进行收费的工作方式，目前我国大多数高速公路都采用此种收费方式。

b. 串列收费方式是指每一收费车道口有两个或三个收费亭，每个收费亭有一名收费人员，收费亭前后紧邻，亭间没有空间容纳其他车辆，因此一次循环可服务两辆或三辆车，能明显提高车道通过率，目前国内少数高速公路采用此种收费方式。

2）半自动收费方式。半自动收费方式是指收费工作由人和机器相互配合、共同完成的收费方式。它通过使用计算机、电子收费设备、交通控制和显示设施来代替人工收费方式操作的一部分。

该收费方式有两种主要模式：

a. “人工收费、人工判车型、车辆检测器计数、电视监视、计算机管理”。这种模式是目前比较流行的一种收费方式，主要是在收费站配备计算机系统，在收费车道配备车道控制计算机、电动栏杆、车辆计数器、费额显示器等设备对收费过程进行管理，并配备闭路监视设备对收费过程进行监督，此收费方式投资不高，又比较有效。已经在我国的许多高速公路上实施。

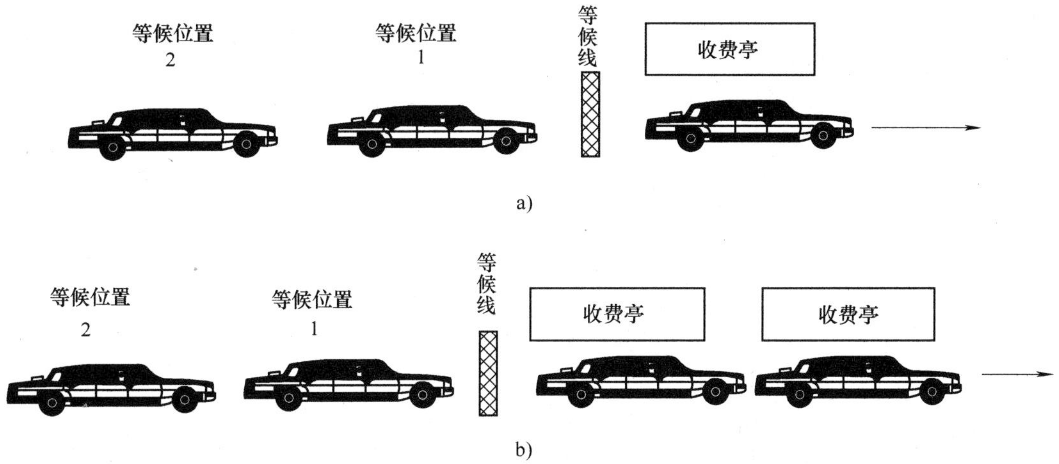

图 10-2　人工收费方式示意图

a) 单座收费方式　b) 串列收费方式

b. “人工收费、自动车辆分型、车辆检测器计数、计算机管理、辅以电视监视”。这种模式与第一种的不同之处在于在收费车道的入口处安装车辆分型设备(或车辆称重设备)，信息自动送到车道控制计算机，收费人员据此发卡或收费。

3）全自动收费方式。全自动收费方式是指收取通行费的全过程均由机器完成，收费人员不需要直接介入，只需对设备进行管理监督以及处理特别事件的收费方式。

一般情况下，全自动收费方式又可分为硬币式自动收费方式和不停车收费方式(Electronic Toll Collection，ETC)。

a. 硬币式自动收费方式是指车辆经过收费站时由驾驶员向安装在通道上的硬币收费机投币来进行交费的收费方式。

b. 不停车收费方式是指利用电子计算机与通信技术，使驾驶员不需停在收费站付费，以缓解因收费而造成的交通排队现象，是收费方式的发展主方向。

不停车收费方式可分为单向式不停车收费方式和双向式不停车收费方式两类。

单向式不停车收费方式的基本原理：在车上安装一个车载电子标签(只读)，当车辆通过收费站时，电子标签发射出信号，收费站接收装置无线读取车载电子标签中的信息并进行记录。然后将每一收费站点的资料回传给收费中心计算机，进行资料更新、登记等统计工作，在一段时间内打印出每辆车高速公路的使用次数与总费用，寄送给驾驶员通知缴费单或从预交金中扣除。

作为单向式不停车收费方式的改进，双向式不停车收费方式不但能无线读取车载电子标签(可读写)的信息，而且能无线写入信息到电子标签中，使管理上更可行。当用户在指定地方交纳固定金额使电子标签存储一定金额后，装有车载电子标签的车辆经过收费站时，接收装置读取电子标签信息，检验车载电子标签的有效性和通行费，将车载电子标签存储的金额扣除一定数量并回存在电子标签中，配合监控系统对不拥有有效电子标签的车辆进行处置。

不停车收费的车辆电子标签必须在一定范围(如一省内)通用，才能充分发挥效益，否则对单次行驶的车辆，会增加成本及购卡延误时间，反而降低了高速公路吸引车流快速通过的特点。因此，不停车收费系统必须在较大范围内使用才会有较好的经济效益和社会效益。

(2）收费方式的比较　各种收费方式都有自己的特点和适用范围，表10-2所示从五个方面对不同的收费方式进行了分析比较。

表10-2　各种收费方式比较

项　目	人工收费方式	半自动收费方式	全自动收费方式(一般是不停车收费方式)
缴费等候延误	大	小	—
征费率	低	高	最高
投资成本	最低	高	高
作业成本	低	高	低
实施困难度	最小	小	初期较大

(3)收费方式的选择

1）收费方式对确定收费系统的规模、运行管理、联网收费等有重要影响，除特殊情况外，高速公路建成初期应采用半自动收费方式。

2）对于经济发达、交通量大、社会支撑条件好的地区，在交通易堵塞的路段可考虑采用全自动收费方式，但应先试验再扩大应用范围。

3）临时收费站或受投资限制分期建设时，宜采用人工收费方式，并采用相应的监督措施，防止收费人员的舞弊行为和杜绝费用的无故流失。

4）高速公路进行联网收费后，为了确保收费及时查账、减少收费漏洞、提高管理水平，应统一采用半自动收费方式，并为全自动收费方式预留发展空间。

10.1.3 收费站设计及收费车道数计算

收费站是指为收取车辆通行费而建设的交通设施，通常包括：收费门（包括收费岛、收费亭、收费车道、遮篷、收费机械）、收费广场和收费所。

1. 收费站站址选择原则

收费站站址选择是收费高速公路设计的重要内容之一。收费站的设置应根据主体工程设计要求，协调主线和互通式立交的匝道交通量，优化设计方案。其设置一般应遵循如下原则：

1）对收费制式采用开放式的高速公路，相邻收费站的间距在平原微丘区不得小于40km，山岭重丘区不得小于20km。对收费制式采用封闭式的高速公路，除出入口外，禁止在主线上设置收费站。

2）主线收费站宜设在直线段，避免设置于凹形竖曲线最低处；不宜设于转弯半径小、纵坡大的路段，也力求避免设置于天气变化无常的地区。

3）收费站距离隧道出口应至少2km。主线收费站与互通式立交的距离，市区路段至少1.6km，郊区路段至少3.2km。

4）在设置收费站时应充分考虑“使用者付费”、“公平性”、“按里程收费”的原则，同时考虑对主线及地区交通的影响，避免在交通堵塞地点设置收费站。

2. 收费站设计

（1）平面线形设计　由于驾驶员需在收费站处停车，如果出口过于弯曲，将会影响驾驶员的视线，容易造成交通事故，因此，收费广场的平面线形以直线为主。主线收费广场的线形设置标准按互通式立交的主线线形标准确定；若收费广场位置设置在匝道或连接线上，其平曲线半径不得小于200m。

（2）纵断面线形设计　主线收费广场应避免设置于凹形竖曲线的最低处或长下坡路段的下方，其竖曲线半径应与互通式立交的主线线形标准一致。匝道收费广场的竖曲线半径原则上应在800m以上。

收费广场以广场中心线为轴，纵坡应小于2%，当受地形条件及其他特殊情况限制时，不得大于3%。

（3）横断面设计　对于南方多雨地区，特别是暴雨较多的地区，在收费广场横断面设计时，对于较大的收费广场宜采用较大的横坡，但横坡不宜超过2%；在纵坡方向，一般不期望有较大的纵坡，但为了防止地表水沿纵坡方向流到收费车道，可在收费广场标高较高的一侧设置截水沟，将沿纵坡方向的流水截住并排到路基边沟内。同时，由于广场越大，汇水面积越大，广场两侧的排水设施必须考虑暴雨排泄的需要。

(4) 过渡段设计　为使车辆容易进入收费车道以及在车流较多时容许某种程度的排队长度，应有一个适当长度的渐变段；车辆在停车缴费后离开；进入一般车道前收费亭也有渐变段供车辆加速与汇合，如图 10-3 所示。

过渡段长度应不使车辆的行驶过于勉强，图 10-3 所示广场收敛渐变率 L/S，对主线收费站宜为 6 ~ 8，对匝道收费站宜大于或等于 3；从收费广场中心线到匝道分岔点的距离不得小于 75m，到被交道路平面交叉的距离不应小于 150m。条件受限制时，应保证高峰小时期间收费站入口可能出现的车辆排队长度，并加 10m 的富余距离。收费广场宽度较高速公路一般路段要宽。为使过渡段美观，宜采用曲线过渡，圆滑曲线的切线长度，主线收费站宜取 20 ~ 40m，匝道收费站宜取 10m。

(5) 收费广场路面　在收费站前后，由于车辆的频繁制动，从油类的流出、车辙以及耐久性方面考虑，必须采用水泥混凝土路面，以提供较大的摩阻系数和较强抗剪切变形能力。其长度(L_0)对主线收费站一般为 40 ~ 50m，匝道收费站为 20 ~ 25m。若设置不停车收费车道，则水泥混凝土路面适当延长。

(6) 收费岛设计　收费岛是为了分隔收费车道，避免车辆相互干扰，同时为收费操作安全而设置的安全岛状突起物。

由于车辆在收费车道上是减速停车然后起动慢行的过程，故收费岛之间的车道宽度可适当减小，采用 3. 0 ~ 3. 2m 即可；但行驶方向右侧最外边应设供大型车通行的车道，宽度为 3. 5 ~ 4. 0m。

收费岛的宽度一般为 2. 0 ~ 2. 2m，长度为 20 ~ 25m，设计时应根据所采用的收费设备情况确定；收费岛应具有一定高度，并将端部收敛成楔形，采用钢筋混凝土基础，岛头和两侧用水泥混凝土或钢护栏作防护，按要求涂立面标记。

收费岛上设置的收费室每侧应较收费岛缩进 0. 25m，以作为车辆通过的安全净空宽度，如图 10-4 所示。

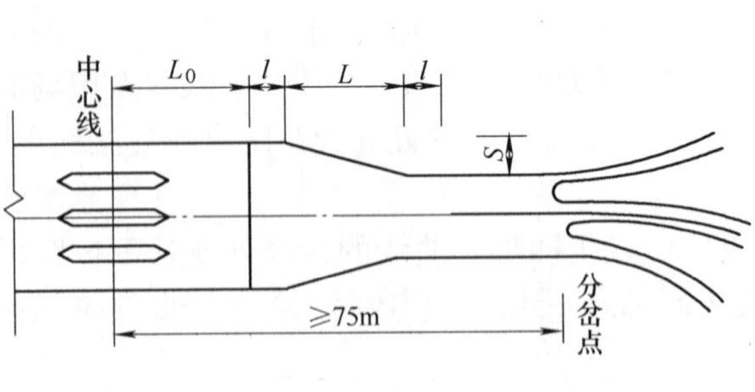

图 10-3　收费广场平面布置图

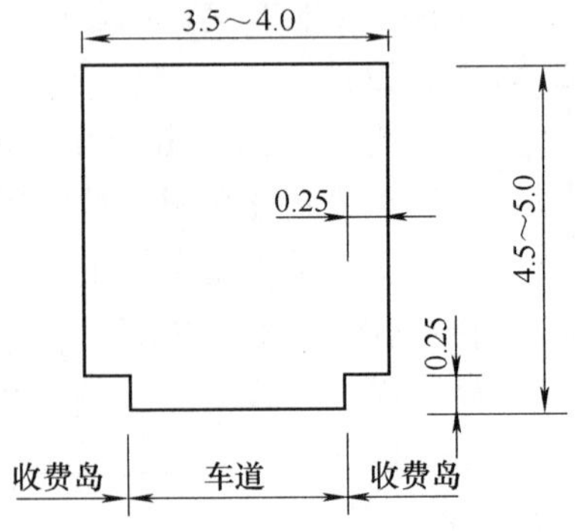

图 10-4　收费车道安全净空示意图(尺寸单位：m)

3. 收费车道数计算

(1) 交通量　按设计小时交通量(DDHV)计，一般采用第 30 位高峰小时交通量，按式(10-1)计算。

$$\mathrm{DDHV} = K_{30} \cdot D \cdot \mathrm{AADT} \tag{10-1}$$

式中　K_{30}——第 30 位小时交通量与 AADT 之比，K_{30} = 0. 12 ~ 0. 14；

D——道路方向分布系数，一般采用 0.6，主线终点采用 0.7，旅游点 0.75；

AADT——设计年年平均日交通量(辆/日)。

K_{30}和 D 有当地实际资料时宜采用实际数据。

（2）收费方式　收费服务时间和收费车道的通行能力随收费方式而有所不同，在计算收费站收费车道数时，应根据设计规划确定收费方式。我国目前通常的收费方式有：交费找零、出口验票、入口领卡等。

（3）单收费车道通行能力　单车道通行能力 C，按式(10-2)计算。

$$C = \frac{3600}{W(\gamma) + T} \tag{10-2}$$

式中　$W(\gamma)$——某收费标准车辆在排队系统中平均逗留时间；

T——某收费标准车辆离去时间。

（4）收费车道数的确定　收费车道数 K，按式(10-3)确定。

$$K = \frac{\mathrm{DDHV}}{C} \tag{10-3}$$

式中　K——收费车道数；

C——某级服务水平下一条收费车道的通行能力(pcu/h)。

10.2　高速公路的监控系统

高速公路监控是对高速公路交通运行状态及其设施和交通环境的监测与控制。由现场监控站和各级监控中心组成的监控系统，是实现高速公路运行管理的主要手段。

10.2.1　监控系统的目标

车辆行驶高速、安全、经济、舒适是高速公路交通的本质特征。然而，偶发事件如交通事故、车辆抛锚、货物散落和气候异常却不可避免，如果得不到及时处理，势必造成交通堵塞甚至引发新的安全隐患。高速公路监控系统的目标就在于实时监测这种异常信息，并采取及时有效的控制措施。

高速公路监控的主要目标如下：

1）实时准确地检测处理道路交通流和气象等有关数据。

2）有效监视道路交通和气候变化，及时掌握道路运营情况。

3）及时发现和处理安全隐患，减少交通事故，降低事故的严重性。

4）减少偶发事件、交通事故及恶劣气候对道路交通的影响。

5）当交通量达到饱和时，对交通流进行诱导和控制，以提高路网通行能力。

10.2.2　监控系统的组成与功能

高速公路监控系统是提高高速公路现代化管理的手段之一，根据监控系统的功能要求，监控系统由信息采集子系统、信息提供子系统和监控中心三大部分组成。

1. 信息采集子系统

信息采集子系统是高速公路上设置的用来采集信息的设施和设备。

采集的信息主要包括以下几个方面：

1）交通流信息。如交通量、车辆速度、车流密度、车辆构成、车重等，这些信息的采集设备主要是各种类型的车辆检测器。

2）气象信息。如风力、风向、降雨、降雪、冰冻、雾区等，这些信息主要靠气象监测器检测。

3）道路环境信息。如路面状况、隧道内的噪声、有害气体含量等，这些信息靠环境检测器检测。

4）异常信息事件。如交通事故、车辆抛锚、物品散落、道路设施损坏、道路施工现场的异常情况等。这些信息主要靠紧急电话、闭路电视、巡逻车等设备和装备进行搜集提供，也可以通过交通流信息进行辅助分析判断。

所谓信息采集系统并非是上述各类信息采集设备完整地连成一个系统。事实上，根据高速公路情况的不同，监控系统中所包含的信息采集设备的类型、数量、位置都会不同，但这些设备的功能都是相同的，即对原始信息进行预处理，以便得到符合系统要求的信息。

2. 信息提供子系统

信息提供子系统是高速公路上设置的用来向道路使用者提供道路交通信息和诱导控制指令的设备，以及向管理、救助部门和社会提供求助指令或道路交通信息的设施。

信息提供子系统主要包括以下几个方面：

1）向道路使用者提供信息。如前方路段交通堵塞情况、事故告警、气象情况、道路施工情况等。这些情况通过高速公路上的可变情报板或路侧通信系统提供。

2）向道路使用者提供建议或控制指令。如最佳行驶路线、最佳限速、车道控制信号、隧道控制信号等。这些指令常通过可变情报板、可变限速标志、车道控制标志或匝道控制设备来实现。

3）向管理和救助部门提供信息。在发生如交通事故、车辆抛锚、道路设施损坏等情况时，向消防、急救、服务区、道路养护工区等提供有关指令或信息。这些信息常利用指令电话或业务电话提供。

4）向社会提供信息。包括对新闻媒介和高速公路以外的道路使用者提供本条高速公路的交通信息。这些信息的提供往往通过交通广播系统或广域信息网来实现。

3. 监控中心

监控中心是介于信息采集子系统和信息提供子系统之间的中间环节，是监控系统的核心部分。它的主要职能是信息的接收、分析、判断、预测、确认，交通异常事件的处理决策、指令发布，设备运行状态的监视和控制等。监控中心通常由计算机系统、室内显示器和监控系统控制台组成。

根据高速公路里程长短、道路路况和监控功能需求的不同，监控中心主要有集中式和分布式两种形式。

1）集中式：一条高速公路只有一个监控中心，通常一条长 50km 以下的高速公路一般只设一个监控中心。

2）分布式：一条高速公路可能有一个监控中心，下辖若干个分中心，每个分中心管辖一个路段、一座大桥、一条隧道或一组匝道控制设备，监控中心对各分中心进行协调管理。

对于高速公路网而言，监控系统的规模和监控中心的分散程度会更大些。

高速公路监控系统通过监控中心与外围的管理和服务机构紧密联系起来，使监控系统发挥作用。当高速公路发生交通事故时，除在监控系统内及时向高速公路使用者和管理人员通报信息外，还可同时利用指令电话、业务电话、无线电话通知公安交警、交通路政、医院救护等部门及时组织救助。

监控系统的构成，如图 10-5 所示。

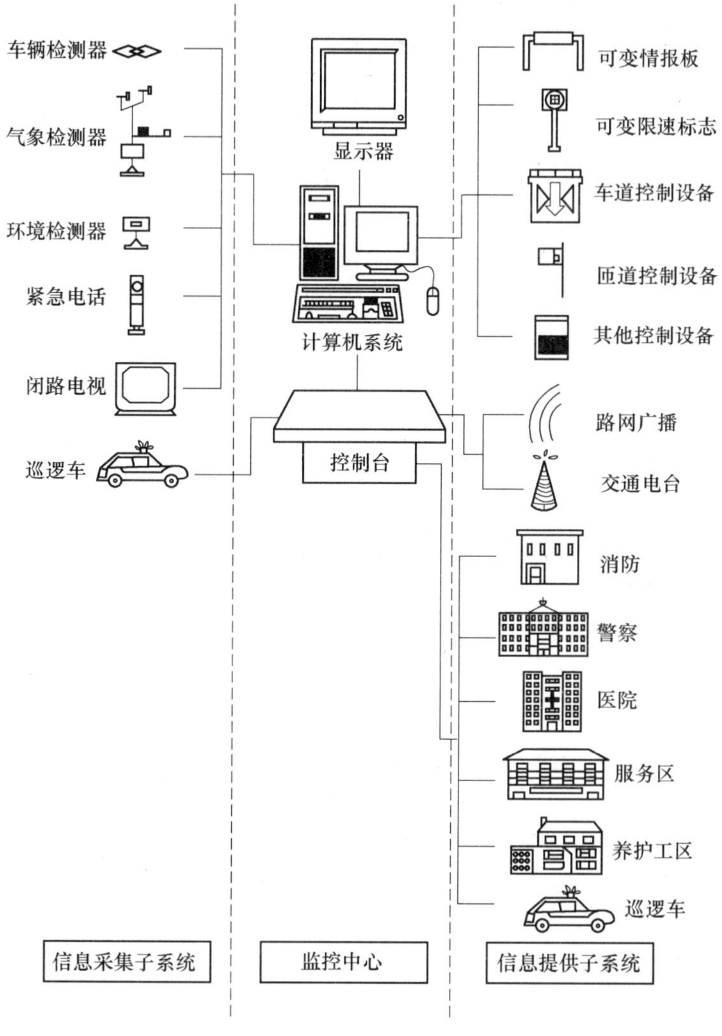

图 10-5　监控系统构成示意图

10.2.3　监控系统的分类

高速公路监控系统根据所辖路段的道路状况和交通状况分为多种类型，主要有主线控制、隧道控制、匝道控制、通道控制和综合控制五大类。

1. 主线控制

主线控制是高速公路主干线的交通控制。由于保证高速公路主线交通畅通是高速公路的首要目的，因此主线控制是监控系统的基本类型。

主线控制的监控系统主要是对主线上交通异常事件的监测和应答。由于路段上交通量和通行能力的不同，在异常事件发生时，事件对交通的影响程度是不同的。在交通量不大时，主线交通畅通，即使发生异常事件，也不会发生堵塞，此时，监控系统只需一般的信息采集设备和一般的信息提供设备就够了；当交通量增长到一定程度，平时交通可以畅通，但发生交通异常时监控系统的自动感知能力和迅速的应答处理能力就会减弱。因此，主线交通监控系统的规模和功能会随道路交通的具体情况有很大差异。一般而言，主线监控系统通过可变情报板、可变限速标志进行交通诱导、告警和控制。监控中心的主要职能是对交通异常事件的即时搜索、判断、确认和处理。

2. 隧道控制

作为高速公路主线的一部分，隧道有其特殊的照明控制、通风控制、火灾报警控制以及在发生交通事故时的车道控制和交通信号控制等。因此，在隧道监控系统中除具备主线控制的监控系统所具有的外场设备外，还将增加光亮度、一氧化碳、能见度等信息采集设备和控制设备，监控中心的分析处理能力也相应有所增加。

3. 匝道控制

高速公路的出入口匝道本应是自由进出的，匝道本身并没有交通控制的需求。当高速公路的主线交通量增长到接近饱和的程度，即使不发生交通异常事件，在交通高峰时段也会发生交通堵塞。这种堵塞是周期性的，持续的时间也很长，主线控制没有任何有效手段去消除，只有通过上游入口匝道的交通控制来解决。入口匝道的交通控制适量地限制车辆进入，减少主线交通量，从而有助于主线交通堵塞的消除。当然，根据主线交通流的实时监控，及时启动匝道控制，也可以使主线上本来要发生的交通堵塞得以避免。

匝道控制有定周期控制、感应式控制、合流式控制、匝道关闭等多种方式。匝道控制系统所用设备主要有车辆检测器、交通信号控制机等。

4. 通道控制

高速公路通道是指高速公路和与其平行的相邻干线公路或城市道路的整体，这些与高速公路平行的干线公路或城市道路称为高速公路的集散道路。在更多情况下，无论单纯的主线控制，还是具有匝道控制的主线控制，都不能缓解高速公路的堵塞情况，同时，高速公路的交通堵塞还波及集散道路，使整个高速公路通道的运行效益严重下降。通道控制就是针对这种情况而建立的高速公路监控系统。

通道控制是带状路网的交通控制，除了主线控制和匝道控制的功能外，主要增加了车辆的路径诱导功能，因此在监控系统中将会使用更多的可变情报板。由于考虑到主线交通对集散道路的影响，高速公路出口匝道的控制也将是必要的。

5. 综合控制

综合控制的监控系统是更大范围的高速公路网和城市道路网的交通监控系统，其目标是寻求整个路网上的交通运行效果更佳。这类系统复杂程度更高，属于许多国家竞相研究开发的智能运输系统(ITS)的范畴。

10.3 通信系统

高速公路通信系统是高速公路现代化管理的支撑系统，是实现高速公路监控与收费系统的数据、话音及图像等信息准确而及时的传输，保证高速公路管理部门之间业务联络通信的畅通，并为高速公路内部各部门与外界建立必要联系的必不可少的基础设施。

10.3.1 通信系统的特点

1）高速公路的各级管理机构及沿线设施一般均建筑在公路两侧，沿公路呈线状分布。一般通信站都设在收费站或管理所的所在地，所以通信站的地理位置实际上在公路建设时已基本确定，即不能随意选址设站。

2）高速公路的管理体制一般采用分级管理、集中控制调度，高速公路通信网的网络结构为树形结构。此外，各级管理机构与公路沿线各地有关部门及上级机关也必须保持通信联络的畅通，因此高速公路通信系统是以内部通信为主，同时进入电信公用网。

3）在高速公路管理处、管理所、服务区、收费站、监控(分)中心等机构之间以及外场监控设备与监控(分)中心之间需进行话音、图像、数据等各类信息的传输和交换。此外，为及时处理交通事故，进行交通调度指挥，有关部门必须和巡逻车等保持通信联络，因此高速公路通信系统应该是以有线通信为主，并采用移动通信等多种通信手段的综合通信系统。

4）监控、收费和管理系统多种业务直接相关联，并且每天全天候工作，要求硬件性能稳定、软件运行有效。

5）通信网络采用分级管理体制，在高速公路各级管理部门建有同等级的通信机构，根据需要有时还要设立中继站。

6）各级通信机构职能不一，相互访问权力各异，对外通信有严格的保密性，并有良好的数据备份和有效的防护措施。

10.3.2 通信系统的功能及模型

1. 通信系统的功能分析

高速公路通信的目的在于支持高速公路管理、监控和收费等业务的传送，是提高高速公路管理水平和安全保障功能的支撑网络。

1)对管理系统的支持。高速公路管理一般采用分层模式，可划分为高速公路管理局(总中心)、高速公路管理处(中心)、高速公路管理所(分中心)和高速公路管理站等四级行政机构，这些部门分布在不同区域，通信系统必须对各级管理机构进行有效的支持。

2)对收费系统的支持。通信系统应支持收费数据、图像和指令等信息在相关收费、清分机构与合作银行、物流站场之间进行实时而准确的传送，同时提供统一的网络平台和各种通信接口，以实现联网收费系统内外各种媒体信息的处理。

3)对监控系统的支持。监控系统的外场设备与监控机构距离较远，而且监控车辆行驶速度快，要求异常信息处理应及时有效；监控外场设备较多，多种媒体信息的上传和下载都要求通信系统能够有效地分配传输线路。

2. 通信系统的功能模型

高速公路通信系统与管理、收费、监控等各级系统密不可分，要求有相应的监控网络与之对应，即通信系统各级机构要与管理、监控、收费系统相应级别的机构在物理上同处一地。从应用角度来讲，通信系统应作为管理、监控、收费三大系统的平台，支持其综合业务信息的传送。

10.3.3 通信系统的通信层次

高速公路通信系统可分为以下三个通信层次：

1. 第一通信层：长途网

长途网包括各路段的管理处与省管理局以及各管理处之间的通信，属主干线通信。

网内主要是省局与各管理处之间的纵向业务，包括电话、数据报表、会议电视等。

特点是通信业务量小，通信距离长。

2. 第二通信层：地区网

地区网包括各路段管理处与所属管理段内的管理所、收费站、服务区等部门之间的通信，属区间通信。

由于我国高速公路的管理体制基本上是以路段为单位，由各路段管理处具体负责该路段的运营管理，实施收费、交通监控和调度，所以通信业务主要为路段内部通信。

特点是通信业务量大，业务种类多，通信距离中等。

3. 第三通信层：用户网

用户网是路段内各通信站与该站服务范围内各用户之间的通信，属站内通信。

特点是通信业务量大，通信距离短，实时性强。

由于高速公路各站、所的地理位置是沿公路呈线状分布的，因此由长途网和地区网共同组成了主干线传输系统。

10.3.4 通信系统的基本组成

高速公路通信系统应确保话音、数据及图像等各类信息准确而及时地传输，应该为各种先进的管理手段提供信息传输的基础。

高速公路通信系统基本上由以下九个部分组成：

1. 主干线传输

作为交通专用通信网的通信主干线，主干线传输不仅要满足长途网和地区网的传输要求，而且应考虑到省内各地区交通部门的通信需要。

2. 业务电话

业务电话是通信系统基本的通信业务，包括网内各级管理机构的业务电话和个人电话。它应能实现专用网内用户和公用网用户之间的通话。

3. 指令电话

指令电话为在高速公路内部进行交通管理和调度指挥服务。指令电话调度台对分机应具有选呼、组呼、全呼等功能，其包括有线指令电话和无线指令电话。

4. 紧急电话

紧急电话是高速公路内部专用的安全报警电话。它为高速公路使用者提供紧急呼救求援的通信手段。

5. 数据传输

数据传输包括收费系统内部的收费车道—收费站—收费（分）中心三级计算机数据通信网络和监控系统内部的外场监控设备—监控（分）中心之间的二级计算机数据通信网络。通信系统应为上述计算机通信网络提供传输信道。

6. 图像传输

图像包括 CCTV 交通监视图像及会议电视图像传输。通信系统应为各类图像信息提供传输信道。

7. 广播

广播包括路侧道路情报广播及交通信息电台广播。其中路侧道路情报广播由各路段通信系统实施，而交通信息电台广播一般由各省统一组织建台实施。

8. 通信电源

通信电源包括交流供电系统、直流供电系统以及通信机房的接地系统。

9. 通信管道

一般采用高密度聚乙烯(HDPE)管道及 HDPE 硅管。

思　考　题

10.1　收费公路有哪几类?

10.2　高速公路收费制式有哪几种? 适用条件各是什么?

10.3　收费站站址选择应遵循哪些原则?

10.4　收费车道数是如何计算的?

10.5　高速公路监控系统的目标是什么? 它是如何组成和分类的?

10.6　高速公路的通信系统有哪些特点? 其基本组成有哪些?

第 11 章 高速公路的环境保护与景观规划设计

高速公路是一种带状的建筑物，相对于其他建设项目而言，其对环境的污染宽度相对较窄，但纵向污染距离较大。本章主要介绍高速公路建设对社会环境、自然环境、景观环境及生态环境的影响；高速公路环境保护设计的重点与原则、防治对策；高速公路景观的分类与特点、景观设计的基本原则、景观造型及各设计阶段的景观设计要点；高速公路绿化的作用、设计原则及总体布局和设计等内容。

11.1 高速公路建设对环境的影响

《中华人民共和国环境保护法》关于环境的定义是指：影响人类生存和发展的各种天然的和经过人工改造的自然因素的总体。包括大气、水、土地、矿藏、森林、草原、野生生物、水生物、名胜古迹、风景游览区、温泉、疗养院、自然保护区、生活居住区等。由于公路具有穿越一切环境要素的特点，因而高速公路交通环境包括环境保护所定义的所有环境要素。高速公路交通环境是与高速公路交通活动相关的影响人类生存和发展的各种天然的和经过人工改造的自然因素的总和，并以资源破坏型环境要素构成高速公路交通环境的主体。

按照环境组成要素的成因，可以把环境分为自然环境和社会环境两大类。按照环境组成的不同要素，可将环境分为大气环境、水环境、声环境、光环境、土壤环境、生物环境等。

11.1.1 高速公路建设对社会环境的影响

社会环境也称人工环境，是人类在自然环境的基础上，通过劳动改造或加工创造出来的人工构造物（耕地、城镇、工厂、水库等）以及人文景观（名胜、古迹、风景区等），同时包括经济、政治、文化、道德、风俗等要素的综合体系。高速公路建设对两侧沿线一定范围内社会环境的影响是不容忽视的，其影响程序、范围与高速公路的建设规模、路线经过的区域密切相关。

由于高速公路的纵向贯通性，其所经地区的自然环境、社会环境会有很大差异，因此，每条公路的建设都应根据其经过地区的不同分段进行研究，针对各地区的特点认真筛选，确定社会环境因素中主要的、敏感的、脆弱的因素加以重点保护。公路对社会环境的负面影响主要体现在占用分隔土地、公共设施的拆迁与改建、居民的再安置、文物保护、对区域交通的影响等方面。

1. 对土地资源的影响

公路建设用地较大，特别是高速公路路基较宽，一般四车道高速公路的用地宽度至少为 30m，六车道宽度为 50 ~ 60m，八车道宽度为 70 ~ 80m。高速公路平均每千米占用土地约 80 亩（约 53328m^2），其中大部分是耕地，交通发展与国土资源供给的矛盾日益突出，应注意修建公路少占用耕地，保护良田。

此外，高速公路路基的取土、弃土用地，施工前临时用地，都需要占用土地资源。这些用地使路线所经地区耕地及植被面积减小，线路两侧 20 ~ 30m 范围内天然植被破坏，对农业生产发展有不利的影响。施工期临时占用的土地，由于机械的碾压、人员的踩踏，使土壤结构发生改变，耕地复耕后一定时期内肥沃度难以恢复，影响作物生长。《公路工程技术标准》规定公路建设应贯彻切实保护耕地、节约用地原则。选线要求尽量少占耕地，尤其不占高产田。

2. 对基础设施的影响

高速公路建设项目在施工过程中对沿线的电力、通信设施以及水利排灌设施等基础设施都会产生不同程度的影响。当产生干扰时，应根据相关法律法规，采取先通后拆的原则进行处理。尤其水利设施是农业的基础设施，应最大限度地保持原有灌溉环境和灌溉格局。对现有农业水利布局影响较大路段，在路线方案布设时要与沿线乡政府和有关部门密切配合，做好水系和农田规划和调整工作。由于农业生产的季节性很强，为保证农民不误农时，适时进行农耕及其他农事活动，保证拟建公路沿线农业生产活动的正常进行，高速公路施工中破坏或占用的农田水利设施，必须在当地农事活动之前建成，暂时不能正式修复的农田水利排灌设施，应修建临时的排灌系统。

3. 拆迁与再安置问题

高速公路建设对社会环境突出的影响是在主体工程正式开工前，对部分居民拆迁与再安置问题。高速公路路线长，跨越的市县多，虽然在设计时尽可能选择少占或不占用住房用地，但每个高速公路建设项目中拆迁与再安置在所难免。

高速公路建设征用住房、地产、企业及其他生产资源，将使居民遭受损失和引起社会干扰。征地影响不仅仅是经济方面的，而且还是社会和心理方面的。经济影响包括房屋或一个企业承包的损失、业务收入的暂时或永久性损失，这些都是可以估价的，但是社会和心理费用更复杂，有时更加具有破坏性，社区或村庄被分割和破坏，居民之间的联系受到影响，这种问题往往不同程度地在居民个人身体和心理健康上表现出来。因此，高速公路建设规划与设计中应尽可能少拆迁房屋，拆迁时应做到拆迁安置合理，尽可能地保护群众切身利益。拆迁企、事业单位将涉及单位人员的就业、生活资金来源及迁址后的交通、生活条件等，影响的人员和因素较多，一般情况下不宜拆迁较大的企、事业单位，避免产生不安定因素。在拆迁户安置住址的选择上，应离开拟建的高速公路，以避免在营运期遭受交通噪声等污染影响。

4. 对文物保护的影响

文物(包括古迹、遗址等)是不可再生的文化遗产资源，具有很高的历史、政治、文化和经济价值。原则上无论其属于何种保护级别，都应该合理保护。

对地面上现有的文物资源，在高速公路的规划设计阶段一般采取避让的原则。但是，对于地下埋藏的文物资源，当地文物部门即使进行了勘察，有时也很难具体掌握，这就要求高速公路的建设者在施工过程中，一旦发现地下存在文物，应立即中断施工，保护好现场并及时通过业主向当地文物部门报告，由文物部门到现场进行处理。文物部门应积极协助抓紧处理，待文物妥善处理后，再恢复施工，从而加强对文物资源的保护。应特别强调的是，文物属于国家财富，建设单位应教育职工，任何人不得私自占有和倒卖，否则应负法律责任。

5. 对区域交通的影响

高速公路在施工阶段，大量的建筑材料将通过汽车运输来完成。由于新建公路一般情况下与现有的低等级公路或县、乡公路相距不远或频繁交叉，而运送筑路材料的汽车又多半是通过现有的公路来完成，使现有公路汽车流量明显增加，干扰了现有公路正常的交通秩序，加速地方道路的损坏，造成现有公路上交通事故发生率上升。

为减少高速公路施工对现有交通环境的影响，建设单位应落实国家环境保护行政主管部门批复的该项目环境影响报告书中所提出的环保措施，如在道口设值班岗、调整作业时间、在现有公路两侧有居民住宅的路段洒水等。

对于独立大桥建设项目，桥梁下部结构施工阶段，会影响水上的航运秩序，特别是具有航运功能的河流上，还可能出现撞船、撞桥墩等水上交通事故。因此，建设单位必须按环境影响报告书中所提出的环保措施进行作业，减少或避免水上交通事故的发生，保障施工正常有序地进行。

11.1.2 高速公路建设对自然环境的影响

自然环境是指对人类的生存和发展产生直接或间接影响的物质和能量的总和。一般包括大气、水、土壤、日光、声、生物等。

1. 对大气环境的影响

公路交通是人为因素造成大气污染的主要来源之一。在公路营运期间车辆排放的污染物中，主要是一氧化碳、碳氢化合物、氮氧化合物、二氧化硫、颗粒(铅化物、黑烟、油雾等)等，这些污染物中大部分是有毒的，或有强烈的刺激性、臭味和致癌作用，对人体健康造成直接危害。随着汽车保有量的增加，在空气环境的污染物中，车辆排放污染物的比例不断上升，对环境的污染更加严重。汽车排出的二氧化碳虽对人体健康无害，但会影响大气环境。

不同体积分数的一氧化碳(CO)对人体健康的影响见表11-1，氮氧化合物(主要为NO_2)对人体健康的影响见表11-2。对人体健康危害较大的碳氢化合物主要是醛类(甲醛、丙醛)和多环芳烃等，汽车尾气所排放的醛类的比例见表11-3。

除了公路营运期间车辆交通排放的大气污染物外，公路施工期间产生的扬尘、沥青烟等也对大气造成一定的污染，沥青烟尘降落在植物叶片上，会堵塞叶片呼吸孔，使叶片变色、萎缩、卷曲，甚至落叶，长期处于沥青烟浸染的环境中可引起人体呼吸道和皮肤的急、慢性伤害。

表11-1 不同体积分数的CO对人体健康的影响

CO体积分数(10^{-6})	对人体健康的影响	CO体积分数(10^{-6})	对人体健康的影响
5~10	对呼吸道疾病患者有影响	250	接触2h，血液中CO-Hb含量为40%
30	接触8h，视力及神经机能出现障碍，血液中CO-Hb含量为5%	500	接触2h，剧烈心痛，眼花，虚脱
40	接触8h，出现气喘	3000	接触30min即死亡
120	接触1h，血液中CO - Hb含量大于10%		

表 11-2　不同体积分数的 NO_2 对人体健康的影响

NO_2 体积分数（10^{-6}）	对人体健康的影响	NO_2 体积分数（10^{-6}）	对人体健康的影响
1	闻到臭味	80	接触 3min，感到胸痛、恶心
5	闻到强烈臭味	100 ~ 150	在 30 ~ 60min 内因肺水肿而死亡
10 ~ 15	接触 10min，眼、鼻、呼吸道受到刺激	250	很快死亡
50	1min 内人呼吸困难		

表 11-3　汽车尾气排放的醛类比例

名称	比例(%)	名称	比例(%)
甲醛	60 ~ 73	丁烯醛	0.4 ~ 1.4
乙醛	7 ~ 14	戊醛	0.4
丙醛	0.4 ~ 16	苯甲醛	3.2 ~ 8.5
丙烯醛	2.6 ~ 9.8	甲苯醛	2 ~ 7
丁醛	1 ~ 4	其他	0 ~ 10

2. 对水环境的影响

高速公路建设对水环境的影响主要体现在以下几个方面：

1）改变地表径流方向，诱发自然灾害。与流域相交的高速公路通常会改变地表水的自然流动方向，将不同的流向集中在某一处，然后集中排放，使被截断水流下游地区缺水而引起干旱。另外，水的集中排放绝大部分会增加水流的流量与流速，根据不同地区土壤环境的不同，这些变化会导致洪涝灾害、土壤侵蚀、渠道改道和河流的淤泥充塞等。所有这些会影响到距离公路范围很广的地区。

2）诱发新的地表径流，对水环境产生的负面影响。高速公路建设会诱发新的地表径流。高速公路施工期间会引起施工场地地表径流，其中的污染物以少泥颗粒为主，其对地表水体的污染主要表现在：①造成水质混浊，降低水的透明度。②固体物质大量沉积于河底，会改变河底原有栖息生物的生存环境。③公路施工过程中含有大量泥沙颗粒物的地表径流排入水体，还会影响河流的水文条件，降低河流的泄洪能力。

3）引起地下水位的改变。高速公路排水系统和挖掘工作可能导致区域的地下水位的变化。路堤以及挖方路堑和公路建筑会阻止水流的自然移动，进而降低下流地下水的水位。水位的变化潜在影响包括植被退化、侵蚀敏感性增加、饮用水和农业用水损失和鱼类与野生生物生活环境的改变等。

4）对水质的影响。高速公路建成后的路面径流中，由于汽车尾气、车辆部件的磨损、石油产品(汽油、柴油等)与有毒物质的泄漏、路面磨损、运输物的洒落等，会含有大量的有害物质，如果直接排入周围环境，会对高速公路附近水体水质造成不良的影响。高速公路建设对水质的影响还包括高速公路沿线设施如服务区、收费站、管理处等生活污水与施工阶段的水土流失导致的河流湖泊水质浑浊、悬浮物含量增高等。特别在水源地路段这种影响会更加敏感。

3. 对土壤环境的影响

土壤环境是指位于陆地地表，具有肥力和一定垂直剖面的疏松层。它是陆生植物和微生物的生育基地。高速公路建设项目对土壤污染的途径有：大气的迁移与扩散，水迁移及机械迁移，这些迁移变化引起土壤质量下降。随着无铅汽油的广泛使用，高速公路沿线由路面径流引起的铅等重金属在土壤环境中的迁移、转化与累积的影响已经变小。公路建设对土壤环境的影响主要是土壤侵蚀或水土流失。

土壤侵蚀是公路建设所造成的最常见的环境影响之一，它由公路工程干扰的水流和土壤之间的相互作用所导致。当自然条件因公路工程而改变时，土壤侵蚀随之开始。这种侵蚀造成植被死亡、山体滑坡、河流淤积、农田污染、土壤贫瘠，在局部地区还会造成气候条件恶化，严重的还会造成泥石流。

公路施工期间造成土壤侵蚀的主要因素有：山体开挖造成的地表裸露；填筑路堤增加裸露面；取、弃土场产生裸露面；施工过程中损坏地表原有植被及水保设施；干扰不良地质增加其不稳定性引起的水土流失。其中，地表植被的破坏引起水土流失的工程环节有：施工便道、施工机械碾压及施工人员践踏等。

公路营运期间引起的土壤侵蚀主要表现在营运初期。挖方路段的土边坡、路基边坡和取弃土场产生的裸露面及破坏了地表植被的施工临时用地等因素引起土壤侵蚀，当上述施工过程产生的影响尚未消除时，在生态尚未恢复到建设项目施工前的水平时，仍然存在一定程度的土壤侵蚀。但相比施工阶段，这一侵蚀程度要轻得多。随着公路水土保持的生态措施的逐渐采取和改善，施工过程对水土流失的影响因素将逐渐消失，水土流失将逐渐减少，直到达到新的稳定状态。因此，公路建设对土壤侵蚀的影响主要表现在施工期。

4. 对声环境的影响

由各种机动车辆所产生交通噪声，无论它们所产生的噪声能量还是影响的范围，都是现实生活中最主要的噪声源。对于公路建设项目而言，存在建设期和营运期两个阶段的噪声影响，影响区域主要是敏感地区(学校、住宅区、商业区、公园等)，其影响程度通过分贝(dB)值来描述。

公路建设期间的噪声影响主要是施工过程中大量使用施工机械，如大型挖掘机，压路机、拌和机、摊铺机等，同时由于运输工具频繁行驶，产生工程施工噪声。工程施工噪声影响虽是短期的，但对环境影响不可忽略，特别是施工机械的声功率比较大，容易影响具体操作人员和距离施工点50m之内的居民集中点、学校以及医院等处人员的正常工作和休息。

公路营运期间的交通噪声是指车辆在行驶过程中，车辆自身驱动系统、轮胎与路面的摩擦以及轮胎与路面的撞击，起动、制动以及变速等所产生的噪声。营运期间噪声影响程度直接与汽车类型、汽车行驶状态及交通量密切相关。近年来，随着高速公路的发展，行车速度不断提高，交通量大幅增加，所产生的交通噪声对沿线人民群众以及敏感动物造成了一定的负面影响，对有些地区的影响还很严重。实测表明，距高速公路50m内且高出路面的居民，面向公路一侧窗外的环境水平超过标准值的幅度2~5dB；距公路65m的学校教室窗外在教学时段，环境噪声的水平超过标准值5~7dB。因此，在高速公路两侧一定范围内的声环境敏感点，应采取相应的措施，以降低或消除交通噪声对环境产生的不利影响。

11.1.3　高速公路建设对自然景观的影响

高速公路建设对自然环境的影响，实际上是人造景物(公路及其附属物)与自然景物相互作用的结果；或者交相辉映、相互增彩；或者互不协调，破坏景观，尤其是破坏自然景观的美感。高速公路应融合到沿线的环境中去，充分利用地貌、植被、水体等自然环境，尽可能保持景观环境的原始风貌。应避免突出高速公路在自然环境中的地位，减少对景观的视觉的侵害；应避免生硬切割地形，导致深挖高填，严重破坏自然景观。

公路建设项目在施工中将不可避免地破坏自然植被，形成大量的裸露边坡而且长时间难以恢复，采用大段的混凝土或浆砌防护工程，生硬不美观，与环境适应性差，造成对自然景观的破坏。同时，公路线形的结构特点对自然景观又具有分割和破碎的功能。从而造成景观在空间上的非连续性。景观的结构与功能的稳定性是维持生态健康的重要条件。公路建设会破坏景观结构，造成动植物生存环境破碎化，阻碍物种和基因的交流；另外，公路建设与长期运营也会导致动植物生存环境的破坏。同时，公路产生的廊道效应又为外来物种的入侵提供了便利条件，有可能破坏当地原有的生态系统。

11.2　高速公路环境保护与规划设计

环境保护是采取法律、行政、经济和技术的多方面措施，合理地开发利用自然资源，防止环境污染和破坏，以保护生态平衡，提高人们的生活质量。环境保护措施应以“保护优先、预防为主、预治结合、注重实效”为原则，并符合相关的环境保护法规，必要时应有比选方案，并对方案进行技术可行性、费用效益比和可操作性等论证。

11.2.1　环境保护的基本要求

公路建设对环境的破坏在客观上是不可避免的。但是要求对环境的损害不得超过自然生态的承受能力，防止因失去生态平衡而危及人类社会的发展。并要求能及时地修复和重建已经破坏的自然外貌和生态环境，使之尽快恢复生机。

在公路建设时，必须满足以下基本要求：

1）公路开发对自然、地理、地质、水文的损坏和对风景资源的损害，要严格限制在国家和有关部门规定的范围内。

2）在公路施工和汽车运营时期，排放的废气、噪声及振动所造成的环境污染，不得超过国家规定的环境质量标准。

3）公路选线、勘测设计、工程施工要严格遵守国家有关历史文物、文化古迹、古建筑及旅游和疗养胜地等的保护规定。

4）高速公路建设要为驾驶员提供良好的视觉环境。

11.2.2　环境保护的措施

1. 社会环境保护措施

根据土地资源(如耕地、荒地、草地等)的具体情况合理确定路线的位置，尽量不占或少占良田、果园。平原地区不宜采用大边沟取土方案，集中取土时土场应选在荒坡荒地处，采用宽挖浅取方式时，应将表土回填复耕。桥梁施工场地、沥青拌和场、预制构件场地的设置尽量不占耕地，占用时待施工结束后要恢复耕地。

公路线位尽量避开建筑物，做到少拆迁或不拆迁。在选定线路时应注意人文景观的保护，应避让省级以上文物、遗址保护区。公路建设应有益于旅游资源的开发。

2. 自然环境保护措施

自然环境一般指公路沿线200m范围内的自然保护区、水源地、湿地、草地和具有特殊意义的经济植物、动物及水土保持等，通过所采取的保护措施以达到优化原有自然环境的目的。

根据有关规定，路中心线距自然保护区边缘不宜小于100m，若穿过时应严格控制林木的砍伐数量，不影响视线的树木严禁砍伐。

路基边坡、护坡道、排沟与用地之间的不同位置应进行栽植，营运后2~3年内其植物覆盖率恢复到原有水平。公路经过草地时应注意保护草原植被。

要保护水资源。在公路勘察设计时不得占用城镇、乡村居民的应用水体，当路线距饮用水体100m内通过时，应采用绿化或其他保护措施，路面径流不得直接排入水体。路线应避让湖泊、水库等灌溉水体。

公路原则上不得通过湿地，以避免原生态环境的重大改变。在水土保持方面，公路设计应充分调查沿线工程地质、地形、地貌、植被、水土流失情况，做好水土保持工作。做好公路的综合排水设计，防止水土流失，路基应设置边沟、截水沟、排水沟，必要时设跌水或急流槽，将地面径流汇集引入自然水沟或直接引入涵洞进出口。对沟底纵坡较大的土质边沟、排水沟、截水沟的沟底应予以加固，避免冲刷及水流下渗。做好高路堤、深路堑的边坡防护工作，在气候、土壤条件适宜之处，采用种草、铺草皮、植树等生态保护形式。为保护野生动物资源，保护生态环境，在结构设计上应设置必要的动物通道。

3. 环境污染防治

公路环境污染防治是指公路建设期、营运期的环境污染的防治。公路建设期环境污染包括：运输车辆及施工机械噪声、搅拌场(站)的烟尘和扬尘、施工人员驻地的生活污水、生活垃圾、施工废水、工业废渣等有害物质。公路营运期环境污染包括：交通噪声、车辆行驶尾气和扬尘、路面雨水及服务区污水。

(1) 对废气采取的措施　减少空气污染的措施，应从废气发生源、改善道路、沿线对策三方面着手。

1）减少废气发生源的措施包括：改进汽车结构，消减废气排放量；加强交通管理，使交通流畅；控制交通量，鼓励利用公共交通工具，组织货流合理化。

2）改善道路，主要是在高速公路两旁设置环境设施带、绿化地带等缓冲区域。

3）沿线对策，主要有合理利用沿线国土，建立缓冲建筑物，把废气污染严重地区的学校、医院、居民迁移。

公路交通大气污染的防治，一般宜在公路两侧栽植对有害气体有吸附或净化能力的、适合当地气候土壤条件的草本、灌木和乔木，种植成多层次结构的绿化林带。

对施工中的路用粉状材料(如石灰、粉煤灰等)的运输、堆放应有遮盖，并保持一定的含水量，防止其飞扬污染大气。施工路段应定时洒水，防止扬尘污染。

(2) 水环境污染防治措施　根据综合排水系统设计的有关规定，公路沿线管理区、养护工区、服务区的生活污水应经化粪池沉淀处理后排入纳水体或农田排灌系统，不得排入饮用及养殖水源地保护区。

洗车台、加油站设施区的污水宜单独设置污水处理系统，在城镇地区可排入下水道。缺水地区应采用污水处理循环使用装置。

生活饮用水源地（地表水、地下水）保护区内不得设置沥青混合料及混凝土搅拌站，不得堆放或倾倒含有害物质的工业废渣、建筑材料或废弃物、生活垃圾、粪便等。不得在生活饮用水水源地内取土、弃土，不得破坏水源林、护岸林及与水源保护相关的土壤植被。

（3）振动防治措施　减少环境振动的措施可从两方面考虑：

1）从振动源和传播路线上采取有效措施。

2）对受振动部分采取措施。

由于环境振动噪声的距离衰减大，相对地采取传播路线措施更有效些。作为减轻振动的具体措施，一般采取增加路面平整度，改善路面结构，开发新的低噪声路面；改良地基基础，设立环境设施带，修筑防振沟和防振墙等。

（4）噪声防治措施　对公路交通噪声的综合防治，主要根据敏感点的性质、位置及规模等，采取适当防治对策，并应做环境费用效益分析。主要措施有：调整路线线位；栽植绿化带；设置隔声设施；建造声屏障；堆筑工程弃土方或其他废弃物等用以隔声消声。

公路路线经过城镇、居民区附近时，首先考虑采用绿化林带来防治噪声的干扰。绿化降噪林带的宽度不宜小于 10m，乔、灌木搭配密植，乔木的高度不小于 7.0m，灌木不低于 1.5m，尽可能选择枝繁叶茂、粗壮、生长迅速的常绿树种。根据有关方面的测定，灌木搭配密植，树木高大，树枝茂密的绿化林带的附加降噪量见表 11-4。

表 11-4　绿化林带附加降噪量

林带宽度/m	附加降噪量/dB	林带宽度/m	附加降噪量/dB
10	1 ~ 2	50	5 ~ 8
30	3 ~ 5	100	10 ~ 12

在教室、办公室、客房、卧室、起居室、病房等敏感点处，采用隔声设施降低室内噪声时，可采用封闭阳台（图 11-1），设置双层窗，封闭外走廊或专用消声通风器等方法。

关于建造声屏障（图 11-2）的有关规定：声屏障离公路行车线不宜过近，屏障中心线离路基边缘一般宜为 2.5 ~ 3.0m，不小于 2.0m。屏障底部标高应与路基边缘一致，最大不低于路基边缘 1.0m。

声屏障的高度、长度根据其设定的噪声衰量以及屏障与声源、接收点三者之间的相对位置，公路线形及地面因素决定。为避免风荷载过大，屏障高度不应超过 5m，若大于 5m 时应将超出部分向行车道一侧挑出。

声屏障使用的材料应具有足够的隔声量，常用的材料如砖石料、混凝土类，也可采用多孔吸声材料，如矿棉、玻璃棉等。声屏障临公路一侧的表面不宜采用对声波产生镜面反射的平面，应采用扩散反射或吸收型表面。声屏障结构设计除作强度设计外，还需要作抗倾覆稳定性验算。

图 11-1 封闭阳台

图 11-2 声屏障

关于利用工程弃方或废弃物堆筑减噪的要求：堆筑体边坡应稳定，建筑垃圾和工业废渣等废弃物应用土壤将其包在中间，并保证雨水冲刷不外露；堆筑体表面应及时植草皮绿化护坡，堆筑较高时宜配合其他边坡稳定措施。

除用上述方法减少噪声外，更有效的减噪措施，可按表 11-5 中提到的方法执行。

表 11-5 减少道路噪声的措施

项目	减少道路噪声的措施	
噪声源措施	改进汽车结构	①改进车体结构 ②彻底检查车辆各部件，使其噪声最小 ③促进开发、利用电动车辆
	改进车辆运行状况	①通过交通管理系统与交通信号自动化，促进交通流通畅 ②限制车速，使车道专用化，尤其公共汽车、自行车的专用道应先指定 ③取缔超载车辆、逾龄及违反车辆法规的汽车通行
交通流措施	控制交通量	①推广利用公共交通工具，节制乘用小客车 ②组织货运协作，减少汽车空驶
	调整道路网	为明确道路功能，要修建环形路、公路辅道等，以保持交通环境优化
	诱导交通流	①设置指路标志等，引导某些车辆在环形路、辅道上行驶 ②为保护居民区安宁，排除过境交通
	物资流通对策	在市郊适当设立物资交流货栈、仓库、批发市场，防止货车通过城市中心区
改进道路结构	①道路一侧或两侧设置需要的隔声壁 ②高等级公路旁侧设环境设施带，带内充分绿化，有人行道、行车道；它属于防止交通公害的有效缓冲空间 ③改进路面结构	
道路沿线措施	①噪声超限暂难处理地点，对学校、医院等设防声屏蔽或迁移 ②公路临近城市，其噪声超限，应修建缓冲建筑物，如隔声壁、防声沟等 ③严格控制高等级公路沿线土地的利用，防止公害蔓延	

我国环境保护法体系中，有《基本建设项目环境保护管理办法》和《建设项目环境保

护设计规定》。在《建设项目环境保护设计规定》中，对基本建设项目提出了两项法定要求：坚持和遵守“环境影响评价制度”和“三同时”的原则。

公路“三同时”原则是指建设工程在新建、改建时，为了防止污染和其他公害而建立的保护环境的措施，必须与主体工程同时设计，同时施工，同时投产。

公路建设“三同时”，必须按下列规定进行：

1）公路选线要充分考虑耕地占用问题和农田、水源、自然保护区、名胜古迹及风景游览区的保护。对建筑材料的开采和位置选择要合理，土石调配要均衡。注意建筑物、绿化、装饰、环保设施、交通服务性设施之间的合理布局，使其与自然环境融为一体。

2）公路环境保护工程设施的投资、设备、材料与主体工程同时安排。如果环保设施达不到“三同时”的要求，不准验收交付使用。

3）在公路工程初步设计说明书和施工设计图中，都要提出防止施工污染和保护自然风景的措施。

4）规定公路建设单位(即设计部门、施工部门、主管部门、环保机构)的各自职责、权限和法律责任等。

11.2.3　公路环境影响评价

公路环境影响评价是公路环境质量评价的一个组成部分。它是在工程项目开发之前，就施工过程中和建成交付营运期间可能对环境造成的影响进行评估和预测。

1. 环境影响评价内容

公路环境包括自然环境和社会环境两部分。评价的环境要素主要有生态环境、水土保持、地表水环境、声环境、空气环境、社会经济、景观等，具体项目评价的环境因子应经过环境影响识别与筛选后确定。从空间概念来说，要研究大气、水质、土壤等污染的发生与发展规律以及人类、生物对环境的反应；从时间概念上说，要研究工程建设对环境短期、中期和长期的影响。

美国联邦公路管理局认为，对公路建设中环境影响评价内容应包括：

1）对自然资源(森林、矿藏、自然保护区、珍贵动植物)、文化或风景资源可能产生的严重影响。

2）对房屋拆迁可能引起的争论或纠纷。

3）现有城镇可能出现被分割、被破坏的现象或与当地规划目标相矛盾，或增加城镇拥挤程度。

4）公路建设与国家、地方环境标准相矛盾，如对毗邻地区的不良影响，噪声、大气、水的污染，甚至造成洪水泛滥的可能性。

5）防治环境污染与破坏的措施及其投资估算和经济技术可行性论证意见等。

2. 环境影响评价的程序

环境影响评价可按下述程序进行：

1）调查、收集、整理公路沿线环境状况信息，如现有公路环境监测数据，污染原因和程度，有害气体种类、含量，噪声等级等。

2）确定评价项目，一般要按环境要素列项，除考虑对大气、土壤的影响外，还要对植物、文物、风景、生活环境的影响给予考虑。

3）讨论确定环境保护措施和要达到的目标，要采用综合治理的措施。

4）根据地区的环境标准、经济发展情况及人们对公路交通污染的承受能力，确定公路环境容量标准和评价标准。

5）根据各种环境影响评价的数学模型，借助计算机进行计算，预估环境污染和未来发展趋势及其影响，提出防止污染的措施，确定最佳方案。

关于环境评价的实施流程，如图 11-3 所示。

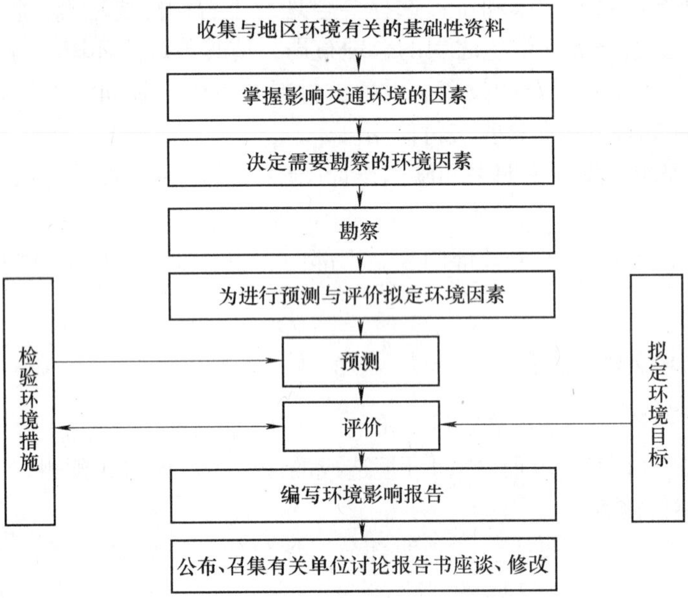

图 11-3 环境评价的实施流程

3. 环境影响评价方法

要客观、准确地评价公路开发对环境的影响，需要采用模拟、计算机等新技术及多学科的技术和经济专业人员密切配合来完成这项工作。改变以往只侧重于方法和技术的偏见，应将环境影响评价作为一个程序步骤，在程序的各步骤中都应有解决的方法和技术。1969 年以来，美国等发达国家将环境影响评价用法律形式予以规定，成为一种必须遵循的制度。

公路工程项目在施工前、施工过程中和营运养护时，均对环境有影响，如何评价其影响，大体可包括两方面的内容：

1）环境影响评价程序。涉及拟开发的工程项目的目标和后果，提出有关单位职责、立法和管理等。

2）环境影响评价方法和技术。涉及使用方法、使用数据、信息资料、规范指南、模式等技术，目的是有效地评估和鉴定环境影响。

环境影响评价程序一般为三个阶段，第一阶段是决定该工程项目是否要进行环境影响评价；第二阶段是进行环境影响的评价工作；第三阶段是工程竣工后的处理工作。

环境影响评价方法和技术是用以判明、预测和评估环境的手段。这些方法繁多，大致可归为以下几类：

1）直观的“列表和讨论”法。

2）模拟和分析系统。

3）对已建工程项目的环境影响进行监测并将监测结果与该工程项目的原有情况相对比，又称“环境影响评价审计”或“回顾评价”法。

4）适应性的环境评价法，是上述三种方法的某部分综合。

11.3　高速公路景观规划设计

11.3.1　高速公路景观的分类与特点

1. 高速公路景观的分类与组成

1）按高速公路景观客体的构成要素分类，高速公路景观可分为自然景观和人文景观。

a. 自然景观主要是指天然形成的地形（或地貌）、植被、水体及奇异景观等。

b. 人文景观是指人类为满足物质和精神生活需要，用自己的智慧和双手创造出的各种建筑物、交通设施、城镇、村落、文物等社会文化艺术景物。

这种分类方法包括了高速公路自身及沿线一定区域内的所有视觉信息，适用于对高速公路沿线一定范围的自然景观与人文景观的保护、利用、开发、创造等工作的研究。

2）按高速公路景观主体的活动方式分类，高速公路景观可分为动态景观和静态景观。

a. 动态景观不注重构造物的细部，而注重运动状态下高速公路本身及其与周围环境协调的程度，以及线形对视觉的诱导作用。

b. 静态景观强调的是高速公路的整体印象。

这种分类方法适用于研究主体处于高速行驶状态或慢行、静止状态，对动态景观和静态景观的生理、心理感受、视觉观赏特征及与之相对应的动态景观序列空间设计与静态景观的组景技法、手段。

3）按高速公路景观主体的观察位置不同分类，高速公路景观可分为内部景观和外部景观。

a. 内部景观是指行驶在高速公路上的驾驶员看到的景观以及在停车场、服务区等休息设施散步时所看到的景观。

线形与沿线构造物设计是内部景观设计的主体，直接影响高速公路景观设计的成败，此外，沿线的绿化、标志标线、边坡处理、沿线景点的造型与设计、路面的色彩等对高速公路景观的设计也有很大影响。

b. 外部景观是指从沿线居民及其他道路上看到的高速公路景观。

外部景观要求高速公路及沿线构造物与环境融为一体，协调一致，成为环境的一部分。

此外，高速公路景观还有景点景观和变迁景观之分。景点景观是指在精致优美之处建造的休息或独立景点以及造型独特、气势宏伟的互通式立体交叉等设施；而变迁景观则是指高速公路沿途不断变换的边坡及植被等景观。

2. 高速公路景观的特点

高速公路景观既不同于城市、乡村景观，也有别于自然山水、风景名胜。它有其自身的特点与性质，概括起来有以下四个方面：

（1）构成要素多元性　从高速公路景观客体的构成要素分类中，可见高速公路景观由自然的与人工的、有形的与无形的多种元素构成。在诸多元素中，公路内部景观起决定性的作用，可加强或削弱环境景观的品位，影响环境的质量。

(2) 时空存在多维性　从高速公路景观空间看，它是连贯的带形空间。从时间上看，高速公路景观既有前后相随的空间序列变化，又有季相(一年四季)、时相(一天中的早、中、晚)、位相(人与景点相对位移)和人的心理时空运动所形成的时间轴。

(3) 景观评价的多主体性　任何一种景观环境，都无法取得一致的评价标准，高速公路景观更是如此。评价的主体不同，评价主体所处的位置、活动方式不同，评价的原则和出发点必有显著的差别。如观赏者、旅行者多以个人的体验和情感出发；经营者、投资者多以维护管理、经济效应等方面评判；沿线居住者多以出行是否便利、生活方式是否受到影响等方面考虑；高速公路设计者、建设者考虑更多的则是行驶的技术要求及建设的可行性。

(4) 景观环境的多重性　高速公路景观不同于单纯的造型艺术、观赏景观，为满足运输通行的功能，它有自身的体态性能和组织结构。同时，它又包含一定的社会、文化、地域、民俗等涵义。它既具有自然属性又具有社会属性，既有功能性、实用性，又具有观赏性、艺术性。

11.3.2 高速公路景观规划设计的基本原则

高速公路景观规划设计应使自然景观与工程结构物达到尽可能的协调，应从使用者的视觉、心理出发，使高速公路具有功能、美观及经济的一致性。高速公路景观规划设计应遵循以下五个基本原则：

1. 安全性原则

保证高速公路设施自身安全与运行车辆行驶安全是高速公路景观设计的前提和基础。高速公路应避免对驾乘人员造成心理上的压抑感、恐惧感、威胁感以及视觉上的不连续，做到线形流畅、诱导良好，各种人工构造物具有恰当的尺度、比例及色彩，给人以美的感受。

2. 地区性原则

不同地区有其独特的地理位置、地形地貌特征、植被覆盖特征、气候气象特征及社会环境特征；生活在不同地区的人群有不同的文化传统、风俗习惯及审美观；不同的环境和地域有不同的生物物种。这些都形成不同的地区特有的公路景观环境，因此在高速公路景观设计时应充分考虑、尊重地区特性。

3. 动态性原则

反映人类文明的公路景观存在着保护、继承和不断更新演变的过程，这要求在高速公路景观的保护和塑造过程中，坚持动态性原则，赋予高速公路景观以新的内容和新的意义。

4. 整体协调性原则

高速公路是一个具有线性特征的工程，纵向跨度大。在景观环境设计中，要求将高速公路自身的平纵线形、路基宽度、桥隧、路线交叉、沿线设施等与沿途地形、地貌、生态特征以及其他自然和人文景观作为一个有机整体统一考虑，使高速公路这一人工系统与沿线自然系统和其他人工系统配合协调，并努力使高速公路在满足运输功能的基本前提下，完善原有景观环境。高速公路上的各种人工构造物的造型与色彩应考虑景观效果和驾驶者的视觉效果，尽可能减少或消除各种构造物对自然景观的不利影响。

根据工程及沿线区域环境特征或行政区划等，宜将高速公路划分为若干景观设计路段。

在各景观设计路段中宜选择大型构造物和沿线有特色的景物作为设计景点。高速公路景观设计尽可能做到点、线、面兼顾，整体统一，使高速公路与沿线景观相协调。

5. 自然性原则

高速公路景观环境要素包罗万象，不应将精力集中在耗费大量人力、物力、财力的人造景观上，而应重点体现对原有景观资源的保护、利用和开发，以及高速公路主体与原有自然及社会环境的相融合——不破坏就是最大的保护。

11.3.3 高速公路景观造型

高速公路路线及其构造物景观造型的目的是为了平衡高速公路对自然景观的影响，使新建公路与原有景观融为一体，以便形成新的公路交通景观系统。

1. 高速公路平面造型

高速公路平面应与环境相协调，尽量避开受保护的景观空间，如自然保护区和文物古迹等。在平原、沙漠和戈壁滩，路线以方向为主导，线形应以直线为主，如图 11-4 所示；在山岭地区，路线以纵坡为主导，线形则应以曲线为主，如图 11-5 所示。

路线线形设计要有“势”的理念。线形走向要与山川、河流、大地的走势相吻合，不能强拉直线，硬切山梁，横跨山谷，尽量避免长直线。要顺势而为，线形连贯，自然流畅，具有诱导性和可预知性，给人以良好视觉效果，应避免隔断生态景观空间和视觉景观空间的错误做法。

种植树木是补救景观的有效措施。在曲线外侧，种植树木可以使曲线变化看起来非常明显。从路堤到结构的过渡段，通过植树既可以增强识别特征，又能使造型与景观恰当地配合。从路堤到路堑的变化段，通过植树可以防止光线明暗急剧变化，对驾驶员视线起过渡作用。

图 11-4　平原地区公路线形

图 11-5　山区公路线形

2. 高速公路立面造型

为了减少对自然和景观的影响，在满足控制点和规范要求的前提下，高速公路的坡度应与地面坡度接近。当路线跨越山谷、穿过垭口时，什么条件下可用桥梁结构来代替高路堤，什么条件下可用隧道来代替深路堑，需要作专门的调查分析。在分析过程中，不仅要从经济方面进行考虑，还要综合考虑视距、景观和生态等方面。对于不可避免的填挖应及时进行原貌恢复工作，一般是坡面植草、植树和坡脚处理等。另外，应尽可能采用平缓的边坡(石质边坡除外)，将有利于公路与环境的融合。图 11-6 和图 11-7 所示分别为高速公路桥梁段和隧道段。

图 11-6 高速公路桥梁段

图 11-7 高速公路隧道段

3. 高速公路横断面造型

横断面造型重点是路幅变化、路基边坡以及边坡外高速公路用地范围的景观设计，目的是使断面造型尽量与自然地形、现有地带的地貌相适应，与沿线的植被绿化相协调。

高速公路横断面布置及局部路段的路幅宽度应结合自然条件等因素灵活掌握。地形平坦、自然横坡较缓的路段，一般以整体式路基断面为宜；地形复杂、以挖方为主的路段，尤其自然横坡较陡的路段，可采用分离式断面、水平布置或上下错开，或设计为半桥半路、半隧半路等灵活形式，以减少开挖工程量，保护自然生态环境，同时增加路容的多样性。

路基边坡的坡度及景观造型应结合周围地形及自然景观进行设计。高填方和深挖方对自然景观的割裂应尽量避免，土质边坡应尽量采用较缓的坡度并采取绿化措施，以融入自然环境。石质边坡可结合周围环境，采用简单的、经济的处理措施，考虑到施工后棱角分明的裸露岩石与其自身的材质特点是相一致的，而采用任何绿化措施都很难取得明显效果，因此只要开挖岩石边坡可以保证其稳定性，就不对其进行任何处理。

高速公路用地范围内的景观造型设计应本着自然、协调、实用的原则进行，避免花费大量的人力、物力和财力进行人工景观的制造。从安全和视觉效果角度，一般认为，矩形边沟加盖板形式对汇水面积较大的挖方路基边沟适应性较好，有增宽路基视觉、防止破碎堵塞等功能。从景观和安全角度讲，浅碟式排水沟(边沟)或放缓边坡漫流排水形式对于地形平坦、纵坡平缓的低填、浅挖路段适应性较好；排水沟(边沟)可与原地面舒缓自然衔接，克服沿路基边缘设置规则深排水沟带来的行车安全隐患，同时形成优美的视觉效果，以减少呆板的视觉感受，淡化硬性边界。用地范围内的绿化应赋予其多功能性和实用性，既要使公路两侧的景观丰富多彩，以缓解驾乘人员的视觉疲劳，又要避免大量采用外来物种进行人工造景，破坏与周围自然景观的协调，增大工程投资。

4. 互通式立体交叉造型

互通式立体交叉的造型在任何情况下，都不能影响交叉的明显性。但是如果交叉口布置合理并适当绿化，则可提高交叉口的识别能力。为节约用地和获得良好的结构造型效果，优化互通式立体交叉造型对创造交叉口视觉景观意义重大。

互通式立体交叉应具有良好的通行条件，出入口应易于识别，并通过标志、标线、绿化栽植等进行视线诱导。

5. 结构物景观造型

结构物景观造型的主要对象为桥梁、隧道、挡土墙、防噪声设施、中央分隔带等。在设计时不仅要考虑有关工程技术和经济问题，而且要仔细考虑其造型与周围环境的协调。比如一座设计较好的桥梁，不仅要有与其功能相适应的外形和比例，而且要有新颖、优美的形式，简洁明快、朴素大方的线条，强度牢固、基础稳定的结构并有强烈的时代感和风土气息。隧道洞口应具有醒目的特点，要与周围群山协调，因地制宜进行绿化，将自然景观的破坏降低至最低程度。声障墙采用与地区、桥梁相协调的色彩来搭配，在适当的路段设置透明声障墙，以充分利用丰富的外部景观，避免使驾驶员产生封闭感和压抑感。结构物景观造型的实例如图 11-8 和图 11-9 所示。

图 11-8　中央分隔带的绿化

图 11-9　景观式挡土墙

6. 沿线服务性设施的造型

服务性设施大多是商业性的建筑物，如服务区的餐馆、旅店、购物中心、加油站、汽车修理站、收费站、交通控制中心等。这些建筑物的造型，不仅结构尺寸、形状、色彩要对称、均衡、协调、和谐，而且与路线结构物之间，彼此都要前呼后应，整齐统一，给人以美感。特别是路旁交通标志牌，如果布置不当，容易引起视觉混乱，引起驾驶人员的判断错误，从而引发事故。因此，它们的形状、大小、高度、图案以及色彩，既要准确、醒目、得体，又要和谐、流畅、自然。高速公路沿线服务性设施的造型实例如图 11-10 和图 11-11 所示。

图 11-10　高速公路收费站

图 11-11　高速公路服务区

11.3.4 高速公路景观规划设计原则

1. 高速公路景观系统组成

公路景观包括自然景观和人文景观两大部分。自然景观，主要指被天然界限所圈定的局部环境的总外貌，如草原、森林、大海、高山、大川等景观，也称为生态景观。人文景观，则是人类为满足物质、精神生活需要，用智慧和双手创造出来的，如各种建筑物、公园、牌坊等社会文化艺术景观。组成道路景观系统的主要因素是道路和环境。景观系统结构如图11-12所示。

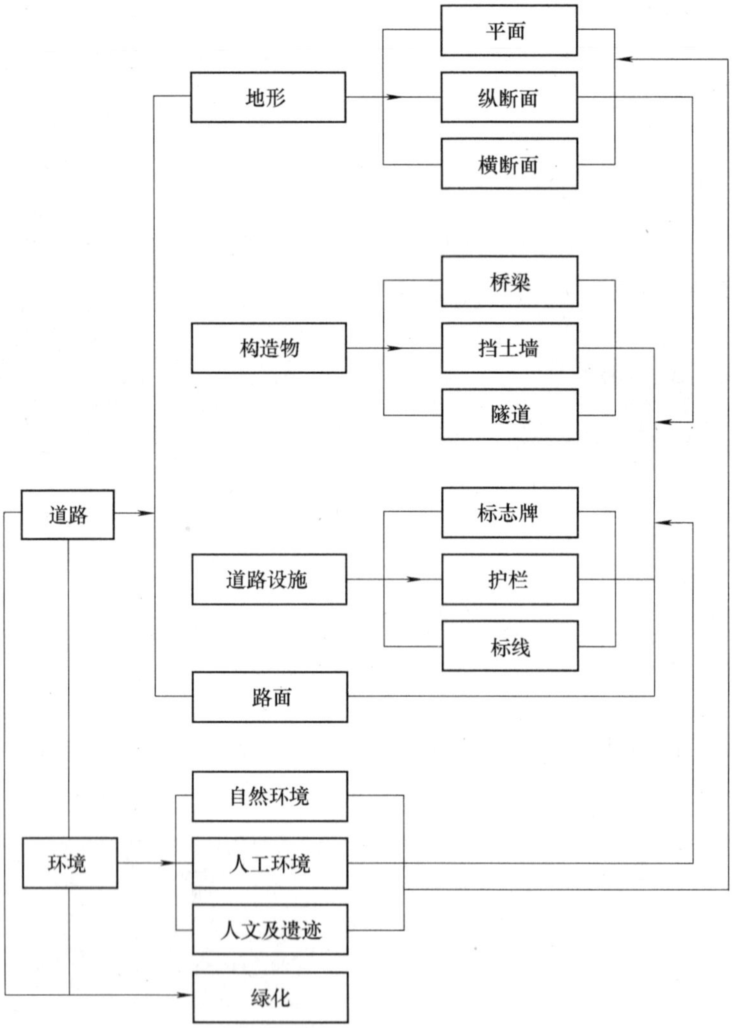

图11-12 高速公路景观系统结构

2. 高速公路景观规划设计原则

公路景观设计是指公路线形及其构造物有美观的造型，并与周围环境相协调，构成优美的自然画面。所以公路景观设计是为了创造一个外观优美，行车舒适、安全，维修管理方便、经济，并能保护沿途动植物和生态平衡的交通环境。

公路景观设计要从使用者的视觉、心理出发，研究公路的功能、美观及经济的一致性。一般按下述原则进行：

1）要求路线各组成部分的空间位置的通视，使驾驶员感到公路线形流畅、清晰，行驶舒适、安全，即通视要求。

2）要建立一个区域性的视觉系统，使驾驶员在视觉范围内，能预见到公路方向和路况变化，以便采取安全的行驶措施，即导向要求。

3）使公路同自然风景协调，把公路及所有设施都纳入景观范围内，展示地区性的美感，消除自然景观的各种障碍，构成整体协调一致。

4）要利用绿化来补充和改善沿线的景观。

总之，公路景观的所有组成部分，均应形成统一的建筑群体。在保证全路线统一建筑风格的同时，不同路段上的景观应各具特色。

11.3.5　高速公路景观规划设计要点

1. 可行性研究阶段

在可行性研究阶段，重点解决宏观线位与各景点的联系，要合理利用高速公路沿线的土地资源、生态资源及景观资源，保护各种动植物和名胜古迹，尽量避免破坏自然环境和原有风景，使高速公路建设走可持续发展之路。具体方法是进行环境景观普查，在地形图上标注环境敏感点，确定公路景观的总体规划。

2. 初步设计阶段

初步设计阶段应全面考虑路线经过地区的自然条件，景色以自然环境为基调，充分利用自然风景资源。选线时要充分考虑经过地区视野的多样性，使风景特征引人入胜而避免单调。要合理确定距风景区的距离，避开受保护的景观空间，如风景旅游点、温泉疗养区、文物保护区，尽可能减少对自然风景的破坏。

路线本身应充分利用地形与地区特点，尽可能与地形地貌相吻合，科学选线，合理组合线形要素，做到连续、均匀、协调、舒畅，使其具有良好的视觉诱导性和优美的外观，与自然环境协调一致，给人以统一、连续的舒适感，使驾乘人员感到线形流畅、清晰，行驶舒适安全。

山区高速公路应避免大填大挖、任意取直、生硬切割地形而破坏景观。如挖方深度较大时，宜进行路堑与隧道方案的比选论证。路线通过山间谷地、路基高度较大时，应综合考虑填筑路基对谷地通风、日照等原有生态环境的不利影响，必要时应进行高路堤方案与高架桥方案的比选论证。地面横坡较陡时，可采用分离式断面以减少土石方量，降低对环境的破坏。

高速公路通过森林区时应做好路基断面设计，力求拓宽双幅公路的中央分隔带，并尽可能保留中央分隔带位置原有林木。

3. 施工图设计阶段

路线应尽可能与地形、地貌相吻合，平、纵、横各要素应很好地配合，使路线能诱导驾乘人员的视线并满足视觉景观的要求，要避免空间线形的扭曲、暗凹、跳跃等景观缺陷。

高速公路景观设计应注意与当地的风土人情、建筑物形式相协调，充分利用沿途孤立大树、独立山丘、瀑布等独立景观作为主导建筑进行景观设计，另外还要将沿线的风景点、文化古迹、古树、古庙、古塔、古碑等，尽可能地保护利用并组织到高速公路环境中，通过前方“对景”，两侧“借景”，加上因地制宜、适当地种树绿化，使路线环山傍水，绿树成荫，与周围自然风景融成一体，构成风景如画的道路景观。

高速公路旅游段越岭线的垭口处，除应有广阔的视野外，还可根据当地条件，设置适当的观景台。沿线服务设施设置于海滨、湖滨、风景名胜区附近，其形式选择应有利于瞭望风景。各种构造物的结构、造型、材料均应与当地自然和人文景观条件相适应。

小的构造物，如小桥、涵洞、挡土墙、护栏等，在高速公路画面中应尽量使其引人注目。大的构造物，如大桥、隧道等，应将其作为一处单独的景点加以设计，突出它在环境中的视觉效果。

在服务区、停车场等人们停留时间较长的区域，采用植物、雕塑和水景等组合进行景观布置，注意植物花期、花色与树形的合理搭配，力求突出当地特有的人文气息和自然景点。

用地范围内，除收费站、服务区外，一般不宜设置广告牌、宣传栏等。除标线、标志、护栏等按规定涂覆色彩外，一般不宜涂特别刺眼的色彩。雕塑小品的设置应注意色彩、造型，并不得妨碍视线。沿线纳污设施、工业废弃物堆弃点等影响视觉景观位置，在景观设计时应通过高速公路绿化或工程措施予以遮蔽。

4. 道路施工阶段

在高速公路施工阶段，应最大限度地保持自然形态，减少施工占地，避免大填大挖，使道路和景观结合起来，与周围风景融为一体，而不露施工痕迹。不可避免时应迅速予以恢复，或者通过协调的修整和适当的种植来恢复其自然外观。

11.3.6 高速公路景观的保护和改善

公路景观保护和改善工作是公路维修养护工作的重要组成部分。应保持经常性，以净化公路交通环境，保护公路良好的景观视觉。主要从以下几方面工作入手。

做好整平工作。公路由于常年受到重复载荷作用，造成路面开裂、隆起、凹凸不平，路肩、边坡受到冲刷而坍塌等，应及时维修和养护，恢复平整度。施工后应及时平整，恢复原始地貌。另外，为了保持公路景观视觉的连续性，应当使公路路肩、路缘、边沟、桥梁等构造物整齐规则。

要清除公路用地范围内的一切违章建筑及其他有碍安全和观瞻的障碍物；及时清除排水系统中的野草、杂物，疏浚阻塞，保持水流畅通。从视觉上，道路边坡是天然地面与公路设计线形之间的过渡带，这种过渡带可以用圆滑型边坡相连接。特别是对大填大挖地段更是需要将生硬的边角做圆，以便与自然地形统一协调。公路画线可以增加公路美感，整齐醒目的画线，可以大大加深驾驶员、乘客对公路线形的印象，在弯道处可起诱导视线的作用。

公路上的标志、标号是公路景观元素之一。它的大小、颜色、符号、地点均应按规定标准设计和设置。对一些不该设的广告、宣传牌应彻底清除。

在交叉路口，尤其是靠近城镇的平交路口应尽可能地做些渠化处理，并辅之以一定的绿化、纪念性雕塑来改善公路景观。

绿化是公路美化的重要内容之一，在不影响行车安全的前提下，要因地制宜。对树种、树形、树高、栽植位置的确定要慎重。

根据《国省干线 GBM 工程实施标准》要求，要突出一个“畅”字，保持一个“洁”

字，注重一个“美”字，实现一个“绿”字。达到路、景、物交织协调，构成流畅、安全、舒适、优美的公路交通环境。

11.4　高速公路的绿化

11.4.1　高速公路绿化的意义和作用

高速公路绿化设计是指在高速公路路域范围内，利用植物创造一个具有形态变化、形式多样、具有一定社会文化内涵及审美价值，并能满足高速公路交通功能要求的景物的过程。

通过绿化可以缓解因高速公路施工、运营给沿线地区带来的各种影响，保护自然环境，改善视觉环境质量，并通过绿化提高高速公路的交通安全性和身处其境的舒适性。绿化是高速公路环境保护和景观设计的重要组成部分，其主要作用有：

1. 安全运输作用

安全运输作用包括以下八个方面：

（1）诱导作用　高速公路绿化是驾驶员、乘客视野范围内的主要视觉对象，规整亮丽的树木花草不仅可以给人以优美、舒适的享受，而且可以提示高速公路线形的变化，起到视线诱导、线形预告的作用。

（2）过渡作用　在隧道洞口外，路堤、路堑变化等处，栽植高大乔木可以防止光线明暗急剧变化，对驾驶员视觉起到了过渡作用。

（3）防眩作用　在中央分隔带、主线与辅道或平行的铁路之间，栽植常绿灌木、矮树可以隔断对向车灯的眩光，有效地起到防眩光的作用，保障行车安全。

（4）缓冲作用　在低填方且没有设护栏的路段或互通式立交匝道端部，栽植一定宽度的密集灌木或矮树，可以缓冲事故车辆的冲击，减缓驾驶员的紧张心理。

（5）遮蔽作用　对高速公路沿线各种影响视觉景观的物体宜栽植中低树进行遮蔽；高速公路声屏障宜采用攀援植物予以绿化和遮蔽。

（6）标示作用　当沿线景观、地形缺少变化，难以判断所经地点时，宜栽植有别于沿途植被的树木等，形成明显标志，预告设施位置。

（7）隔离作用　在高速公路用地边缘的隔离栅内侧，以栽植常绿灌木及攀援植物等，防止人或动物进入。

（8）休闲作用　在高速公路边坡、服务设施区域、立交等地的绿化，可以缓减驾驶员和乘客的旅途疲劳。

2. 景观改善作用

通过绿化，可以使由于高速公路施工而破坏的自然景观得到有效恢复、改善或弥补，降低新建高速公路对周围环境景观的负面影响，使高速公路构造物巧妙地融入周围环境之中，给驾驶员及乘客在行车中提供优美、舒适、和谐的自然环境。

3. 环境保护作用

环境保护作用包括以下四个方面：

（1）保护作用　在风沙大的高速公路沿线或多雪地带，栽植防护林带可以有效地减轻风沙或风雪的侵袭。

（2）防污作用　在学校、医院、疗养院、住宅区附近，栽植防噪、防气体污染林带，能够吸收和阻滞车辆排放的各种有害气体（CO、NO 等）、烟尘以及交通噪声，减轻并防治污染，改善大气的环境质量。

（3）护坡作用　植物体通过根系对土壤的固着作用，以及植物枝叶和地表植物的有关作用达到涵养水源的目的，并能阻止或减少地表径流，减少和防止雨水冲刷路基、路堤、路堑、边沟、边坡，增进边坡稳定，避免水土流失。

（4）降温作用　有关试验表明：夏季沥青混凝土路面，温度高达 40～50℃，比草地和林荫处高 1～14℃，绿地气温较非绿地一般低 3～5℃。通过景观绿化美化，可以改善地温和气温，改善小气候，减轻路面变化，延长公路使用寿命。

11.4.2 高速公路绿化的设计原则

高速公路绿化应与沿线环境和景观相协调，并考虑总体环境效果，具体应坚持以下六个基本原则：

1. 安全性设计原则

高速公路绿化设计应以保证安全为基本前提。绿化的安全性设计包括两个方面的内容：一方面通过绿化设计，起到促进汽车安全运输的作用。如中央分隔带种植的灌木高度应控制在 1.6～1.7m，使之既达到防眩效果又不影响行车的通视范围；视距曲线与行车轨迹线之间的空间，禁止栽植乔木，可种植草皮或不高于 0.9m 的灌木；交叉口转弯处留出安全视距；边坡的花卉、树木最高生长线不得妨碍驾驶员识别沿线的各类标志碑。另一方面，对外来植物类的选取应考虑其病虫害对本土植物的影响，以免造成对本土生态环境的破坏。

2. 自然性设计原则

高速公路景观绿化设计属于“景观设计学”的范畴，在西方景观设计史上，早期的发展一直以富有装饰性的外来植物和规划式园林形式为特点，较东方传统景观设计的“天人合一”思想迥然不同。但是随着近年来环境的日益恶化，以研究人类与自然间的相互作用及动态平衡为出发点的生态设计思想开始形成并迅速发展。自然性设计原则就是建立在生态设计的思想基础上的。

自然性设计与传统的规划式设计、装饰性设计相对应，通过植物群落设计和地形起伏处理，从形式上表现自然，立足于将高速公路景观充分融入自然环境之中，创造和谐、自然的新景观。当然，自然性设计中仍需必要的点缀，起到画龙点睛的效果。

3. 本土为主，适地适树原则

高速公路沿线生态环境多变，绿化功能要求复杂，这就要求绿化带植物种类的多样性，提倡以本土物种为主，适当引进外来物种。

本土树种生长在本土，经过长时期的自然选择，对本土自然环境条件的适应能力强，易于成活，生长良好，种源多，繁殖快。就地取材既能节省绿化经费，易于见效，又能反映地方风格特色。但为了适应高速公路所处的复杂生态环境和各种功能要求，如仅局限于采用当地树种，就难免有单调的感觉。

适地适树就是因地制宜地选择树种，应当选用适宜当地生长的外来树种，以丰富高速公路绿化带的选择，满足高速公路系统多功能绿化的要求。

4. 保护性设计原则

保护性设计原则是指对高速公路路域的生态因子和生态关系进行科学的研究分析，掌握各植物种类的生物学特征以及与环境因子(气候、土壤、地形、生物等)的相互作用机理，通过合理设计减少高速公路建设对自然的破坏，良好保护现状的生态系统，做到先保护后绿化。在高速公路施工前，对于高速公路所经地区树木的留植、移植或砍伐均应有妥善的计划。现有树林不应该为施工方便而随意砍伐，应尽量予以保存；对于珍贵树木，可在施工前予以移植；对于施工范围内的树木，应进行选择性砍伐，以形成较自然的景观。

5. 恢复性设计原则

恢复性设计是指在高速公路绿化设计中运用多种手段来恢复已遭破坏的生态环境。高速公路建设所形成的取土场、弃土堆(场)的绿化恢复即属于此范畴。

在取、弃土场堆置达到设计高程后，为充分利用土地资源，改善环境影响，整改后的土地可以通过种树或植草改良土壤；有的通过复垦，可作为农业用地或林业用地。

6. 多样性原则

片面理解本土性原则就会形成单一的植物群体，植物的单一性容易导致严重虫害。生态学中指出：营养结构越复杂，生态系统越稳定。多种多样的树木使昆虫的食物受到限制，由此带来的多重结构和食物链能有效控制昆虫数量。

合理的做法是在绿化规划时进行详细的生态调查，按不同植物生长发育及其相互作用影响，使一条高速公路上速生和慢生、落叶和常叶、乔木和灌木等各种不同的树木间隔种植，合理搭配，做到一个区域内树种丰富多彩。这样既能防治害虫，消除药物喷洒对周围环境带来的污染，又能模拟再现自然，使沿线景观富于变化。

11.4.3 高速公路绿化的总体布局和规划设计

高速公路绿化设计时建立在一种动态的基础上。以高速公路为主体的绿化设计，设计时不但要注意总体效果，充分考虑动态条件下驾乘人员的视觉效果、心理反应；而且要保证不同路段的行车视距要求，保证行车安全。

在绿化设计的总体布局上，应将乔、灌、草结合，注意植物的合理配置，做到不见裸土，大面积以绿色植物覆盖。在植物种植上采用多种形式，以大量色木构成大色块，或以树包树(小灌木紧包大树)的手法，使景与植物有机结合，达到景、物交融。

绿化植物应根据路段的气候、土壤、防污染要求等因素进行选择：满足绿化设计功能的要求；具有较强的抗污染和净化空气的功能；具有苗期生长快、根系发枝性好、能迅速稳定边坡的能力；易繁殖、移植和管理，抗病虫害能力强；具有良好的景观效果，能与附近的植被和景观协调。

1. 中央分隔带绿化

中央分隔带是高速公路绿化的重点，绿化美化功能以防眩为主，同时丰富高速公路景观。宽中央分隔带本身就有防眩效果，可在其中设置花坛，种植各种矮生花木，造成园林式景观效果；窄中央分隔带的绿化主要考虑防眩和驾驶员视线的要求，应根据车速和动态视角，采用高度为1.6～1.7m的灌木，连续栽植。为了富于变化，可以每隔一定距离点缀一株花灌木。中央分隔带的地表绿化一般选择满铺草坪。

2. 防护带绿化

在高速公路外侧往往有防护带，其主要作用为防风隔声、纳污除尘、固土护坡、调节气候、涵养水源、引导视线、协调景观。防护带树种及草种应能对污染物有较强的抗性并有适应不良环境条件的能力，采用外高内低，即远乔木、中灌木、近草坪的三层绿化体系，形成一个连续密集的林带。有些地方栽植经济林作为防护带，既带动了经济发展，又起到了绿色屏障的作用。

3. 边坡绿化

边坡绿化的主要目的是保持水土，稳固边坡，改善高速公路景观，补偿施工对环境的破坏。挖方土质边坡可根据土质情况进行绿化设计；挖方石质边坡宜采用垂直绿化材料加以覆盖以增加美观，可选用阳性、抗性强的攀援植物。填方区的绿化可采用种草坪和花灌木的固土护坡。对于挖方路段前的填方结合段的绿化，可采用密集绿化方式，从乔木过渡到中灌木、矮灌木，这样可减少光线的变化对驾乘人员的影响，起到明暗过渡的作用。

4. 互通式立体交叉的绿化

互通式立体交叉景观设计的目的是使立体交叉造型美观、视认性好，起到引导驾驶员视线、保证行车安全以及可观赏性作用。互通式立体交叉的绿化栽植除了美化环境、点缀城市外，还有诱导交通、提高交通安全的作用。绿化内容包括：

（1）指示栽植　采用高、大独立乔木，设在环道和三角地带内，用来为驾驶员指示位置。

（2）缓冲栽植　采用灌木，设在桥台和分流的地方，用来缩小视野，间接引导驾驶员降低车速或在车辆因分流不及而失控时，缓和冲击、减轻事故损失的栽植。

（3）诱导栽植　采用小乔木，设在曲线外侧，用来预告高速公路线形的变化，引导驾驶员视线的栽植。

（4）禁止栽植区　在立体交叉的合流处，为保证驾驶员的视线通畅，安全合流，不能种植树木。

互通式立体交叉绿化设计，首先服从交通功能，在保证交通安全、增加导向标志的前提下，构图可以根据互通式立体交叉的特点，以图案简洁、空间开阔为主，适当点缀树丛、树群，注重整体感、层次感，形成开敞、简洁、明快的格调。或者选择一些常绿灌木进行大片栽植，构成宏伟图案，同时适当点缀一些季相有变的色叶木和花果植物，形成乔、灌、草相结合的复层搭配植物景观，赋予其一定的历史文化、民族风情等内涵。

5. 功能小区绿化设计

高速公路的服务区、停车区、收费区、管养工区等公路附属设施景观绿化工程的设计，以美化为主，努力创造一个优美舒适的工作和生活空间以及适宜的游憩、休闲环境。

设计中应该针对各小区的不同功能和特点，采用动态景观与静态景观配置相结合的手法，以大面积草坪为底色，通过花草、树木、水景、石景、曲桥、亭廊等造景手法进行设计布局。

6. 取、弃土场绿化

高速公路取、弃土场绿化美化，主要以减少水土流失、恢复自然景观为目的。取、弃土场绿化设计应以防护为主，尽量降低工程造价，设计方法可参考边坡防护工程有关内容，同时在植物选择时应注意以植草为主，结合栽植乔、灌木。草种及树种的选择应遵循“适地适树”的原则。

思　考　题

11.1　高速公路建设对社会环境有哪些影响？对自然环境的影响具体包括哪些方面？

11.2　环境保护的基本要求与措施都有哪些？

11.3　简述高速公路景观设计的分类与组成。

11.4　高速公路环境影响评价程序是怎样的？

11.5　高速公路景观设计要点是什么？

11.6　公路绿化有哪些基本要求？其功能是什么？

参考文献

[1] 交通部公路司，中国工程建设标准化协会公路工程委员会. JTG B01—2003 公路工程技术标准[S]. 北京：人民交通出版社，2004.

[2] 中交第一公路勘察设计研究院. JTG D20—2006 公路路线设计规范 [S]. 北京：人民交通出版社，2006.

[3] 中交第一公路勘察设计研究院. JTG D80—2006 高速公路交通工程及沿线设施设计通用规范 [S]. 北京：人民交通出版社，2006.

[4] 交通部公路科学研究院. GB 5768.2—2009 道路交通标志和标线 第2部分：道路交通标志 [S]. 北京：中国标准出版社，2009.

[5] 交通部公路科学研究院. GB 5768.3—2009 道路交通标志和标线 第3部分：道路交通标线 [S]. 北京：中国标准出版社，2009.

[6] 交通部公路科学研究院，等. JTG D81—2006 公路交通安全设施设计规范 [S]. 北京：人民交通出版社，2006.

[7] 交通部公路科学研究院. JTG/T D81—2006 公路交通安全设施设计细则 [S]. 北京：人民交通出版社，2006.

[8] 华杰工程咨询有限公司. JTG/T B05—2004 公路项目安全性评价指南 [S]. 北京：人民交通出版社，2004.

[9] 交通部公路科学研究院，长安大学. JTG B03—2006 公路建设项目环境影响评价规范 [S]. 北京：人民交通出版社，2006.

[10] 交通部公路司. 新理念公路设计指南 [M]. 北京：人民交通出版社，2005.

[11] 方守恩. 高速公路 [M]. 2版. 北京：人民交通出版社，2002.

[12] 孟祥海. 高速公路规划设计与管理 [M]. 哈尔滨：哈尔滨工业大学出版社，2006.

[13] 赵一飞，杨少伟. 高速公路设计 [M]. 北京：人民交通出版社，2006.

[14] 杨林，单炜. 高速公路 [M]. 北京：科学出版社，2010.

[15] 张廷楷. 高速公路 [M]. 北京：人民交通出版社，1990.

[16] 郗恩崇. 高速公路管理学 [M]. 北京：人民交通出版社，2001.

[17] 高速公路丛书编委会. 高速公路交通工程及沿线设施 [M]. 北京：人民交通出版社，1999.

[18] 高速公路丛书编委会. 高速公路规划与设计 [M]. 北京：人民交通出版社，1998.

[19] 高等级公路建设与管理编委会. 高等级公路建设与管理 [M]. 北京：中国科学技术出版社，1991.

[20] 陈洪仁，盛洪飞，裴玉龙. 道路交叉规划设计与施工 [M]. 哈尔滨：黑龙江科学技术出版社，1997.

[21] 成从修. 高速公路路线设计 [M]. 北京：人民交通出版社，1982.

[22] 刘恩德，王德武. 高速公路线形与环境设计 [M]. 哈尔滨：东北林业大学出版社，1999.

[23] 刘旭吾. 互通式立交线形设计与施工 [M]. 北京：人民交通出版社，1997.

[24] 裴玉龙. 道路勘测设计 [M]. 哈尔滨：哈尔滨工业大学出版社，2005.

[25] 杨少伟. 道路勘测设计 [M]. 2版. 北京：人民交通出版社，2006.

[26] 孙家驷. 道路勘测设计 [M]. 2版. 北京：人民交通出版社，2005.

[27] 杨春风，欧阳建湘，韩宝睿. 道路勘测设计 [M]. 北京：人民交通出版社，2007.

[28] 任福田，刘小明，荣建，等. 交通工程学 [M]. 2版. 北京：人民交通出版社，2008.

[29] 张志清，周亦唐，杨林. 道路勘测设计 [M]. 北京：科学出版社，2005.

[30] 张金水，张廷楷. 道路勘测与设计 [M]. 上海：同济大学出版社，2005.

[31] 张玉芬. 道路交通环境工程 [M]. 北京：人民交通出版社，2001.

[32] 陆书玉. 环境影响评价 [M]. 北京：高等教育出版社，2001.

[33]刘朝晖，秦仁杰．公路环境与景观设计［M］．北京：人民交通出版社，2003.
[34]赵剑强．公路交通与环境保护［M］．北京：人民交通出版社，2002.
[35]戴明新．公路环境保护手册［M］．北京：人民交通出版社，2004.
[36]高速公路丛书编委会．高速公路环境保护与绿化［M］．北京：人民交通出版社，2001.
[37]刘天玉．交通环境保护［M］．北京：人民交通出版社，2004.

信息反馈表

尊敬的老师：

您好！感谢您多年来对机械工业出版社的支持和厚爱！为了进一步提高我社教材的出版质量，更好地为我国高等教育发展服务，欢迎您对我社的教材多提宝贵意见和建议。另外，如果您在教学中选用了《高速公路规划与设计》（李伟 王凤池 主编），欢迎您提出修改建议和意见。索取课件的授课老师，请填写下面的信息，发送邮件即可。

一、基本信息

姓名：________ 性别：________ 职称：________ 职务：________

邮编：________ 地址：________________

学校：________ 院系：________ 专业：________

任课教程：________ 电话：________ （H）________ （O）

电子邮件：________ 手机：________ QQ：________

二、您对本书的意见和建议

（欢迎您指出本书的疏误之处）

三、您对我们的其他意见和建议

请与我们联系：

100037 机械工业出版社·高等教育分社 刘涛 收

Tel：010－8837 9542（O），6899 4030（Fax）

E-mail：ltao929@163.com

http：//www.cmpedu.com（机械工业出版社·教材服务网）

http：//www.cmpbook.com（机械工业出版社·门户网）

http：//www.golden-book.com（中国科技金书网·机械工业出版社旗下网上书店）